Semper Reformanda

Semper Reformanda

Das Verhältnis von Staat und Religionsgemeinschaften auf dem Prüfstand

Herausgegeben von
Isabelle Ley, Tine Stein und Georg Essen

FREIBURG · BASEL · WIEN

MIX
Papier | Fördert
gute Waldnutzung
FSC® C083411

www.herder.de
Umschlaggestaltung: Verlag Herder
Umschlagmotiv: © spuno / AdobeStock
Satz: Barbara Herrmann, Freiburg
Herstellung: CPI books GmbH, Leck
Printed in Germany
ISBN Print 978-3-451-39512-3
ISBN E-Book (PDF) 978-3-451-83512-4

Inhalt

II.
Sexueller Missbrauch in den Kirchen und die Rolle des Staates

III.
Sonderrechte für die Kirchen?

IV.
Semper Reformanda – Krise und Reform in der katholischen Kirche

Reformbedarf des Religionsverfassungsrechts und der Religionsgemeinschaften

Isabelle Ley / Tine Stein / Georg Essen

1. Einleitung

Auf dem wieder errichteten Berliner Stadtschloss strahlt weithin sichtbar ein Kreuz. Das Symbol des christlichen Glaubens wird von einer Bibelvers-Collage begleitet, die die Kuppel mit dem Kreuz in goldenen Lettern auf einem blauen Fries umrundet: „Es ist in keinem andern Heil, ist auch kein anderer Name den Menschen gegeben, denn in dem Namen Jesu, zur Ehre Gottes des Vaters. Dass in dem Namen Jesu sich beugen sollen aller derer Knie, die im Himmel und auf Erden und unter der Erde sind." Als der preußische König Friedrich Wilhelm IV. in dieser Aussage Auszüge aus der Apostelgeschichte und aus Paulus' Brief an die Philipper kombinierte, ging es ihm um die Restauration des Gottesgnadentums, die Aufrechterhaltung seines absolutistischen Herrschaftsanspruchs und darum, die revolutionären Freiheitsbewegungen und selbst die Ansprüche auf eine konstitutionelle Bindung der Monarchie zurückzuweisen.[1] Die Enthüllung des Kreuzes im Oktober 1848 war gegen die Abgeordneten in der Frankfurter Paulskirchenversammlung gerichtet, die an einer liberalen, rechtsstaatlichen und demokratischen Verfassung arbeiteten. Während der König mit dem Kreuz und der Inschrift symbolisch die Einheit von Gott, Vaterland und König beschwor, setzte der Grundrechtskatalog der Paulskirchenverfassung Maßstäbe für ein modernes Religionsverfassungsrecht: Es wurde volle Glaubens- und Gewissensfreiheit statuiert, die Gleichheit vor dem Gesetz und die Wahrnehmung der staatsbürgerlichen Rechte unabhängig von der Religionszugehörigkeit sollte garantiert werden. Die – vom Staat gleich zu behandelnden – Religionsgesellschaften sollten sich selbst organisieren können sowie „keine Staatskirche" bestehen.[2]

---

[1] *Alfred Hagemann*, Symbolpolitik. Die Kuppel Friedrich Wilhelms IV. für das Berliner Schloss, https://www.humboldtforum.org/de/magazin/artikel/symbolpolitik/ (Zugriff: 23.04.2023).

[2] Art. 5, Paulskirchenverfassung, http://www.documentarchiv.de/nzjh/verfdr1848.htm (Zugriff: 23.04.2023).

Alle diese Elemente finden sich im Grundgesetz der Bundesrepublik wieder und sind in der Rechtsprechung des Bundesverfassungsgerichts ausführlich ausgeleuchtet worden: Mit der Glaubens- und Gewissensfreiheit und dem Prinzip der religiösen und weltanschaulichen Neutralität des Staates soll allen Bürgern eine Heimstatt geboten sein. Damit ist noch nicht im Konkreten gesagt, wie weit der Wirkungsanspruch von Religionsgemeinschaften im öffentlichen Raum und die positive Religionsfreiheit des Einen gegen die negative Religionsfreiheit der Anders- und Nicht-Gläubigen im Konfliktfall auszubalancieren ist. Aber dass mit der historischen Rekonstruktion des Stadtschlosses und der dem Original entsprechenden Nachbildung von Kreuz und Bibelvers den reaktionären Vorstellungen des Preußenkönigs im Wege der Affirmation hier zu neuem symbolischen Recht verholfen werden könnte, die dann womöglich das Religionsverfassungsrecht ins Wanken bringen könnte, scheint – bei aller Anerkennung der Tatsache, dass es sich beim öffentlichen Raum um ein knappes Gut handelt – eher unwahrscheinlich. Und doch meint die Bundesregierung betonen zu müssen, dass sie sich der Problematik bewusst sei, „die von einer städtebaulich und baukulturell begründeten, gleichwohl politisch und religiös interpretierbaren Wiederherstellung der monarchischen und christlichen Symbolik am Gebäude einer Institution wie des Humboldt Forums ausgeht." Deswegen begrüßt sie das Vorhaben der Stiftung Humboldt-Forum, die Elemente der Rekonstruktion durch geeignete Formate und Maßnahmen zu kontextualisieren, und sieht ein geplantes Kunstprojekt „zur temporären Überblendung der rekonstruierten Inschrift mit alternativen, kommentierenden und reflektierenden Texten" als Teil der programmatischen Bemühungen zur Auseinandersetzung mit der Symbolik von Kuppel, Kreuz und Inschrift.[3] Auf der Ebene der betreuten Architektur ist die Politik engagiert, damit niemand, der das Kreuz und die biblische Inschrift auf der Kuppel des Berliner Stadtschlosses betrachtet, auf die Idee käme, hier solle ein neues Bündnis von Thron und Altar ausgerufen oder ein neuer Führungsanspruch des christlichen Abendlandes in Zeiten des Postkolonialismus behauptet werden.

Aber wie steht es heute um die institutionelle Dimension im Verhältnis von Religionsgemeinschaften und Staat? In der religionspolitischen Ordnung Deutschlands wird ein kooperatives Verhältnis zwischen Staat und Kirchen als im beiderseitigen Interesse liegend gesehen: Die christli-

---

[3] Antwort der Bundesregierung auf die kleine Anfrage der CDU/CSU-Fraktion; Drucksache 20/3924 (v. 11.10.2022).

chen Kirchen genießen als Körperschaften öffentlichen Rechts in Deutschland besonderen staatlichen Schutz und staatliche Förderung. Im Gegenzug werden die Bereitstellung sozialer Dienstleistungen, Mitwirkung bei der Wertevermittlung und Unterstützung gesellschaftlicher Integration durch die Kirchen erwartet bzw. erhofft. Dabei knüpft der Staat den Körperschaftsstatus und das mit diesem verbundene Kirchensteuersystem, aber auch weitere Privilegien wie die Staatsleistungen und die Ausnahmen im Arbeitsrecht nicht an das Vorliegen einer bestimmten inneren Verfasstheit der Religionsgemeinschaften. Die kirchliche Verfasstheit gilt als eine innere Angelegenheit, die vor staatlichen Eingriffen durch das Selbstbestimmungsrecht der Religionsgemeinschaften geschützt ist. Art. 140 GG (der das Weimarer Religionsverfassungsrecht inkorporiert, welches seinerseits auf die Paulskirchenverfassung zurückgeht) und Art. 4 GG bilden faktisch ein korporatives Freiheitsgrundrecht für Religionsgemeinschaften, mithilfe dessen staatliche Eingriffe in die inneren Angelegenheiten zurückgewiesen werden können. Der Staat, der die individuellen und kollektiven Glaubensvollzüge der Grundrechtsträger schützt, kann daher einer Religionsgemeinschaft nicht vorschreiben, wie sie sich intern zu organisieren hat. Zugleich bildet sich hier ein Spannungsverhältnis zu der Schutzverpflichtung aus, die dem Staat als Grundrechtsgaranten aus anderen Grundrechten erwächst. Dies gilt insbesondere für die Grundrechte Minderjähriger, aber auch für andere Personen, die, in Abhängigkeitsverhältnissen stehend, verletzlich sind. Angesichts der sexualisierten Gewalt, die von Angehörigen der katholischen Kirche ausgegangen und von Verantwortlichen in der Kirche vertuscht worden ist, stellt sich jedoch die Frage, ob der Staat eine solche „Täterorganisation“ unabhängig von ihrer Verfasstheit mit Sonderrechten und Finanztransfers unterstützen sollte. Denn die innerkirchlichen Strukturen sind systemische Ursachen des Missbrauchs und begünstigen seine Vertuschung, wie die von der Bischofskonferenz in Auftrag gegebene MHG-Studie zur Aufarbeitung sexueller Gewalt in der katholischen Kirche herausgestellt hat. Die katholische Kirche präsentiert sich sowohl als eine Ständeordnung, in der nur Kleriker Leitungsfunktionen übernehmen können, als auch als patriarchale Ordnung, in der Frauen der Zugang zu den Weiheämtern verwehrt wird. Es zeigt sich nicht nur ein Mangel an Diversität und Repräsentativität, es fehlt auch an Verfahren der Machtkontrolle und Machtteilung, dem Prinzip rechtlicher Gleichheit, der Rechtsbindung und effektiver Rechtssicherheit. Kann in dieser Situation das Selbstbestimmungsrecht der Kirchen wie ein Schutzschild gegen staatliche Anfragen an die ‚inneren Angelegenheiten' gerichtet werden? Muss nicht vielmehr gefragt werden, ob das geltende Kooperationsmodell mit seiner Privilegierung der Kirchen seinerseits sexualisierte Gewalt ermöglicht, Täter schützt und Opfern Gerechtigkeit vorenthält? Oder kommt eine solche Anfrage einer illegitimen Staatskontrolle gleich, die die Religionsfreiheit leerlaufen ließe?

Der Missbrauchsskandal beispielsweise in der katholischen Kirche fällt für diese zudem in eine für diese problematische Zeit: Neben ihrer Erosion als Volkskirche aus einer Vielzahl von Gründen wird seit dem Zweiten Vatikanum ein Reformstau konstatiert, der die verbreitete Unzufriedenheit der Gläubigen noch erhöht.

Ihre Mitglieder erfahren in der weltlichen Ordnung des demokratischen Verfassungsstaates Grundrechte, rechtsstaatliche und demokratische Institutionen als zeitgemäße, den Menschenrechten entsprechende Verfahren und sind so von einem modernen Freiheitsbewusstsein geprägt. Für die kirchliche Ordnung soll die Abwesenheit von Menschenrechten in Form des Verzichts auf innerkirchliche Freiheits- und Gleichheitsrechte sowie partizipative Verfahren in der Leitung der Kirche als religiös geboten verstanden werden. Die religiöse Lehre, die eine solche Ordnung ekklesiologisch rechtfertigt, trifft allerdings auf immer weniger Zustimmung im Volk Gottes, wie die Diskussionen und die mit großer Mehrheit getroffenen Entscheidungen des Synodalen Wegs zeigen, auf den sich die deutsche katholische Kirche in den Jahren 2019–2023 begeben hat.[4]

Diese existentielle Krise der katholischen Kirche findet in einem gesamtgesellschaftlichen Kontext zunehmender Säkularisierung und religiöser Pluralisierung statt. Damit ist auch jenseits der spezifischen Krise der katholischen Kirche die Frage einer Neubestimmung des traditionellen Staatskirchenrechts auf der Agenda. Müssen sich die Voraussetzungen des öffentlich-rechtlichen Körperschaftsstatus vor dem Hintergrund der fortschreitenden Säkularisierung und Pluralisierung der Gesellschaft nicht weiterentwickeln? Sollte es möglich sein, einer Religionsgemeinschaft den Körperschaftsstatus zu entziehen, wenn sich der verfassungsrechtliche und gesellschaftliche Konsens über die Voraussetzungen für die damit verbundenen staatlichen Leistungen geändert hat? Bedarf es, um die Rolle des Staates als Garant von Grundrechten neu auszutarieren,

---

[4] Vgl. als eine erste Auswertung: *Bernhard Emunds*, Synodaler Weg. Eine Zwischenbilanz, in: Stimmen der Zeit, H. 3 (2023), 359–370.

einer Neujustierung des religionsgemeinschaftlichen Selbstbestimmungsrechts auch mit Blick auf das Arbeitsrecht?

In vier Rubriken diskutieren die Autorinnen und Autoren die Rolle des Staats in dieser Situation: Sollte das Religionsverfassungsrecht angesichts der skizzierten Herausforderungen weiterentwickelt werden (1)? Welche Rolle kommt dem Staat mit Blick auf den sexuellen Missbrauch in den Kirchen zu (2)? Können die Sonderrechte für die Kirchen insbesondere im Arbeitsrecht aufrechterhalten werden (3)? Und: Wie sind die Krise und die Reformbemühungen innerhalb der katholischen Kirche zu bewerten und welche Rolle sollte hierbei der demokratische Verfassungsstaat einnehmen: die eines institutionellen Vorbilds oder mehr noch die einer eingreifenden Instanz (4)?

In den Beiträgen werden theologische, sozialwissenschaftliche, politiktheoretische und religionsverfassungsrechtliche Zugänge gewählt. Es kommen Analysen aus der Perspektive von Vertreterinnen und Vertretern der Kirchen und kirchlicher Einrichtungen, engagierter Laien und von Vertretern zivilgesellschaftlicher Initiativen und der Politik zu Wort. Die Beiträge versammeln dabei überwiegend, aber nicht nur katholische Stimmen und nehmen daher insbesondere die Situation in der katholischen Kirche in den Blick. Die drei Herausgeber/innen sind selbst katholisch, für Reformen innerhalb der katholischen Kirche engagiert und daher wohl auch besonders sensibilisiert. Leider ist es ihnen nicht gelungen, eine muslimische Stimme für den Band zu gewinnen. Diverse Beiträge reflektieren jedoch auch die religionsverfassungsrechtliche Situation von Musliminnen und Muslimen, ein Beitrag aus der Innenperspektive wäre jedoch wünschenswert gewesen und bleibt eine Leerstelle, die an anderer Stelle gefüllt werden muss. Der Band versteht sich nicht nur als wissenschaftliche, sondern auch als engagierte und daher auch positionierte Reflexion des religionsverfassungsrechtlichen Status quo und seiner Entwicklungspotentiale. Selbstredend enthält er nur eine Momentaufnahme.

2. Das Selbstbestimmungsrecht der Religionsgemeinschaften und das Prinzip staatlicher Neutralität

Die Beiträge der ersten Rubrik widmen sich dem Verhältnis von Selbstbestimmungsrecht und religiös-weltanschaulicher Neutralität des Staates. Infolge der religiösen Pluralisierung steigen die Anforderungen an eine Äquidistanz des Staates zu den verschiedenen Religionsgemeinschaften und an die rechtlichen Anforderungen an die Neutralität des Staates. Gleichzeitig hat der Staat ein Interesse an den Kirchen als Wertevermittler und Träger sozialer Dienstleistungen. Zugleich muss neu bestimmt werden, was von der Religionsfreiheit als „innere Angelegenheiten" der Religionsgemeinschaften geschützt wird.

Christian Waldhoff eröffnet mit seinem Beitrag die Diskussion und rekonstruiert den Status quo mit Blick auf die Entwicklung der Rechtsprechung. Als Stellschraube für die Bemessung der kirchlichen Autonomie sieht *Waldhoff* die Schranke des „für alle geltenden Gesetzes" in Art. 137 Abs. 3 S. 1 WRV. Tatsächlich habe die Anwendung der Abwägungslehre durch die Verfassungsrechtsprechung, so *Waldhoff*, im Ergebnis die Freiheitsräume von Religionsgemeinschaften gestärkt. In keinem Fall könnten die Glaubenslehren einem „Verfassungskompatibilitätstest" unterzogen werden. Dieser Anspruch auf Selbstbestimmung bei gleichzeitiger Balance mit gegenläufigen Grundrechtspositionen strahle auch in die rechtliche Bewertung des kirchlichen Arbeitsrechts aus, wobei *Waldhoff* hier durchaus eine staatliche Anstoßfunktion für Veränderungen in der Praxis der kirchlichen Dienstgemeinschaft sieht. Aber grundsätzlich sei vor diesem verfassungsrechtlichen Hintergrund die Forderung nach einer Art Staatsaufsicht nicht denkbar, das einzige legitime Aufsichtselement sei das Postulat der Rechtstreue als Voraussetzung und Folge der Erlangung des Körperschaftsstatus.

Isabelle Ley dekliniert in ihrem Text mögliche Szenarien der Weiterentwicklung des Verhältnisses von Staat und Religionsgemeinschaften durch. Sollte der Staat infolge der zunehmenden Säkularisierung der Gesellschaft insbesondere die Finanzierung der zahlreichen sozialen und Bildungseinrichtungen in kirchlicher Trägerschaft zurücknehmen, hätte dies eine Verarmung der sozialen Landschaft zur Folge: Viele dieser Einrichtungen würden privatisiert und ihre Angebote so kommerzialisiert. Alternativ wäre denkbar, dass der Staat die Anforderungen an den Körperschaftsstatus im Sinne einer stärkeren Verfassungskompatibilität erhöht, wie sie schon seit den 2000er Jahren im Zusammenhang mit den Zeugen Jehovas und jetzt erneut in Bezug auf die katholische Kirche diskutiert wird: Die Folge wäre eine Spaltung der religiösen Landschaft in verfassungstreue und verfassungsferne Religionsgemeinschaften, die den Weimarer Kirchenkompromiss aufkündigen und die „staatsfernen" Religionen radikalisieren würde. Angesichts dieser Alternativen sieht *Ley* die zeitgemäße Aufgabe der Religionspolitik darin, die Errungenschaften des kooperativen Trennungsmodells an die gegenwärtigen Herausforderungen anzupassen und in die Gegenwart zu übersetzen. Orte zu schaffen, an denen die Gesellschaft mit ihrer eigenen religiösen Pluralität in Berührung kommen kann, steht dabei im Zentrum: „Orte der Begegnung und der Auseinandersetzung mit religiöser und weltanschaulicher Vielfalt zu eröffnen, sollte heute religionspolitische Priorität haben."

Gerhard Czermak präsentiert eine säkulare Perspektive: Er macht das Neutralitätsgebot stark und möchte ihm in der Religionspolitik mehr Raum verschaffen. Es geht ihm um die Rolle des Staates als „Heimstatt aller Bürger" unter starker Betonung der Gleichstellung von religiösen und nicht-religiösen Bürgerinnen und Bürgern. Damit füllt er eine Leerstelle in religionspolitischen Debatten: Häufig, vielleicht auch naturgemäß, werden diese unter Teilnehmenden geführt, die religiös engagiert sind, oft als Vertreter oder Vertreterin einer kirchlichen Einrichtung. Die inzwischen über 50 % der Gesellschaft, die religiös nicht-assoziiert und womöglich gleichgültig bis ablehnend gegenüber dem tradierten staatskirchenrechtlichen Arrangement stehen, sind dagegen nicht kollektiv organisiert und finden daher in der Debatte unzureichend Gehör, wenngleich ihnen immer stärkeres politisches Gewicht zukommt.

Die Diagnose, wonach die katholische Kirche sich in einem existenzbedrohenden Zustand, ja im freien Fall befinde, nimmt *Ansgar Hense* zusammen mit der Tatsache der fortschreitenden Säkularisierung zum Ausgangspunkt seines Beitrags, in dem er die Frage aufwirft, ob es die Aufgabe des Staates sein könne, diesen religiösen Akteur gewissermaßen aufzufangen und lebenserhaltende Innovationsprozesse anzustoßen. Formativ-regulierende Eingriffe des Staates auf die Organisation von Religion können in Form, Inhalt und Instrumenten eine reichhaltige Palette bilden, wie Hense mit Blick auf das Arbeitsrecht, den Datenschutz und die Vielzahl der vertraglichen Abmachungen in Form von Konkordaten ausführt. Historisch eingängig sind die dem Kulturkampf entsprungenen Vorgaben Preußens, die kirchliche Vermögensverwaltung habe bestimmten Anforderungen zu genügen, die die Allzuständigkeit des Pfarrers beendeten und in die Kompetenz von auch aus Laien bestehenden Kirchenvorständen übertrugen. Das kann als eine staatliche Erzwingung gemeinsamen Beratens und Entscheidens durch die Laien angesehen werden, die auf Gemeindeebene nur in NRW noch Bestand hat, aber immerhin auf Diözesanebene übernommen wurde. Gleichwohl kann es nicht die Aufgabe des Staates sein, religiöse Vitalität zu initiieren oder gar zu substituieren. Dass Bewegung vonnöten ist, steht für *Hense* dabei außer Zweifel: Stabilität erfordert Wandel.

Auch *Hans Michael Heinig* knüpft an die Erfahrungen des Kulturkampfes an, aber mit anderer Blickrichtung: Das Verbot der Staatskirche schließt für ihn ein Verbot staatlicher Kulturkampfmaßnahmen ein. Zwar verleiht der Verfassungsstaat mit dem öffentlich-rechtlichen Körperschaftsstatus einigen Religionsgemeinschaften eine besondere Wirkungsmöglichkeit und muss daher dafür Sorge tragen, dass diese sich nicht gegen ihn wenden. Aber, wie *Heinig* ausführt, muss eine der freiheitlichen Ordnung verpflichtete Religionspolitik eine Balance suchen zwischen Gefahrenabwehr und dem staatlichen Interesse an Religionsgemeinschaften. Diese Balance sei von der Freiheit auf religiöse Selbstbestimmung, auch der Religionsgemeinschaften, her auszubuchstabieren, wobei die Unterscheidung zwischen Staats- und Rechtstreue zu beachten sei. *Heinig* warnt davor, dass der Staat den reformorientierten Gläubigen bei deren Modernisierungsbemühungen in ihren Religionsgesellschaften mit staatlichen Maßnahmen zur Seite springt, damit handele er letztlich autoritär.

Aus kirchenrechtlicher Perspektive hebt *Thomas Schüller* hervor, dass sich die katholische Kirche als *global player* von ihrem Selbstverständnis her grundsätzlich nicht mit einer bestimmten staatlich-rechtlichen Zuschreibung identifiziert, weil sie aus sich heraus Rechtssubjektivität besitzt. Aus kirchlicher Sicht sei der staatlich verliehene Körperschaftsstatus daher nicht zwingend. Seines Erachtens sind Rückfragen an die ihr zugeschriebene Gemeinwohldienlichkeit und an die Behauptung, die Kirche sei in diesem rechtlichen Korsett zwar grundrechtsberechtigt, aber nicht grundrechtsverpflichtet, daher nicht nur erlaubt, sondern dringend erforderlich. Aus Sicht der Kirchen selbst gelte es zu fragen, ob sie nicht ohne den staatlich verliehenen Körperschaftsstatus besser fahren würden, da sie dann freier die Kontrastgesellschaft darstellen können, die sie vom Evangelium her zu sein hätten, um soziale und ökologische Missstände überzeugend anprangern zu können. Der Körperschaftsstatus in Kombination mit dem vorbehaltlosen Selbstbestimmungsrecht hat für *Schüller* auch dazu beigetragen, dass die katholische Kirche als ein Staat im Staat angesehen worden ist, was sich faktisch so ausgewirkt hat, dass sich staatliche Strafverfolgungsbehörden und Gerichte bis heute schwertäten, bei der Vertuschung sexualisierter Gewalt oder auch des Vermögensmissbrauchs aktiv zu werden.

Auch *Tine Stein* plädiert für eine Reform. Sie begründet aus einer politiktheoretischen Perspektive den universellen Geltungsanspruch der Menschenrechte und schärft das Spannungsverhältnis, das dem Staat hieraus erwächst: Auf der einen Seite sei aus den in den Grundrechten positivierten

Menschenrechten ein Maßstab von Freiheit und Gleichheit zu ziehen, dem der Staat zur Geltung verhelfen zu hat, auf der anderen Seite schützten die Grundrechte vor allumfassender staatlicher Regelung gerade in Glaubensangelegenheiten. Diesem Spannungsverhältnis könne durch ein Verbot von undemokratisch und monistisch organisierten Religionsgemeinschaften nicht abgeholfen werden. Durchaus aber könnten aus der Verpflichtung des Staates zum Schutz der Grund- und Menschenrechte auch innerhalb von Religionsgemeinschaften neue Maßstäbe und Kriterien für die Verleihung und Beibehaltung des Körperschaftsstatus entwickelt werden: In diesem Sinne könne zwar nicht die Kirche an die Menschenrechte gebunden werden, seine eigene Verpflichtung auf die Einhaltung der Menschenrechte müsse der Staat aber Ernst nehmen, auch in der Ausgestaltung des Rechtsstatus von Religionsgemeinschaften.

3. Missbrauch in den Kirchen und die Rolle des Staates

Die Beiträge der zweiten Rubrik diskutieren, ob dem deutschen Staat ein Versagen durch Wegschauen im Missbrauchsskandal in den christlichen Kirchen attestiert werden kann. In Irland, England, Wales und auch Australien wurden staatliche, teilweise parlamentarische Kommissionen („Wahrheitskommissionen“) zur Aufklärung eingesetzt. Dies wird angesichts der zögerlichen Aufarbeitung durch die Kirchen selbst auch in Deutschland gefordert. Die vom Bundestag beauftragte Arbeit des Unabhängigen Beauftragten für Fragen des sexuellen Kindesmissbrauchs sowie der Unabhängigen Kommission zur Aufarbeitung sexuellen Kindesmissbrauchs wird als nicht ausreichend erachtet. Welche Rolle kommt in diesem Zusammenhang den Strafverfolgungsbehörden zu? Ist hier eine „Beißhemmung“ zu konstatieren? Welche Funktion und welche Verpflichtungen kommen dem Staat, auch den Parlamenten und Gerichten, bei der Prävention und der Aufarbeitung sexualisierter Gewalt in Religionsgemeinschaften zu?

Der Kreis der Opfer von Missbrauch umfasst nicht nur Kinder und Jugendliche – er ist noch größer zu ziehen. Auch Erwachsene sind Opfer sexualisierter Gewalt, und für die Einordnung dieses Missbrauchs ist es notwendig, sehr genau sowohl die staatlichen als auch die kirchlichen Regelungen zu analysieren. Dies tut *Ute Leimgruber* in ihrem Beitrag. Zentral ist hier das Rechtsgut der sexuellen Selbstbestimmung: Wie kann dies in Macht- und Abhängigkeitsverhältnissen im innerkirchlichen Kontext geschützt werden? Dazu müsste § 174c StGB, mit dem die sexuelle Selbstbestimmung im Rahmen von Beratungs-, Behandlungs- oder Betreuungsverhältnissen geschützt wird, auch auf Seelsorgeverhältnisse ausgedehnt werden. Seelsorgerliche Verhältnisse müssten dafür in den Katalog der therapeutischen Behandlungs- und Betreuungsverhältnisse aufgenommen werden. Denn gerade dort besteht aufgrund der asymmetrischen Beziehung ein hohes Verletzungspotential – Menschen sind in der Kirche systemisch solcher „Vulneranz" ausgesetzt, wie *Leimgruber* ausführt. Zudem sollte die Auslegung der Missbrauchs-Ordnung der DBK nicht länger täterfreundlich möglich sein und es sollten in allen Diözesen eindeutige Verfahrensregeln und Beschwerdewege eingeführt werden. Mit diesen und weiteren Rechtsänderungen wäre es freilich nicht getan. Denn ebenso notwendig sei ein Bewusstseinswandel dahingehend, dass Missbrauch auch gegenüber Personen über 18 Jahren – eben im Rahmen besonderer asymmetrischer Vertrauens- und Machtverhältnisse – begangen werden kann.

Adrian Loretan schließt hier aus einer kirchenrechtlichen Perspektive an und arbeitet die systemischen Ursachen des Machtmissbrauchs und der sexualisierten Gewalt in der Kirche heraus. Eine dieser Ursachen ist der auf der Basis eines absolutistischen Rechtssystems gewachsene Habitus von Priestern und Bischöfen, die sich gegenüber Laien nicht verantworten müssen: Die Gleichheit der Getauften, von der im Konzilstext *Lumen Gentium* die Rede ist, sei kirchenrechtlich nie umgesetzt worden. Zu den systemischen Ursachen rechnet er weiterhin die fehlende Gewaltenteilung innerhalb der Kirche, den Pflichtzölibat und den Ausschluss von Frauen von den Weiheämtern. Hinzu kommt auf einer symbolisch-erkenntnistheoretischen Ebene, dass es in der Kirche nur eine Sprache des Dienstes, aber nicht der Macht gibt. Dieses ganze System versetze die Betroffenen in eine Situation der Ohnmacht. Erst allmählich entwickelt sich ein Schutzsystem, wie Loretan in Auseinandersetzung mit der Kinderrechtskonvention der Vereinten Nationen aufzeigt. Dem Verfassungsstaat weist er eine aktive Rolle beim Schutz vor Missbrauch auch in der Kirche zu. In einem Dialog mit der politischen Philosophie Hannah Arendts zeigt Loretan schließlich auf, dass Verbrechen nicht nur durch einzelne Personen, sondern auch durch juristische Personen (Staat, Kirche, Unternehmen) und ihre Strukturen und Rechtskultur gefördert werden können.

Vor allem kommt dem Staat eine Verantwortung bei der Aufarbeitung des Missbrauchs in den Kirchen zu, wie die folgenden drei Beiträge zeigen. *Matthias Katsch*, *Klaus Mertes* und *Lars Castellucci / Julian*

Christopher Marx widmen sich der Missbrauchsfrage aus je unterschiedlichen Akteursperspektiven: als Betroffener, als Repräsentant der schuldig gewordenen Institution und als Vertreter des Staates. *Matthias Katsch* betont vor dem Hintergrund seiner eigenen Erfahrungen, dass an dem überaus schmerzlichen Prozess der persönlichen Aufarbeitung kein Weg vorbeiführt. Ohne seine Initiative und die seiner beiden Mitschüler, die sich gemeinsam an den damaligen Rektor des Berliner Canisius-Kollegs, Klaus Mertes, gewandt hatten, wäre der Aufarbeitungsprozess in Deutschland nicht ins Rollen gekommen. Das zweite Verbrechen, die Vertuschung des Missbrauchs, der Schutz der Täter und die fortgesetzte Gefährdung der Kinder und Jugendlichen durch Versetzung der Täter an einen anderen Ort, wurden erst durch die Enthüllungen der Jahre 2010 und folgende offenbar. Die Bischöfe und auch der Vatikan handelten hier wie nach einem Protokoll – alles nur, damit die Institution in ihrer Lehre und ihrem institutionellen Gerüst am Status quo festhalten konnte. Katsch plädiert für eine Auseinandersetzung mit dem Unrecht auf drei Ebenen: der persönlich-individuellen, der institutionellen und der gesellschaftlich-politischen. Den Staat sieht er in der Pflicht, durch unabhängige Wahrheitskommissionen die Defizite der kirchlichen Selbstaufklärung zu überwinden, konsequente Strafverfolgung zu betreiben und die Kirchen zu einer gerechten Entschädigungszahlung zu veranlassen.

Ebenso bedeutend für die Aufdeckung der Missbrauchsfälle in der katholischen Kirche war *Klaus Mertes*, der auf die Initiative von *Katsch* hin als Rektor des Berliner Canisius Kollegs 2010 die Missbrauchsfälle an die Öffentlichkeit brachte. Seitdem wurde neben dem Missbrauch auch seine Vertuschung in immer neuen Anläufen aufgedeckt. Auch er kritisiert, dass die Aufarbeitung bisher dysfunktional aufgestellt sei, und plädiert für eine stärkere Einmischung des Staates, da die Täter-Institution – nicht nur die katholische Kirche, auch wenn diese das Versagen beispielhaft und eben auch mit dem spezifisch katholischen Geschmack des Missbrauchs vorführt – und die Betroffenen weder allein noch gemeinsam eine unabhängige Aufarbeitung garantieren könnten. Aber der Staat hält sich zurück und hat diesen Rahmen bislang nicht zur Verfügung gestellt. Denn, wie *Mertes* aufzeigt, die Kompetenzen der UBSKM (Unabhängige Beauftragte für Fragen des sexuellen Missbrauchs) und auch die der Unabhängigen Kommission sind immer noch zu begrenzt, um wirklich nachhaltige Effekte zu erzielen. Dafür müsste sich die Rolle der UBSKM und der UK von einer anwaltlichen in eine hoheitlich-neutrale Rolle verändern, die mit entsprechenden Befugnissen wie der Akteneinsichtnahme ausgestattet wäre. Auch wäre es wichtig, Klarheit über die Rolle der Betroffenen in Aufarbeitungsprozessen zu gewinnen: *Mertes* will die Beteiligung der Betroffenen bei der Aufarbeitung gegen die Reinszenierung des Missbrauchs schützen. Wenn der Staat seiner friedensstiftenden Funktion nachkäme und den Aufarbeitungsprozess verbindlich gestalten würde, müssten sich die Kirchen im Wege der freiwilligen Selbstbindung einem solchen Rechtsregime allerdings auch unterstellen.

Lars Castellucci und *Julian Christopher Marx* schließen sich der Kritik an und lassen die bisherigen Erfahrungen Revue passieren – sie sehen kaum Fortschritte bei der Aufarbeitung der Kirchen. Mit jedem neuen Gutachten, das öffentlich wird, zeige sich, dass Aufarbeitung neu organisiert werden müsse. Sie plädieren für einen verbindlichen Rahmen dieser Aufarbeitung: Staatlicherseits müsste mindestens eine gesetzliche Grundlage mit Präzisierung der Aufgabenstellung der Unabhängigen Kommission, ihrer Kompetenzen und der dafür erforderlichen personellen und sachlichen Ressourcen bereitgestellt werden. Dann könne diese Kommission diejenigen Qualitätsstandards entwickeln, die eine ‚verbindliche Maske' für die jeweiligen Aufarbeitungsprozesse in den Institutionen vorgeben. Dabei gelte es auch, die Betroffenen zu stärken. All dies müsse in eine nationale Gesamtstrategie gegen sexualisierte Gewalt münden.

4. Sonderrechte für die Kirchen?

In der dritten Rubrik wird die Frage nach der Legitimität von Sonderrechten für Religionsgemeinschaften, speziell für die beiden Großkirchen, gestellt. Dies umfasst das kirchliche Arbeitsrecht und den sogenannten Dritten Weg, womit sich *Katharina Mangold*, *Jacob Joussen* und *Manfred Kollig* beschäftigen. Die Besonderheiten für Caritas und Diakonie werden in den Beiträgen von *Ulrike Kostka* und *Veronika Gräwe* untersucht, Sonderregime in Bildung und Wissenschaft werden von *Claudia Lücking-Michel* thematisiert.

Nach einer Reihe von Urteilen des Europäischen Gerichtshofs, des Bundesverfassungsgerichts und verschiedener ordentlicher Gerichte in Deutschland sind in den letzten Jahren die Anforderungen für die kirchliche Selbstbestimmung im Arbeitsrecht, aber auch an die Grundrechtsbindung gesellschaftlicher Akteure enger gezogen worden. Die Gerichte haben bereits eine Relativierung der Position der kirchlichen Arbeitgeber vorgenommenen. Und die katholische Kirche hat jüngst selbst einen großen Schritt gemacht, indem sie die Verpflichtung ihrer Arbeitnehmer und Arbeitnehmerinnen in Bezug auf die persönliche Lebensführung in ihrer neuen Grundordnung gelockert hat.

Katharina Mangold hebt in ihrem Beitrag hervor, dass das deutsche Verfassungsrecht den Kirchen als Arbeitgeberinnen traditionell großzügige Spielräume gewährt und sich staatlicher Vorgaben enthält. Heute aber gelte es, die Richtlinien der EU einzubeziehen, die Diskriminierung von Arbeitnehmenden etwa wegen des Geschlechts, der Geschlechtsidentität oder der fehlenden religiösen Bindung verbieten. Bei der Hinterfragung der deutschen Tradition aus Anlass europäischer Diskriminierungsverbote mahnt sie an, dass ein Verständnis für den Eigensinn religiöser Glaubensüberzeugungen auch in einer weitgehend säkularisierten Gesellschaft gewahrt bleiben müsse. Sie empfiehlt dieses Spannungsverhältnis so zu bearbeiten, dass die Gründe für bestimmte arbeitsrechtliche Praktiken der Kirchen aufgezeigt werden – der bloße Verweis auf Tradition reiche nicht aus.

Jacob Joussen arbeitet die grundsätzliche Problematik des kirchlichen Individualarbeitsrechts als „Loyalitätsrecht" heraus. Er sieht hier nach wie vor einen großen Bedarf nach Veränderungen. Auch wenn die Änderung der Grundordnung im katholischen Bereich seines Erachtens schon viel bewegt hat, sei sie noch nicht ausreichend. Auch werde die evangelische Seite hier noch nachziehen müssen. Dagegen sieht *Joussen* im kollektiven Arbeitsrecht eine Reform im Mitarbeitervertretungsrecht nur punktuell, nicht strukturell geboten. Bei dem sogenannten Dritten Weg, der kollektiven Arbeitsrechtsetzung, untersucht *Joussen* insbesondere die Frage des Arbeitskampfes – eine Verknüpfung sieht er als schwierig an.

Manfred Kollig, Generalvikar im Erzbistum Berlin, erkennt für die katholische Kirche grundsätzlichen Reformbedarf, auch im kirchlichen Arbeitsrecht. Das Arbeitsrecht versteht er in theologischer Perspektive als eine (weitere) Plattform, in der sich die Kirche – nach katholischem Selbstverständnis – in ihrer sakramentalen Qualität zu bewähren und zugleich die Zeichen der Zeit zu verarbeiten habe. Dass die Kirche meinte, es sei der persönliche Lebensstil der Menschen, der die kirchliche Einrichtung profiliere, sieht *Kollig* dabei als eine irrige Grundannahme an, zumal die Evaluierung des dienstlichen Verhaltens darüber vernachlässigt worden sei. *Kollig* begrüßt daher die Reform der Grundordnung, die die katholischen Beschäftigten in katholischen Einrichtungen nun nicht mehr nach ihrem Beziehungsstatus und ihrer sexuellen Orientierung beurteilt. Dies hatte das Vertrauensverhältnis zwischen Arbeitgeber und

-nehmerinnen nachhaltig gestört und von dem eigentlichen Auftrag, den es in diesen Einrichtungen zu erfüllen gelte, abgelenkt: dem Sendungsauftrag des Evangeliums gemäß zu handeln. Dies gelingt in seinen Augen im Rahmen des Dritten Wegs als „Versammlung von Dienstgeber- und Dienstnehmer:innen“, die an einem Tisch sitzen, christlich gesprochen: eine Tischgemeinschaft bilden.

Das ist auch die zentrale Aussage des Beitrags von *Ulrike Kostka*, die wie *Manfred Kollig* eine praktische Perspektive ein- und mit einer theologischen Perspektive zusammenbringen kann. Aus der Erfahrung als Direktorin der Caritas-Einrichtungen im Erzbistum Berlin kann sie festhalten, dass die Konfession der Mitarbeitenden schon lange nicht mehr das entscheidende Kriterium dafür ist, ob sich in einer kirchlichen Einrichtung ein christliches Profil zeigt. Für sie bedeutet Caritas eine biblisch geprägte Handlungs- und Identitätsgemeinschaft, die von dem diakonischen Dienst her zu verstehen sei. Diakonie drückt dabei eine christliche Grundhaltung aus, die sich an den Worten und dem Verhalten von Jesus Christus orientiere. Wie können die Caritas-Organisationen in einer pluralen Gesellschaft und bei einer pluralen Mitarbeiterschaft – was für die Diaspora-Situation Berlins erst recht gilt – zu kirchlichen Ausstrahlungsorten werden, in denen diese Grundhaltung gelebt werden kann? In den Augen *Kostkas* sind nicht vornehmlich äußere Aspekte wie die Präsenz christlicher Symbole und die Konfessionalität der Mitarbeiterinnen und Mitarbeiter entscheidend, sondern es sei immer wieder neu zu erarbeiten, wie die christliche Botschaft die Praxis prägen kann.

Die Pluralität der zeitgenössischen Gesellschaft ist der Ausgangspunkt des Beitrags von *Veronika Gräwe*, die die Aufgabe des Staates mit Blick auf die soziale Infrastruktur konturiert: Die Pluralität der Gesellschaft müsse sich in einem pluralen Angebot sozialer Einrichtungen widerspiegeln. Wenn die soziale Infrastruktur wesentlich von den Kirchen getragen ist, diese gar in manchen Gegenden ein Monopol der sozialen Einrichtungen und Bildungseinrichtungen innehaben, dann müsse der Staat dafür sorgen, dass auch diejenigen Menschen dort adäquat betreut und versorgt werden, die aufgrund ihrer sexuellen Orientierung und geschlechtlichen Identität womöglich nicht der jeweiligen kirchlichen Sexuallehre entsprechen. Die eigene von dieser Norm abweichende Identität in derartigen Einrichtungen zu leben, ist mit zahlreichen Schwierigkeiten versehen, wie *Gräwe* aufzeigt. Die Wirklichkeit ist weiter als die Lehre – in der Praxis zeigt sich spätestens seit der Initiative #OutInChurch eine gelebte katholische Diversität, was *Gräwe* als eine der

Grundbedingungen einer gelingenden Infrastruktur in katholischer Trägerschaft ansieht.

Claudia Lücking-Michel diskutiert im letzten Beitrag dieser Rubrik die Anforderungen, die an die theologische Ausbildung in Hochschulen zu stellen sind. Theologische Fakultäten an staatlichen Universitäten (im Rahmen von Konkordaten und Staatskirchenverträgen geregelt), sieht sie als vorzugswürdig gegenüber kirchlichen Hochschulen an. Denn auch die Religionsgemeinschaften müssen eine Reflexions- und Sprechfähigkeit ausbilden, die es ihnen erlaubt, in der pluralen Welt des 21. Jahrhunderts ihre Sichtweisen gewinnbringend in den öffentlichen Diskurs einzubringen. Eine der wesentlichen Voraussetzungen für die Ausbildung dieser Sprachfähigkeit sei das Zusammentreffen der Theologie mit anderen wissenschaftlichen Disziplinen im Rahmen der Universität. Religionslehrerinnen, Pastoralreferentinnen, Priester – alle sollten eine theologische Ausbildung erfahren, die die Konfrontation auch mit anderen Weltsichten, Methoden und Theorien bietet. Dazu sollte sich die Theologie und auch die Religionswissenschaft weiterentwickeln, wie *Lücking-Michel* in Auseinandersetzung mit einem Papier des Wissenschaftsrats herausarbeitet. Demgegenüber sieht sie die Pläne des Kölner Erzbischofs für eine neue „Kölner Hochschule für Katholische Theologie" ausgesprochen kritisch, als ein Desaster in finanzieller Hinsicht, als strategische Fehlplanung und als inhaltliche Provokation. Der Kardinal wolle eine Kaderschmiede etablieren, die letztlich ein Einfallstor für Sektierertum präsentiere.

5. Semper Reformanda – Krise und Reform der katholischen Kirche

In der vierten Rubrik schließlich sind Beiträge versammelt, die sich mit der gegenwärtigen Krise und den Reformbemühungen innerhalb der katholischen Kirche befassen. Den Aufschlag macht aus sozialethischer Perspektive *Hermann-Josef Große Kracht*, der wenig bis gar keine Zukunftsaussichten für einen konziliaren, sprich vom Zweiten Vatikanum geprägten Katholizismus in Deutschland sieht. Eine größer werdende Zahl, bald die Mehrheit der Bevölkerung lebe völlig säkular, auch wenn die Sakramente als Dienstleistungen für die Status-Passagen des Lebens aufgrund von deren Event-Charakter noch nachgefragt seien. Eine stärkere Trennung von Kirche und Staat löst für *Große Kracht* keines der aufgeworfenen Probleme, sondern schaffte nur neue: Ohne die spannungsreiche Kooperation mit den Kirchen laufe der Staat Gefahr, zum liberalen Weltanschauungsstaat zu werden. In der katholischen Kirche würden die rechtskatholischen Kreise dann vermutlich wirkmächtiger, in deren Augen man ohnehin bereits zu viele Kompromisse mit der demokratischen Moderne eingegangen sei. Für die Balance innerhalb der katholischen Kirche fehle heute der progressive Flügel des Linkskatholizismus und die Aufbruchstimmung, die auch die deutsche katholische Kirche mit dem Zweiten Vatikanum und dem Programm einer Kirche der Armen und Marginalisierten erfasst hatte. Dabei sei es nicht um die Befassung mit der eigenen Gestalt gegangen, sondern um die ungerechten Verhältnisse in der Welt und die Notwendigkeit, diese zu verändern. *Große Kracht* sieht das heutige reformkatholische Lager festgenagelt auf die strukturellen Fragen der diskriminierenden Praxis in der Ämterfrage, den Ausschluss von Laiinnen und Laien von Entscheidungen und so fort. Aber die revolutionäre Botschaft des Evangeliums, die Protest- und Umsturzgeschichten, die den Kern des Evangeliums bilden, würden im liberalen Katholizismus noch nicht einmal mehr vermisst.

Auch *Christiane Florin* ist skeptisch, was die Reformierbarkeit der katholischen Kirche angeht, allerdings aus einer anderen Perspektive. Sie kritisiert, dass die Hoffnung auf Reformen das kritische Lager der Laiinnen und Laien während des Synodalen Wegs dazu verleitet habe, viel zu milde mit den Bischöfen umzugehen, die trotz aller Rhetorik von Gemeinsamkeit und Augenhöhe von ihrer Macht nichts abgegeben hätten. Hätte man sich nicht derart vom Prinzip Hoffnung leiten lassen, hätte man mit Blick auf die im Statut des Synodalen Weges eingeschriebene Zwei-Drittel-Mehrheit der Bischöfe schon vorher wissen können, dass die angebliche Augenhöhe in Wahrheit niemals existierte. Die Stimme der Bischöfe wurde höher gewichtet, so dass am Ende nur stark verwässerte Beschlüsse gefasst wurden. Eine solche kritische Analyse mit Blick auf die kirchlichen Macht- und Diskursverhältnisse wäre im Vorhinein von Nöten gewesen: Die Hass verbreitenden, teilweise klerikalfaschistischen Aktivisten setzten den Katholizismus im Ganzen unter Druck, dabei sei dieses Lager für Argumente nicht mehr erreichbar. Statt dem Druck nachzugeben, ruft sie dazu auf, die entsprechenden Netzwerke offenzulegen und an einer innerkirchlichen Verfassung zu arbeiten, die mit wirksamen *checks and balances* vor Machtmissbrauch schützt.

Es braucht ein begriffliches Gerüst, um diese Ebenen der sozialen Praxis, der Herrschaftsausübung und der Herrschaftsquelle zu erfassen, und zwar im Hinblick darauf, was als gerechtfertigt angesehen wird und angesehen werden kann, wie *Georg Essen* in seinem Beitrag herausarbeitet.

Im Unterschied zum Begriff der Legitimation, der die gerechtfertigte Verleihung von Vollmachten zur Ausübung von Herrschaft und Macht begründet, zielt der Begriff der Legitimität auf die sozialen Praktiken, in denen Anerkennung und Zustimmung oder aber Verweigerung und Widerspruch, sprich: Grundhaltungen, kommuniziert werden. Mit ihnen muss ein Einverständnis darüber eingeholt werden, ob der Geltungsanspruch, der von Normen, Recht und Gesetzen erhoben wird, richtig, wahrhaftig und angemessen ist. Im Mittelpunkt seines Beitrages steht die Frage, inwiefern es innerhalb der römisch-katholischen Verfassungsordnung an institutionalisierten Orten freiheitlicher Kommunikation fehlt, in denen die Legitimität von Macht und Herrschaft in der Kirche hinterfragt werden kann.

Dass aber tatsächlich das Reden über Religion und in einer Religionsgemeinschaft und das Reden über Politik und in einer politischen Organisation etwas ist, das es analytisch zu unterscheiden gilt, darauf macht *Ulrich K. Preuß* aufmerksam. Er fragt, wie sich das politische und das religiöse Feld zueinander verhalten. In institutioneller Hinsicht sieht er die Unterscheidung wesentlich darin, dass im Staat die Bürgerinnen und Bürger über den Zweck ihrer politischen Ordnung verfügen können, was das Gottesvolk mitgliedschaftlich nicht vermag, da die Kirche nach übereinstimmendem lutherischem, reformiertem und katholischem Verständnis auf den Willen und das Wirken Gottes gegründet ist und so auch ihre Rechtsordnung auf einen heteronomen Geltungsgrund aufbaut. In ihrem Eigensinn seien die Religionsgemeinschaften vor dem Staat geschützt und auch alles Ringen um Veränderungen innerhalb der kirchlichen Ordnung sei eine innerkirchliche Angelegenheit. Aber aus soziologischer Perspektive interessant findet Preuß die aktuellen Auseinandersetzungen doch. Im Projekt des Synodalen Weges sieht er im Sinne Max Webers den Laienintellektualismus aktiv, der sich in einem Dissens zum Laientraditionalismus befinde. Der Dissens darüber, wie der Glaube in Gemeinschaft zu leben sei, verändere den Erfahrungsraum, da es nun nicht mehr nur um die Beziehungen der Menschen zu Gott, sondern ihre Beziehungen untereinander gehe. Und um dies zu verhandeln, müssten die Laien letztlich auf die Sprache der Politik zurückgreifen, dann befänden sie sich schließlich jenseits des Schattens der Hierarchie – ein Schritt hin zu einer *ecclesia reformata*.

Tatsächlich ist die katholische Kirche aber gerade in ihrer jüngeren Geschichte auf das engste mit der politischen Entwicklung des neuzeitlichen Staates verbunden – nur dass sie den letzten Schritt des Staates hin zur konstitutionellen Demokratie nicht nur nicht nachvollzogen, sondern im Gegenteil den absolutistischen Staat der Neuzeit von der Struktur her noch auf die Spitze getrieben hat. *Michael Seewald* zeichnet anhand des Zusammenhangs zwischen Dogma und päpstlicher Souveränität nach, wie sehr die gegenwärtige Verfasstheit der katholischen Kirche auf im 19. Jahrhundert rezipierten Vergesellschaftungsvorstellungen fußt. Unter Rekurs auf die Zuordnung des göttlichen und des menschlichen Elements in der Kirche, wie das Zweite Vatikanische Konzil sie vornahm, argumentiert *Seewald*, dass das Menschliche – und damit auch seine praktische Vernunft, seine Sozialität und seine Geschichtlichkeit – Heimatrecht in der dogmatischen Verfasstheit der Kirche habe. Es werden vier für die Demokratie als *way of life* prägende Prinzipien benannt (das Gleichheitsprinzip, das Mehrheitsprinzip, das Kontrollprinzip und das Normbindungsprinzip), die die Kirche in ihrer Struktur deutlich stärker als bislang berücksichtigen könnte, ohne dadurch ihren normativen Kern aufgeben zu müssen. Die Behauptung, die Kirche könne sich nicht den demokratischen Staat zum Vorbild nehmen, da über (Glaubens)Fragen der Wahrheit nicht mit Mehrheit abgestimmt werden könne, sieht *Seewald* kritisch: Die meisten Fragen, die es zu entscheiden gälte, seien nicht dogmatischer, sondern pragmatischer Natur. An der Anstrengung, wie das Evangelium zu stets neuer Zeitgenossenschaft geführt werden könne, sieht *Seewald* schließlich keinen Weg vorbeiführen.

Die meisten der hier versammelten Autorinnen und Autoren konnten für ihre Beiträge auf die Thesen zurückgreifen, die sie als Referentinnen und Referenten im Rahmen der Tagung „Semper Reformanda: Religionspolitische Reformperspektiven für die Kirchen“ am 24. und 25. Juni 2022 in der Heilig-Geist-Kapelle der Humboldt-Universität zu Berlin vorgetragen haben. Wir sind den Beitragenden dankbar, dass sie für die Ausarbeitung ihrer Texte zu diesem Band auch die Debatten mit den zahlreichen Teilnehmenden vor Ort aufgenommen und zudem aktuelle Bezüge hergestellt haben. Wir danken auch den neu hinzugekommenen Autorinnen und Autoren für die Bereitschaft, sich mit einem Beitrag zu beteiligen. Wir danken besonders Sven Altenburger und Carlotta Dankers von der Georg-August-Universität Göttingen für die editorische und technische Bearbeitung der Beiträge. Schließlich danken wir dem Berliner Katholischen Frauenbund (KDFB), insbesondere Marie Merscher, für ihre Kooperation und Unterstützung bei der Vorbereitung der Tagung.

Wir hoffen, dass dieser Band einen Beitrag dazu leisten kann, der Rede von „semper reformanda“ weitere Impulse zu verleihen.[5] „Semper reformanda“ verstehen wir als Aufforderung zu der dauernden Anstrengung, sich einer normativen Grundbotschaft zu vergewissern und diese im Lichte aktueller Herausforderungen – der Zeichen der Zeit – neu zu interpretieren. Weltliche Gemeinschaften sind davon nicht ausgenommen.

Berlin und Göttingen, im April 2023

[5] Vgl. zur Geschichte der Verwendung des tatsächlich nicht auf Martin Luther, sondern wörtlich auf Karl Barth zurückgehenden Ausspruchs „ecclesia semper reformanda“ umfassend Theodor Mahlmann: „Ecclesia semper reformanda“. Eine historische Aufklärung. Neue Bearbeitung, in: Hermeneutica Sacra. Studien zur Auslegung der Heiligen Schrift im 16. und 17. Jahrhundert, hrsg. v. Torbjörn Johansson, Robert Kolb und Johann Anselm Steiger, Berlin 2010, 381–442.

I. Das Selbstbestimmungsrecht der Religionsgemeinschaften und das Prinzip staatlicher Neutralität

Innere Angelegenheiten der Kirchen und religiös-weltanschauliche Neutralität des Staates
Überlegungen anlässlich des Missbrauchsskandals

Christian Waldhoff

1. Ausgangslage

Der nicht enden wollende Missbrauchsskandal vor allem in der katholischen Kirche, das Chaos und teilweise Versagen bei der innerkirchlichen Aufarbeitung, haben den Ruf nach staatlichem Einschreiten lauter werden lassen. Diese Stimmen argumentieren oft: Wenn es die Kirche als Verursacherin nicht schafft, die Missstände zu beseitigen und eine glaubwürdige Aufarbeitung zu erreichen, dann müsse der Staat eintreten. In der Sache gehen derartige Forderungen teilweise in Richtung einer „Staatsaufsicht" für Kirchen und Religionsgemeinschaften. Einmal abgesehen von dem Faktum, dass Umgang und Aufarbeitung in den einzelnen deutschen Diözesen unterschiedlich abläuft und dass bisher keine andere Großorganisation so weit mit der Auseinandersetzung mit sexuellem Missbrauch vorangeschritten ist, erscheinen entsprechende Forderungen auch angesichts von Friktionen insbesondere zwischen der katholischen Kirche und Standards, wie sie in der staatlichen Sphäre selbstverständlich sind, nicht völlig unplausibel. Doch wie sollte das staatliche Eingreifen aussehen? Was wären die verfassungsrechtlichen Grenzen? Schließlich: Wäre das überhaupt ein gangbarer, ein sinnvoller Weg? Im Folgenden soll der Missbrauchsskandal nur als Anlass genommen werden, um die hintergründige Frage nach den Möglichkeiten einer Art „Staatsaufsicht" für Religionsgemeinschaften allgemein auszuloten. Dazu ist zunächst das Selbstbestimmungsrecht der Kirchen und Religionsgemeinschaften als für hiesige Fragestellung zentrale religionsverfassungsrechtliche Kategorie in Erinnerung zu rufen und seine sich wandelnde Interpretation seit der Weimarer Zeit nachzuzeichnen (unter 2.). Dabei wird auch ein kurzer Vergleich zu den Besonderheiten des kirchlichen Arbeitsrechts gezogen. Schließlich sind die Schlussfolgerungen hinsichtlich einer staatlichen „Aufsicht" im weiteren Sinn zu ziehen (unter 3.). Dabei geht es hier nicht um konkrete Maßnahmen in der Bewältigung des Missbrauchsskandals, sondern um eine Skizzierung des Rechtsrahmens für entsprechende staatliche Aktivität.

2. Kirchenautonomie als Zentralpostulat des deutschen Religionsverfassungsrechts

2.1 Bedeutung der Autonomie der Religionsgemeinschaften im religionsverfassungsrechtlichen System des Grundgesetzes

Als erstes ist das Grundverhältnis zwischen Staat und Religionsgemeinschaften in Erinnerung zu rufen.[1] Es gehört zu den Charakteristika des deutschen religionsverfassungsrechtlichen korporativen Modells als Ergebnis einer langen pfadabhängigen Entwicklung, dass gleichberechtigt neben dem Individualgrundrecht der Religionsfreiheit das Selbstbestimmungsrecht der Religionsgemeinschaften steht.[2] Es handelt sich um die Zentralnorm des institutionellen Religionsverfassungsrechts im Grundgesetz. In einer freiheitlichen Religionsordnung, in der einerseits keine Staatskirche existiert, die andererseits auf Kooperation zwischen Staat und Kirchen sowie anderen Religionsgemeinschaften ausgerichtet ist, ist das eine notwendige Konsequenz. Diese zentrale Norm soll im Folgenden etwas näher betrachtet werden, zumal ihre Interpretation seit 1919 mehrfachen Wandlungen unterlag. Die Dogmatik des kirchlichen Selbstbestimmungsrechts, mit der die Juristen die Anwendung der Garantie kirchlicher Selbstverwaltung steuern, hat von 1919 bis in die Gegenwart eine Entwicklung durchlaufen. Sie wurde in den unterschiedlichen Verfassungsepochen Deutschlands seit 1919 der jeweiligen Gesamtverfassungsordnung angepasst; man könnte von einer Kompatibilisierung der Kirchenautonomie mit dem Stand des jeweiligen Verfassungsrechts sprechen. Nach diesem verfassungsrechtlich garantierten Selbstbestimmungsrecht „ordnen und verwalten" die Religionsgemeinschaften „ihre Ange-

---

[1] Zu den verschiedenen Modellen: *M. Germann*, Das System des Staatskirchenrechts in Deutschland, in: D. Pirson/W. Rüfner/M. Germann/S. Muckel (Hrsg.), Handbuch des Saatskirchenrechts der Bundesrepublik Deutschland (1), Berlin ^{3}2020, § 7 Rn. 7–30.

[2] *C. Waldhoff*, Die Zukunft des Staatskirchenrechts, in: B. Kämper/H. W. Thönnes (Hrsg.), Die Verfassungsordnung für Religion und Kirche in Anfechtung und Bewährung (Essener Gespräche zum Thema Staat und Kirche 42), Münster 2008, 55–106, 92ff.

legenheiten selbständig innerhalb der Schranken des für alle geltenden Gesetzes". Der wie auch immer zu bestimmende innere Bereich organisierter Religion bleibt von Staatseinfluss frei; die „für alle geltenden Gesetze" gelten aber selbstverständlich auch Kirchen und Religionsgemeinschaften gegenüber.

Die Bedeutung von Art. 137 Abs. 3 WRV lässt sich schon aus der Architektur des Zentralartikels des institutionellen Religionsverfassungsrechts erkennen: Wenn Art. 137 Abs. 1 WRV mit der Formulierung „Es besteht keine Staatskirche" den Trennungsgrundsatz zum Ausdruck bringt und es sich insgesamt um ein von (Religions-)Freiheit geprägtes, kooperatives Miteinander handeln soll, ist die Einräumung geschützter Selbstbestimmung für die Religionsgemeinschaften unerlässlich. Die Absätze 5 und 6 bieten dann konkrete Kooperationsmöglichkeiten an. Folgerichtig bezeichnet auch das Bundesverfassungsgericht Art. 137 Abs. 3 WRV als „notwendige" Gewährleistung.[3] Etwas pathetisch sprach *Johannes Heckel* von der „lex regia" des deutschen Staatskirchenrechts.[4]

2.2 Funktion und Tatbestand von Art. 137 Abs 3 WRV

Die Funktion von Art. 137 Abs. 3 WRV und damit dessen Verhältnis zum Individualgrundrecht aus Art. 4 GG ist unklar und umstritten. Besteht insofern Identität oder handelt es sich um völlig selbständig nebeneinanderstehende Regelungen und Verbürgungen? Angesprochen ist damit auch das Verhältnis der beiden „Säulen" des grundgesetzlichen Religionsverfassungsrechts, der grundrechtlichen und der institutionellen Dimension. Das Individualgrundrecht zielt historisch und m. E. auch aktuell vor allem auf Minderheitsschutz,[5] während das institutionelle Recht zumindest in der Tendenz mit kollektiven Zusammenschlüssen das Etablierte an Religion adressiert. Dass beide Ebenen, Säulen, Dimensionen aufeinander bezogen sind, dürfte heute freilich *common sense* sein.[6]

---

[3] BVerfGE 57, 220 (244).

[4] *J. Heckel*, Melanchton und das heutige Staatskirchenrecht, in: Um Recht und Gerechtigkeit. Festgabe für Erich Kaufmann, Stuttgart 1950, 83–102, 85.

[5] *O. Lepsius*, Die Religionsfreiheit als Minderheitenrecht in Deutschland, Frankreich und den USA, in: Leviathan 34 (2006), 321–349.

[6] *S. Korioth*, Das Selbstbestimmungsrecht der Religionsgemeinschaften, in: D. Pirson/W. Rüfner/M. Germann/S. Muckel (Hrsg.), Handbuch des Staatskirchenrechts der Bundesrepublik Deutschland (1), Berlin ^{3}2020, § 16 Rn. 1.

Hauptargument gegen die Identitätsthese sind zunächst schlicht Wortlaut und Systematik des Grundgesetzes. Dem bundesrepublikanischen Religionsverfassungsrecht liegt die klare Entscheidung zugrunde, Religion sowohl in der individuellen als auch in der kollektiven Dimension zu schützen. Eine gleichsam „sinnlose" Verdoppelung könnte so kaum begründet werden. Während die Differenzen auf Ebene des sachlichen Schutzbereichs eher gering ausfallen (in der Literatur wird regelmäßig genannt, dass Art. 137 Abs. 3 WRV auch die reine Grundstücks- oder Vermögensverwaltung oder Buchführung erfasse, das Grundrecht hingegen nicht[7]), besteht auf der Schrankenebene schon dadurch ein Unterschied, dass die Autonomienorm anders als Art. 4 GG nicht schrankenlos gewährleistet ist. Den lex specialis-Charakter aufgrund der sog. Schrankenspezialität hat zuletzt der „Chefarztbeschluss" des Zweiten Senats des Bundesverfassungsgerichts von 2014 bekräftigt.[8] Die praktischen Auswirkungen bleiben freilich schon deshalb gering, weil nach h. M. auch Art. 137 Abs. 3 WRV über Art. 4 GG mittels Verfassungsbeschwerde rügbar ist.[9] Zudem dürfte auch unstrittig sein, dass die institutionelle Norm funktional auf das Grundrecht bezogen ist und bleibt.[10] Das Bundesverfassungsgericht spricht von einer „wechselseitigen Ergänzung" als „unterschiedliche Akzentuierungen derselben verfassungsrechtlich gewährleisteten Freiheit";[11] Art. 4 GG wird insofern auch als leitender Bezugspunkt, als Basis für „eine interpretatorische Wechselwirkung" [12] charakterisiert.

Der zentrale Unterschied neben der Schrankendivergenz liegt im personalen Schutzbereich. Art. 4 GG adressiert letztlich das Individuum, während Art. 137 Abs. 3 WRV an den Begriff der „Religionsgesellschaft", heute zurecht meist als „Religionsgemeinschaft" gelesen, anknüpft.[13]

Das Selbstverständnis der jeweiligen Religionsgemeinschaft spielt nicht nur für die vorgelagerte Frage, ob überhaupt Religion und damit eine Religionsgemeinschaft vorliegt, sondern auch für die Bestimmung

---

[7] *S. Korioth*, Selbstbestimmungsrecht (s. Anm. 6), Rn. 8.

[8] BVerfGE 137, 273, 306ff., 309ff., 312ff. v. a. Rn. 106ff.

[9] Näher *B. Jeand'Heur/S. Korioth*, Grundzüge des Staatskirchenrechts, Stuttgart 2000, Rn. 177; *C. D. Classen*, Religionsrecht, Tübingen [3]2021, Rn. 37.

[10] Ähnlich für den Körperschaftsstatus und damit dem Verhältnis von Art. 137 Abs. 5 WRV zu Art. 4 GG BVerfGE 102, 370, 387.

[11] BVerfGE 137, 273, 302 Fn. 82.

[12] BVerfGE 137, 273, 303 Rn. 84.

[13] *A. Freiherr von Campenhausen/H. de Wall*, Religionsverfassungsrecht, München [5]2022, § 15 Rn. 4.

des sachlichen Schutzbereichs die zentrale Rolle: Geschützt ist das Ordnen und Verwalten der eigenen Angelegenheiten. „Ordnen" deutet dabei auf die Anerkennung originärer Normsetzungskompetenz hin.[14] Was eigene Angelegenheit ist, unterlag einer Entwicklung. In der Weimarer Zeit hatte *Gerhard Anschütz* noch von einem objektiv vorgegebenen säkularen Begriff gesprochen[15] während *Godehard Josef Ebers* nach einem materiellen Kriterium suchte, das er in der „Natur der Sache" zu finden glaubte.[16] Dem hat sich das Bundesverfassungsgericht noch 1965 angeschlossen, wenn es judizierte, es komme darauf an, „was materiell, der Natur der Sache oder Zweckbeziehung nach als eigene Angelegenheit der Kirche anzusehen ist".[17] Derartige Abgrenzungsversuche sind inzwischen vollständig zugunsten der kontrollierten Berücksichtigung des religiösen Selbstverständnisses aufgegeben.[18] Der Zweite Senat des Bundesverfassungsgerichts begründet wiederum zuletzt im „Chefarztbeschluss" diese Konkretisierung des Selbstbestimmungsrechts der Religionsgemeinschaften neben dem aus dem Neutralitätspostulat folgenden Verbot Glaubenslehren zu bewerten mit der verstärkenden Wirkung des schrankenlos gewährleisteten Art. 4 GG in seiner kollektiven Dimension.[19]

Diese Grundannahmen werden dann in Lehre und Judikatur in Sachbereichen konkretisiert:[20] Lehre und Kultus einschließlich der Ausbildung der Geistlichen gehören stets zu den eigenen Angelegenheiten; davon umfasst sind auch disziplinierende Maßnahmen; Gleiches gilt für Verfassung und Organisationsstruktur bis hin zur Vermögensverwaltung. Auch die Frage, wer überhaupt Mitglied der Religionsgemeinschaft werden darf, ist geschützt. Die Rechtsprechung hat sich wegen der Probleme im kirchlichen Arbeitsrecht v.a. mit der karitativen bzw. diakonischen Tätigkeit von Religionsgemeinschaften befasst.[21]

[14] BVerfGE 70, 138 (165).

[15] *G. Anschütz*, Die Verfassung des Deutschen Reichs vom 11. August 1919. Kommentar, Berlin [14]1933, 634.

[16] *G. J. Ebers*, Staat und Kirche im neuen Deutschland, München 1930, 258ff.

[17] BVerfGE 18, 385 (387).

[18] *B. Jeand'Heur/S. Korioth*, Staatskirchenrecht (s. Anm. 9), Rn. 184.

[19] BVerfGE 137, 273 (303f. Rn. 84).

[20] Vgl. etwa *S. Korioth*, Selbstbestimmungsrecht (s. Anm. 6), Rn. 19ff.

[21] BVerfGE 70, 138; 137, 273.

2.3 Entwicklung der Schrankendogmatik

Die Schranke des „für alle geltenden Gesetzes“ in Art. 137 Abs. 3 Satz 1 WRV ist die zentrale Stellschraube, welcher Raum der Autonomie der Religionsgemeinschaft tatsächlich zukommt. Auch hier kann eine Entwicklung der Dogmatik nachgezeichnet werden, die sich ihrerseits als Spiegel der jeweiligen zeitgebundenen (Vor-)Verständnisse über die richtige Zuordnung staatlicher und religiöser Sphäre darstellt. Für Weimar spricht *Stefan Korioth* von einem „formalen“ und einem „materialen Etatismus“ hinsichtlich der Schrankenlehre.[22] Wiederum *Anschütz* hat in seinem für die WRV maßgeblichen Kommentar eine formal-klare Ansicht dahingehend geäußert, gemeint seien Gesetze, die für Jedermann gälten.[23] Ein spezifischer Religionsschutz wäre damit freilich hinfällig. *Johannes Heckel* hat dem eine nach ihm benannte „Formel“ entgegengestellt. Ein für alle geltendes Gesetz sei ein solches, „das trotz grundsätzlicher Bejahung der kirchlichen Autonomie vom Standpunkt der Gesamtnation als sachlich notwendige Schranke der kirchlichen Freiheit anerkannt werden muss; m. a. W. jedes für die Gesamtnation als politische, Kultur- und Rechtsgemeinschaft unentbehrliche Gesetz, aber auch nur ein solches Gesetz“.[24] Die Figur baut auf der im Religionsverfassungsrecht inzwischen überwundenen Gleichordnungslehre auf. Besonders bitter ist ihr Entstehungskontext 1932, denn sehr schnell sollte sich die Missbrauchsanfälligkeit durch die Unbestimmtheit der Kriterien dramatisch zeigen. Dabei war die Intention *Heckels* eigentlich eine andere gewesen: Die „Gesamtnation“ als Bezugspunkt richtete sich gegen die deutschen Länder mit ihren Partikularinteressen, nicht gegen Minderheitsreligionen.[25]

Das Bundesverfassungsgericht startete demgegenüber zumindest scheinbar formaler mit der sog. Bereichsscheidungslehre, die zwischen einem Innen- und einem Außenbereich der Angelegenheiten der Religionsgemeinschaft differenzierte.[26] Der innere Bereich sollte einer Regulierung durch für alle geltende Gesetze vollständig entzogen sein. Im Außenbereich galt die Jedermann-Formel, d. h. in einem materiellen Sinn spezi-

---

[22] *S. Korioth*, Selbstbestimmungsrecht (s. Anm. 6), Rn. 35ff.

[23] *G. Anschütz*, Verfassung (s. Anm. 15), 636.

[24] *J. Heckel*, Das staatskirchenrechtliche Schrifttum der Jahre 1930 und 1931, in: VerwArch 37 (1932), 280–299 (284).

[25] *J. Heckel*, Schrifttum (s. Anm. 24), 62.

[26] BVerfGE 18, 385 (387); näher *S. Korioth*, Selbstbestimmungsrecht (s. Anm. 6), Rn. 38f.

fisch Religionsgemeinschaften adressierende Gesetze waren unzulässig. Die (scheinbare) Klarheit wird hier jedoch offensichtlich durch die Abgrenzungsproblematik zwischen Innen und Außen erkauft; Wertungen werden eher verdeckt, denn offengelegt. Und als nicht zu vernachlässigendes Argument: Diese Lehre findet im Wortlaut von Art. 137 Abs. 3 WRV keinen Anhaltspunkt.

Seit 1980 herrscht – mit gelegentlichen Rückschlägen – die Abwägungslehre, die alle Angelegenheiten normtexttreu einbezieht und die abwägende Zuordnung im Sinne praktischer Konkordanz zwischen den kollidierenden Rechtsgütern fordert. In den Worten des Zweiten Senats des Bundesverfassungsgerichts: „Art. 137 Abs. 3 Satz 1 WRV gewährleistet in Rücksicht auf das zwingende Erfordernis friedlichen Zusammenlebens von Staat und Kirchen [...] sowohl das selbständige Ordnen und Verwalten der eigenen Angelegenheiten durch die Kirchen als auch den staatlichen Schutz anderer für das Gemeinwesen bedeutsamer Rechtsgüter. Dieser Wechselwirkung von Kirchenfreiheit und Schrankenzweck ist durch entsprechende Güterabwägung Rechnung zu tragen [...]“[27] Hier wird offenbar, dass es sich um Anwendungen aus der Verfassungsrechtsdogmatik *Konrad Hesses* handelt, der auch kaum zufällig in den ersten beiden Auflagen des Handbuch des Staatskirchenrechts das Selbstbestimmungsrecht behandelt hatte.[28] Diese Lehre hat sich heute weitestgehend durchgesetzt – die niveauvolle Kritik eines *Helmut Quaritsch* von einer etatistisch-souveränitätssensiblen Position aus den frühen 1960er Jahren sei gleichwohl in Erinnerung gerufen.[29] Von manchen Vertretern wird, ohne zur Bereichsscheidungslehre zurückkehren zu wollen, gleichwohl ein innerster „geistlich-religiöser Kern (Dogma, Sakramentsverwaltung, kultische und Seelsorgehandlungen)“ de facto von staatlicher Einwirkung ausgenommen – freilich nicht über „Bereichsscheidung“, sondern weil hier jede staatliche Regulierung unverhältnismäßig wäre.[30]

---

[27] BVerfGE 53, 366 (404).

[28] *K. Hesse*, Das Selbstbestimmungsrecht der Kirchen und Religionsgemeinschaften, in: E. Friesenhahn/U. Scheuner (Hrsg.), Handbuch des Staatskirchenrechts der Bundesrepublik Deutschland (1), Berlin ^{1}1974, § 9; ders., Das Selbstbestimmungsrecht der Kirchen und Religionsgemeinschaften, in: J. Listl/D. Pirson (Hrsg.), Handbuch des Staatskirchenrechts der Bundesrepublik Deutschland (1), Berlin ^{2}1994, § 17.

[29] Vgl. etwa *H. Quaritsch*, Kirche und Staat. Verfassungs- und staatstheoretische Probleme der staatskirchenrechtlichen Lehre der Gegenwart, in: Der Staat 1 (1962), 175–197; 305–320; ders., Neues und Altes über das Verhältnis von Kirchen und Staat, in: Der Staat 5 (1966), 451–474.

[30] *K. Hesse*, Selbstbestimmungsrecht (§ 17) (s. Anm. 28), 550f.

Man kann zu dem Resümee kommen: „Dieses Modell hat maßvoll und zugleich deutlich die Freiheitsräume der Kirchen und Religionsgemeinschaften gestärkt.“[31]

Auch wenn die Bereichsscheidung zwischen inneren und äußeren Angelegenheiten damit unter dem Grundgesetz aufgegeben ist, sollte eines klar bleiben: Die *Glaubenslehren* einer Religionsgemeinschaft können nicht Gegenstand rechtlicher Bewertung der gar Überprüfung sein. Einem solchen in mehrfacher Hinsicht fragwürdigen „Verfassungskompatibilitätstest“ würde keine Religion standhalten, auch nicht die Großkirchen in Deutschland, auch nicht das Judentum oder der Islam. Sie müssten es auch nicht. Eine solche Herangehensweise würde sowohl das Proprium von Religion als auch den verfassungsstaatlichen Umgang mit Religion verfehlen. Nur die *Folgen* von Glaubenslehren in der Außenwirkung betreffen überhaupt die staatliche Rechtsordnung und können bzw. müssen an ihr gemessen werden.

Dieses hier anhand seiner Kernnorm skizzierte sog. Kooperationsmodell grenzt sich scharf vom amerikanischen individualzentrierten Gegenmodell einer Fixierung auf den Schutz religiöser Minderheiten ab. Wie bereits erwähnt können die Modelle nicht beliebig ausgetauscht werden, entsprechen sie doch jahrhundertelanger gesellschaftlich-politischer Erfahrung und Entwicklung, die im deutschen Bereich letztlich bis ins Reformationszeitalter zurückreicht.

Im deutschen Kontext war die Funktion des durch die Weimarer Reichsverfassung 1919 geschaffenen Kooperationsmodells seinerzeit, den Übergang vom hierarchisch-autoritären Politik- und Gesellschaftsverständnis des Kaiserreichs in eine republikanisch-demokratische Verfassungsordnung mitzugestalten.[32] Die Grundthese dazu stammt von dem kürzlich verstorbenen Politikwissenschaftler Gerhard Lehmbruch.[33] Dieses Kooperationsmodell mit seinen verfassungsrechtlichen Verankerungen und Privilegierungen gilt nicht nur im Verhältnis Staat-Kirchen, sondern auch etwa in den Bereichen politische Parteien, Sozialpartnerschaft oder öffentlich-rechtlicher Rundfunk. Schon die Breite dieses kor-

---

[31] *S. Korioth*, Selbstbestimmungsrecht (s. Anm. 6), Rn. 44.

[32] Ausführlich jetzt die im Erscheinen begriffene Arbeit von *D. Rennert*, Hierarchie und Verhandlung. Die Verschiebung deutscher Konfliktlösungsmuster 1871–1971 am Beispiel des Religionsrechts.

[33] *G. Lehmbruch*, Die korporative Verhandlungsdemokratie in Westmitteleuropa, in: ders., Verhandlungsdemokratie. Beiträge zur vergleichenden Regierungslehre, Wiesbaden 2003, 154–176.

porativen Ansatzes bis in die Gegenwart zeigt, dass es sich nicht um eine Besonderheit des Religionsverfassungsrechts handelt. Derartige korporative Strukturen waren lange Zeit ein aus der Weimarer Epoche überkommenes Charakteristikum auch der Bundesrepublik. Zuzugeben ist freilich, dass in der Gegenwart alle diese Bereiche von je unterschiedlichen Krisen erfasst sind: Nicht nur die Kirchen verlieren deutlich an Mitgliedern, sondern auch die politischen Parteien und die Gewerkschaften. Der öffentlich-rechtliche Rundfunk befindet sich nicht erst seit dem rbb-Skandal in einer Legitimations- und Vertrauenskrise.

2.4 Das kirchliche Arbeitsrecht als anderer Fall der Koordination zwischen staatlicher und kirchlicher Rechtssphäre

Das Dargestellte ist auch der verfassungsrechtliche Hintergrund der Rechtfertigung der Besonderheiten des kirchlichen Arbeitsrechts im Vergleich zum allgemeinen, normalen Arbeitsrecht. Die Kirchen sind der mit Abstand größte Arbeitgeber in der sog. Freien Wohlfahrtspflege als Träger von Krankenhäusern, Altersheimen, Sozialstationen, Kindergärten usw. Grundsätzlich gilt hier auch das staatliche Arbeitsrecht. Vom grundgesetzlich garantierten kirchlichen Selbstbestimmungsrecht ist jedoch gedeckt, dass die Kirchen als Arbeitgeber die Besonderheiten ihrer Dienstverhältnisse zur Geltung bringen dürfen.[34] Es gibt ähnliche Beispiele für das Arbeitsrecht in sog. Tendenzbetrieben: Auch politische Parteien, Gewerkschaften oder Presseunternehmen können besondere Anforderungen an die bei ihnen Beschäftigten stellen und tun dies auch.[35] Sowohl die katholische als auch die evangelische Kirche gehen hinsichtlich ihrer Arbeitsverhältnisse vom Leitbild der „kirchlichen Dienstgemeinschaft" aus: Alle Beschäftigten – vom Bischof, Pfarrer über die Organistin, den Chefarzt bis zur Pflege- oder Reinigungskraft – dienen letztendlich alle dem einen kirchlichen Auftrag, der in der Sache selbstbestimmt ist.[36] Das kann bestimmte Anforderungen für die Arbeitnehmer nach sich ziehen, etwa die Mitgliedschaft in der Kirche oder bestimmte Loyalitätsobliegenheiten ihr gegenüber. Die Öffentlichkeit haben Fälle bewegt, in denen ein

[34] Insgesamt *A. Freiherr von Campenhausen/H. de Wall*, Religionsverfassungsrecht, München [5]2022, § 22.

[35] Zum sog. Tendenzschutz im Arbeitsrecht *R. Linck*, in: G. Schaub (Hrsg.), Arbeitsrechts-Handbuch, München [19]2021, § 131 Rn. 51, § 127 Rn. 128a.

[36] *A. Freiherr von Campenhausen/H. de Wall*, Religionsverfassungsrecht (s. Anm. 34), § 22 Rn. 14ff.

kirchlicher Arbeitnehmer nach einer Scheidung entgegen der katholischen Doktrin eine neue Ehe einging und deshalb gekündigt wurde. Das Bundesverfassungsgericht hat noch 2014 die grundsätzlichen (Sonder-)Rechte der Kirchen als Arbeitgeber bestätigt.[37] Allerdings setzen sich die kirchlichen Ansichten auch hier nicht einfach vollständig durch; auch hier hat eine Abwägung zwischen den verfassungsrechtlich geschützten kirchlichen Positionen einerseits, den gegenläufigen Grundrechtspositionen betroffener kirchlicher Arbeitnehmer andererseits stattzufinden. Weil es sich letztlich um Arbeitsrecht handelt, nahm sich auch der Europäische Gerichtshof solcher Fälle an.[38] Das Europarecht ist auf die Abwehr von Diskriminierungen, etwa aus religiösen Gründen, geeicht. Entsprechende Fälle mussten daher früher oder später zur Entscheidung nach Luxemburg gelangen. In der öffentlichen Diskussion wird meines Erachtens zu wenig berücksichtigt, dass die Rechtsprechung des Europäischen Gerichtshofs das deutsche religionsverfassungsrechtliche Grundkonzept in Fragen des kirchlichen Arbeitsrechts durchaus akzeptiert hat. Korrekturen wurden hinsichtlich der Begründungs- und Nachweispflichten der Kirchen als Arbeitgeber für die Nähe der einzelnen Arbeitnehmer zum Verkündigungsauftrag gefordert. Das hat letztlich zu einer durchaus hilfreichen Schärfung der eigenen Kriterien der Kirchen als Arbeitgeber geführt. Nicht zuletzt die in diesen Fragen dramatisch schwindende Akzeptanz in der Bevölkerung – auch unter den Kirchenmitgliedern –, tatsächliche Schwierigkeiten, unter den alten strengen Kriterien überhaupt noch genügend Personal in einem weitgehend säkularisierten Umfeld zu finden sowie eine teilweise willkürliche Handhabung der eigenen Kriterien hatten zu einer Delegitimierung jenseits des Rechts geführt. Der Vorwurf kirchlicher Doppelmoral war in der Tat in verschiedenen Fällen nicht von der Hand zu weisen. Die öffentliche Diskussion war auch deshalb bisweilen heftig, weil sich einerseits die Kirchen als Arbeitgeber auf ihre arbeitsrechtlichen Regeln beriefen gerade um ihre Glaubwürdigkeit zu erhalten und andererseits konkretes Verhalten in Einzelfällen jedoch gerade die kirchliche Glaubwürdigkeit desavouierte. Die Kirchen haben inzwischen durch entsprechende Modifikationen ihrer internen arbeitsrechtlichen Anforderungen

[37] BVerfGE 137, 273.

[38] *S. Greiner*, Funktionalität versus Institutionalität: Das kirchliche Arbeitsrecht als Exempel – Zum Konflikt von EuGH und BVerfG, in: A. Uhle/J. Wolf (Hrsg.), Institutionen unter Druck. Europarechtliche Überformung des Staatskirchenrechts? (Essener Gespräche zum Thema Staat und Kirche 55), Münster 2020, 101–127.

reagiert.[39] Wichtig war in diesem Zusammenhang, dass der Staat hier zwar ggf. eine Art Anstoßfunktion hatte, dass die Kirchen aber letztlich aus eigenem Entschluss und ohne Zwang Änderungen vornahmen. Die „kirchliche Dienstgemeinschaft" als egalitäre tätigkeitsübergreifende Idee ist damit zwar wohl verloren; die Kirchen als Arbeitgeber sind demgegenüber aufgefordert (und haben sich dem auch gestellt) abgestufte Kriterien für einzelne Gruppen von Arbeitnehmern mit je konkreten Anforderungen an Voraussetzungen für die Begründung und Loyalität im bestehenden Arbeitsverhältnis zu finden. Das könnte auch das kirchliche Bewusstsein dafür schärfen, in welchen Feldern des ausufernden deutschen Sozialstaats sie angesichts schwindender Kräfte sinnvollerweise überhaupt (noch) tätig sein sollten. Insgesamt herrschen im kirchlichen Arbeitsrecht freilich noch nicht aufgelöste Konflikte in Einzelfragen, insbesondere zwischen der Arbeitsgerichtsbarkeit, dem Bundesverfassungsgericht und dem Europäischen Gerichtshof. Im Prinzip ist das Problem jedoch sowohl durch das deutsche Verfassungsrecht, als auch das Europarecht bewältigt.

3. Folgerungen

Damit ist der verfassungsrechtliche Hintergrund für Forderungen nach einer Art staatlicher „Aufsicht" (in einem weiteren Sinn) entfaltet. Werden derartige Forderungen laut, sollte man bedenken, dass damit eine problematische nationalprotestantische Tradition fortgesetzt würde,[40] die freilich selbst von republiktreuen und demokratisch gesinnten Staatsrechtlern wie Gerhard Anschütz nach 1919 gefordert wurde.[41] Kaum zufällig handelte es sich um die Personen, die zuvor den „Kulturkampf" unterstützten.[42] Vor allem im evangelischen Bereich musste die Trennung

---

[39] Vgl. etwa für die katholische Seite die (reformierte) Grundordnung des kirchlichen Dienstes i. d. F. v. 22. November 2022.

[40] Siehe etwa *E. R. Huber*, Deutsche Verfassungsgeschichte seit 1789 (6): Die Weimarer Reichsverfassung, Stuttgart 1981, 877f.; *C. Link*, Kirchliche Rechtsgeschichte, München ^{2}2010, § 26 Rn. 15; *H. M. Heinig*, Prekäre Ordnungen. Historische Prägungen des Religionsrechts in Deutschland, Tübingen 2018, 40ff.; *A. Freiherr von Campenhausen/H. de Wall*, Religionsverfassungsrecht (s. Anm. 34), § 15 Rn. 35f.

[41] S. Anm. 15; *C. Waldhoff*, Gerhard Anschütz (1867–1948), in: P. Häberle/M. Kilian/H. A. Wolff (Hrsg.), Staatsrechtslehrer des 20. Jahrhunderts, Berlin ^{2}2018, 128–145, 140f. m. w. N.

[42] Vgl. insgesamt *S. Ruppert*, Kirchenrecht und Kulturkampf. Historische Legitima-

von Staat und Kirche durch die Revolution von 1918 und musste der Wegfall des Monarchen als Kirchenherr erst noch verstanden und verarbeitet werden.[43] Dies dauerte seine Zeit. Heute sollte klar sein, dass in einem freiheitlichen Religionsrecht eine staatliche „Aufsicht" – gleich welcher Art – über Kirchen und Religionsgemeinschaften nicht denkbar ist. Bei solchen Forderungen verbinden sich in unterschiedlicher Art und Weise Wünsche, sich „seine" Religion oder Konfession zu formen. Für den evangelischen Bereich wurde diese Problematik aus historischen Gründen wegen des lange bestehenden Staatskirchentums stets weniger deutlich, die größere Kompatibilität des Protestantismus mit der herrschenden Staats- und Gesellschaftsordnung könnte für verschiedene Epochen nachgezeichnet werden (auch in der Bundesrepublik). Allerdings sind auch die langfristig – vor allem auch für die katholische Kirche – positiven Folgen des Sündenfalls des „Kulturkampfs" zu beachten.[44] So geht einer der schärfsten, bis heute fortbestehenden Eingriffe in die innere Organisationshoheit der Katholischen Kirche auf den „Kulturkampf" zurück: Die Einführung von demokratisch gewählten Kirchenvorständen für die Gemeindeverwaltung in finanzieller Hinsicht in Preußen.[45] Auch die zwangsweise Stärkung der Wissenschaftlichkeit katholischer Universitätstheologie durch bestimmte staatliche Vorgaben für die Priesterausbildung („Kulturexamen")[46] haben letztlich auch für die Kirche segensreich gewirkt.

Die enge Kooperation zwischen Staat und Religionsgemeinschaften führt jedoch – gewollt oder ungewollt – auf beiden Seiten zwangsläufig auch zu Veränderungen. Der Staat „weicht" etwa bestimmte Voraussetzungen für die Kooperation „auf", um gewünschte Religionsgemeinschaften in die religionsverfassungsrechtliche Ordnung einbeziehen zu können. Auch Religionsgemeinschaften verändern u. U. langfristig Teile

---

tion, politische Mitwirkung und wissenschaftliche Begleitung durch die Schule Emil Ludwig Richters, Tübingen 2002.

[43] *H. M. Heinig*, Prekäre Ordnungen (s. Anm. 40), 40ff.; *H. Dreier*, Kirche ohne König. Das Ende des landesherrlichen Kirchenregiments („Bündnis von Thron und Altar") 1918/19 unter besonderer Berücksichtigung Preußens und Württembergs, Tübingen 2020.

[44] Für einen Überblick *C. Link*, Kirchliche Rechtsgeschichte (s. Anm. 40), § 22 Rn. 13ff.; *C. Waldhoff*, Kulturkampf, in: H. M. Heinig/H. Munsonius (Hrsg.), 100 Begriffe aus dem Staatskirchenrecht, Tübingen ^{2}2015, 161–164.

[45] Zur Einführung *E. R. Huber*, Deutsche Verfassungsgeschichte seit 1789 (4): Struktur und Krisen des Kaiserreichs, Stuttgart 1969, 738ff.

[46] *E. R. Huber*, Verfassungsgeschichte (s. Anm. 45), 712f.

ihres Selbstverständnisses, um an der Kooperation weiter partizipieren zu können. Sofern dies in Bezug auf die Religionsgemeinschaften ohne Zwang geschieht, ist dagegen nichts einzuwenden, kann die Anpassung aus staatlicher Sicht sogar erwünscht sein. So verbinden sich oftmals mit der im internationalen Vergleich engen und intensiven Kooperation seitens des Staates zivilisierende und pazifierende Erwartungen im Hinblick auf Religion und Religionsgemeinschaften. Als Beispiel könnte man hier an eine gewünschte mitgliedschaftliche Strukturierung des Islam in Deutschland denken, um in stärkerem Ausmaß den Körperschaftsstatus verleihen und damit eine Gleichbehandlung zu den christlichen Großkirchen erreichen zu können. Bei all diesen Vorgehensweisen kommt der Angebotscharakter des Religionsverfassungsrechts des Grundgesetzes zum Tragen:[47] Der Staat zwingt nicht zur Kooperation, sondern bietet diese unter bestimmten Voraussetzungen an und gewährt dann zahlreiche Vergünstigungen.[48] Wird dies beachtet, ist kein neuer „Kulturkampf", auch nicht dem Islam gegenüber, zu befürchten.[49]

Von nicht zu unterschätzender Bedeutung ist hinsichtlich der katholischen Kirche das Problem des Spannungsverhältnisses von Universalität als weltweiter Organisation einerseits, der notwendigen Partikularität der religionsverfassungsrechtlichen säkularen Ordnungen andererseits.[50] Das deutsche Religionsverfassungsrecht steht einerseits rein nationalen evangelischen Landeskirchen gegenüber, andererseits der katholischen Kirche, die stets Weltkirche ist, und in Deutschland mit ihren Diözesen in Erscheinung tritt. Das wird durch die Merkformel auf den Punkt gebracht, es gibt keine „deutsche katholische Kirche", sondern nur „katholische Kirche in Deutschland".[51] Zivilisierungs- und Kompatibilisie-

[47] C. *Waldhoff*, Zukunft (s. Anm. 2), 96ff.

[48] Vgl. zu den Steuerprivilegien etwa C. *Waldhoff/T. Stapperfend*, Besteuerung von Religionsgemeinschaften, in: A. Musil/Th. Küffner (Hrsg.), Besteuerung der öffentlichen Hand, Köln 2022, 843–944.

[49] Vgl. in diesem Kontext etwa auch *J. Casanova*, Religion, Politik und Geschlecht im Katholizismus und im Islam, in: ders., Europas Angst vor der Religion, Berlin 2009, 31–81.

[50] Vgl. etwa *M. Jestaedt*, Universale Kirche und nationaler Verfassungsstaat. Die Dichotomie von Universalität und Partikularität der Katholischen Kirche als Herausforderung des Staatskirchenrechts, in: H. Marré/D. Schümmelfelder/B. Kämper (Hrsg.), Universalität und Partikularität in der Kirche (Essener Gespräche zum Thema Staat und Kirche 37), Münster 2003, 87–122.

[51] *S. Haering*, Die Organisation der katholischen Kirche in Deutschland, in: D. Pirson/W. Rüfner/M. Germann/S. Muckel (Hrsg.), Handbuch des Staatskirchenrechts der Bundesrepublik Deutschland (1), Berlin ^{3}2020, § 20 Rn. 2.

rungsleistungen des nationalen staatlichen Religionsrechts können hier auch an Grenzen stoßen. Eine faszinierende und zukunftsweisende Facette der katholischen Kirche kann so (nicht nur aktuell) auch Probleme aufwerfen.

Das alles bedeutet jedoch nicht, dass es in der gegenwärtigen Verfassungsordnung gar keine staatlichen Befugnisse in Bezug auf Kirchen und Religionsgemeinschaften gäbe. Das legitime „Aufsichtselement" im geltenden Recht ist zunächst das Postulat der Rechtstreue als Voraussetzung und Folge der Erlangung des Körperschaftsstatus.[52] Die Unterscheidung zwischen Verfassungskompatibilität und Rechtstreue ist in der Entscheidung des Bundesverfassungsgerichts zum Körperschaftsstatus der Zeugen Jehovas aus dem Jahr 2000 zutreffend ausgeführt: Der Staat prüft, wenn eine Religionsgemeinschaft den mit zahlreichen Privilegien verbundenen Status einer Körperschaft des öffentlichen Rechts erhalten möchte, nicht, ob der Glaubensinhalt mit dem Grundgesetz übereinstimmt.[53] Die Problematik eines solchen „Verfassungskompatibilitätstests" hinsichtlich der Religion als solcher wurde bereits oben dargelegt. Wohl aber muss und wird die prinzipielle Rechtstreue der Religionsgemeinschaft geprüft.[54] Wäre diese strukturell kriminell oder würde sie etwa notorisch gegen Steuerrecht verstoßen, könnte der Körperschaftsstatus nicht erlangt bzw. müsste wieder aberkannt werden.[55]

Das zweite „Aufsichtselement" im geltenden Recht ist geradezu selbstverständlich: Kirchen und Religionsgemeinschaften sind stets und in vollem Umfang an das Strafrecht gebunden – in Selbstverwaltungsangelegenheiten geht die Abwägung seit Abschaffung religionsspezifischen Strafrechts stets zu Gunsten der außerhalb der Kirchen liegenden geschützten Rechtsgüter aus, jenseits der Kirchenautonomie besteht ohnehin volle Rechtsbindung.[56] Seit die letzten aus dem Kulturkampf stammenden Strafrechtsnormen aufgehoben wurden, die sich speziell an Kirchen wenden (der erwähnte „Kanzelparagraph" aus dem „Kulturkampf"

---

[52] *S. Magen*, Kirchen und andere Religionsgemeinschaften als Körperschaften des öffentlichen Rechts, in: D. Pirson/W. Rüfner/M. Germann/S. Muckel (Hrsg.), Handbuch des Staatskirchenrechts der Bundesrepublik Deutschland (1), Berlin ^{3}2020, § 27 Rn. 59ff.

[53] BVerfGE 102, 370, 392ff.

[54] BVerwG, in: NVwZ 2013, 943, 944.

[55] Zu den Problemen der Aberkennung, insbesondere hinsichtlich der Rechtsform und hinsichtlich der „geborenen" Körperschaften *S. Magen*, Körperschaften (s. Anm. 52), Rn. 70ff.

[56] *S. Korioth*, Selbstbestimmungsrecht (s. Anm. 6), Rn. 47.

freilich erst 1953!), ist jede Strafrechtsbestimmung „für alle geltendes Gesetz“ im Sinne der kirchlichen Selbstbestimmungsgarantie.[57] Hier kann es und gibt es keine Besonderheiten; eine „Abwägung“ mit kirchlichen Interessen ist angesichts der geschützten Rechtsgüter und des ultima-ratio-Charakters des Strafrechts weder vorgesehen noch denkbar. Sollten sich hier „Vollzugsdefizite“ auf Seiten der staatlichen Justiz zeigen, wäre das verheerend. Kirchen und Religionsgemeinschaften einschließlich ihrer Amtsträger dürfen strafrechtlich keine Sonderbehandlung erfahren. Vollzugsdefizite sind wie stets auf ihrer Ebene abzustellen, nicht durch Rechtsänderungen. Jenseits dieser Grundsätze wären kirchlicherseits akzeptierte staatliche Hilfen und Hilfestellung möglich und im Einzelfall sicherlich auch sinnvoll. Die Entwicklung des kirchlichen Arbeitsrechts hat gezeigt, dass das staatliche Recht Anstoßfunktion ohne Zwang haben kann.

---

[57] Davon zu unterscheiden ist der strafrechtliche und strafprozessuale Schutz des Beicht- und Seelsorgegeheimnisses, vgl. insgesamt *H. Radtke*, Der Schutz des Beicht- und Seelsorgegeheimnisses, in: D. Pirson/W. Rüfner/M. Germann/S. Muckel (Hrsg.), Handbuch des Staatskirchenrechts der Bundesrepublik Deutschland (3), Berlin ^{3}2020, § 76.

Religionsverfassungsrecht auf dem Prüfstand: Zur Weiterentwicklung des Verhältnisses von Staat und Religionen*

Isabelle Ley

Das traditionell enge Kooperationsverhältnis zwischen staatlichen Behörden und Religionsgemeinschaften in Deutschland ist derzeit herausgefordert: Erstmals war im letzten Jahr weniger als die Hälfte der Bevölkerung Mitglied in einer der beiden großen christlichen Kirchen.[1] Eine Studie geht davon aus, dass sich die Zahl der Kirchenmitglieder bis 2060 weiter halbieren wird, von derzeit ca. 45 Millionen auf dann nur noch etwa 22 Millionen Mitglieder.[2]

Die deutsche Gesellschaft wird säkularer und zugleich pluraler, auch in religiöser Hinsicht. Insbesondere die Zahl der Musliminnen und Muslime ist in den letzten Jahren durch Zuwanderung stetig gewachsen.[3] Zugleich haben europäische Gerichte die Eigenheiten des deutschen kirchlichen Arbeitsrechts infrage gestellt. Danach dürfen katholische Arbeitgeber geschiedene wiederverheiratete Mitarbeiter nicht entlassen[4]

---

* Der Text ist in kürzerer Fassung in der FAZ v. 3.11.2022, 6, unter dem Titel „Die Orte des Glaubens neu bestimmen – Wird das Religionsverfassungsrecht seiner integrierenden und befriedenden Funktion noch gerecht?“ erschienen.

[1] www.tagesschau.de/inland/kirchenaustritte-rekord-101.html (Zugriff: 15.02.2023).

[2] *D. Gutmann/F. Peters*, #projektion2060 – Die Freiburger Studie zu Kirchenmitgliedschaft und Kirchensteuer, Neukirchen-Vluyn 2021.

[3] Derzeit leben in Deutschland mittlerweile ca. 4,5 Millionen Muslime, das sind etwa 5,5 % der Bevölkerung: www.bmi.bund.de/DE/themen/heimat-integration/staat-und-re ligion/islam-in-deutschland/islam-in-deutschland-node.html (auch zu den Herkunftsländern; Zugriff: 09.02.2023); für weitergehende Informationen s. die Seite der Islamkonferenz: www.deutsche-islam-konferenz.de/DE/Startseite/startseite_node.html (Zugriff: 09.02.2023).

[4] BVerfG v. 22.10.2014, 2 BvR 661/12; EuGH v. 11.9.2018, C-68/17; BAG v. 20.2.2019, 2 AZR 746/14 – *katholischer Chefarzt*: Einem katholischen Chefarzt wurde von seinem Arbeitgeber, einem Krankenhaus in Trägerschaft der katholischen Caritas, aufgrund seiner Wiederverheiratung nach Scheidung gekündigt; während das BVerfG der katholischen Kirche weitgehend recht gegeben hatte, urteilte der EuGH – auf Vorlage des Bundesarbeitsgerichts – weitgehend im Sinne des Arztes; dazu *A. Tischbirek*, Ein europäisches Staatskirchenrecht?, in: Der Staat 58 (4/2019), 621–641;

und die evangelische Diakonie bei der Einstellung außerhalb von Verkündigungs-, Leitungs- und religiösen Bildungsaufgaben nicht danach unterscheiden, ob eine Bewerberin Kirchenmitglied ist oder nicht.[5] Da die Kirchen zu den größten Arbeitgebern im Bereich von Sozial- und Bildungseinrichtungen gehören, in einigen Regionen Deutschlands sogar die einzigen sind, bei denen bestimmte soziale Berufe ausgeübt werden können, lösen derartige Konstellationen im Kontext eines säkularen, neutralen Staates gleichheits- und freiheitsrechtliche Fragen aus. Die katholische Kirche hat darauf inzwischen reagiert und kürzlich ihr Arbeitsrecht angepasst: Entscheidungen der persönlichen Lebensführung (erneuter Heirat nach Scheidung etwa), aufgrund der sexuellen Orientierung oder eines Kirchenaustritts dürfen nunmehr für die Begründung und Beendigung von Dienstverhältnissen sowie Verhaltensanforderungen während des Dienstverhältnisses in der überwiegenden Zahl der Anstellungsverhältnisse keine Rolle mehr spielen. Nur bei bestimmten, besonders verkündigungsnahen Tätigkeiten, bei denen die Verkörperung der Glaubensinhalte im Zentrum steht, macht die Kirche eine Mitgliedschaft oder eine entsprechende Lebensführung noch zur Voraussetzung.[6]

Zugleich erlebt insbesondere die katholische Kirche im Zuge des Missbrauchsskandals einen solchen Glaubwürdigkeitsverlust, dass selbst aus ihrer Mitte heraus, vonseiten engagierter Laien, Kleriker und Wissenschaftlerinnen, das enge Verhältnis von Staat und Kirchen infrage gestellt wird: Sollte der Staat sich aus diesem Kooperationsverhältnis, das von der weitgehenden Finanzierung konfessionsgebundener Schulen und zahlloser sozialer Einrichtungen bis zur Bereitstellung von Sitzen in öffentlichen Rundfunkräten geht, zurückziehen – möglicherweise auch, weil diese Kooperation nicht rechtlich, aber doch faktisch einen Comment geschaffen hat, sich gegenseitig nicht hineinzureden und zu kritisie-

---

C. Waldhoff, Kirchliche Selbstbestimmung und Europarecht, in: JZ 20 (2003), 978–986, 978.

[5] EuGH v. 17.4.2018, C 414/16 – *Egenberger*: Hier geht es um die Ablehnung der konfessionslosen Klägerin *Vera Egenberger* für eine Stelle der Diakonie aufgrund fehlender Zugehörigkeit zu einer christlichen Kirche, wogegen die Diakonie nunmehr Verfassungsbeschwerde eingelegt hat, die zum Veröffentlichungszeitpunkt noch nicht entschieden wurde.

[6] Vgl. Art. 6 und 7 Grundordnung des kirchlichen Dienstes in der Fassung des Beschlusses der Vollversammlung des Verbandes der Diözesen Deutschlands vom 22. November 2022; allerdings verfügt die Deutsche Bischofskonferenz nicht über eine originäre Rechtsetzungskompetenz, diese Vorgaben müssen durch Diözesanrecht umgesetzt werden, was mittlerweile auch geschehen ist.

ren? In der Folge hat dieses enge Verhältnis durch die fehlende Verfolgung von Tätern, fehlende Aufarbeitung und Prävention zum massenhaften sexuellen Missbrauch an Kindern jedenfalls mitbeigetragen.

Für einen solchen Rückzug spricht auch die in den letzten Jahren zu beobachtende Ausdehnung der Grundrechte in den gesellschaftlichen Raum hinein: Nicht mehr nur der Staat, auch private Stadionbetreiber,[7] eine Freimaurerloge,[8] ein Knabenchor[9] und ein Brauchtumsverein[10] werden von Gerichten gleichheitsrechtlichen Anforderungen unterworfen, eng bemessene Ausnahmen unter Rechtfertigungslast gestellt und Steuervorteile an die Einhaltung von Geschlechtergerechtigkeit geknüpft.[11] Vor diesem Hintergrund fragen sich immer mehr Katholikinnen, warum der Staat eine Institution fördert, die sie diskriminiert.[12]

Durch all diese Entwicklungen gerät das traditionell enge, sog. „kooperative Trennungsmodell“[13] zwischen Staat und Kirchen unter Druck. In diesem Beitrag soll ausgelotet werden, welche Möglichkeiten der Staat

---

[7] BVerfGE 148, 267; dazu: *F. Michl*, Situativ staatsgleiche Grundrechtsbindung privater Akteure, in: JZ 19 (2018), 910–918.

[8] BFH v. 17.5.2017 – V R 52/15; dazu *B. Weitemeyer/K. Wrede*, Genderfragen in Non-Profit-Organisationen. Handlungsbedarf und Handlungsoptionen im Hinblick auf Art. 3 Abs. 2 und 3 GG, in: npoR (2018), 3–13; *I. Ley*, Das Politische der Gemeinnützigkeit: Das Vereinsrecht zwischen Steuerrecht, Gefahrenabwehr und Antidiskriminierung, in: Die Verwaltung 55 (4/2022), i. E.

[9] VG Berlin v. 16.8.2019 – 3 K 113.19.

[10] AG Memmingen v. 31.8.2020 – 21 C 952/19; LG Memmingen v. 28.7.2021 – 13 S 1372/20; dazu: *I. Ley*, Politische der Gemeinnützigkeit (s. Anm. 8).

[11] Zur Frage der Grundrechtsbindung der Kirchen *H. Weber*, Kirchen und andere Religionsgemeinschaften als Träger und Adressaten von Grundrechten, in: D. Pirson et al. (Hrsg.), Handbuch des Staatskirchenrechts der Bundesrepublik Deutschland (1), Berlin ³2020, § 19, insb. Rn. 32ff.; für eine behutsame Bindung an die Menschenrechte: *A. Loretan*, Menschenrechte in der Kirche – ein Schutz vor Machtmissbrauch, in: S. Haering et al. (Hrsg.), In mandatis meditari. Festschrift für Hans Paarhammer zum 65. Geburtstag, Berlin 2012, 263–284.

[12] Zur theologisch zweifelhaften Ungleichbehandlung von Frauen in der katholischen Kirche *M. Seewald*, Zölibatäre Frauen weihen, in: HK 6 (2017), 49–51; zur verfassungsrechtlich zulässigen Ungleichbehandlung der Geschlechter in verschiedenen Religionsgemeinschaften s. *U. Lembke*, Religionsfreiheit und Gleichberechtigung der Geschlechter, in: dies. (Hrsg.), Menschenrechte und Geschlecht, Baden-Baden 2014, 188–217; für einen erhellenden religionssoziologischen Hintergrund der Theologie der Geschlechter im Katholizismus s. *L. Woodhead*, Geschlecht, Macht und religiöser Wandel in westlichen Gesellschaften, Freiburg i. Br. 2018.

[13] S. etwa *M. Heinig*, Religiöse Pluralität und religionsrechtliche Diversität als Topoi in der Rechtsprechung des EGMR, in: Göttinger E-Papers zu Religion und Recht 4 (2012), 4: „offen-kooperative[s] Trennungsmodell“.

hat, dieses an den heutigen Kontext anzupassen. Denkbar sind drei Möglichkeiten: Insbesondere der Druck durch die Mehrheit der religiös nicht organisierten Personen könnte zu einer Entflechtung, einer stärkeren Trennung von Staat und Religionsgemeinschaften führen. Die deutsche staatskirchenrechtliche Ordnung würde damit näher an das laizistische Modell heranrücken. Allerdings haben enge Zusammenarbeit und Förderung der korporierten Religionen durch den Staat in Deutschland eine lange Tradition. Immer wieder wird behauptet, dass grundlegende Änderungen tiefgreifende Folgen hätten und nicht ohne Weiteres zu implementieren seien,[14] nicht zuletzt angesichts der Garantie des Körperschaftsstatus jedenfalls für die altkorporierten Religionsgemeinschaften und in der Folge auch Gleichbehandlungsgeboten gegenüber den anderen Religionsgemeinschaften.[15] Denkbar ist daher, zweitens, auch, dieses enge Kooperationsverhältnis auf weitere Träger von Religion und Weltanschauung auszuweiten und insbesondere den muslimischen Gemeinschaften wie auch organisierten Säkularen wie der Humanistischen Union den Körperschaftsstatus zu verleihen und durch die Förderung von Schulen, Fachhochschulen,[16] Militärseelsorge, Religions-Unterricht (oder eines säkularen Äquivalents) und des Zugangs zur Jugendhilfe mit den in Deutschland tradierten Religionsgemeinschaften gleichzustellen. Schließlich soll der Frage nachgegangen werden, was passieren würde, wenn keine politische Mehrheit für eine Umgestaltung gefunden werden würde: Wie würde es sich auswirken, wenn der Staat politisch auf die skizzierten Änderungen gar nicht reagierte? Vor Überlegungen zu diesen Alternativen soll kurz der religionsverfassungsrechtliche status quo, insbesondere das Körperschaftsmodell als rechtlicher Kern der spezifisch deutschen Form der Kooperation von Staat und Religionsgemeinschaften, vorgestellt werden.

---

[14] *C. Waldhoff*, Kirchen im Verfassungsstaat, in: FAZ (16.01.2023), 6.

[15] Für eine Übersicht der Gemeinschaften mit Körperschaftsstatus: www.bmi.bund.de/DE/themen/heimat-integration/staat-und-religion/koerperschaftsstatus/koerperschaftsstatus-node.html#:~:text=Der%20K%C3%B6rperschaftsstatus%20ist%20anzuerkennen%2C%20wenn,in%20Zukunft%20dauerhaft%20bestehen%20wird (Zugriff: 15.02.2023).

[16] In Berlin wurde bereits eine Fachhochschule des Humanistischen Verbands anerkannt, ob eine staatliche Finanzierung analog zu den katholischen und evangelischen Fachhochschulen erfolgen soll, ist noch unklar: FAZ (13.09.2022), www.faz.net/aktuell/politik/inland/berliner-senat-streitet-ueber-humanistische-hochschule-18313577.html (Zugriff: 16.02.2023).

1. Status quo: Der öffentlich-rechtliche Körperschaftsstatus für Religions- und Weltanschauungsgemeinschaften

Der öffentlich-rechtliche Körperschaftsstatus geht mit einem Bündel an Sonderrechten einher, insbesondere den verfassungsrechtlich garantierten Einzug der Kirchensteuer über die staatlichen Finanzämter (Art. 140 GG i. V. m. Art. 137 Abs. 6 WRV), Steuervorteilen[17] und der automatischen Anerkennung als Träger der Jugendhilfe.[18] Der Status steht zwar grundsätzlich allen Religions- und Weltanschauungsgemeinschaften offen, die aufgrund ihrer Verfassung und Mitgliederzahl eine gewisse Dauerhaftigkeit gewährleisten können, sich rechtstreu verhalten und grundlegende Werte der Verfassung anerkennen.[19] Faktisch haben die meisten muslimischen Gemeinschaften diesen Status bzw. die Anerkennung als Religionsgemeinschaft[20] bislang jedoch nicht inne, unter anderem, weil es in muslimischen Gemeinschaften unüblich ist, sich als Mitglied einer Gemeinde registrieren zu lassen.[21]

Lange Zeit wurde dieses Konstrukt damit gerechtfertigt, dass die Kirchen in besonderer Weise zum Gemeinwohl beitrugen – und durch die

---

[17] Kirchliche Einrichtungen zahlen keine Steuern auf bestimmte Zinserträge, Immobilien (Grundsteuer) und sind nach Landesrecht befreit von Gebühren für Baugenehmigungen, notarielle Beurkundungen und Gerichtskosten; die Mitglieder können die Zahlung der Kirchensteuer von der Einkommenssteuer absetzen. S. zu dem Komplex: *M. Droege*, Förderung der Kirchen und anderen Religionsgemeinschaften im Abgabenrecht, in: D. Pirson et al. (Hrsg.), Handbuch des Staatskirchenrechts (3), Berlin ³2020, § 74, 3073–3127.

[18] Grundlegend: *H. M. Heinig*, Öffentlich-rechtliche Religionsgesellschaften, Berlin 2003; s. a. *S. Korioth*, Art. 140 GG, Art. 137 WRV, in: Maunz/Dürig, Grundgesetz-Kommentar, 42. EL, Februar 2003, Rn. 63–93.

[19] S. BVerfGE 102, 370 (Zeugen Jehovas), Rn. 61–82.

[20] Etwa für die Veranstaltung von Religionsunterricht an den Schulen setzt Art. 7 Abs. 3 S. 2 GG eine Kooperation mit den „Religionsgemeinschaften" voraus. Schon dies ist für die muslimischen Verbände teilweise unklar, es werden aber auch andere Lösungen gefunden, vgl. etwa § 132a SchulG NRW; zum Begriff der Religionsgemeinschaft *R. Poscher*, Totalität – Homogenität – Zentralität – Konsistenz: Zum verfassungsrechtlichen Begriff der Religionsgemeinschaft, in: Der Staat 39 (1/2000), 49–67.

[21] S. zur Frage Körperschaftsstatus und Islam: *R. Spielhaus*/*M. Herzog*, Die rechtliche Anerkennung des Islams in Deutschland – Ein Gutachten für die Friedrich-Ebert-Stiftung, Berlin 2015; Information zur Inhaberschaft des Körperschaftsstatus: www.bmi.bund.de/DE/themen/heimat-integration/staat-und-religion/koerperschaftsstatus/koerperschaftsstatus-node.html#:~:text=Zu%20den%20vorkonstitutionell%20als%20K%C3%B6rperschaft,Zusammenschl%C3%BCsse%2C%20zum%20Teil%20auch%20Ordensgemeinschaften) (Zugriff: 09.02.2023).

Trägerschaft sozialer Einrichtungen, die Mobilisierung von Ehrenamt und ein Seelsorgeangebot auch in Gefängnissen, Krankenhäusern und bei der Bundeswehr den sozialen Zusammenhalt stärken.[22] Aber diese Logik stammt aus einer Zeit, zu der 97 % der Bevölkerung Mitglied einer christlichen Kirche waren.[23] Wird Religiosität zum Minderheitenphänomen, kann die Sonderstellung der korporierten Religionsgemeinschaften nicht mehr als Dienst an der Allgemeinheit begründet werden: In einem solchen Kontext kann nicht davon ausgegangen werden, dass derartige Leistungen oder Grundausrichtungen sozialer Einrichtungen von den potentiellen Empfängern überhaupt gewünscht sind. Vielmehr entsteht zunehmend eine Spannung zwischen der religiös-weltanschaulichen Diversität der Gesellschaft mit einem immer größer werdenden Anteil nicht-religiöser Personen und der relativen Homogenität der Landschaft sozialer und Bildungseinrichtungen.[24]

---

[22] In diesem Sinne etwa *A. von Campenhausen*, Staatskirchenrecht, ³1996, 143f.; *E-W. Böckenförde*, Die Entstehung des Staates als Vorgang der Säkularisation, in: ders. (Hrsg.), Recht, Staat, Freiheit, Frankfurt a. M. 1991, 92–114, 112f. [Erstveröffentlichung: 1967]; *K. Hesse*, Der Rechtsschutz durch staatliche Gerichte im kirchlichen Bereich, 1956, 28: „mitverantwortliche Beteiligung (…) an den öffentlichen Funktionen"; *P. Kirchhof*, Kirchen und Religionsgemeinschaften als Körperschaften des öffentlichen Rechts, in: J. Listl/D. Pirson (Hrsg.), Handbuch des Staatskirchenrechts (1), ²1995, § 22, 651–687, 655; *U. K. Preuß*, Alternativ-Kommentar zum GG, Aufbaulieferung 2001, Art. 140, Rn. 54; *A. Uhle*, Staatskirchenrecht, in: K. Stern/H. Sodan/M. Möstl (Hrsg.), Das Staatsrecht der Bundesrepublik Deutschland (I), München ²2022, § 29 Rdn. 128–136 (insbes. Rn. 135); dagegen für eine grundrechtlich fundierte Begründung des Körperschaftsstatus: *H. M. Heinig*, Öffentlich-rechtliche Religionsgemeinschaften (s. Anm. 18); *A. Hollerbach*, Die Kirchen unter dem Grundgesetz, in: VVDStRL 26 (1968), 57–106, 90; *J. Isensee*, Staatsleistungen an die Kirchen und Religionsgemeinschaften, in: J. Listl/D. Pirson (Hrsg.), Handbuch des Staatskirchenrechts (1), ²1995, § 35, 1009–1063, 1060–1062; *S. Magen*, Kirchen und andere Religionsgemeinschaften als Körperschaften des öffentlichen Rechts, in: D. Pirson et al. (Hrsg.), Handbuch des Staatskirchenrechts (1), Berlin ³2020, § 27, Rn. 1: „auf religiöser Tradition und Identität gegründete symbolische Gemeinschaften, nicht Zweckorganisationen" sowie Rn. 16–18.

[23] Bis Ende der 1960er Jahre waren in der Bundesrepublik fast alle Bürger und Bürgerinnen Mitglied einer der beiden großen christlichen Kirchen, s. www.destatis.de/DE/Methoden/WISTA-Wirtschaft-und-Statistik/2010/06/entwicklung-kirchenmitglieder-062010.pdf?__blob=publicationFile (Zugriff: 15.02.2023).

[24] Dazu *S. Huster*, Die ethische Neutralität des Staates, Tübingen ²2017; *J. Neumann*, Staat und Kirchen in verfassungsrechtlichen Texten der Europäischen Union und ihrer Mitgliedstaaten, in: D. Fauth/E. Satter (Hrsg.), Staat und Kirche im werdenden Europa, Würzburg 2003, 39–70, 65; s. a. *G. Czermak*, Religions- und Weltanschauungsrecht, Berlin 2008, 85–97.

Wenn aber das Religionsverfassungsrecht seiner integrierenden und befriedenden Funktion[25] nicht mehr gerecht wird, so ist es selbst auf den Prüfstand zu stellen. Verfassungsrechtlich überzeugt der gegenwärtige Mix aus Bevorzugung christlicher Symbolik in Schulen und Gerichtssälen, staatlicher Zurückhaltung bei der Aufarbeitung innerkirchlichen sexuellen Missbrauchs[26] und oft genug noch misstrauischer Abwehrhaltung gegenüber muslimischen Mitbürgerinnen, insbesondere, wenn sie ein Kopftuch tragen,[27] nicht.

2. Mehr Neutralität?

In welche Richtungen könnte das Verhältnis von Staat und Religion weiterentwickelt werden, wollte der Staat aktiv auf den sich ändernden Kontext und die damit einhergehenden Spannungen reagieren? Zwei Möglichkeiten tun sich auf:[28] Einerseits könnte das in Deutschland relativ enge Kooperationsverhältnis zwischen Staat und korporierten Religionsgemeinschaften gelockert werden. Deutschland könnte sich im Rechtsvergleich mehr in Richtung Laizismus bzw. Neutralität[29] entwickeln und Religion stärker aus dem öffentlichen Raum entfernen. Konsequenterweise würde die öffentliche Förderung kirchlicher Einrichtungen, so-

[25] S. etwa *E. Arens/M. Baumann/A. Liedhegener*, Integrationspotenziale von Religion und Zivilgesellschaft: Theoretische und empirische Befunde, Baden-Baden 2016.

[26] S. dazu die Beiträge von *K. Mertes*, *U. Leimgruber* und *C. Waldhoff* in diesem Band.

[27] Zu den Kopftuch-Urteilen des BVerfG in den Kontexten Schule und Gericht: BVerfG, Urteil v. 24.9.2003, E 108, 282 (Lehrerin); BVerfG, Besch. v. 27.1.2015, 1 BvR 471/10 (Lehrerin); Beschl. v. 14.1.2020, BVerfGE 153, 1 (Rechtsreferendarin); s. kürzlich die abgelehnte Verfassungsbeschwerde gegen die Entscheidung des Bundesarbeitsgerichts, welches im Anschluss an das Urteil von 2015 forderte, für ein Kopftuchverbot bei Berliner Lehrerinnen nach dem Berliner Neutralitätsgesetz müsste eine konkrete Gefahr gegeben sein: BVerfG, Beschl. v. 17.1.2023, 1 BvR 1661/21; dazu: LTO v. 2.2.2023, www.lto.de/persistent/a_id/50963 (Zugriff: 15.02.2023); s. a. §§ 34 Abs. 2 S. 4 Beamt StG, 61 Abs. 2 S. 4 BBG zum Verhüllungsverbot von Bundesbeamten.

[28] Ähnlich *H. M. Heinig*, Ordnung der Freiheit – das Staatskirchenrecht vor neuen Herausforderungen, in: ZevKR 53 (3/2008), 235–254, 241: „Zwei Alternativen zur Tradition: Hierarchisierung und Distanzierung".

[29] Der Begriff der religiös-weltanschaulichen Neutralität ist im Grundgesetz nicht enthalten, allerdings benutzt ihn das BVerfG in ständiger Rechtsprechung seit BVerfGE 19, 206, 216 und spricht in diesem Zusammenhang davon, dass der Staat „Heimstatt aller Staatsbürger" sei; kritisch zu diesem Konzept aus verfassungsrechtlicher Sicht *C. Möllers*, Grenzen der Ausdifferenzierung – Zur Verfassungstheorie der Religion in der Demokratie, in: ZevKR 59 (2/2014), 115–140.

weit verfassungsrechtlich nicht vorgegeben,[30] zurückgefahren werden. Der seit 1919 bestehenden verfassungsrechtlichen Forderung der Ablösung der Staatsleistungen könnte endlich Genüge getan werden (wie es derzeit auch geplant ist[31]) und Sonderregime wie ein eigenes kirchliches Arbeitsrecht abgeschafft werden. Damit würde den Forderungen europäischer Gerichte gefolgt werden, die Kündigungen oder Nichteinstellungen aufgrund von Kirchenaustritten oder der privaten Lebensführung für unions- bzw. konventionsrechtswidrig erklärt haben.[32]

Der Staat würde sich zurückziehen aus der Förderung von Schulen und Hochschulen, konfessionell geprägten Krankenhäusern, Alten- und Behinderteneinrichtungen, konfessionellen Angeboten der Jugendhilfe und der Ermöglichung von Religionsunterricht an öffentlichen Schulen. Die größten Veränderungen würden sich im Bereich der sozialen und Bildungseinrichtungen in kirchlicher Trägerschaft ergeben. Nicht länger vom Staat maßgeblich finanziert, sondern auf private Ressourcen angewiesen, würden sie weniger, teurer und kommerzieller werden. Die Folge wäre wohl nicht nur ein Verlust an Vielfalt, sondern auch an Orten, an denen der Wert des Menschen jenseits von Leistungs- und Gewinnorientierung begriffen wird.

Verfassungsrechtlich wäre dies möglich: In seiner jetzigen Form garantiert Art. 140 GG i. V. m. Art. 137 Abs. 5 und 6 der Weimarer Reichsverfassung (WRV) zwar die Beibehaltung des Körperschaftsstatus für die sog. altkorporierten Gemeinschaften. Damit verknüpft ist laut Verfassungstext allerdings nur die Möglichkeit des staatlichen Kirchensteuereinzugs. Das Bundesverfassungsgericht hat darüber hinaus den Körperschaftsstatus

---

[30] Verfassungsrechtlich verpflichtend an den Körperschaftsstatuts gebunden ist gem. Art. 140 GG i. V. m. Art. 137 Abs. 6 WRV nur die staatliche Einziehung der Kirchensteuer. Auch diese Verpflichtung könnte mittels Verfassungsänderung abgeschafft werden.

[31] S. Koalitionsvertrag der Ampel-Koalition *Mehr Fortschritt wagen* von 2021, www.spd.de/fileadmin/Dokumente/Koalitionsvertrag/Koalitionsvertrag_2021-2025.pdf (Zugriff: 20.02.2023), 88; zum derzeitigen Stand der Verhandlungen und aktuellen Herausforderungen: *A. Hense*, Wie können die Staatsleistungen abgelöst werden?, in: HK 2023, i. E.

[32] Für zwei prominente Fälle des EuGH s. o. Anm. 4 und Anm. 5; ähnlich gelagerte Fälle des Europäischen Gerichtshofs für Menschenrechte auf der Grundlage der Europäischen Menschenrechtskonvention sind u. a.: EGMR, Urt. v. 23.9.2010, Nr. 425/03 (Obst); EGMR, Urteil v. 23.9.2010, Beschwerde-Nr. 1620/03, Schüth/Deutschland; dazu *H. M. Heinig*, Der öffentlich-rechtliche Status für Religionsgesellschaften in Deutschland und Österreich im Lichte der neueren Rechtsprechung des Europäischen Gerichtshofs für Menschenrechte, in: ZevKR 58 (2/2013), 121–137; s. a. *B. Kämper/A. Puttler* (Hrsg.), Straßburg und das kirchliche Arbeitsrecht, Berlin 2013.

um das sog. Privilegienbündel erweitert: Auch das Parochialprinzip (die Möglichkeit, alle Konfessionsangehörigen eines Gebiets kraft Wohnsitzes in Anspruch zu nehmen[33]), die Dienstherreneigenschaft der Kirchen (die Möglichkeit, für die Bediensteten ein eigenes Beamtenrecht zu kreieren) und die Rechtsetzungsgewalt sind demzufolge mit dem Körperschaftsstatus verfassungsrechtlich garantiert.[34] Gleichzeitig steht dieser Status schon aus Gleichheits- und Neutralitätsgründen allen Religionsgemeinschaften offen, die eine gewisse Garantie der Dauer, eine basale Rechtstreue sowie die Achtung der fundamentalen Verfassungsprinzipien des Art. 79 Abs. 3 GG, der Grundrechte Dritter sowie der Grundprinzipien des Religions- und Staatskirchenrechts, gewährleisten.[35] Nicht verfassungsrechtlich festgeschrieben sind aber die vielfältigen steuerlichen Vorteile und v. a. die enge Verquickung von Staat und Kirchen im Bereich von sozialen und Bildungsträgern.

3. Mehr Kontrolle bzw. Verfassungskompatibilität?

Alternativ könnten die Anforderungen an Verleihung und Beibehaltung des Körperschaftsstatus für Religionsgemeinschaften im Sinne einer erhöhten Verfassungskompatibilität verschärft werden:[36] Die öffentliche

---

[33] BVerfGE 30, 415, 423ff.

[34] S. *S. Magen*, Kirchen und andere Religionsgemeinschaften als Körperschaften des öffentlichen Rechts (s. Anm. 22) § 27, Rn. 37–49.

[35] Art. 140 GG i. V. m. Art. 137 Abs. 5 S. 2 WRV enthält nur das Kriterium der „Gewähr der Dauer“ durch ihre Verfassung und Zahl ihrer Mitglieder. Die übrigen Voraussetzungen wurden vom BVerfG in der Zeugen Jehovas-Entscheidung von 2000 entwickelt, s. BVerfGE 102, 370, 392–397; dazu *C. Hillgruber*, Der Körperschaftsstatus von Religionsgemeinschaften – Objektives Grundverhältnis oder subjektives Grundrecht, in: NVwZ 2001, 1347–1355.

[36] Diese Debatte wurde rund um die Zeugen Jehovas-Entscheidung des BVerfG im Jahr 2000 bereits einmal eingeführt, teilweise auch mit Blick auf islamische Gemeinschaften: *C. Hillgruber*, Staat und Religion, in: DVBl 17 (1999), 1155–1178; *P. Kirchhof*, Die Freiheit der Religionen und ihr unterschiedlicher Beitrag zu einem freien Gemeinwesen, in: Essener Gespräche zum Thema Staat und Kirche 39 (2005), 105–146; *K-H. Ladeur/I. Augsberg*, Toleranz – Religion – Recht, Tübingen 2007; für eine erhellende Diskussion s. *M. Morlok/M. Heinig*, Parität im Leistungsstaat – Körperschaftsstatus nur bei Staatsloyalität? Ein Beitrag zur Dogmatik des Art. 140 GG i. V. m. Art. 137 V 2 WRV, in: NVwZ 1999, 697–706; für aktuelle Forderungen nach einer stärkeren Grundrechtsbindung insbesondere der katholischen Kirche s. *D. Bogner*, Ihr macht uns die Kirche kaputt … doch wir lassen das nicht zu!, Freiburg i. Br. ^{2}2019; s. a. *T. Stein*, Mit Engelszungen und Liebe: der Synodale Weg als Chance katholischer

Förderung konfessioneller Einrichtungen oder die Vergabe von Sitzen in Rundfunkräten und Ähnliches könnte daran geknüpft werden, dass die Religionsgemeinschaft – über die derzeitigen Anforderungen hinaus – eine Kompatibilität mit den Werten der Verfassung aufweist. Denkbar wären ein Verbot der Ungleichbehandlung der Geschlechter auch für Weiheämter (Art. 3 Abs. 2 GG fordert auch die tatsächliche Durchsetzung der Gleichberechtigung von Männern und Frauen und fordert vom Staat, auf diese aktiv hinzuwirken) oder die Garantie einer internen Ordnung, die basale Standards der Legitimation durch die Mitglieder sowie rechtsstaatliche Mechanismen zur Aufarbeitung von Missständen enthält. Zwar dürfen im privaten, grundrechtlich geschützten Raum in der Binnenorganisation von Unternehmen und privaten Assoziationen oder auch in der Familie andere Regeln gelten als für den Staat: Private Vereinigungen dürfen sich hierarchischer, weniger transparent und weniger demokratisch organisieren, solange die Grenze der Verfassungsfeindlichkeit nicht erreicht ist (was unter bestimmten Umständen etwa ein Vereinsverbot nach Art. 9 Abs. 2 GG, § 3 Abs. 1 Vereinsgesetz auslösen würde). Wo der Staat aber die öffentlich-rechtliche Organisationsform zuerkennt, damit einhergehende besondere Rechte zugesteht und in vielen Bereichen eng kooperiert, da sollte er dieser Ansicht zufolge grundlegende demokratische und rechtsstaatliche Formen auch von seinen Kooperationspartnern einfordern.

Ob eine derartige Lösung unter dem geltenden Verfassungsrecht möglich wäre, ist strittig, Präzedenzfälle gibt es bisher nicht: Die Beibehaltung des Körperschaftsstatus für die altkorporierten Religionsgemeinschaften ist verfassungsrechtlich festgeschrieben, so dass man für einen Entzug eine Verfassungsänderung fordern könnte. Gleichzeitig wird dem Gebot der Gleichbehandlung alt- und neukorporierter Körperschaften entnommen, dass ein Entzug des Status grds. auch für altkorporierte Gemeinschaften möglich sein muss, im Rahmen einer anzustellenden Abwägung der besondere Bestandsschutz der altkorporierten Gemeinschaften nach Art. 137 Abs. 5 S. 1 WRV jedoch Berücksichtigung finden müsse.[37]

Transformation (20.10.2021), www.feinschwarz.net/mit-engelszungen-und-liebe-der-synodale-weg-als-chance-katholischer-transformation (Zugriff: 16.02.2023).

[37] Dazu *Dreier/Morlok*, Grundgesetz Kommentar, ^{3}2018, WRV Art. 137 Rn. 115 m. w. N.

Welche Folgen aber würde ein Entzug des Körperschaftsstatus etwa für die katholischen Diözesen Deutschlands zeitigen? Ob sich die katholische Kirche davon beeindrucken ließe und in Zukunft Frauen weihen würde, darf bezweifelt werden. Wahrscheinlicher wäre, dass sie sich in Deutschland – wie von einigen römischen Amtsträgern[38] ohnehin favorisiert – von der bisherigen Staatsnähe verabschieden und stärker ins Private zurückziehen würde; mit der Folge, dass Finanz- und Unterstützerströme weniger transparent wären und, wie bei vielen nicht korporierten Gemeinschaften, Einflüsse auch ausländischer Geldgeber möglicherweise größer würden. Tendentiell würde eine solche Privatisierung vermutlich die Radikalisierung von Religionsgemeinschaften befördern: Die Anzahl der korporierten Religionsgemeinschaften würde abnehmen, die übrigen vermutlich beginnen, sich über ihre Staatsferne zu identifizieren. Die bisher (wenn auch bröckelnde) selbstverständliche Nähe von Kirchenleitungen und politischen Amtsträgern, auch der Einfluss der Kirchen bei ethischen Fragen würde weiter zurückgehen.

Eine hohe „Verfassungskompatibilität" würden jeweils nur die liberalen Ausprägungen der Religionen, etwa fortschrittliche Protestanten, liberale muslimische und jüdische Gemeinschaften, aufweisen. Damit wäre nur mehr die protestantische Hälfte der deutschen Christen und sehr kleine Teile der jüdischen und muslimischen Gemeinschaften öffentlich-rechtlich korporiert, die katholische Kirche in Deutschland[39] und der überwiegende Teil der jüdischen und muslimischen Gemeinschaften müssten sich privat organisieren und über Mitgliedsbeiträge und Spenden finanzieren. Dadurch würde eine starke Spaltung der religiösen Landschaft entstehen, die der Weimarer Kompromiss zwischen katholischem Zentrum und protestantisch geprägter Sozialdemokratie gerade ein für allemal beenden wollte. Insbesondere die Ungleichbehandlung von Protestanten und Katholiken nach Verfassungsnähe würde große Proteste auslösen und Erinnerungen an den preußischen Kulturkampf

---

[38] Sowie von innerkirchlichen, rechtskatholischen Kreisen; dazu *U. Nothelle-Wildfeuer/ M. Striet* (Hrsg.), Katholischer Rechtspopulismus. Die Kirche zwischen Antiliberalismus und Verteidigung der Demokratie, Freiburg i. Br. 2022.

[39] Skeptisch zur Kompatibilität der katholischen Kirche mit den Anforderungen des Grundgesetzes (jenseits der Frage der Frauenweihe): *G. Essen*, Das Verhältnis der römisch-katholischen Kirche zum liberal-demokratischen Verfassungsstaat – Eine ungeklärte Beziehung ohne Zukunftsperspektive, in: H-J. Große Kracht/G. Schreiber (Hrsg.), Wechselseitige Erwartungslosigkeit? Die Kirchen und der Staat des Grundgesetzes – gestern, heute, morgen, Berlin 2019, 309–336.

wecken. Ob die Differenzierung zwischen staatsgenehmen und staatsfernen Gemeinschaften der Integration der konservativeren jüdischen und muslimischen Gruppierungen oder der Entwicklung des Katholizismus hin zu mehr Geschlechtergerechtigkeit und Diversität dienlich wäre, darf bezweifelt werden.

Stärker als bisher würde eine Politisierung von Religion und eine Versäulung entsprechend auch der politischen Auffassungen der jeweiligen Gläubigen stattfinden: Während die Mitgliedschaft in einer Religionsgemeinschaft – anders als noch in den 1950er und 60er Jahren[40] – nur noch geringe Rückschlüsse auf die politische Positionierung seiner Mitglieder zulässt,[41] würden sich die politisch progressiveren Mitglieder vermutlich stärker bei den korporierten Gemeinschaften sammeln, während konservativere Religiöse sich zu den dann privat organisierten Gemeinschaften hingezogen fühlen würden. Damit würde Deutschland sich religionssoziologisch und -politisch stark polarisierten Ländern wie Israel oder den USA annähern.

Politisch schwierig wäre das Signal, welches der Staat mit einem Rückzug an weite Teile der muslimischen und jüdischen Gemeinschaften senden würde, die ebenfalls nicht vollständig diskriminierungsfrei agieren. Die erst vor kurzem eingerichteten Institute islamischer Theologie an staatlichen Universitäten müssten ihre Arbeit einstellen – ein Verlust für die wissenschaftliche Untersuchung islamischer Quellen und ihre Vermittlung in die Bevölkerung, nicht zuletzt durch die Ausbildung von Religionslehrerinnen und -lehrern. Auch die Verabschiedung aus einem staatlich organisierten Religionsunterricht hätte zur Folge, dass dieser stärker privat und damit auch weniger kontrolliert stattfinden würde, was ebenfalls eine Radikalisierung befördern könnte. Alles in allem erscheint dieser Weg wenig attraktiv und wird wohl auch in naher Zukunft politisch nicht beschritten werden.

---

[40] Zu diesem Trend und den Veränderungen, die seither stattgefunden haben: *C. Wolf*, Konfessionelle versus religiöse Konfliktlinie in der deutschen Wählerschaft, in: Politische Vierteljahresschrift 37 (4/1996), 713–734; *F. U. Pappi*, Die konfessionell-religiöse Konfliktlinie in der deutschen Wählerschaft: Entstehung, Stabilität und Wandel, Historical Social Research Supplement 27 (2015), 122–149.

[41] Zum Verhältnis von Religiosität und Wahlverhalten (Kirchgänger wählen überdurchschnittlich häufig CDU, Katholiken noch etwas mehr als Protestanten), *V. Neu*, Religiösität und Wahlverhalten – Eine repräsentative Untersuchung, Studie im Auftrag der Konrad Adenauer Stiftung, 2020, www.kas.de/documents/252038/7995358/Religiosit%C3%A4t+und+Wahlverhalten.pdf/bd678489-39e5-859a-6e0f-ae81b0091adf?version=1.0&t=1600429504903 (Zugriff: 15.02.2023).

4. Wenn der Staat nicht reagiert

Wie gesehen, sind die verfassungsrechtlichen Hürden für die Erhöhung der Anforderungen an eine „Verfassungskompatibilität" von Religionsgemeinschaften höher als dafür, dass der Staat sich sukzessive aus vielen Feldern der aktiven Förderung von Religionsgemeinschaften und der engen Kooperation zurückzieht, da verfassungsrechtlich nur wenige Aspekte des gegenwärtigen Arrangements zwingend geboten sind. Mit welchen Auswirkungen aber wäre zu rechnen, wenn der politische Prozess in absehbarer Zeit nicht aktiv auf die genannten Herausforderungen reagieren und, weil auf diesem Feld keine Mehrheiten zu gewinnen sind, religionspolitisch und religionsverfassungsrechtlich mehr oder weniger alles beim alten beließe? Keineswegs würde dies bedeuten, dass auch auf der rechtstatsächlichen Seite alles beim alten bliebe: Schon jetzt zeigt sich infolge des Missbrauchsskandals und der damit einhergehenden stark gestiegenen Austrittszahlen eine Abnahme des Einflusses der christlichen Kirchen in der Politik. Bei Fragen bezüglich Anfang und Ende des Lebens finden die christlichen Positionen zunehmend weniger Gehör. Dass Eizellspende, Embryonenforschung und Sterbehilfe bisher in Deutschland verboten waren, ist wohl auch dem Einfluss der Kirchen geschuldet. Zu erwarten sind hier in Zukunft liberalere Regelungen. Die Selbstverständlichkeit, mit der bisher bei staatlichen Traueranlässen ein vom politischen Spitzenpersonal besuchter, öffentlich übertragener Trauergottesdienst abgehalten wurde, wird vermutlich verloren gehen.[42] Möglicherweise werden interreligiöse Formen geschaffen oder es wird auf derartige öffentliche Bekenntnisse – ebenso wie die Verwendung der christlichen Eidesformel beim Ableisten des Amtseids – verzichtet. Die Selbstverständlichkeit, mit der christliche Seelsorger in Krankenhäusern und bei der Bundeswehr Zutritt finden bzw. teilweise staatlich finanziert werden, geht absehbar verloren, jedenfalls wird das Angebot zunehmend pluraler.[43] Sicherlich wird es immer weniger akzeptabel, dass nur bestimmte Religionen etwa in öffentlich-rechtlichen Rundfunkräten vertre-

---

[42] S. aus liturgiewissenschaftlicher Sicht *B. Benz/B. Kranemann* (Hrsg.), Deutschland trauert. Trauerfeiern nach Großkatastrophen als gesellschaftliche Herausforderung, Würzburg 2019.

[43] Seit 2021 gibt es einen jüdischen Militärseelsorger bei der Bundeswehr, www.bundeswehr.de/de/betreuung-fuersorge/militaerseelsorge/juedische-militaerseelsorge (Zugriff: 20.02.2023), ein muslimischer Seelsorger wird bisher vergeblich gefordert, s. dazu etwa DLF v. 1.2.2019: Wenn der erste muslimische Kamerad fällt, ist es zu spät, www.deutsch

ten sind oder im öffentlich-rechtlichen Rundfunk zwar sonntags selbstverständlich christliche Gottesdienste übertragen werden, nicht aber entsprechende Angebote für die muslimische, jüdische und nicht-religiöse Hörerschaft entwickelt werden. Auch bei den Feiertagen ist mit einer Pluralisierung zu rechnen, teilweise auch nach Bundesländern differenziert. Möglich ist auch, dass anti-religiöse Zusammenschlüsse wie die Humanistische Union stärker Gehör finden und einfordern werden, ebenfalls Förderung für Schulen, Krankenhäuser und Hochschulen zu erhalten. Bleibt es bei der Dominanz der Förderung christlich-jüdischer Einrichtungen wie bisher, wird dies vermutlich zunehmend zu Unzufriedenheit und Spannungen führen.

5. Fortschreibung des religionspolitischen Modells?

Wie sonst aber könnte ein verfassungsrechtliches Arrangement, das über hundert Jahre lang die Befriedung unterschiedlicher Religionsgemeinschaften ebenso wie die Einhegung verfassungsfeindlicher Tendenzen gewährleistet hat, heute fortgeschrieben werden? Das Weimarer Erfolgsmodell besteht aus einer Kombination aus formaler Gleichstellung jedenfalls der christlichen Konfessionen und – verstärkt unter dem Grundgesetz – einer engen Kooperation mit dem Staat. Es gibt Religionsunterricht an öffentlichen Schulen, aber die Religionsgemeinschaften entscheiden über Inhalte und Personal mit – und vor allem: Er steht allen Gemeinschaften gleichermaßen offen. Viele dieser Vorzüge sind heute gar nicht an den Körperschaftsstatus geknüpft. Inzwischen gibt es in einigen Bundesländern auch muslimischen Religionsunterricht an öffentlichen Schulen und muslimische Areale auf Friedhöfen (wenn auch wohl zu wenige[44]). Seit den 2010er Jahren wurden sukzessive muslimische Fakultäten an Universitäten und Fachhochschulen eingerichtet, die maßgeblich vom Bundesministerium für Bildung und Forschung gefördert werden.[45]

---

landfunk.de/islamische-militaerseelsorge-wenn-der-erste-muslimische-100.html (Zugriff: 15.02.2023).

[44] S. Die Friedhöfe sind voll, ZEIT Online (28.01.2023), www.zeit.de/gesellschaft/2023-01/friedhof-muslimische-grabstaetten-platzmangel-berlin (Zugriff: 15.02.2023).

[45] www.deutschland.de/de/topic/wissen/islamische-theologie-in-deutschland-studieren (Zugriff: 15.02.2023); s. dazu den Bericht des Wissenschaftsrats: Empfehlungen zur Weiterentwicklung von Theologien und religionsbezogenen Wissenschaften an deutschen Hochschulen (29.01.2010), Wissenschaftsrat Drs. 9678-10.

Gegen dieses Paritätsgebot[46] verstößt es, wenn Neutralitätsgesetze jüdisch-christliche Symbolik in staatlichen Einrichtungen zum pseudo-neutralen Kulturgut stilisieren, während Zeichen muslimischen Glaubens verboten werden.[47] Gerade die Lern- und Gewöhnungserfahrungen, die mit der Zurschaustellung von Religiosität im öffentlichen Raum ermöglicht werden, sind in einer pluralistischen Gesellschaft wertvoll. Ebenso wie der schwangere Bauch unter dem Talar oder der Robe einmal gewöhnungsbedürftig (aber auch zumutbar) war, ist es heute das Tuch auf den Köpfen hochqualifizierter Lehrerinnen und Juristinnen. Orte der Begegnung und der Auseinandersetzung mit religiöser und weltanschaulicher Vielfalt zu eröffnen, sollte heute religionspolitische Priorität haben. Zugleich ist eine zügige Ablösung der nicht mehr zu rechtfertigenden Staatsleistungen aus Gerechtigkeits- und Akzeptanzgründen ebenso wünschenswert wie die Klarstellung, dass das Recht für alle gleichermaßen gilt, auch für katholische Priester. Aufklärung und Prävention von Missbrauch sind nicht nur Angelegenheit der Religionsgemeinschaften, sondern auch des Staates. Allerdings darf und wird kein staatliches oder internationales Gericht den Zugang der Katholikinnen zu den Weiheämtern erzwingen. Diesen müssen sie sich – an der Seite unangepasster Bischöfe? – selbst erkämpfen.

Mehr denn je ist demokratische Politik gefordert, die Orte des Religiösen und die Formen des Zusammenlebens auf gleichheitsgemäße und sensible Art und Weise neu zu bestimmen. Es liegt an ihr, das Verhältnis von Staat und Religionsgemeinschaften so zu gestalten, dass dieses weithin Akzeptanz findet und dazu beiträgt, dass Anhänger verschiedener Religionen und Konfessionslose miteinander in Frieden leben können. Leichte Antworten gibt es leider nicht.

---

[46] *M. Heckel*, Die religionsrechtliche Parität, in: J. Listl/D. Pirson (Hrsg.), Handbuch des Staatskirchenrechts (1), ^{2}1994, 589–622; s. a. *Dreier/Morlok*, Grundgesetz Kommentar, ^{3}2018, Art. 140 Rn. 40–44.

[47] So verbietet § 2 Berliner Neutralitätsgesetz Lehrerinnen bisher das Tragen eines muslimischen Kopftuchs. Dieses Verbot hatte das Bundesarbeitsgericht 2020 in dieser Pauschalität aufgehoben und in Konformität mit der Entscheidung des BVerfG von 2015 (BVerfGE 138, 296) dahingehend ausgelegt, nur bei einer konkreten Gefahr für den Schulfrieden oder die staatliche Neutralität sei ein solches Verbot gerechtfertigt, BAG, Urteil v. 27.8.2020, Az. 8 AZR 62/19. Die Verfassungsbeschwerde des Berliner Senats gegen die Entscheidung des BAG vor dem BVerfG blieb ohne Erfolg, s. BVerfG, Beschl. v. 17.1.2023, Az. 1 BvR 1661/21, dazu LTO v. 2.2.2023, www.lto.de/recht/nachrichten/n/bverfg-1bvr1661-21-verfassungsbeschwerde-land-berlin-neutralitaets gesetz-kopftuch-nicht-angenommen (Zugriff: 01.03.2023).

Das rechtliche Verhältnis von Staat, Weltanschauung und Kirchen aus säkularer Sicht

Gerhard Czermak

Das Institut für Weltanschauungsrecht, dessen Direktorium der Autor angehört, plädiert für rational begründete, weltanschaulich neutrale Rechtsnormen. Diese sollen grundsätzlich von Jedermann als gerecht akzeptiert werden können, ganz unabhängig von der jeweiligen religiösen oder nichtreligiösen Präferenz.[1] Die Neutralitätsforderung wird zwar im Anschluss an die Rechtsprechung des Bundesverfassungsgerichts (BVerfG) weithin anerkannt, aber bei der Normsetzung und in der Rechtspraxis in großem Ausmaß ignoriert. Bei der Erörterung des derzeitigen Verhältnisses von Staat und Religion werden daher im Folgenden die Interessen der Nichtreligiösen auf der Basis des Grundgesetzes (GG) hervorgehoben. Innerkirchliche Reformforderungen, etwa zum Arbeitsrecht oder zum Verzicht auf Vergünstigungen, die auch im Rahmen dieses Bandes zu Wort kommen, entsprechen teilweise allgemeinen Forderungen der säkularen Verbände und der nicht organisierten Öffentlichkeit. Ihre Verwirklichung würde ein sachbezogenes gesellschaftliches Zusammenwirken zwischen religiösen und nichtreligiösen Organisationen erleichtern, teilweise überhaupt erst ermöglichen.

1. Die säkularen Grundforderungen

Das säkulare Hauptanliegen ist die Herstellung der religiös-weltanschaulichen Neutralität des Staats. Dieses Anliegen ist nach über 70 Jahren der weitgehenden Missachtung dieses rechtsstaatlichen Verfassungsgebots sicher nicht unberechtigt, wie immer man auch die Inhalte dieses Gebots im Einzelnen beurteilen mag.[2] Kirchennahe Juristen versuchen zwar in erheblichem Umfang immer noch, überholte religionsverfassungsrecht-

---

[1] www.weltanschauungsrecht.de/search/node/leitbild (Zugriff: 24.2.2023).

[2] Dieser häufig nicht gesehene Umstand wird näher erläutert in *G. Czermak/E. Hilgendorf*, Religions- und Weltanschauungsrecht, Baden-Baden ^{2}2018, 26ff.; *C. Frerk*, Violettbuch Kirchenfinanzen, Aschaffenburg 2010, 247–254 (Privilegienliste mit Sonderregelungen).

liche Privilegien zu verteidigen. Andererseits kann man in der Neuauflage des Handbuchs des Staatskirchenrechts von 2020 lesen, das Neutralitätsprinzip sei „vielleicht die zentrale *idée directrice* des Religionsverfassungsrechts“.[3]

Die Frage nach der Reformbedürftigkeit des Religionsverfassungsrechts setzt ein richtiges Gesamtverständnis der gegebenen Rechtsnormen voraus. Dabei gibt es heute, pauschal betrachtet, keine scharf konträren Positionen mehr. Man ist sich weitgehend darin einig, dass ein System der kooperativen Trennung besteht. Darüber, was das im Einzelnen bedeutet, gehen die Meinungen aber oft weit auseinander. Die Mehrheit betont die kooperativen Momente, eine Minderheit die Aspekte der Trennung.

Im Folgenden werden Systemfragen des Religionsverfassungsrechts und insbesondere die Bedeutung und ggf. Abschaffung des Körperschaftsstatus erörtert. Ein weiterer Abschnitt ist dem Arbeitsrecht im kirchlichen Bereich gewidmet und der letzte der Religionsförderung. Abschließend werden bisherige Verhaltensmuster der Kirchen und vieler ihrer Vertreter aufgezeigt, die aus säkularer Sicht schwer erträglich waren bzw. sind, künftig aber zum allseitigen Nutzen vermieden werden sollten.

2. Systemfragen des Religionsverfassungsrechts (Weltanschauungsrechts)

2.1 Freiheit

Unter Religionsverfassung versteht man die Gesamtheit der einschlägigen Normen des Grundgesetzes (GG) einschließlich der durch Art. 140 GG inkorporierten Bestimmungen der Weimarer Reichsverfassung (WRV). Ihr Zweck ist es, allen religiösen und weltanschaulichen Gemeinschaften gleichermaßen eine im Rahmen der Gesetze (s. Art. 140 GG/137 III 1 WRV) weitgehend freie und selbstbestimmte Gestaltung des Innenlebens und der äußeren Betätigung zu gewährleisten. Die existenziellen Anforderungen des Staates, insbesondere die Wahrung des inneren Friedens und die Rechte Anderer, gehen aber stets vor.

---

[3] C. *Walter*, Die religiöse und weltanschauliche Neutralität des Staates, in: HSKR[3] 2020, 727 (759): „idée directrice“ vgl. hier 2.2.

2.2 Weltanschauliche Neutralität des Staats bzw. Gebot der Gleichbehandlung[4]

Volle Freiheit aller weltanschaulichen Gemeinschaften (im allgemeinen Sprachgebrauch gehören Religionen als Unterbegriff zum Oberbegriff der Weltanschauungen) setzt ihre volle Gleichbehandlung voraus. Freiheit und Gleichheit sind Kehrseiten einer Medaille. Das GG enthält eine ganze Serie gleichheitsrechtlicher Vorschriften. Es handelt sich, unter Ergänzung der klassischen Grundformel des BVerfG aus dem Jahr 1965[5], um die Art. 3 I, III, 4 I, 33 III GG sowie Art. 140 GG i. V. m. Art. 136 I und IV sowie Art. 137 VII WRV. Hinzu kommt Art. 137 I WRV, der die organisatorische Trennung von Staat und Religion und die grundsätzliche inhaltliche Trennung (vorbehaltlich von Sonderregelungen des GG) bedeutet. Speziell die Gleichberechtigung von religiösen und nichtreligiösen Anschauungen ist angeordnet bzw. enthalten in Art. 4 I, 7 V und 33 III 2, 56 III und 64 II GG sowie Art. 140 GG i. V. m. 137 VII WRV. Irgendwelche Einschränkungsmöglichkeiten hinsichtlich der gleichen Berechtigungen im Rahmen des jeweiligen Geltungsbereichs dieser Vorschriften sind nicht vorgesehen.[6]

Die religiös-weltanschauliche Neutralität des Staats gilt seit Jahrzehnten, zumindest verbal fast allgemein, als ein Eckpfeiler des Religionsverfassungsrechts. Heute spricht man auch häufig und zu Recht von einem verfassungsrechtlichen Schlüsselbegriff[7] oder von einem Zentralbegriff der Staatstheorie. Elias Bornemann formuliert gar: „Denn im deutschen Religionsverfassungsrecht ist die Verhältnisbestimmung des Staates zur Religion untrennbar verbunden mit, ja sie geht auf in dem Begriff der

---

[4] Dazu jetzt eingehend *G. Czermak*, Religiös-weltanschauliche Neutralität. Zur rechtsdogmatischen Klärung und zur deutschen Realität, Baden-Baden 2023 (im Erscheinen).

[5] „Das GG legt durch Art. 4 Abs. 1, Art. 3 Abs. 3, Art. 33 Abs. 3 GG sowie durch Art. 136 Abs. 1 und 4 und Art. 137 Abs. 1 WRV i. V. m. Art. 140 GG dem Staat als Heimstatt aller Bürger ohne Ansehen der Person weltanschaulich-religiöse Neutralität auf. Es verwehrt die Einführung staatskirchlicher Rechtsformen und untersagt auch die Privilegierung bestimmter Bekenntnisse" (BVerfGE 19, 206 [216]).

[6] Vgl. *C. Mertesdorf*, Weltanschauungsgemeinschaften im deutschen Verfassungsrecht, in: H. Groschopp (Hrsg.), Konfessionsfreie und Grundgesetz, Aschaffenburg 2010, 81–128.

[7] Insbesondere *S. Huster*, Die ethische Neutralität des Staates, Tübingen ^{2}2017, 5–46; *G. Czermak*, Siebzig Jahre Bundesverfassungsgericht in weltanschaulicher Schieflage, Baden-Baden 2021, 46–52.

religiös-weltanschaulichen Neutralität des Staates."[8] Ähnlich eindrucksvoll ist die Aussage von Christian Walter, das Neutralitätsprinzip lasse sich als „normatives Ziel der Religionsverfassung, als seine idée directrice, verstehen".[9] Die absolut herrschende Meinung, auch des BVerfG, nennt als wesentliche Gesichtspunkte des staatlichen objektiv-rechtlichen Neutralitätsgebots seine religiös-weltanschauliche Nicht-Identifikation und Gleichbehandlung und unterscheidet zwischen grundsätzlich offener, aber auch (meist nicht erwähnter) distanzierender Neutralität. Sie untersagt „gezielte" staatliche Beeinflussung (was im Unklaren bleibt) und sieht in Art. 3 III (Religion und Weltanschauung als verpöntes Differenzierungsmerkmal) sowie 33 III GG (gleicher Zugang zu öffentlichen Ämtern) ein grundsätzliches Anknüpfungsverbot. Soweit eine erste Annäherung an die religiös-weltanschauliche Neutralität, die auch mit den Begriffen Unparteilichkeit oder Äquidistanz gut getroffen wird. Ihr Verständnis im Einzelnen hängt ab vom Grundverständnis des Religionsverfassungsrechts, dem jeweiligen Problembereich und den konkreten Fallumständen.

Ein herausragendes Beispiel für die Bedeutung, aber auch den Konfliktreichtum des Neutralitätsbegriffs ist das des Kreuzes oder Kruzifixes in Klassenzimmern öffentlicher Regelschulen. Auch nach den ziemlich unklaren Entscheidungen des BVerfG von 1975, mit denen den „Christlichen Gemeinschaftsschulen" ein immerhin grundsätzliches Missionierungsverbot zugunsten eines nur kultur- aber nicht glaubensgebundenen Unterrichts auferlegt wurde[10], blieben die Kruzifixe und Kreuze in einigen Bundesländern hängen. Sie wurden – mit Ausnahme Bayerns – erst aufgrund des berühmten Kruzifix-Beschlusses des BVerfG von 1995[11] wegen Verstoßes gegen die individuelle Religionsfreiheit (Art. 4 I, II GG) und das Elternrecht (Art. 6 II GG) sowie gegen die Neutralitätspflicht zumindest in den Klassenzimmern entfernt.[12]

Die zu entscheidenden Rechtsfragen waren eigentlich einfach. Unbestreitbar wurde das Kreuz 431 n. Chr. durch das Konzil von Ephesus of-

---

[8] *E. Bornemann*, Die religiös-wertanschauliche Neutralität des Staates, Tübingen 2020, 10f.

[9] *C. Walter*, Neutralität (s. Anm. 3), 727 (729).

[10] BVerfGE 41, 29 (Baden-Württemberg) und BVerfGE 41, 65 (Bayern).

[11] BVerfGE 93, 1.

[12] Auf die Problematik des bayerischen Kruzifix-Gesetzes kann hier nicht eingegangen werden. S. dazu G. *Czermak/E. Hilgendorf*, Religions- und Weltanschauungsrecht (s. Anm. 2), 168f.

fiziell als christliches Zeichen eingeführt und ist bis heute das hauptsächliche christliche Glaubenssymbol geblieben. Daran ändern auch Kreuze in Verbindung mit säkularen Bedeutungen (Landesflaggen, Familienwappen usw.) nichts. In der Schule steht die religiöse Bedeutung stets im Vordergrund und das wurde auch allgemein so verstanden. Dass somit eine Teilidentifikation des Staats mit dem christlichen Glauben vorlag, konnte niemand ernstlich bestreiten. Solche Symbole wirken stets auf den Betrachter, und diese Wirkung lässt sich auch nicht wegdefinieren (etwa durch verfassungskonforme Auslegung). Das Kreuzsymbol stellte daher zumindest auch eine einseitige religiöse Einflussnahme des Staats dar, die ihm mangels religiöser Kompetenz und wegen der Gleichheitsvorschriften des GG nicht zustand (Neutralitätsverstoß). Darüber hinaus wurde die Glaubensfreiheit, nämlich das Recht auf staatlich unbeeinflusste Glaubensbildung und -betätigung verletzt (Grundrechtseingriff), jedenfalls beeinträchtigt. Eine Kollision mit Rechten der Kreuzesbefürworter bestand eindeutig nicht, denn niemand hat einen Rechtsanspruch darauf, dass gerade seine weltanschauliche Richtung vor allen anderen durch den säkularen und neutralen Staat bevorzugt behandelt wird.

Daher bestand keinerlei Grund, das BVerfG derart massiv anzugreifen wie geschehen, vor allem nicht durch hohe Richter und Juraprofessoren.[13] Die damals überwiegenden Gegner des Kruzifix-Beschlusses brachten eine Fülle von rechtlichen Gesichtspunkten vor, um die Mehrheit des BVerfG zu diskreditieren und das Schulkreuz doch noch zu erhalten. Sie sprachen von Unzulässigkeit der Verfassungsbeschwerde, Tradition, negativer und positiver Religionsfreiheit, Toleranz, grundrechtlichem Schutzbereich, fehlendem Eingriff, Landesrecht, verfassungskonformer Auslegung, Interpretation des Kreuzsymbols, Kultursymbol, übersteigertem Minderheitenschutz u. a. Dies erfolgte in vielen Varianten, die teils selbstwidersprüchlich waren, sich häufig aber auch untereinander widersprachen.[14] Nur eine Gemeinsamkeit fehlte nie: im Ergebnis hatte das Schulkreuz bestand. Manche Argumentationen trugen gewissermaßen den Stempel der Unaufrichtigkeit auf der Stirn, was hier schon wegen des Umfangs der Spezialliteratur nicht im Einzelnen erörtert werden kann.[15]

---

[13] S. die eindringliche Darstellung von *R. Lamprecht*, Zur Demontage des Bundesverfassungsgerichts, Baden-Baden 1996, 39–52.

[14] Sehr interessant in dieser Hinsicht ist *M. Heckel*, Das Kreuz im öffentlichen Raum, in: DVBl (1996), 453–482.

[15] Vgl. zur rechtssystematischen Erörterung aber etwa *B. Jeand'Heur/S. Korioth*,

2.3 Trennung und Kooperation von Staat und Religion

Beide konträre Begriffe haben im GG ihren Ausdruck gefunden und sind daher angemessen zu berücksichtigen. Solche inneren Prinzipien-Widersprüche sind im Recht und auch in Verfassungen nichts ganz Ungewöhnliches und müssen jedenfalls hingenommen werden.

Das Gebot der Trennung von Staat und Weltanschauung ist nicht nur in der individualrechtlichen Religionsfreiheit, sondern auch im korporativen Recht der Religions- und Weltanschauungsgemeinschaften zum Ausdruck gekommen, und zwar – wenn auch etwas unklar – in erster Linie in Art. 137 I WRV („Es besteht keine Staatskirche"). Es ist grundsätzlich unbestritten und bedeutet, abgesehen von der inhaltlichen Trennung, das Verbot organisatorisch-institutioneller Verbindungen. Diese Bestimmung ist allgemein und ohne Einschränkungsmöglichkeit formuliert und gilt daher strikt – natürlich nur im Rahmen ihres verfassungsrechtlichen Geltungsbereichs, d. h. abgesehen von Sonderregelungen. Darüber hinaus kommt die Unabhängigkeit staatlicher Rechtsnormen von religiösen oder nichtreligiösen Vorstellungen im GG bzw. der WRV klar zum Ausdruck (Art. 3 III, 4 I, II GG, 140 GG/136 I, II WRV). Zentrale Vorschrift („lex regia") des korporativen Religionsrechts/Weltanschauungsrechts ist Art. 140 GG/137 III WRV, der die Selbstverwaltung (nicht: Selbstbestimmung) der Religionsgesellschaften unter Hervorhebung der eigenständigen Ämterbesetzung gewährleistet. Er ist klarer Ausdruck der Selbständigkeit der Religionsgemeinschaften und somit der Trennung von Staat und Religion. Hinzu kommt die in Art. 138 I WRV verfügte finanzielle Trennung.

Einige Regelungen des GG stehen in Widerspruch zum Trennungsgebot. Am wichtigsten ist wohl Art. 7 III GG, wonach der Staat (d. h. die Bundesländer, Landeskompetenz) trotz seiner ansonsten geltenden religiösen Inkompetenz einen religiösen Weltanschauungsunterricht einführen kann, der inhaltlich allerdings nur von den Religionsgemeinschaften bestimmt wird (Übereinstimmungsklausel, Art. 7 III 2 GG). Eine Abweichung vom Gebot der Gleichbehandlung der religiösen und nichtreligiösen Überzeugungsgemeinschaften besteht hingegen nicht. Ein Übergewicht der Religionsgemeinschaften besteht daher nur faktisch, nicht aber recht-

---

Grundzüge des Staatskirchenrechts, Stuttgart 2000, 84–102. Zum Gesichtspunkt des Neutralitätsverstoßes wie hier auch *S. Muckel*, Überkreuz mit dem Kreuz, in: KuR 2 (1996), 65–80 (77f.).

lich. Die in Art. 7 III 1 GG genannten bekenntnisfreien Schulen, die keinen Bekenntnisunterricht kennen, könnten (wenngleich religionspolitisch derzeit unwahrscheinlich) als Alternative zu Schulen mit Religionsunterricht von jedem Bundesland eingerichtet werden. Solche Schulen müssten den (allgemeinen) Unterricht ebenso „neutral" gestalten[16], wie es selbst die sogenannten christlichen Gemeinschaftsschulen eigentlich müssten. Sie könnten daher trotz fehlendem Religionsunterricht als staatliche Regelschule eingerichtet werden. Das würde nicht gegen Art. 4 GG verstoßen, denn die staatliche Religionsfreiheit gibt keiner Religions- oder Weltanschauungsgemeinschaft einen Anspruch auf einen von ihr gestalteten Bekenntnisunterricht. Somit erweist sich das GG als religions- (und weltanschauungs-)freundlich, bevorzugt aber die religiösen gegenüber den nichtreligiösen Bekenntnissen nicht rechtlich.[17]

Ähnlich verhält es sich mit den sonstigen Sonderregelungen des GG, die häufig zugunsten eines kooperativen Prinzips ins Feld geführt werden. Das Steuererhebungsrecht betreffend die begrifflich irreführend so bezeichnete Kirchensteuer, das nur Körperschaften i. S. des Art. 140 GG/137 V WRV zusteht, steht wiederum neutral allen Gemeinschaften zur Verfügung, wenn es auch von nichtreligiösen Gemeinschaften nicht in Anspruch genommen wird. Wie beim Religionsunterricht besteht allerdings auch hier keine Übereinstimmung mit dem Trennungsgebot, denn der Staat garantiert verfassungsrechtlich die staatliche Vollstreckung wie bei einer staatlichen „Steuer". Der Sache nach hat sie die Funktion eines Mitgliedsbeitrags. Der staatliche Kirchensteuereinzug und die staatliche Kirchensteuerverwaltung hingegen werden durch Art. 140 GG/137 VI WRV nicht garantiert (unstreitig). Die Kirchensteuergesetze der Länder gehen von der kirchlichen Steuerverwaltung aus[18], lassen aber alternativ die Übertragung des Steuereinzugs und der Steuerverwaltung auf die staatlichen Finanzämter zu. Davon haben alle Länder mit erstaunlicher Billigung des BVerfG[19] Gebrauch gemacht, obwohl die Kirchensteuergesetze eine enge Zusammenarbeit von Staat und

---

[16] Das ist trotz der Individualität der Lehrer und notwendiger Flexibilität zur Berücksichtigung regionaler Besonderheiten möglich und erfordert keine religiös-weltanschaulich einseitige Unterrichtung.

[17] Eingehend zum Religionsunterricht in historischer, aktueller juristischer und religionspolitischer Hinsicht jetzt *H. Kreß*, Religionsunterricht oder Ethikunterricht?, Baden-Baden 2022.

[18] Sie erfolgt nur bei der Ev.-Luth. Landeskirche in Bayern und nur bei der Einkommensteuer, nicht bei der Kirchenlohnsteuer.

[19] BVerfGE 49, 375 (Kammer-Beschluss); dazu die Kritik von *G. Czermak*, Bundesverfassungsgericht (s. Anm. 7), 54f.

Religionsgemeinschaften bedingen und das nach richtiger Auffassung gegen das Gebot der organisatorischen Trennung (Art. 137 I WRV) verstößt.[20]

Der Schutz der Sonn- und Feiertage (Art. 140 GG/139 WRV) kommt den Kirchen zwar faktisch stark entgegen. Er betrifft laut Verfassung „Tage der Arbeitsruhe und der seelischen Erhebung“ und hat keine speziell religiöse Zielsetzung. Er hat, bei großem Ermessensspielraum des Gesetzgebers zur Festlegung und Streichung religiöser wie nichtreligiöser Feiertage, von Anfang an eine erhebliche sozialstaatliche Komponente. Zur Untermauerung eines behaupteten Kooperationsprinzips taugt er nicht.[21]

Entsprechendes gilt für die Anstalts- und Militärseelsorge. Art. 140 GG/141 WRV garantiert den Religions- und Weltanschauungsgemeinschaften (Art. 137 VII WRV) lediglich, sie seien „zur Vornahme religiöser Handlungen zuzulassen“. Von der Schaffung institutioneller Verbindungen auf Kosten des Staats ist nicht die Rede. Das derzeitige System der Militärseelsorge ist verfassungsrechtlich besonders anstößig.[22]

Auch die Universitätstheologie steht, kritisch betrachtet, verfassungsrechtlich auf schwachen Beinen. Sie ist im GG nirgendwo erwähnt und steht im Widerspruch zum Trennungs- und Neutralitätsgebot. Wegen der Inkompetenz des Staats in Religionsfragen ist es nicht seine Aufgabe, akademische konfessionelle Religionslehre, gar zur Ausbildung von Geistlichen, zu betreiben. Erst recht keine Legitimation gibt es für staatliche islamische Theologie, weil das Beiratsverfahren zur Bestellung der Professoren und Lehrer eine unzulässige Einflussnahme auf religiöse Belange darstellt.[23] Landesrechtlich differierend bildet nämlich der Staat unter Einbindung recht unterschiedlicher und nicht repräsentativer islamischer Verbände Beiräte einschließlich staatlich benannter Mitglieder. Demgegenüber werden bei christlichen Fakultäten Professoren stets unter Mit-

---

[20] Nähere Erörterung bei *G. Czermak/E. Hilgendorf*, Religions- und Weltanschauungsrecht (s. Anm. 2), 145–147.

[21] Zum Ganzen ebd., 266–268.

[22] Dazu ebd., 247–251; wie hier z. B. auch *C. D. Classen*, Religionsrecht, Tübingen [3]2021, 296–298.

[23] Ausführlich zur Problematik *C. Waldhoff*, Theologie an staatlichen Hochschulen, in: HSKR[3] 2020, 1891 (1959–1965, Rn. 67–69). Der Autor stellt zwar erhebliche Rechtsprobleme dar, hält aber das Beiratsmodell als Brückenlösung für verfassungsrechtlich hinnehmbar. Ablehnend aber z. B. *H. M. Heinig*, Islamische Theologie an staatlichen Hochschulen in Deutschland, in: ZevKR (2011), 238 (252, 256), *H. Kreß*, Religionsunterricht oder Ethikunterricht?, Baden-Baden 2022, 171–174 (staatliche Religionsfürsorge im Übermaß) und *P. Unruh*, Religionsverfassungsrecht, Baden-Baden [4]2018, 283–285.

wirkung bzw. Anhörung der jeweiligen Religionsgemeinschaften bestellt. Die rechtlich unstimmige, ja verfehlte Konstruktion zur Ermöglichung staatlichen Islamunterrichts fördert im Ergebnis den auf gefährliche Weise politisierten Islam.[24] Sie wurde aber von beiden Kirchen begrüßt. Eine Einschränkung des Gebots der Trennung und Nichtidentifikation besteht bei der Universitätstheologie hinsichtlich der Ausbildung von Religionslehrern, solange staatlicher Religionsunterricht angeboten wird. Für die dafür erforderlichen Lehrer muss der Staat eine angemessene akademische Ausbildung gewährleisten. Hierzu bedarf es zwar theologischer Institute, aber keiner Vollfakultäten.[25]

Bei der bisherigen Skizzierung des deutschen Religionsverfassungsrechts fehlen noch die Verträge zwischen Staat und Religionsgemeinschaften einschließlich der Konkordate und die Bedeutung der religiösen Körperschaften (Art. 140 GG/137 V WRV). Beide sind absolute Besonderheiten des deutschen Rechts.

Das Zeitalter der Verträge zwischen Staat und Kirche begann in Deutschland erst 1924 (mit dem Bayernkonkordat), also zu einem Zeitpunkt, als der Glaubensstaat gerade überwunden war zugunsten eines Staats der Religionsfreiheit, in dem Verträge nicht mehr dringlich waren. Umso überraschender ist aus heutiger Sicht, dass in der Bundesrepublik trotz ihrer besonders starken Religionsfreiheit das 1955 mit dem grundlegenden Loccumer evangelischen Kirchenvertrag begonnene Vertragsrecht eine so große Bedeutung erlangte – heute sind in allen Bundesländern auch die letzten regelungsfreien Lücken so gut wie geschlossen. Die großen Kirchen versprechen sich von den Verträgen eine zusätzliche Absicherung ihrer vermeintlichen oder tatsächlichen Rechtspositionen, über die gesetzlichen Garantien hinaus. Der evangelische Rechtsgelehrte Siegfried Grundmann schrieb 1962: Mittels des Vertragskirchenrechts werden die großen christlichen Kirchen „in einzigartiger, und wie wir hin-

---

[24] Die größeren Islamverbände (insb. DITIB, VIKZ, Islamrat, ZMD) sind sämtlich „orthodox" und haben ungeachtet verbaler Erklärungen Probleme mit dem GG, vgl. z. B. *H. Stössel*, Staatskirchenrechtliche Aspekte des islamischen Religionsunterrichts im Lichte der Empfehlungen des Wissenschaftsrates vom Januar 2010, in: KuR (2011), 113 (115ff.); kompakt zum Islam in Deutschland *W. Bock*, Islam, islamisches Recht und Demokratie, in: JZ (2012), 60–67 (rechtl. Überblick); *H. Abdel-Samad/M. Khorchide*, Ist der Islam noch zu retten?, München 2017. Zur Islamismuskompatibilität des Islam *A. Pfahl-Traughber*, Die Islamismuskompatibilität des Islam. Anknüpfungspunkte in Basis und Geschichte der Religion, Aufklärung und Kritik 13 (2007), 62–78.

[25] Zur staatlichen Theologenausbildung *G. Czermak* in: G. Czermak/E. Hilgendorf, Religions- und Weltanschauungsrecht (s. Anm. 2), 235–247.

zufügen dürfen, rechtlich durchaus legitimer Weise privilegiert".[26] Daran hat sich im Grundsatz trotz etlicher Modernisierungen nichts geändert.

Das Vertragsrecht enthält nach richtiger Meinung nicht wenige GG-widrige Bestimmungen, etwa Regelungen zu rein kircheninternen Vorgängen (Anstalts- und Militärseelsorge, Ausbildung von Geistlichen u. a.), zur staatlichen Kirchensteuerverwaltung, zum Rundfunkwesen, zur finanziellen Förderung und Anderem. Rechtsnatur und rechtspolitische Legitimität der Verträge und anderer Absprachen sind umstritten.[27] Auf all das kommt es aber hier nicht an. Denn es gibt keine verfassungsrechtliche Verpflichtung zum Abschluss solcher Verträge.[28] Daher kann die heikle Problematik der Verträge zwischen Staat und Religionsgemeinschaften von vorneherein keine Bedeutung für die Frage des Gewichts eines etwaigen Kooperationsprinzips und der Struktur der Religionsverfassung haben.

3. Insbesondere: der Körperschaftsstatus des Art. 140 GG/137 V WRV

Der Rechtsstatus der religiös-weltanschaulichen Körperschaften gilt als ein nicht nur besonderes, sondern auch wichtiges und die Kooperation begünstigendes Kennzeichen des deutschen Religionsverfassungsrechts.[29] Nach Art. 139 V 1 WRV bleiben die 1919 existierenden religiösen Körperschaften auch künftig bestehen. Alle übrigen „Religionsgesellschaften" können laut Satz 2 auf Antrag den gleichen Status erhalten, wenn sie durch ihre Verfassung und Mitgliederzahl die Gewähr der Dauer bieten. Seit einem Grundsatzurteil des BVerfG von 2000 ist allgemein anerkannt, dass das Merkmal der Rechtstreue als ungeschriebenes drittes Anerkennungskriterium hinzukommt.[30] Im Übrigen war der Körperschaftsbegriff als solcher schon 1919 völlig unklar, jedenfalls anerkanntermaßen etwas ganz

[26] *S. Grundmann*, Das Verhältnis von Staat und Kirche auf der Grundlage des Vertragskirchenrechts, in: ÖAKR 13 (1962), 281; H. Quaritsch/H. Weber (Hrsg.), Staat und Kirchen in der Bundesrepublik Deutschland. Staatskirchenrechtliche Aufsätze 1950–1967, Bad Homburg 1967, 248 (261).

[27] Zum Ganzen *G. Czermak*, Rechtsnatur und Legitimation der Verträge zwischen Staat und Religionsgemeinschaften, in: Der Staat 1 (2000), 69–85.

[28] Siehe *S. Mückl*, Verträge zwischen Staat und Kirchen, HSKR³ 2020, 433 (467f.); BVerfGE 19, 1 (12).

[29] Genauerer Überblick: www.weltanschauungsrecht.de/koerperschaftsstatus (Zugriff: 20.03.2023) und *G. Czermak/E. Hilgendorf*, Religions- und Weltanschauungsrecht (s. Anm. 2), 114–123; eingehend *S. Magen* in: HSKR³ 2020, 1045–1101.

[30] BVerfGE 102, 370 (Zeugen Jehovas).

anderes als die in den Staat integrierten Körperschaften, z. B Gebietskörperschaften. Man hatte nur eine historisch bedingte allgemeine Vorstellung von den bisherigen religiösen Körperschaften (etwa die Dienstherrenfähigkeit).[31] Im Rahmen einer genaueren entstehungsgeschichtlichen Untersuchung zum gewollten Begriffsinhalt hat Achim Janssen sogar von einer „geradezu babylonischen Begriffsverwirrung" gesprochen.[32] Bewusst hat die Nationalversammlung keine einzelnen reichsrechtlichen Befugnisse erteilt, abgesehen von der Steuererhebung. Sie hat alle weiteren Regelungen ohne Angabe von Kriterien und Bereichen der Landesgesetzgebung überlassen (Art. 137 VIII WRV).[33] Reichsrechtlich vordringlich war es nämlich, nach dem Zusammenbruch des Landeskirchentums insbesondere der evangelischen Kirche umgehend eine sichere Einnahmequelle in Form der Kirchensteuer zu verschaffen. Das konnte damals aus Akzeptanzgründen nur in Form des formal öffentlichen Rechts erfolgen. Aber nur wenige Länder haben zur Weimarer Zeit von Art. 137 VIII Gebrauch gemacht.

Erst nach 1949 hat man zu Art. 137 V WRV außer dem Steuererhebungsrecht (Art. VI WRV) folgende Funktionen hinzugenommen: öffentlich-rechtliches Selbstorganisationsrecht (Bildung von Organen mit öffentlich-rechtlicher Wirkung), Dienstherrnfähigkeit mit Disziplinarrecht, Widmung von Sakralgegenständen zur öffentlichen Sache (res sacrae), das sog. Parochialrecht (automatische Zugehörigkeit zur örtlichen Religionsgemeinde bei Wohnsitzwechsel) und das Vereidigungsrecht. Diese Funktionen wurden im Einzelnen als generelle Funktionen ausgearbeitet und für verfassungsfest erklärt. Das sollte alles – sehr fragwürdig – aus der Verfassung auch ohne entsprechende landesrechtliche Regelung folgen.

Diese Rechtsschöpfungen hat die bundes- und landesrechtliche Gesetzgebungspraxis noch exzessiv erweitert. Sie hat nämlich überaus zahlreiche einfach-gesetzliche privilegierende Vorschriften an den religiösen Körperschaftsstatus geknüpft. Das ist das sogenannte Privilegienbündel. Es macht den Erwerb des Körperschaftsstatus für manche Religions- und Weltanschauungsgemeinschaften attraktiv und führt möglicherweise auch zu einem (rein rechtlich gesehen nicht indizierten) Prestigegewinn.

---

[31] Dazu *S. Muckel*, Religionsgemeinschaften als Körperschaften des öffentlichen Rechts, in: Der Staat (1999), 569 (571–578).

[32] *A. Janssen*, Aspekte des Status von Religionsgemeinschaften als Körperschaften des öffentlichen Rechts, Berlin 2017, 83.

[33] Zur Weimarer Verfassungsdiskussion in der Nationalversammlung: ebd., 76–108.

Viele dieser Vorschriften sind fragwürdig und verstoßen gegen das verfassungsrechtliche Gleichheitsgebot.[34] Denn da alle Religionsgemeinschaften unabhängig von Art. 137 V WRV denselben religionsrechtlichen Grundstatus haben (Art. 4 I und II GG, 140 GG/137 III [Selbstverwaltungsrecht], Art. 7 III GG [Religionsunterricht]), ist bei der Förderung und Privilegierung eine Unterscheidung von öffentlich-rechtlichen und privatrechtlichen Gemeinschaften meist nicht zu begründen. Das betrifft etwa die Eigenschaft als Träger der Jugendhilfe, die Steuer- und Gebührenbefreiungen, das Rundfunkrecht, die personelle Besetzung der Prüfstelle für jugendgefährdende Medien, das Straf- und Ordnungswidrigkeitenrecht, staatliche Zwangsmittel, den Grundstücksverkehr, das Sozialgesetzbuch, das Personenstands- und Melderecht, die Gewährung von Sonderurlaub für religiöse Veranstaltungen und andere.[35] Ein Hauptkritikpunkt ergibt sich schon aus der Tatsache, dass die Bundesländer meist zwanzig bis dreißig kleine Religionsgemeinschaften als Körperschaften anerkannt haben, während privatrechtliche relativ große Religionsgemeinschaften von dieser Förderung ausgeschlossen sind.

Art. 4 I, II GG erfordert, wie schon gesagt, den Körperschaftsstatus nicht. Er hat, richtig betrachtet, verfassungsrechtlich nur eine geringe Bedeutung, solange keine detaillierten Landesgesetze existieren.[36] Seine Abschaffung würde viele Verfassungswidrigkeiten (insbesondere gleichheitsrechtliche), Unklarheiten und Widersprüche[37] beseitigen und somit die Rechtskultur verbessern. Das würde freilich auf Dauer die Schaffung einer religiös-weltanschaulichen (entschlackten) Grundregelung für alle Religions- und Weltanschauungsgemeinschaften erfordern.

Die für eine Aufrechterhaltung des Art. 140 GG/137 V WRV manchmal angeführten Gesichtspunkte Prestigegewinn und integrative Funktion rechtfertigen den Status inhaltlich ohnehin nicht. Gesellschaftlich würde die geringe Bedeutung kleiner Gemeinschaften durch eine Anerkennung gem. 137 V WRV i. d. R. nicht gesteigert werden. Das bisher

---

[34] Zu unzulässigen Gleichheitsverletzungen etwa *W. Weiß*, Gleichheit oder Privilegien – Zur Stellung öffentlich-rechtlicher Religionsgemeinschaften, in: KritV (2000), 104 (130–138).

[35] Dazu *J. Haupt*, Die Privilegien der Kirchen, in: R. Will (Hrsg.), Die Privilegien der Kirchen und das Grundgesetz, Berlin 2011, 103 (speziell 115–123); *J.-B. Schrooten*, Gleichheitssatz und Religionsgemeinschaften, Tübingen 2015, 173ff.

[36] Im Gegensatz zur früher allgemeinen Ansicht von der zentralen Bedeutung des Körperschaftsstatus.

[37] Davon zeugen auch diverse umfangreiche Spezialuntersuchungen.

noch vorhandene Prestige großer Gemeinschaften könnte, wenn sie ethische und andere Defizite aufweisen, trotz des Körperschaftsstatus auf Dauer nicht gehalten werden. Wesentliche Rechtsgarantien wie Religionsfreiheit, Rechtsfähigkeit, Selbstorganisation und -verwaltung, Erhebung von Mitgliedsbeiträgen, Zugang zur Militär- und Anstaltsseelsorge sowie das Recht auf staatlichen Religionsunterricht (bei entsprechender landesrechtlicher Regelung) bestehen ohnehin unabhängig vom Körperschaftscharakter.[38]

Ohne die zahlreichen gesetzlichen Fragwürdigkeiten insbesondere des „Privilegienbündels" ist (bzw. wäre) die Bedeutung des Körperschaftsstatus im Gegensatz zu 1919 – und konträr zur herrschenden Meinung – daher nur noch von geringer Bedeutung. Für die Gesamtregelung des Religionsverfassungsrechts ergibt sich kein Argument für eine besondere Kooperation zwischen Religionsgemeinschaften und Bundesländern. Denn diese können ja die körperschaftlichen Befugnisse ja unterschiedlich regeln. (Art. 137 VIII WRV). Das BVerfG sieht den Sinn des Körperschaftsstatus in einer Stärkung der Religionsfreiheit, nicht in der Aufrechterhaltung einer Kooperationsverpflichtung.[39] Ohne Körperschaftsstatus verbleibt wegen Art. 137 III WRV vor allem das weitgehende Recht der Selbstorganisation und Eigenverfassung mit territorialem Aufbau und den Grundprinzipien der inneren Struktur.[40] Hierfür steht derzeit, mit den ggf. erforderlichen Abweichungen, hauptsächlich das Vereinsrecht zur Verfügung.[41]

4. Arbeitsrecht

Ein Spezifikum des faktisch geltenden staatlichen Arbeitsrechts im kirchlichen Bereich ist dessen Verselbständigung infolge einer starken Überdehnung des kirchlichen Selbstverwaltungsrechts durch das BVerfG, nämlich

[38] Der u. a. von S. Muckel unternommene aufwändige Versuch, den Körperschaftsstatus zu erhalten, überzeugt nicht, zumal Muckel selber Dienstherrenfähigkeit und Widmungsbefugnis für verfassungsrechtlich fragwürdig und das Privilegienbündel für überprüfungsbedürftig hält. Vgl. *S. Muckel*, Körperschaftsstatus im 21. Jahrhundert – Anachronismus oder Zukunftsmodell?, in: ZevKR 63 (2018), 30–56.

[39] BVerfGE 102, 370 (387).

[40] Näher *S. Korioth*, Das Selbstbestimmungsrecht der Religionsgemeinschaften, in: HSKR 2020, 651 (671) Rn. 21.

[41] Zu den nötigen Abweichungen BVerfGE 83, 341 (354, 360).

durch Umformung zu einem umfassenden Selbstbestimmungsrecht (Art. 140 GG/137 III WRV). Dazu sollen nur wenige kritische Hinweise gegeben werden. Ungewöhnlich ist schon die Herausnahme des kirchlichen Arbeitsrechts aus der Geltung des Betriebsverfassungs- und Personalvertretungsrechts (§§ 118 II BetrVG, 112 BPersVG und die Möglichkeit, kein Tarifrecht anzuwenden). Das BVerfG hat das zudem kombiniert mit einer vielkritisierten erstmaligen Ausdehnung des korporativen Grundrechts auf Religionsausübung (Art. 4 II GG) auf soziale Einrichtungen, die mit der Kirche eng verbunden sind („Trabanten"). Dabei sind diese selber gar keine Religionsgemeinschaften.[42] Die Folge war eine exponentielle Ausdehnung kirchlicher Sozialeinrichtungen, die vielfach wegen ihres örtlichen oder regionalen Monopols mit der Religionsfreiheit der Benutzer nicht vereinbar waren und sind. Die weit über eine Million „kirchlichen" Arbeitnehmer, darunter auch faktisch zur Kirchenmitgliedschaft genötigte Nichtgläubige[43], wurden im Wege des von der Rechtsprechung nicht beanstandeten sogenannten Dritten Wegs neuartigen kirchlichen Arbeitsrechtsregelungsverfahren und kirchlichem Mitarbeitervertretungsrecht unterworfen und hatten bei den staatlichen Gerichten meist erheblich geringeren Rechtsschutz als „normale" Arbeitnehmer. Kircheninterne Grundlage war und ist (derzeit noch) die Theorie von der „christlichen Dienstgemeinschaft", die angeblich den natürlichen Interessengegensatz von Arbeitgebern und Arbeitnehmern aufhebt. Diese wirklichkeitsfremde Sichtweise hat der seinerzeit bekannte und hochgeachtete Jesuitenpater Oskar von Nell-Breuning schon 1977 verworfen.[44] Die Richtigkeit seiner Einschätzung wurde durch spätere Umfragen eindrucksvoll bestätigt, denn für die allermeisten Beschäftigten war die Theorie von der „christlichen Dienstgemeinschaft" praktisch bedeutungslos.[45]

Der Dritte Weg führte zu zahlreichen Kündigungen wegen Verstößen der Arbeitnehmer gegen die strengen kirchlichen Loyalitätsanforderungen. Auch Außenstehende empfanden sie oft als herzlos, ja skandalös. Bei normaler Anwendung der gesetzlichen Kündigungsregeln einschließlich des Tendenzschutzes hätten viele Kündigungen keinen Bestand haben können (§§ 1 KSchG, 626 I BGB).[46] Die jetzige Reduzierung kirchli-

---

[42] BVerfGE 24, 236; 46, 73 (85f.), ständige Rechtsprechung.

[43] Dazu C. *Frerk*, Caritas und Diakonie, Aschaffenburg 2012, 110–116.

[44] *O. v. Nell-Breuning*, in: Stimmen der Zeit 195 (1977), 705.

[45] Belege bei *G. Czermak/E. Hilgendorf*, Religions- und Weltanschauungsrecht (s. Anm. 2), 231.

[46] Einen kritischen Überblick gibt *I. Matthäus-Maier*, Über die lange Geschichte der

cher Anforderungen mit stärkerer Differenzierung nach der Funktion ist eine Folge auch innerkirchlichen Drucks und eine notwendige Anpassung an die Rechtsprechung. Diese stellt seit den Urteilen des EuGH[47] von 2018 und ihm folgend des BAG[48] heute wesentlich strengere Anforderungen an die Begründung von Kündigungen im kirchlichen Bereich.

5. Religionsförderung

Im Vordergrund soll hier die finanzielle Religionsförderung stehen. Dabei werden der staatlich finanzierte Religionsunterricht, die weitgehende staatliche Finanzierung der kirchlichen Sozialleistungen und die leidigen historischen Staatsleistungen (Art. 140 GG/138 I WRV) nicht berücksichtigt. Es geht im Wesentlichen um Subventionen, d. h. um freiwillige Leistungen des Staats und der Kommunen, die jederzeit problemlos eingestellt werden könnten. Keiner der Religionsrechtler hat in den letzten Jahrzehnten jemals bestritten, dass die öffentliche Hand Religion und Weltanschauung aus kultur- und sozialstaatlichen Gründen grundsätzlich finanziell oder sonst geldwert begünstigen darf.[49] Einhellig betonen – soweit ersichtlich – auch alle, dies müsse selbstverständlich in Neutralität erfolgen. Das wird aber weitgehend nur als salvatorische Klausel verwendet. Tatsächlich gefördert werden z. B. auch die Ausbildung kirchlicher Führungskräfte, teilweise die Besoldung von Geistlichen und Bischöfen, die kirchliche Auslandsarbeit, Militär- und Anstaltsseelsorge, kirchliche Bauten, Kirchentage, Orgelreparaturen usw. Indirekte Förderung erfolgt durch Steuer- und Gebührenbefreiungen, kostenfreie Senderechte, Zurverfügungstellung öffentlicher Einrichtungen u. a. m. Einen erheblichen Betrag machen die staatlichen Einnahmeverzichte aus, die durch die vollständige Absetzbarkeit der Kirchensteuer von der Einkommensteuer ent-

---

Grundrechtsverletzungen durch das kirchliche Arbeitsrecht ... in: J. Neumann et al. (Hrsg.), Aktuelle Entwicklungen im Weltanschauungsrecht, Baden-Baden 2019, 313–332.

[47] EuGH, Urteil vom 17.04.2018, C-414/16 – Egenberger; EuGH U. 11. September 2018, C-68/17 – Chefarztfall.

[48] BAG NZA 2019, 901 – 20.02.2019 – 2 AZR 746/14.

[49] Insbesondere haben das nicht die beiden Verwaltungsrichter (darunter der Verf.) getan, denen das *M. Brenner* in: VVDStRL 59 (2000), 264 (271f.) mit harscher Formulierung („... mit nahezu an Besessenheit grenzendem missionarischen Eifer ...") ohne jeden Anhaltspunkt unterstellt.

stehen (2022 ca. 4 Mrd. €). Das kommt den Kirchensteuerzahlern auf Kosten der Allgemeinheit zugute.

Die Frage, inwieweit die Förderung neutral und nicht einseitig erfolgt, wird meist nicht gestellt oder durch gesellschaftliche Prozesse unterdrückt. So werden Kirchentage, trotz auch gesellschaftlich offener Gestaltung hauptsächlich religiös motivierte Veranstaltungen, üppig und i. d. R. zu mehr als 50 % öffentlich gefördert, wohingegen man selbst kleine Förderbeträge für säkulare Humanistentage nicht in Erwägung zieht.[50] Theoretisch arbeitete man bisher mit der These der „gleichwertigen Differenzierung“ (Martin Heckel), womit sich bei entsprechendem Willen die meisten Privilegierungen rechtfertigen lassen. Zur Problematik der Beurteilung hat Dietrich Pirson einmal ausgeführt: „Die dogmatischen Schwierigkeiten bei der Differenzierung zwischen unzulässiger Förderung der Religion als solcher und zulässiger Förderung ihrer Qualität als kultureller Erscheinungsweise sind noch größer als bei der Religionsförderung unter dem Gesichtspunkt der sozialen Relevanz religiösen Handelns.“[51] Michael Droege hat erklärt: „Soweit aber eine neutralitätsgerechte Förderung nicht möglich ist, muss sie unterbleiben.“[52]

Die spärliche Rechtsprechung hat bisher bezeichnenderweise keine handhabbaren Kriterien für eine Differenzierung geliefert. Gesichtspunkte wie tatsächliche Verschiedenheit, Größe, Verbreitung, öffentliche Wirksamkeit, Stellung in der Gesellschaft, Körperschaftsstatus u. a. helfen nicht weiter, wenn nicht klar ist, mit welcher Tendenz und tragfähigen Begründung dabei im Rahmen einer Gesamtwürdigung vorzugehen ist. Auch die Literatur hilft bisher wenig weiter.[53] Zwei Punkte sollen noch hervorgehoben werden: Das Gebot der Nichtidentifikation untersagt die Förderung rein kircheninterner Belange (Ausbildung von Geistlichen, Kirchentage, seelsorgerliche Einrichtungen, Priesterseminare,

[50] Zum Humanistentag 2014 in Regensburg als Paralleltagung zum Katholikentag hatte der Bund für Geistesfreiheit Regensburg bei erwarteten 2000 Teilnehmern einen Zuschuss von 37.500 € beantragt. Das Kultusministerium lehnte das ab.

[51] *D. Pirson*, Die Förderung der Kirchen als Aufgabe des säkularen Staates, in: Essener Gespräche 28 (1994), 83 (96).

[52] *M. Droege*, Staatsleistungen an Religionsgemeinschaften im säkularen. Kultur- und Sozialstaat, Berlin 2004, 386 Fn. 891.

[53] Das betrifft auch *U. Mager*, Förderung von Kirchen und anderen Religionsgemeinschaften, in: HSKR[3] 2020, 2767–2798. Eine nähere Darstellung mit einer Skizze zu einer künftigen Theorie der gleichheitsgerechten Religionsförderung findet sich aber bei *G. Czermak*, in: G. Czermak/E. Hilgendorf, Religions- und Weltanschauungsrecht (s. Anm. 2), 214–222.

Auslandsmission u. a.). Stets zu beachten wäre, dass auch nichtreligiöse weltanschauliche Belange jeweils in gleicher Weise gefördert werden müssen (Art 3 I und 4 I GG), wenn nicht jegliche Förderung schon aufgrund des Anknüpfungsverbots (Art. 3 III GG) ausgeschlossen ist. Jegliche Privilegierung der einen oder anderen Grundrichtung ist untersagt. Das könnte künftig auch der lange absolut – aber verfassungsrechtlich unzulässig – dominierenden religiösen Richtung zugutekommen, die ja jetzt in die formale Minderheitenposition geraten ist.

6. Zum Erfordernis der Änderung kirchlichen Verhaltens gegenüber Staat und Gesellschaft aus säkularer und rechtlicher Sicht

Es ist an sich nicht Sache eines nicht-kirchlichen Juristen, von sich aus den in Bedrängnis geratenen Kirchen Ratschläge zur Erhaltung einer angemessenen gesellschaftlichen Position zu erteilen. Aber diese Position und das rechtliche Verhältnis von Staat und Religion hängen zusammen. Die subjektive, aber ehrliche Äußerung eines an Religion und gesellschaftlichem Frieden interessierten Außenseiters mag daher Aufmerksamkeit erlangen.

Eine pluralistische Rechtsordnung kann nur dann wirklich erfolgreich sein, wenn sie von allen friedliebenden Staatsbürgern als ernsthafter Versuch zu gerechtem Recht anerkannt werden kann. Anders ausgedrückt: „Das staatliche Handeln und die politische Ordnung müssen prinzipiell gegenüber jedermann rechtfertigungsfähig sein.“[54] Das erfordert gerade im weltanschaulich-ideologischen Bereich, dass sich der Staat gegenüber den Bürgern und Religions- wie Weltanschauungsgemeinschaften konsequent gleich verhält. Aber was ist „gleich“? Es gibt unterschiedliche Antworten dazu, die auch auf unterschiedlichen Interessen und Vorverständnissen beruhen. Hierbei gilt aber: „Mit der Erkenntnis der Bedingtheit durch Vorverständnisse entfällt nicht die Möglichkeit, ausreichende Argumentationsleistung und abruptes Zurechtbiegen zu unterscheiden. Vorurteil im schlechten Sinne und Vorverständnis bleiben zweierlei.[55]

---

[54] S *Huster* in: Brugger/Huster (Hrsg.), Der Streit um das Kreuz in der Schule, Baden-Baden 1998, 69 (83).

[55] *J. Esser*, Bemerkungen zur Unentbehrlichkeit des juristischen Handwerkszeugs, in: JZ (1975), 555–558.

Höchst bemerkenswert sind in dieser Hinsicht viele Aussagen von Juristen in der Nachkriegszeit. Dazu schrieb der seinerzeit bekannte Rechtslehrer Hans Heinrich Rupp: „Die staatskirchenrechtlichen Artikel der Weimarer Reichsverfassung, vom Grundgesetz en bloc rezipiert, wurden mit Hilfe höchst fragwürdiger und bis dahin in der Rechtswissenschaft unbekannter Methoden mit neuen Inhalten gefüllt und dem neuen staatskirchenrechtlichen Verständnis dienstbar gemacht.“[56] Er fuhr unter Hinweis auf Thomas Ellwein fort: „So entstand auf dem Boden der Bundesrepublik ein eigenartig autoritär-kirchenfreundliches Staatsgebilde.“ Dass die einseitige Kirchenfreundlichkeit beim BVerfG 1957 sogar dazu führte, dass es – obwohl „Hüter der Verfassung“ – die schulische Glaubensfreiheit nichtchristlicher Eltern und Schüler einfach ignorierte[57], passt in die damalige Szenerie der Gleichordnung von Staat und Kirche (Koordinationstheorie). In den Bundesländern mit Konfessionsschulsystemen waren bekenntnisfreie Lehramtsstudenten nicht vorgesehen, und katholische staatliche Lehrerinnen, die einen geschiedenen Mann heirateten, konnten leicht Schwierigkeiten bekommen, obwohl die Bekenntnisschulen eine Monopolstellung innehatten.

Etwa um 1965 erfolgte eine juristische Wende. Religionsgemeinschaften betrachtete man nun eindeutig als dem Staat vollständig unterworfen (Letztentscheidungsrecht des Staates). Die jetzt propagierte staatliche Neutralität blieb allerdings oft kaum mehr als ein Lippenbekenntnis. Kreuze in Gerichtssälen wurden von höchster Stelle für grundsätzlich zulässig erklärt. Der sehr katholische Ernst-Wolfgang Böckenförde hatte sein Gutachten, mit dem er die Zulässigkeit von Kreuzen zur Repräsentation der Staatsmacht in Gerichten eindrucksvoll abgelehnt hatte, auf Weisung der auftraggebenden Bischöfe dem BVerfG nicht vorlegen dürfen.[58] Kirchen bzw. kirchliche Einrichtungen und religiös ambitionierte staatliche Repräsentanten haben sich jahrzehntelang mit allen rechtlichen und politischen Mitteln dagegen gewehrt, privilegierte, aber rechtlich fragwürdige Rechtspositionen freiwillig aufzugeben, gehe es um die strafrechtliche Verfolgung von angeblichen und wirklichen Religionsbeschimpfungen (§ 166 StGB), die Beeinträchtigung und Verfolgung

---

[56] *H. H. Rupp*, Die staatskirchenrechtliche Problematik der „Gemeinschaftsschule auf christlicher Grundlage“, in: Anstöße. Berichte aus der Arbeit der evangel. Akademie Hofgeismar H. 1/2 (1969), 9 (10).

[57] BVerfGE 6, 309 (339f.) – Konkordats-Urteil. Zum diesbezüglichen Problem der Glaubensfreiheit *G. Czermak*, Bundesverfassungsgericht (s. Anm. 7), 24–27.

[58] So der Fußnoten-Hinweis bei *E.-W- Böckenförde*, Kreuze (Kruzifixe) in Gerichtssälen?, in: ZevKR (1975), 119–147 (119).

von konkurrierenden kleinen Religionsgemeinschaften[59], die Propagierung eines Ersatz-Ethikunterrichts zur Stabilisierung des Religionsunterrichts bei gleichzeitiger formaler und inhaltlicher Benachteiligung des Ethikunterrichts und vieles andere.

Nicht gerade befriedend war das Kapitel der kirchensteuerrechtlichen Rasterfahndung. Dabei wirkte das Land Berlin mit der evangelischen und katholischen Kirchenverwaltung zusammen, damit die Kirche auch solche Getaufte, die jetzt in Berlin wohnten, bei fehlender Nachweisbarkeit des – zu DDR-Zeiten rechtlich und tatsächlich verworrenen – „Kirchenaustritts“ rückwirkend zu auch erheblicher Kirchensteuer heranziehen konnten. Selbst wenn die Betroffenen jahrzehntelang unreligiös waren und nachweislich mit Kirche nie etwas zu tun gehabt hatten, forderte die evangelische Kirche hartherzig selbst bei Gericht die Steuer nach.[60] Appelle an den evangelischen Bischof fruchteten nicht.

Viel Unmut, erstaunliche Rechtsfragen und zahllose Gerichtsverfahren hatte das sogenannte Besondere Kirchgeld zur Folge, welches die Kirchen und Bundesländer nach und nach auf Anregung des BVerfG (!) eingeführt haben.[61] Es soll der Schließung einer Gerechtigkeitslücke dienen, bedeutet aber praktisch im Kern die Abschöpfung auch erheblicher Geldbeträge von nichtreligiösen Gutverdienern für den nur gering oder nicht verdienenden kirchenangehörigen Ehepartner zugunsten der Kirche. Die das Kirchgeld erhebende Kirche greift indirekt auf das Vermögen der ihr nicht angehörenden Ehepartner zu.[62]

Kein Ruhmesblatt war auch der massive Kampf der Berliner Kirche gegen die später vom BVerfG klar gebilligte Einführung eines Werteunterrichts/Ethikunterrichts für ausnahmslos alle Schüler. Die evangelische Kirche behauptete hartnäckig, der (in Berlin freiwillige) Religionsunterricht werde rechtlich beeinträchtigt, obwohl insoweit eine Rechtsänderung

---

[59] *G. Czermak/E. Hilgendorf*, Religions- und Weltanschauungsrecht (s. Anm. 2), 123–126; *H. Weber*, Minderheitenreligionen in der staatlichen Rechtsordnung, in: G. Besier/E. K. Scheuch (Hrsg.), Die neuen Inquisitoren, 174–210 und 517–519; BGH NJW 2003, 1308, U. 20. 2. 2003 (Amtshaftung für Sektenbeauftragten).

[60] Der Spiegel 29/2019, 40–41; *J. Neumann/C. Frerk*, Staatliches Kirchensteuerrecht an die Rechtswirklichkeit anpassen, in: J. Neumann et al. (Hrsg.), Weltanschauungsrecht (s. Anm. 46), 269 (284–286); www.weltanschauungsrecht.de/meldung/spiegel292019-rasterfahndung-kirchensteuer (Zugriff: 16.03.2023). Zuzug aus dem Ausland: www.giordano-bruno-stiftung.de/meldung/katholische-kirche-lenkt-ein (Zugriff: 16.03.2023).

[61] BVerfGE 19, 268 (282).

[62] Nur die evangelisch-lutherische Kirche Bayern hat wegen der Probleme seit 2018 auf die Erhebung des Besonderen Kirchgelds verzichtet.

weder beabsichtigt war, noch später erfolgte. Sogar eine öffentlichkeitswirksame christliche Initiative wandte sich gegen die kirchliche Unwahrheit. Die Kirche bekämpfte somit in Berlin ab 2005 auf unlautere Weise einen Unterricht, den sie in den westlichen Ländern so sehr gefordert hatte.[63] Nicht vergessen werden sollen auch die langen Kämpfe um das Kreuz im Klassenzimmer, bei denen es wohl weniger um rechtsdogmatische Fragen als um das Kreuzsymbol als Zeichen der Dominanz ging.

Besonders gravierend war bisher die auch pauschale Herabwürdigung sogenannter Atheisten[64], besonders durch katholische Repräsentanten, wohl um sie charakterlich zu diskreditieren. So haben katholische Bischöfe und sogar Päpste des ausgehenden 20. und des 21. Jh. wiederholt davon gesprochen, ohne Gott sei alles erlaubt, gebe es kein Menschsein.

Solche Dinge sind es, die die Glaubwürdigkeit der Kirchen untergraben haben. Denn keine Religionsgemeinschaft kann jemanden für sich gewinnen, wenn sie die in der Gesellschaft und auch im Recht allgemein anerkannten Gerechtigkeits- und Fairnessgebote mehr oder weniger missachtet und sich sogar in eklatante Widersprüche zu eigenen Prinzipien setzt. Im Übrigen genügt es nicht, wenn sich Kirchen nur verhalten wie Andere auch. Man erwartet von ihnen zu Recht mehr. Schon gar nicht geht es, dass selbst Priester an einem Tag ein Kind missbrauchen und am nächsten in der heiligen Eucharistie dem Schöpfer der Welt huldigen, dass Vorgesetzte das Ganze dann möglichst unter den Teppich kehren (lassen) und ernsthafte Entschädigungen noch lange nach der Aufdeckung der Straftaten verweigern. Das erfreuliche Engagement vieler Laien-Christen im Sozialbereich kann die Defizite nicht kompensieren.

Umso dringlicher sind aus inner- wie außerkirchlicher Sicht Bestrebungen, die Kirchen – insbesondere die katholische „Amtskirche“ – zu re-formieren, d. h. von Grund auf umzugestalten und an die realen Tatsachen und Erfordernisse anzupassen, um so zur gesellschaftlichen Integration beizutragen.

Es steht den Kirchen nicht gut an, auf hohem moralischem Ross zu sitzen und auf Andersdenkende herabzuschauen. Auch im rechtlichen

---

63 www.weltanschauungsrecht.de/Ethikunterricht#_ftn10 (Zugriff: 16.03.2023); Rechtsgutachten *G. Czermak*, www.schmidt-salomon.de/bruno/Archiv/GutachtenCz.pdf (Zugriff 02.12.2022).

64 Die Rede von Nichtgläubigen, Agnostikern, Andersdenkenden u. ä. war nicht so geeignet, weil der – wie der Begriff (Gott-)Gläubige auch – sehr unbestimmte Begriff „Atheisten“ (in Westdeutschland) meist mit „charakterlich defizitär“ verbunden war. Andersdenkende konnten daher als „Atheisten“ wirkungsvoller bekämpft werden.

Verhältnis zum Staat sollten sie sich deutlich zurücknehmen, mag ihnen „der Staat“ bisher auch vieles angedient, vielleicht sogar aufgedrängt haben. Zu dieser Rücknahme bisheriger Positionen könnte auch gehören, das starke pekuniäre Denken zu verlassen, z. B. auch keine Staatsleistungen mehr zu verlangen für Ansprüche von vor 1919 oder gar aus der Reformationszeit. Dabei ist ihr Bestand bzw. Umfang im Bezugsjahr 1919 gar nicht immer nachzuweisen. Angesichts der in der Gesellschaft schwindenden Maßstäbe für ethisch akzeptables Verhalten kann man es den Kirchen verübeln, dass sie sich im Verein mit Politikern bisher so sehr dagegen sträuben, dass ein qualifizierter Ethik- bzw. Philosophieunterricht für ausnahmslos alle Schüler möglichst bundesweit eingeführt wird. Damit soll wohl der staatliche Religionsunterricht stabilisiert werden. Dieses Verhalten ist aber schon deswegen gesellschaftsschädigend, weil es im Ergebnis eine verfassungsrechtlich dubiose, staatlich einseitig forcierte, Etablierung eines islamischen Religionsunterrichts zur Folge hat. Denn in der Praxis stärkt dieser (entgegen einem gesellschaftlich erwünschten liberalen, undogmatischeren Islam) die gefährliche, aber religiös herrschende islamische Orthodoxie[65]. Im Ergebnis würden viele Kritikpunkte entfallen, wenn die Kirchen endlich einsehen würden, dass sie sowohl der Realität wie der Glaubwürdigkeit wegen auf das bisherige starke Dominanzstreben verzichten müssen.

Schon in der Pastoralkonstitution des II. Vatikanischen Konzils von 1965 war eindrucksvoll formuliert: „Doch setzt sie [die Kirche] ihre Hoffnung nicht auf Privilegien, die ihr von der staatlichen Autorität angeboten werden. Sie wird sogar auf die Inanspruchnahme legitim erworbener Rechte immer dann verzichten, wenn feststeht, dass sonst die Lauterkeit ihres Zeugnisses in Frage gestellt ist oder wenn veränderte Verhältnisse eine andere Regelung erfordern.“[66] Jedenfalls in Deutschland haben sich die Kirchen nicht daran gehalten: die eine nachdrücklich, die andere in geringerem Ausmaß. Würden sie die zitierte Aussage beherzigen, wäre es wohl besser für sie selber, jedenfalls aber für Staat und Gesellschaft.[67]

---

[65] *G. Czermak* in: G. Czermak/E. Hilgendorf, Religions- und Weltanschauungsrecht (s. Anm. 2), 128–131 und Rn. 24.

[66] Pastoralkonstitution des II. Vatikanums, Art. 76, vorletzter Absatz. Die Art. 73–76 betr. das Leben der politischen Gemeinschaft wurden mit 2086 zu 121 Stimmen verabschiedet.

[67] In diese Richtung schon *K. Hesse*, Freie Kirche im demokratischen Gemeinwesen, in: ZevKR 11 (1964/65), 337.

„Ecclesia semper reformanda, sed non reformabilis"?[1] Einige Anmerkungen aus katholischer Perspektive[2]

Ansgar Hense

1. Einige Bemerkungen zur Ausgangslage

Ob mit dieser im Titel vorgenommenen Ergänzung des Wortes von Karl Barth, dass in der Kirche nicht der Fortschritt, sondern die Existenz der Kirche als *ecclesia semper reformanda* zähle,[3] eine spezielle katholische Grundspannung formuliert ist? In jedem Fall ist das Verhältnis von Staat und Kirche, Staat und Religion eine auf Dauer gestellte Problematik, die zwischen entgegengesetzten Phänomenen wie Konflikt und besonderer loyaler Nähe schwankt.[4] All dies manifestiert sich in besonderer Weise in den Rechtsverhältnissen und den darin liegenden Ordnungskonstellationen. Allein bezogen auf die Geschichte der Bundesrepublik Deutschland erreichte die – keineswegs unangefochtene – staatskirchenrechtliche Euphorie der unmittelbaren Nachkriegszeit und der 1950er Jahre vielleicht schon in den 1960er Jahren eine kritische Phase.[5] Die „prekäre Ordnung"[6] des grundgesetzlichen Verhältnisses von Staat und Kirche entwickelte sich gleichwohl bis zur sog. Chefarzt-Entscheidung des Bundesverfassungsgericht aus dem Jahr 2014[7] in einer kirchenfreundlichen Art und Weise,

---

[1] So die Feststellung des emeritierten Bonner Liturgiewissenschaftler Albert Gerhards mit der Konnotation, dass dies tragisch sei, in einem Artikel über das Papstrequiem am 5. Januar 2023: www.katholisch.de/artikel/42935-benedikt-requiem-ein-papstbegraeb nis-mit-einschraenkungen (Zugriff: 07.01.2023).

[2] Es sei darauf hingewiesen, dass der Verfasser seine persönliche, wissenschaftliche Auffassung wiedergibt.

[3] *K. Barth*, Kirchliche Dogmatik (IV/1), Zürich 1953, 787. Die Diskussion darüber, ob der Topos sich allein auf Barth zurückführen lässt oder noch andere Herkünfte hat, sei ausgeklammert.

[4] Zu dieser seit den frühen Ursprüngen bestehenden Spannung *P. Mikat*, Konflikt und Loyalität. Bedingungen für die Begegnung von früher Kirche und römischem Imperium, Paderborn 2007.

[5] So *A. Hollerbach*, Urteilsanmerkung, in: Juristenzeitung (1965), 612–615, 615.

[6] Vgl. *H. M. Heinig*, Prekäre Ordnungen. Historische Prägungen des Religionsrechts in Deutschland, Tübingen 2018.

[7] BVerfGE 137, 273–345.

die als Privilegierung der christlichen Kirchen empfunden wurde und dem Gericht nicht nur die Qualifikation eines „konservativen Gerichts“ einbrachte,[8] sondern ihm auch eine „weltanschauliche Schieflage“ attestierte.[9] Würde man den zeitlichen Bogen noch weiter spannen, würde sich zeigen, dass die bipolare Einheit bzw. Spannung des Verhältnisses von Staat und Kirche zu den Grundkonstanten abendländischer Geschichte gehört. Gegenwärtig wird die Ratio der grundgesetzlichen Ordnung von Staat und Kirche in einem umfangreichen Handbuch zum Staatsrecht darin gesehen, dass das Gemeinwohl und die Gemeinwohldienlichkeit vor allem der christlichen Kirchen den ideellen Grund des institutionellen Staatskirchenrechts und dessen „Kooperationsofferten“ eines „vertieften Miteinanders von Staat und Religionsgemeinschaften“ legitimieren soll.[10] Nicht zuletzt angesichts des „Kipp-Punktes“, dass nur noch weniger als 50 % der Gesamtbevölkerung einer der christlichen Kirchen angehören, insgesamt das Zeitalter der Volkskirche (schon länger) geendet hat und mittlerweile die „nächste Stufe der Säkularisierung“ gesehen wird,[11] stellt sich die Frage nach dem Verhältnis von Staat und Kirche – oder allgemeiner auch von Staat und Religion – in einer erhöhten Brisanz. Hat ein „Zeitalter der wechselseitigen Erwartungslosigkeit“ begonnen, bei der Staat und Kirche(n) sich in einer „freundlich-indifferenten ‚Nachbarschaft‘“ befinden?[12] Der Soziologe Franz-Xaver Kaufmann konstatiert als eine „einigermaßen paradoxe Situation“, dass die „institutionelle Integrität“ der Kirchen normativ hochgradig durch die Verfassung abgesichert sei, aber die „durch Recht und Geld gesteuerte Institutionalität den religiösen Bedürfnissen ihrer Angehörigen zunehmend zuwiderläuft.“[13] Der Soziologe Kaufmann trifft sich dabei mit einer Analyse Ulrich Scheuners aus den 1970er Jahren. Ulrich Scheuner, der als gefragter kirchlicher Berater eine

---

[8] *A. Kulick/J. J. Vasel*, Das konservative Gericht, Tübingen 2021, 76–109.

[9] *G. Czermak*, Siebzig Jahre Bundesverfassungsgericht in weltanschaulicher Schieflage, Baden-Baden 2022.

[10] In diesem Sinn vor allem: *A. Uhle*, Staatskirchenrecht, in: K. Stern/H. Sodan/M. Möstl (Hrsg.), Das Staatsrecht der Bundesrepublik Deutschland (1), München ²2022, § 29 Rdn. 128–136 (insbes. Rn. 135).

[11] Instruktiv *H. Zander*, Die nächste Stufe der Säkularisierung, in: HK 1 (2023), 36–39.

[12] So die Fragestellung von *H.-J. Große Kracht/G. Schreiber*, Vorwort, in: dies. (Hrsg.), Wechselseitige Erwartungslosigkeit? Die Kirchen und der Staat des Grundgesetzes – gestern, heute, morgen, Berlin 2019, IX.

[13] *F.-X. Kaufmann*, Ist das Christentum in Deutschland zukunftsfähig? (2014), in: ders., Katholische Kirchenkrise, Luzern 2022, 163–180, 175f.

noch aus heutiger Sicht bemerkenswerte Fähigkeit zur kritischen Reflexion staatskirchenrechtlicher Grundlagen besaß,[14] fasst die Situation 1973 prägnant folgendermaßen zusammen: „Die Situation des Staatskirchenrechts in der Gegenwart erscheint durch eine eigentümliche Paradoxie gekennzeichnet. Wir können von einem relativen Stillstand im rechtlichen Bestande und einer starken Bewegung in den zugrundeliegenden Anschauungen und geistigen Strömungen sprechen."[15] Die Lage des Verhältnisses von Staat und Kirche ist bei genauerer Betrachtung schon seit 1949 etwas komplizierter und differenzierter beschrieben und analysiert worden, als eine retrospektive Wahrnehmung vermuten lässt. Spätestens seit den 1980er Jahren ist die Erosion der Volkskirchlichkeit auf ihre staatskirchenrechtlichen Auswirkungen hin befragt worden.[16] Nach den begriffspolitischen Grundsatzdiskussionen um die Jahrtausendwende, ob die grundgesetzliche Ordnungskonfiguration eher ein institutionelles Staatskirchenrecht oder ein grundrechtlich fundiertes Religionsverfassungsrecht konstituiere,[17] wird in der aktuellen Situation, die auch den Anlass für die Themenstellung und Fragerichtung dieses Bandes und der dem Band zugrundeliegenden Tagung bildet, das Problem aufgeworfen, ob dem Staat angesichts der Skandale um geistlichen und sexuellen Missbrauch, sexualisierter Gewalt und damit verbundener struktureller Mängel kirchlicher Selbstorganisation in stärkerem Maße eine weitaus aktivere Rolle zugemessen werden sollte, um solche und andere Missstände zu beheben. Ist aber nicht jede Form staatlicher Religionspolitik eine Einmischung in die Freiheit und Unabhängigkeit von Kirchen und Religionsgesellschaften und damit sowohl ein Problem der prinzipiellen Trennung von Staat und Religion als auch der religiös- und weltanschaulichen Neutralität des Staates? Bedeutet die Lösung von Kirchen und Religionsgemeinschaften aus staat-

---

[14] Dazu die beiläufige Bemerkung bei *H. Quaritsch*, Neues und Altes über das Verhältnis von Kirchen und Staat, in: Der Staat 5 (1966), 451–474, 452.

[15] *U. Scheuner*, Kirchen im demokratischen Staat, in: Lutherische Monatshefte 12 (1973), 76–81, 76.

[16] Pars pro toto *A. von Campenhausen*, Erosion des Staatskirchenrechts? Aktuelle Probleme der Volkskirche heute (1984), in: ders., Kirchenrecht und Kirchenpolitik. Stellungnahmen im kirchlichen Zeitgeschehen, hrsg. v. C. Link/M. Seitz, Göttingen 1996, 260–268.

[17] Repräsentativ die Beiträge in: *H. M. Heinig/C. Walter* (Hrsg.), Staatskirchenrecht oder Religionsverfassungsrecht: Ein begriffspolitischer Grundsatzstreit, Tübingen 2007. Ferner *W. Rüfner*, Modernisierung des Staatskirchenrechts durch Vergrundrechtlichung?, in: M. Sachs/H. Siekmann (Hrsg.), Der grundrechtsgeprägte Verfassungsstaat. Festschrift für Klaus Stern zum 80. Geburtstag, Berlin 2012, 573–596.

licher Bindung per se die Zunahme einer freieren Wirksamkeit dieser religiösen Akteure? Wird nicht Staatsfreiheit religiöser Institutionen zu hoch bewertet? Bedarf es nicht vielmehr regulierender und formierender staatlicher Aktivität, so dass der Staat in der Rolle des religionspolitisch Aktivierenden ist, der ebenso fördert wie fordert?

Angesichts der grundsätzlichen Diskussionslage etwa bezüglich der Neutralität als Verfassungsprinzip muss der Verfasser von Anfang an einräumen, dass sich mehr Fragen stellen als Antworten gegeben werden können. Der Topos „ecclesia semper reformanda", der den Hintergrund der Überlegungen dieses Beitrages bildet, und der nicht zuletzt in all den Diskussionen über den Synodalen Weg der katholischen Kirche in Deutschland eine gängige Vokabel ist,[18] steht in einem großen Spannungsfeld. Angesichts der religionsdemographischen Situation und des Befundes, dass die Grundtendenz der Säkularisierung sich von einem Sog zu einem Strudel entwickelt hat,[19] tritt das gesellschaftliche Umfeld religiösen Akteuren möglicherweise nur noch sehr gleichgültig gegenüber: Über Missstände, Skandale, aber auch organisatorische Zustände kirchlicher Sozialgestalt sowie Lehrinhalte, die schlicht und einfach einer Evaluation unterliegen sollten, regen sich wirklich nur noch engagierte Gläubige auf, während es vielen anderen schlicht und einfach egal ist und selbst auf Empörendes nicht reagiert wird, weil es für typisch für die Organisation gehalten wird. Sollten Reformprozesse angestoßen werden, wird damit unter Umständen nicht nur „Reformstress" verbunden, sondern es wird auch die Frage zu beantworten sein, was sich überhaupt ändern lässt. An der aktuellen Menke-Striet-Kontroverse über Freiheit und Wahrheit in der katholischen Kirche[20] kann so etwas wie eine grundlegende *Querelle des Anciens et des Modernes* beobachtet werden. Viele der im Format des Synodalen Weges verhandelten Themen bergen eine ähnlich Grundsatzproblematik, wenn sie nicht sogar bloß Variationen der Freiheitsproblematik sind. Nicht nur der Historiker Thomas Groß-

[18] Die Verwendungsfähigkeit der Formel erstreckt sich sogar auf das Stiftungsrecht: *C. Hörstrup*, Ecclesia semper reformanda. Ein erster Blick auf die Reform des Stiftungsrechts aus kirchlicher Sicht, in: Kirche und Recht 27 (2021), 244–253.

[19] So das Bild bei *T. Brechenmacher*, Im Sog der Säkularisierung. Die deutschen Kirchen in der Politik und Gesellschaft (1945–1990), Berlin 2022, 171.

[20] *K.-H. Menke*, Macht die Wahrheit frei oder die Freiheit wahr? Eine Streitschrift, Regensburg 2017; Gegenposition dazu *M. Striet*, Ernstfall Freiheit. Arbeiten an der Schleifung der Bastionen, Freiburg i. Br. 2018. Mit einer etwas anderen Zielsetzung jetzt auch ders., Für eine Kirche der Freiheit, Freiburg i. Br. 2022. Aus juristischer Perspektive *A. Loretan*, Wahrheitsansprüche im Kontext der Freiheitsrechte, Zürich 2017.

bölting sieht die katholische Kirche angesichts der Skandale um sexuellen und geistlichen Missbrauch, sexualisierte Gewalt und vor allem deren unterlassener kirchlichen Ahndung oder Vertuschung „im freien Fall“. Andere beschreiben dies als „existenzbedrohenden Zustand“[21]. Kann und soll es angesichts dieser Befunde Aufgabe des Staates sein, diesen religiösen Akteur „aufzufangen“, indem lebenserhaltende Maßnahmen in Gang gesetzt und staatlicherseits proaktiv innerkirchliche Entwicklungs- und Innovationsprozesse angestoßen werden?

2. Neubestimmungserfordernis?

Die leitende Frage im Verhältnis von Staat und Kirche lautet, ob es hinsichtlich der inneren Angelegenheiten von Kirche und der religiös-weltanschaulichen Neutralität des Staates einer religionsverfassungsrechtlichen Neubestimmung bedarf. Handelt es sich um eine Neubestimmung oder vielleicht doch eher um die Renaissance bereits praktizierter staatlicher Ingerenzen gegenüber der kirchlichen Organisationssphäre? Rudolph Sohm zur Folge hat der Staat „mit am Steuer zu stehen, um mitzuhelfen, dass das Schiff der Kirche die rechte Bahn halte.“[22] Ist derart edukatorisches Staatshandeln im Staatskirchenrecht/Religionsverfassungsrecht per se untersagt? Oder wäre bzw. ist es ggf. sachlich notwendig, um kirchlichen bzw. religionsgemeinschaftlichen Wandel anzustoßen? Wäre es überhaupt geeignet, die intendierten Lern- und Reflexionsprozesse zu steuern? Sosehr angesichts der offensichtlichen oder vielleicht auch weniger erkennbaren Missstände und Rückstände kirchlicher Eigenorganisation eine wirkliche Reform als unabweisbar erforderlich erscheint, so wenig eindeutig ist es, dass dies staatlicherseits initiiert oder flankiert werden müsste. Tatsächlich ist allerdings zu bedenken, ob eine solche „Staatsbedürftigkeit“[23] kirchlicher Selbstorganisation überhaupt verfassungskonform wäre. Zudem sieht sich die Umkehrung des bisherigen kirchlichen Wächteramts bzw. eines wie auch immer zu interpretierenden „Öffentlichkeitsanspruchs“ gegenüber dem Staat in ein staatliches Wächteramt gegenüber der Kirche umgehend

[21] *A. Liedhegener/C. Kösters*, Katholisch sein, katholisch bleiben?, in: HK 9 (2022), 22–24.

[22] *R. Sohm*, Das Verhältnis von Staat und Kirche aus dem Begriff von Staat und Kirche entwickelt, Tübingen 1873, 36.

[23] Bemerkenswerte Analyse zu diesem Topos (aus einem anderen Kontext) *B. Vogel*, Die Staatsbedürftigkeit der Gesellschaft, Hamburg 2007.

einem gravierenden Einwand ausgesetzt: nämlich, dass es auf eine übertriebene Staatsgläubigkeit hinweist, anzunehmen, dass der Staat ein kirchliches Aggiornamento besser initiieren kann als die Kirche selbst. Hier kann eine Überforderung des Staats zum Tragen kommen, da ihm angesichts seiner Neutralität Maß und Richtschnur in religiös-theologischen Dingen fehlen.

3. „Innere“ Angelegenheiten von Kirche?

Schon der Aspekt „innere Angelegenheit“ der Kirche(n) erzeugt Nachfragen. Im Gegensatz zu anderen Verfassungsordnungen[24] ist diese Qualifikation keine der gegenwärtigen Verfassungsdogmatik in Deutschland, ganz abgesehen davon, dass es sich um keinen Verfassungsbegriff handelt. Was wären überhaupt „innere Angelegenheiten“? Hier lässt sich einerseits auf das Selbstverständnis des religiösen Akteurs rekurrieren, aber andererseits lässt sich diskutieren, doch gewisse objektivierende Streben einzuziehen, indem sich die inneren Angelegenheiten auf den Sektor des „rein Religiösen“ beschränken ließen und sich damit auf spezifische „geistliche Angelegenheiten“ wie Kultusausübung (Riten, Liturgie, gottesdienstliches Handeln), Glaubensverkündung, religiöses Lehramt, Vergabe der kirchlichen Ämter u. a. m. bezögen. Eine weitergehende Frage betrifft dann die kirchlichen Organisationsstrukturen und ob diese via Selbstbestimmungsrecht nach Art. 140 GG i. V. m. Art. 137 Abs. 3 WRV der staatlichen Steuerung entzogen sind. Das kann auch in Bezug auf die Finanzwirtschaft religiöser Akteure gefragt werden, wobei speziell hier auch kirchenspezifische Leitgedanken einer guten eigenen Ordnungsstruktur zum Tragen kommen. Das Bundesverwaltungsgericht hat vor einiger Zeit entschieden, dass die Glaubenslehre und die Binnenstruktur der Religionsgesellschaft dem Geltungsanspruch des staatlichen Rechts weitestgehend entzogen sind.[25] Das Gericht fährt fort, dass im Übrigen der Staat umso eher rechtliche Vorgaben machen und gerichtlich kontrollieren kann, je geringer der Bezug des innerkirchlichen Aktes zu den wesentlichen Elementen des religionsgemeinschaftlichen Selbstbestimmungsrechts ist.

Der verständliche Wunsch nach einer kurzen und prägnanten Zauberformel bricht sich an den realen Ordnungsherausforderungen, die sich

---

[24] Z. B. § 15 Österreichisches Staatsgrundgesetz; andere historische Verfassungstexte ließen sich ebenso ergänzen.

[25] BVerwGE 149, 139–153, 146f. (= Rn. 21f.).

häufig nicht in schachbrettartiger Klarheit und Struktur zeigen. Werner Weber hat schon in seinem Staatsrechtslehrer-Referat von 1954 festgestellt, dass „das höchst feinnervige System staatlicher Genehmigungs-, Einspruchs-, Aufsichts- und Beanstandungsrechte“ erodiert sei.[26] Weber fährt fort: „Das alles ist aber nicht nur das Ergebnis eines Verfallsprozesses, sondern wohl mehr der Ausdruck dafür, daß die Probleme der Stellung der Kirche im Staat nicht mehr von den jura circa sacra her zu erfassen sind.“[27] Die verfassungsrechtliche Gewährleistung des religionsgesellschaftlichen Selbstbestimmungsrechts nach Art. 140 GG i. V. m. Art. 137 Abs. 3 WRV mit seiner Schrankenklausel verdeutlicht, dass der Staat und die staatlichen Ordnungskontexte keineswegs der Kirche in eigenen Angelegenheiten einen Freifahrtschein ausstellen, sosehr gerade diese Verfassungsbestimmung immer wieder von bestimmten Akteuren als Vehikel zur Exemtion aus diesen Ordnungskontexten aktiviert wird.[28]

Setzt man dies in Beziehung zu der umfassenden Diskussion über Grund und Grenzen des Neutralitätsprinzips[29] drängt sich als Gegenstrategie die Vorgehensweise auf, kleiner und kleinteiliger anzusetzen, indem formativ-regulierende Eingriffe des Staates auf die Organisation von Religion exemplarisch im Folgenden dargestellt und auf ihre Konsequenzen befragt werden.

4. Staatliche und weitere Maßnahmen im Widerstreit mit kirchlichen Angelegenheiten – einige Anfragen

Als Orientierungspunkte für das Durchmustern staatlicher, religionspolitischer Maßnahmen, die auf religionsgemeinschaftliche Sozialgestalt formativ Einfluss nehmen, lässt sich u. a. Folgendes fragen: Mit welchen Mitteln staatlichen Handelns und wozu erfolgt ein formativer Einfluss? Staatliche Steuerung kann einseitig – förmlich durch Gesetz, aber auch

---

[26] W. *Weber*, Die Gegenwartslage des Staatskirchenrechts, in: Veröffentlichungen Vereinigung Deutscher Staatsrechtslehrer 11 (1954), 153–176, 168.

[27] Ebd., 169.

[28] Grundlegend zur verfassungsrechtsdogmatischen Verortung *S. Korioth*, in: D. Pirson/W. Rüfner/M. Germann/S. Muckel (Hrsg.), Handbuch des Staatskirchenrechts (HSKR) (1), Berlin ³2020, § 16 Rn. 1–60.

[29] Sehr deutliche Positionierung bei *M. Müller*, Neutralität als Verfassungsgebot, in: Veröffentlichungen Vereinigung Deutscher Staatsrechtslehrer 81 (2022), 251–295. Umfassender wissenschaftlicher Wurf *S. Huster*, Die ethische Neutralität des Staates. Eine liberale Interpretation der Verfassung, Tübingen ²2017.

durch informale Aktionen (Stellungnahmen von Regierungschefs o. ä.) – oder auch in der Form von vertraglichen Abmachungen erfolgen; letzteres könnte als kontraktuelle Religionspolitik bezeichnet werden.[30] Staatliche Maßnahmen können unmittelbar oder mittelbar wirken. Die Mittelbarkeit formativer Tendenzen der grundgesetzlichen Ordnung von Staat und Religion zeigt sich beispielsweise hinsichtlich der Organisationserwartung als „Religionsgesellschaft", die gerade Religionen Schwierigkeiten bereitet, denen gewisse Organisationsstrukturen von ihrem Wesen her eher fremd erscheinen.[31] Die inhaltliche Zielsetzung staatlich-formativer religionspolitischer Maßnahmen – das Wozu – kann ebenfalls sehr unterschiedlich sein. Es können disziplinierende Regulierungen sein, aber auch edukatorische Zielsetzungen verfolgt werden. Maßnahmen können religionsspezifisch, vielleicht sogar auf eine Religion hin fokussiert sein oder allgemeine ordnungspolitische Ziele verfolgen (z. B. Einhaltung der Strafgesetze). Mit diesen herausgegriffenen Aspekten ist weder eine Grundgrammatik staatlicher Religionspolitik formuliert, noch ist damit eine juristische Bewertung der Zulässigkeit verbunden. Da Religionen allgemein wie auch Kirchen speziell Teil einer Organisationsgesellschaft sind, stellt sich zudem die organisationstheoretische Frage, ob religiöse bzw. kirchliche Akteure in jedem Fall „weltliche" Ordnungsmuster für ihren Organisationsbereich nachvollziehen bzw. kopieren müssen. Gerade die Differenzierung zwischen Organisation und Gesellschaft ermöglicht ja eine Abweichoption – und dies kann durchaus als verfassungsrechtlich intendiert bzw. gewährleistet angesehen werden. Allerdings ist hier auch eine Grenze erkennbar, die darin liegt, dass die Abweichung von gesellschaftlichen Erwartungen (z. B. hinsichtlich einer demokratischen Binnenstruktur) nicht zu einem „garstig breiten Graben" werden darf. Last but not least: Auch andere, keineswegs nur staatlich veranlasste „Nudges" können innerkirchliche Reformen initiieren, etwa indem an gesellschaftlich diskutierte juristische Ansätze oder Konzepte „freiwillig" angeschlossen wird (z. B. Governance, Compliance u. a. m.), von den binnentheologischen Diskussionen hier an dieser Stelle ganz zu schweigen.

---

[30] Dazu *A. Hense*, Konkordate und Kirchenverträge, § 132, in: H. Kube et al. (Hrsg.), Leitgedanken des Rechts. Paul Kirchhof zum 70. Geburtstag, Heidelberg 2013, 1437–1446.

[31] Dies lässt sich an all den Diskussionen über die religionsverfassungsrechtliche Ordnung des Grundgesetzes und „den Islam" ablesen.

5. Formative Einwirkungen – exemplarische Auflistung

Die nachfolgende sehr exemplarische, andeutende Auflistung will sich dem Vorgenannten kursorisch zuwenden.

5.1 Kirchliches Vermögensrecht auf Ortsebene– nicht nur in historischer Perspektive

Ein besonderes historisches Beispiel ist die Verwaltung des Kirchenvermögens im preußischen Rechtskreis.[32] Sehr knapp geschildert, war diese durch eine staatliche Gesetzgebung gekennzeichnet, die die kirchenrechtlich geforderte Allzuständigkeit des Pfarrers bei der Verwaltung des örtlichen Kirchenvermögens derogiert und in die Zuständigkeit von Kirchenvorständen verschoben hat. In diesem Kollegialorgan hat der Pfarrer zwar die Funktion, „geborener" – als qua Amt – Vorsitzender zu sein, die Vermögensverwaltung insgesamt erfolgt aber durch Mehrheitsentscheid der gewählten Vorstandsmitglieder, die zudem nicht dem Klerikerstand entstammen. Damit erfolgt eine erhebliche Partizipation von Laien und im Regelungsbereich Vermögensverwaltung so etwas wie eine gewisse Demokratisierung. Das an und für sich bestehende monokratische kirchliche Ordnungsmuster ist in diesem Kontext also durch staatliche Gesetzgebung durchbrochen worden. Bis auf das Bundesland Nordrhein-Westfalen, in dem noch (!) das alte preußische Gesetz fort gilt, haben sämtliche Diözesen seit 1949 eine „Verkirchlichung" des Vermögensverwaltungsrechts vorgenommen. Hierbei wurde aber die anfangs kirchlich stark bekämpfte Laienpartizipation und Mitentscheidungskompetenz in das innerkirchliche Recht auf Diözesanebene übernommen. Es erfolgte also eine Versöhnung mit den zuerst von außen auferlegten, durch eine Kulturkampfgesetzgebung initiierte (innerkirchliche) Organisation der ortskirchlichen Vermögensverwaltung. Diese „Kanonisation", d. h. die Übernahme weltlicher Ordnungsvorstellungen in den kircheneigenen Rechtskreis, wurde letztlich dadurch erleichtert, dass die Kulturkampfgesetzgebung von Anbeginn durch einen substantiellen Gegensatz gekennzeichnet war.[33] Es lässt sich zwischen Repressiv-

[32] Allgemein zum *B. Kämper/M. Schulten*, Die Selbstbestimmung der Kirchen und anderen Religionsgemeinschaften über ihr Vermögen, in: HSKR (s. Anm. 28), § 70 Rn. 1–131.

[33] Dazu und zum Folgenden grundlegend *E. R. Huber*, Deutsche Verfassungsgeschichte (IV), Stuttgart 1969, 694f.

und Strukturgesetzen der Kulturkampfmaßnahmen unterscheiden. Strukturgesetze waren zwar durchaus „kämpferisch" und situierten in einer Konfliktsituation, aber sie intendierten wesentlich die Umsetzung und Verwirklichung einer neuen Rechtskonzeption, so dass sie sich aus der konfliktösen Ursprungssituation lösen ließen und auch noch nach Beilegung des Kulturkampfes Sinn ergaben. Strukturgesetze konnten sich auf Dauer rechtlich durchsetzen und Ordnungsstrukturen etablieren. Nicht zuletzt erkannte das päpstliche Indult von 1983/84 die auch vom neuen universalen Kirchenrecht (CIC/1983) abweichende Vermögensverwaltungsorganisation in den deutschen Pfarreien an. Eine derartige Kulturkampfgesetzgebung kann demnach zwar keine Blaupause für heutige religionspolitische Maßnahmen sein, zumal sie verfassungsrechtlich unzulässig wäre, sie zeigt aber gleichwohl an, dass auch die (katholische) Kirche mit von außen kommenden Erwartungen, die anfangs nicht auf Gegenliebe stoßen, schlussendlich – und vielleicht auch nolens volens – ihren Frieden machen kann.

5.2 Ewige Reformbaustelle kirchliches Arbeitsrecht

Auch das kirchliche Arbeitsrecht ist als Rechtsgebiet besonders exemplarisch für Veränderung und Anpassung. Regulativ wirkt in diesem Rechtssektor vor allem die Rechtsprechung, aber – dies zeigt die mittlerweile (weitgehend) erfolgte Novellierung des kirchlichen Arbeitsrechts – auch der Druck der durch eine innerkirchliche Kampagne ausgeübt werden kann, die effektiv als Innovationsbeschleuniger gewirkt hat.[34] Ohne die Initiative „#OutInChurch" wäre die Reform des kirchlichen Arbeitsrechts wohl nicht in gleichem Maße denkbar gewesen, selbst wenn die Überlegungen zur Novellierung der Grundordnung für die Mitarbeiter im kirchlichen Dienst schon zeitlich weit vorher in Gang gesetzt wurden und insbesondere durch den ehemaligen Münchener Generalvikar Peter Beer inhaltlich-konzeptionell vorgedacht worden waren.[35] Die formative

---

[34] Erste, durchaus kritische Würdigungen des neuen kirchlichen Arbeitsrechts bei *J. Joussen*, Noch nicht gut genug. Zu den jüngsten Veränderungsprozessen im kirchlichen Arbeitsrecht, in: HK 1 (2023), 22–24; *S. Röser*, Ein Schnellschuss. Das neue kirchliche Arbeitsrecht, in: HK 1 (2023), 25–28.

[35] *P. Beer*, Vom personen- zum institutionenorientierten Ansatz. Der Beitrag der Grundordnung zu Profildiskussion, Führungs- und Unternehmenskultur in kirchlichen Einrichtungen, in: H. Reichold (Hrsg.), Führungskultur und Arbeitsrecht in kirchlichen Einrichtungen, Regenburg 2017, 63–76; ders., Loyalitätspflichten als Beitrag zur

Kraft der Rechtsprechung verbirgt sich sogar in der an und für sich sehr kirchenfreundlichen Entscheidung des Bundesverfassungsgerichts im sog. Düsseldorfer Chefarztfall aus dem Jahr 2014, weil in dieser Entscheidung die Plausibilisierung des kirchlichen Selbstverständnisses durchaus eingeschärft worden ist.[36] Sie wird vollends in einem gewissen Sinne „radikalisiert" durch die Rechtsprechung des EuGH, die die Kontrollintensität weltlicher Rechtsprechung verschärft und die Rechtfertigungsmöglichkeit, aber auch Legitimationslast kirchlicher Besonderheiten angehoben hat. Führte dies legislatorisch in der neuen Grundordnung zur weitgehenden Schleifung der Bastion der Loyalitätspflichten in Sachen persönlicher Lebensführung, ist dies hinsichtlich des Extremfalls des Kirchenaustritts (immer noch) hoch umstritten und mittlerweile wieder Gegenstand einer Vorlage des Bundesarbeitsgerichts an den EuGH – mit einem offenen Ausgang.[37] Verknappend kann daher zum kirchlichen Arbeitsrecht festgehalten werden: die Gerichte haben es gegeben – die Gerichte haben es genommen.[38]

5.3 Datenschutz als besondere Rechtsmaterie im kirchlichen Kontext

Dass die europäische Rechtsordnung aber keineswegs kirchenavers ist, sondern deren Gesetzgebung sowohl kircheneigene Besonderheiten ermöglichen als auch subtile formative Kraft entwickeln kann, lässt sich exemplarisch in den letzten Jahren am Datenschutzrecht ablesen. Die Europäische Datenschutzgrundverordnung normiert in ihrem Art. 91 DS-GVO, eine Rechtsgrundlage dafür, dass Kirchen in Grenzen ein eigenes Datenschutzrecht ausprägen und eine eigene Datenschutzaufsicht or-

---

funktionellen Gewährleistung des Sendungsauftrags in der Dienstgemeinschaft, in: H. Reichold (Hrsg.), Loyalität und Konfessionsbindung in der Dienstgemeinschaft, Regenburg 2018, 121–135; ders., Loyalitätspflichten als Beitrag zur funktionellen Gewährleistung des Sendungsauftrags in der Dienstgemeinschaft, in: H. Reichold (Hrsg.), Tendenz- statt Transzendenzschutz in der Dienstgemeinschaft?, Regenburg 2019, 45–59. Es wäre interessant, diese grundlegenden theoretischen Vorspurungen mit dem „Endprodukt" der Grundordnung von 2022 zu vergleichen.

[36] Als Positionierung dazu *A. Hense*, Möglichkeiten und Grenzen der Mitarbeit von anders- und nichtgläubigen Personen in katholischen Einrichtungen aus der Sicht des Staatskirchenrechts, in: H. Reichold (Hrsg.), Loyalität (s. Anm. 35), 65–120, 82–97.

[37] *M. Brune/S. Schmitz-Scholemann*, Chefarzt, Egenberger und nun eine Hebamme, in: Neue Zeitschrift für Arbeitsrecht (2022), 1646–1652.

[38] *A. Hense*, Warum sich das kirchliche Arbeitsrecht ändern muss, in: HK 1 (2019), 42–45.

ganisieren können.[39] Die Wahrnehmung dieser Option ist aber konditioniert, also etwa an Voraussetzungen gebunden wie z. B. Unabhängigkeit der kircheneigenen Aufsicht, Gleichwertigkeit der materiellen Regelungen, ohne dass eine Gleichartigkeit des kircheneigenen Datenschutzrechts gefordert ist. Die DS-GVO reguliert von außen und stellt keinen Freifahrtschein aus. Sie ermöglicht aber das Datenschutzrecht und die Datenschutzaufsicht als eigene kirchliche Angelegenheit zu verfolgen, wobei sich über Maß und Mitte dieses kircheneigenen Datenschutzes trefflich streiten lässt. Ungeachtet der Frage, ob es so etwas wie eine kircheneigene Datenschutzaufsicht und ein kircheneigenes Datenschutzrecht geben soll, hat die europäische Rechtsordnung nachhaltige Auswirkungen auf die kircheneigene Organisation und Rechtsetzung gehabt, mit der durchaus ein nicht unerheblicher Entwicklungssprung verbunden gewesen ist. Für den katholischen Rechtsbereich führte dies z. B. zur Ausbildung einer Datenschutzgerichtsbarkeit, die insofern in einem speziellen Rechtsgebiet die seit der Würzburger Synode immer wieder verfolgte Einrichtung einer kircheneigenen, wenngleich erst einmal nur bereichsspezifischen Verwaltungsgerichtsbarkeit realisiert hat.[40]

5.4 Staatskirchenvertragsrecht

Als letzter Punkt ist in dieser kursorischen, keine Vollständigkeit anstrebenden Auflistung das Staatskirchenvertragsrecht anzusprechen. Diese Rechtsmaterie ist auch deshalb bemerkenswert, da den vertraglichen Abmachungen zwischen Staat und Kirche auch jeweils eine Verpflichtungsdimension innewohnt[41] und sie wegen der kodikarischen Regelung des c. 3 CIC/1983 – entsprechende Regelung bereits im CIC/1917 – eine Vorrangregelung enthält: Konkordat hat Vorrang vor Kodex! Demnach werden hier nicht nur Freiheitsbereiche zwischen Staat und Kirche austariert, sondern gleichsam unter Assistenz des Staates unter Umständen beson-

---

[39] Eingehend zu dieser Regelung *A. Hense*, in: G. Sydow/N. Marsch (Hrsg.), DS-GVO/BDSG. Handkommentar, Baden-Baden ^{3}2022, Art. 91 DS-GVO Rdn. 1–37.

[40] *G. Sydow*, Perspektiven der kirchlichen Gerichtsbarkeit, in: Kirche und Recht 2019, 1–8. Siehe auch *A. Hense* (s. Anm. 39), Art. 91 DS-GVO Rdn. 34. Allgemein statt vieler *M. Jestaedt*, Verwaltungsgerichtsbarkeit in der Katholischen Kirche, in: Deutsche Verwaltungsblätter (2021), 1462–1467.

[41] Zu dieser Vertragsdimension näher *H. U. Anke*, Die Neubestimmung des Staat-Kirche-Verhältnisses in den neuen Bundesländern durch Staatskirchenverträge, Tübingen 2000, 353–361.

dere Rechtspositionen zwischen orts- und universalkirchlicher Ebene normiert. Im Recht der Staatskirchenverträge spielt die Rechtsfigur der Selbstbindung eine besondere Rolle, die gerade im Kontext des Synodalen Weges in ganz verschiedenen Hinsichten immer wieder aktiviert wird. Etwa auch in der Konkordatsmaterie Bischofswahlrecht der Domkapitel. Bis auf den bayerischen Rechtskreis gilt für die deutschen Diözesen abweichend vom kodikarischen freien Ernennungsrecht des Papstes ein spezielles Wahlrecht hinsichtlich der Besetzung freier Bischofsstühle. Im Lichte der Beschlusslage des Synodalen Weges wird gegenwärtig bei der Besetzung des erzbischöflichen Stuhls von Paderborn ein neuer, formalisierter Weg der Beteiligung von Laien unternommen.[42] Bei allen Fragen, die sich im Kontext eines solchen Vorgangs kirchen- und auch staatskirchenvertragsrechtlich stellen mögen,[43] wird im Erzbistum Paderborn eine behutsame Fortentwicklung im Gleis der vorgespurten Regelungen des Konkordatsrechts versucht, dem „Geist“ des Synodalen Weges entsprechend partizipativ neue Wege zu beschreiten.[44]

5.5 „Weiche“ weltliche Konzepte als Wegweiser?

Nicht zuletzt Skandale und Unzulänglichkeiten kirchlicher Vermögensverwaltung[45] führen zur Diskussion über die Rezeption weltlicher Konzepte wie Governance[46] oder Compliance[47]. Die innerkirchlichen Diskussionen münden in konkrete Papiere[48] oder (verbindliche) Ordnun-

---

[42] Vgl. aus der Feder des Paderborner Domkapitulars *R. Althaus*, Der Synodale Weg und die Beteiligung des Volkes Gottes an der Bischofswahl, in: Theologie und Glaube 112 (2022), 291–309. *Ders.*, Einbezug des Gottesvolkes. Bischofsbestellung in Paderborn, in: HK 1 (2023), 13f.

[43] Erhebliche Skepsis etwa bei *G. Bier*, Synodale Wahl-Illusionen. Warum die Vorschläge für Bischofsbestellungen eine Selbsttäuschung sind, in: HK 1 (2023), 15–17.

[44] Informationen dazu unter: www.erzbistum-paderborn.de/erzbistum-und-erzbischof/ruecktritt-des-erzbischofs-sedisvakanz-und-bischofswahl (Zugriff: 07.01.2023).

[45] Hierzu etwa *M. Schulten*, Die kirchliche Vermögensverwaltung als Sanierungsfall? Ein Problemaufriss aus staatskirchenrechtlicher Perspektive, in: Bayerische Verwaltungsblätter (2020), 433–441.

[46] Ausgelotet etwa von *A. Hense*, Kirche und Governance. Andeutungen zu einigen grundlegenden Aspekten aus katholischer Perspektive, in: Non Profit Law Year Book (2019), 27–70.

[47] Siehe insbesondere *M. Schulten*, Compliance im katholischen Vereinswesen, in: Zeitschrift für Stiftungs- und Vereinswesen (2020), 205–211.

[48] Bspw. *Verband der Diözesen Deutschlands*, Kirchliche Corporate Governance. Grundsätze guter Finanzwirtschaft in deutschen (Erz-) Bistümern, Bonn 2021.

gen,[49] an denen sich ablesen lässt, dass die kirchliche Verwaltung weltliche Standards durchaus grundsätzlich nachvollziehen will. Hier lernt kirchliche Ordnung möglicherweise von weltlichen Vorbildern. Der Bereich kirchlicher Vermögensverwaltung ist ein Beispiel dafür, dass auch dieser Sektor kirchlicher Verwaltungstätigkeit einerseits kirchlichen Besonderheiten zu genügen hat,[50] andererseits sich an weltliche Standards anzulehnen sucht. Es ist der Vorteil bspw. des Konzepts Governance, dass es sich auf vielfältigste Phänomene kirchlicher Sozialgestalt anwenden lässt. Gerade in diesem Kontext zeigt sich, dass nicht wenige Phänomene des Verbesserungsbedürftigen sich nicht nur in „großen“ theologischen Themen zeigen, sondern in sehr vielen Organisationsebenen und -strukturen, die sich „leicht“ ortskirchlich verbessern ließen,[51] da sie keine grundlegenden Lehrfragen, aber durchaus wichtige und ebenfalls die Wirksamkeit und Glaubwürdigkeit von Kirche berührende Aspekte betreffen.

6. Ansatzpunkte für Innovation und Fortschritt in der Kirche

Am Ende dieser Auflistung und tentativen Überlegungen steht keine Grammatik oder Programmatik staatlicher Einflussnahmen zur Initiierung von Innovationen oder Fortschritt in und für die Kirche. Ein Postulat „bringing the state back in“ – wie es vor längerer Zeit die Staatsaufgabendiskussion schon einmal diskutiert hat – lässt sich weder eindeutig bejahen noch eindeutig verneinen. Im Rahmen der Bewältigung des sog. „Missbrauchsskandals“ haben sich allerdings Grenzen einer kircheneigenen Vorgehensweise gezeigt, so dass nach mehr als einem Jahrzehnt vorrangig kircheneigener Aktivitäten[52] der Ruf nach dem Staat von verschie-

---

[49] Compliance Regelung der Diözese Augsburg vom 1. Dezember 2022, abgedruckt in: Amtsblatt Nr. 12/2022, 522–539.

[50] Instruktiv *B. Edmunds/S. Goertz*, Kirchliches Vermögen unter christlichem Anspruch, Freiburg i. Br. 2020.

[51] Die vorstehend apostrophierte Leichtigkeit ist natürlich euphemistisch: Verwaltungs- und Aufsichtsstrukturen kirchlicher Organisationen bergen z. B. durchaus Rollen-Problematiken (etwa Kleriker/Laien, aber auch andere Konstellationen), die sich gar nicht so einfach auflösen lassen.

[52] Die für sich genommen wahrscheinlich differenziert zu betrachten sind. Auf der Habenseite dürfte stehen, dass die rechtssetzende Seite hinsichtlich der Prävention im Vergleich zu anderen gesellschaftlichen Akteuren ein wesentliches Stück vorangeschritten ist. Dass damit die Probleme nicht alle gelöst sind, sei nur ausdrücklich erwähnt.

densten Seiten nochmals deutlich stärker geworden ist. Selbst wenn der CIC/1983 im Gegensatz zum CIC/1917 kein privilegium fori, also einen ausschließlichen Gerichtsstand für Kleriker vor einem kirchlichen Gericht mehr fordert, so war die strikte „Bereichsscheidung“ und die nicht hinreichende Ernstnahme des Bereichs sexualisierter Gewalt sowie des sexuellen und geistlichen Missbrauchs – einschließlich der Opferdimension – doch ein Vorgang, der die Befähigung der Kirche zur Selbstorganisation und Selbstbestimmung nachhaltig in Zweifel ziehen ließ und stärkere, aktivere staatliche Grenzziehungen als Gegenmittel in den Raum stellt.[53] Die Novellierung des kodikarischen Strafrechts, das aus weltlicher Sicht doch eher nur einem Disziplinarrecht ähnelt, kann in diesem Kontext hinsichtlich seiner Wirkungsweise noch nicht abschließend beurteilt werden.[54] Die skandalösen Vorgänge haben die Rolle des Staates und seiner möglicherweise bestehenden Verantwortlichkeiten hinsichtlich der kirchlichen Angelegenheiten neu aufgeworfen, sie zeigen aber mitunter auch die Grenzen von Recht auf.

Dabei ist das Verhältnis zwischen Staat und Kirche – oder allgemeiner zwischen Staat und Religion – jenseits aller Diskussionen über verfassungsgestaltende Grundentscheidungen wie das Neutralitätsprinzip schon immer eines gewesen, welches sich in einer schwebenden Dialektik von Stabilität und Flexibilität befindet. Durchaus treffend hat Ulrich Scheuner dies etwa in einer Phase nahezu unendlicher staatskirchenrechtlicher Prosperität in den 1970er Jahren festgehalten und die Funktion der verfassungsrechtlichen Ordnung von Staat und Religion nicht in der bloßen Sicherung des Überlieferten und der Gewährleistung staatskirchenrechtlicher Besitzstände gesehen. Scheuner geht vielmehr von Folgendem aus: „(1) Die verfassungsmäßige Stellung der Kirchen sollte nicht lediglich als garantierter Besitzstand aufgefaßt werden; sie sollte jeweils ihre Begründung aus der Gegenwart, aus der Aufgabe und dem Dienst der Kirche in ihrer Zeit empfangen. (2) Auch überlieferte Modellvorstellungen der Relation von Staat und Kirche sollten sich an der Realität des heutigen Lebens messen lassen und nötigenfalls modifiziert werden. (3) Das geltende Verfassungsrecht muß demgemäß in seiner Interpretation

---

[53] Sehr aufschlussreich in dieser Hinsicht das Interview des Kölner Staatsrechtlers *S. Rixen*, Ohne den Staat geht es nicht, in: FAZ (27.02.2023), 4.

[54] Zu dieser Novellierung siehe *A. Hense*, Das „neue“ Strafrecht der katholischen Kirche, in: Bonner Rechtsjournal 1 (2022), 24–30.

neuen Deutungen offenstehen, die es nicht nur im Sinne der Entstehungszeit, sondern im Verständnis der Fortentwicklung anwenden."[55]

Die Verhältnisbestimmung zwischen Staat und Kirche und die austarierende Beschränkung des kirchlichen Selbstbestimmungsrechts nach Art. 140 GG i. V. m. Art. 137 Abs. 3 WRV ist vor allem eine auf Dauer gestellte Aufgabenstellung. In ihr gibt es auch die Herausforderung kirchlicher Selbstverantwortung und so etwas wie die verfassungsstaatliche Erwartung, dass die Kirche „ihren Beritt in Ordnung" hält, weil dies die Voraussetzung dafür ist, dass die verfassungsrechtlichen Freiheitsoptionen überhaupt wahrgenommen werden können.[56] Der Staat kann, sofern sich dies nicht in problematischen Verhaltensweisen manifestiert,[57] aber wegen seiner religiös-weltanschaulichen Neutralität nicht die hinreichende lehramtliche Versöhnung der Kirche mit dem modernen, freiheitlich und demokratisch verfassten Rechtsstaat initiieren oder fordern, sosehr eine entsprechende „Selbstmodernisierung" kirchlicher, lehramtlicher Positionierung wünschenswert ist.[58] Dies ist dann vor allem ein interner Vorgang und muss von entsprechenden Prozessen organisiert und umgesetzt werden.

Die bisherigen Ausführungen indizieren, dass es vor allem eine Aufgabe der religiösen Akteure ist, die Bereiche zu eruieren, in denen Reform – sowohl als *„wieder in Form bringen"* oder auch als *„erstmals in Form bringen"* – relevant werden. Der Staat und die verfassungsrechtlichen Gewährleistungen sind – wie gesagt – keine Garantie der Religion, ihres Bestandes oder Fortbestandes, sondern nur die Garantie der Möglichkeit, dass Religion bestehen und fortbestehen kann.[59]

Weder kann die staatliche Rechtsordnung religiöse Vitalität substituieren, noch ist dies eine Aufgabe des Staates. Der Staat kann sich weiter-

---

[55] *U. Scheuner*, Die rechtliche Stellung der Kirchen in der Entwicklung von Staat und Gesellschaft, in: Militärseelsorge 14 (1972), 228–254, 245f.

[56] Dazu grundlegende Überlegungen bei *A. Hense/K. Schmiemann*, Kann kirchliches Recht Freiheit. Erwartungen an die Rechtsetzung in der Kirche (26.03.2021), www.feinschwarz.net/kann-kirchliches-recht-freiheit (Zugriff: 07.01.2023).

[57] Vgl. BVerfGE 102, 370–400, 394 (= Rn. 87).

[58] Zu den kirchlichen Lehrdefiziten insbesondere *G. Essen*, Das Verhältnis der römisch-katholischen Kirche zum liberal-demokratischen Verfassungsstaat, in: Wechselseitige Erwartungslosigkeit (s. Anm. 12), 309–336. Vielleicht zu optimistisch demgegenüber *A. Hense*, Das Verhältnis von Staat und Kirche nach der Lehre der katholischen Kirche, in: HSKR (s. Anm. 28), § 3 Rdn. 34–47.

[59] *E.-W. Böckenförde*, Notwendigkeit und Grenzen staatlicher Religionspolitik, in: W. Thierse (Hrsg.), Religion ist keine Privatsache, Düsseldorf 2000, 173–184, 174.

hin nicht übermäßig Problemen der Selbstorganisation oder deren Behebung zuwenden; der Staat ist nicht per se Mediator oder Moderator innerkirchlicher Angelegenheiten, selbst wenn es einige religionspolitische Praxisbeispiele gibt und eine stärkere staatliche Einflussnahme oder Mitwirkung etwa bei der „Aufarbeitung" des Missbrauchsskandals denkbar und wünschenswert erscheint. Hinzuweisen ist darauf, dass bei den gar nicht so seltenen gerichtlichen Auseinandersetzungen bspw. der Staat „als Moderator" in Erscheinung tritt und seine Entscheidungen bzw. Maßnahmen Steuerungswirkungen entfalten, die auch (inner-)kirchliche Aspekte betreffen.

Bei dem Postulat der kircheneigenen Selbstbeobachtung und -reflexion ist zu gewärtigen, dass Ordnung nicht nur eine Frage zwischen Staat und religiösen Akteur ist, sondern auch Rollen und Verhaltenserwartungen innerhalb einer religiösen Organisation betrifft. Hier können sich alte Rechtsgebilde wie die katholische Kirche keineswegs einfach nur ungeprüft selbst darstellen. Ganz im Gegenteil. Es zeigt sich im Großen wie im Kleinen, dass hier formelle und materielle Rechtsfragen geklärt und entschieden werden müssen. Es stellt sich hinsichtlich der Aspekte Selbstordnung und Selbstorganisation ganz konkret die Frage, welcher Stellenwert dem Recht, der rechtlichen Dimension zugemessen wird, gerade wenn es um Veränderungsprozesse geht.

In diesem Kontext ist weiterhin die Frage aufzuwerfen: Erfolgt diese notwendige Selbstprüfung aktiv oder passiv: Reagiert der Akteur auf unausweichliche Rechtsentwicklungen, zu deren Abschluss nur noch die Aufgabe einer Rechtsposition gehört, oder erfolgt Selbstbeobachtung und ggf. Nachbesserung – insbesondere in rechtlichen Zusammenhängen – zu einem Gutteil aus eigenem Antrieb und eigener Selbstverpflichtung? Folgt man einfach dem Satz des Kirchenrechtlers Hans Barion: „Ja, ja auch ich bin für Reformen und Fortschritt, aber ich gehe als Zweiter, immer hinter dem Papst"[60], oder gibt es nicht vielleicht auch andere Wege?

Es ist vielleicht am Schluss eine überspitzte Überlegung, ob der „Satz des Böckenförde" (Christoph Möllers), der von den Kirchen zur Einforderung und Legitimation ihrer öffentlichen Wirksamkeit so unendlich häufig (und häufig verkürzt) zitiert worden ist, sich nicht vielleicht vari-

[60] *W. Böckenförde*, Der korrekte Kanonist. Einführung in das kanonistische Denkens Barions, in: H. Barion, Kirche und Kirchenrecht. Gesammelte Aufsätze, Paderborn 1984, 1–23, 23.

ieren lässt: „Das Staatskirchenrecht respektive Religionsverfassungsrecht lebt von Voraussetzungen, die es selbst nicht garantieren kann." Insgesamt sind Grenzziehungen zwischen Staat und Religion, aber auch die Relationierung dieser beiden Größen eine beständige Aufgabe, die zwischen Nähe und Distanz, zwischen Loyalität und Konflikt und anderen Spannungslagen immer wieder hin und her schwankt. Ordnung lässt sich durch Bewegung erzielen und Stabilität durch Wandel. Und insofern ist das eingangs zitierte „ecclesia semper reformanda, sed non reformabilis" – einer stets zu erneuernden, aber nicht erneuerbaren Kirche – eine für katholisches Rechtsdenken nicht untypische Gegensätzlichkeit, vielleicht auch Paradoxie, die aufgehoben werden kann. Es besteht immer wieder die Chance zur Umkehr, zu einem anderen, neuen Anfang – auch in institutionell-organisatorischen Zusammenhängen. Kurzum: die Verpflichtung zu traditionsverbundener Dynamik.[61] Und: Kritik ist mitunter ein Ausweis besonderer Loyalität![62]

---

[61] Sehr aufschlussreich allgemein W. *Damberg*, Religiöse Dynamiken der Gegenwart. Thesen zum Thema ‚Religion übersetzen', in: Historisches Jahrbuch 142 (2022), 478–492.

[62] A. O. *Hirschman*, Abwanderung und Widerspruch, Tübingen 1974.

(Kein) Kulturkampf reloaded
Die öffentlich-rechtliche Organisationsform von Religionsgesellschaften als Hebel für staatliche Einflussnahme?

Hans Michael Heinig

1. Staatstreue oder Rechtstreue?

Muss eine öffentlich-rechtlich organisierte Religionsgesellschaft „staatstreu" im Sinne einer affirmativen Haltung zur Bundesrepublik und ihrer Rechtsordnung sein? Oder genügt „Rechtstreue" im Sinne einer grundsätzlichen Beachtung staatlicher Normen? Wie intensiv muss eine Religionsgesellschaft, die sich staatlicher Handlungsformen bedienen will, die Verfassungsordnung gutheißen? Reicht es, dass ihre Vertreter keine systematischen Rechtsbrüche begehen? Oder geht die erforderliche Verfassungstreue darüber hinaus?

Diese Fragen werden zumindest seit Mitte der 1990er Jahre in der Rechtswissenschaft intensiv diskutiert.[1] Damaliger Anlass war das Begehren der Zeugen Jehovas, den öffentlich-rechtlichen Status verliehen zu bekommen. Die maßgebliche Norm für die Verleihungsentscheidung stammt aus der Weimarer Reichsverfassung: Art. 137 Abs. 5 Satz 2 WRV. Sie wurde mit einigen anderen Normen des Weimarer Religionsverfassungsrechts in das Grundgesetz übernommen (Art. 140 GG). Von „Rechtstreue" oder „Staatstreue" ist in der Norm allerdings keine Rede. Die ausdrücklich benannten Anforderungen sind eher technischer Natur: Der Staat wird nicht von sich aus tätig, sondern nur auf Antrag. Antrag-

---

[1] Grundlegend aus der Rechtsprechung BVerfG, Urteil vom 19. Dezember 2000 – 2 BvR 1500/97 –, BVerfGE 102, 370–400; BVerwG, Urteil vom 26. Juni 1997 – 7 C 11/96 –, BVerwGE 105, 117–127; aus der Fülle der Literatur bilanzierend etwa *H. M. Heinig*, Öffentlich-rechtliche Religionsgesellschaften, Berlin 2003; *S. Magen*, Körperschaftsstatus und Religionsfreiheit, Tübingen 2004; *C. Hillgruber*, Der öffentlich-rechtliche Körperschaftsstatus nach Art. 137 Abs. 5 WRV, in: H. M. Heinig/C. Walter (Hrsg.), Staatskirchenrecht oder Religionsverfassungsrecht, Tübingen 2007, 213–228; *H. Weber*, Der öffentlich-rechtliche Körperschaftsstatus nach Art. 137 Abs. 5 WRV, in: ebd., 229–247; *A. Uhle*, „Ein rätselhafter Ehrentitel"?, in: Festschrift für Josef Isensee, Heidelberg 2007, 1033–1057 jeweils mit weiteren Nachweisen.

steller muss eine Religionsgesellschaft sein. Diese muss „die Gewähr der Dauer“ bieten.[2]

Doch das Verfassungsrecht zeichnet sich oft durch einen sehr abstrakten Normierungsstil aus. Was genau im Einzelfall geboten und verboten ist, muss durch Auslegung und Rechtsanwendungsregeln (Dogmatik) ermittelt werden. Verfassungsrechtliche Grundsätze wie das Rechtsstaatsgebot oder der Schutz von Grundrechten kommen auf diese Weise auch dort ins Spiel, wo sie nicht ausdrücklich in einem Normtext genannt werden. So ist man sich etwa einig, dass der öffentlich-rechtliche Status nicht an eine Gemeinschaft verliehen werden muss, die als Verein wegen massiv begangener Straftaten verboten werden könnte.[3]

Die Antwort auf die Frage, ob öffentlich-rechtlich organisierte Religionsgesellschaften staatsloyal oder „nur“ verfassungstreu sein müssen, hat weitreichende Folgen, wie folgende Anekdote veranschaulichen mag: Im Rahmen einer rechtswissenschaftlichen Tagung Anfang der 2000er Jahre wurde (in der nicht schriftlich dokumentierten Aussprache) gegen die Forderung nach „Staatstreue“ das Argument aufgebracht, dass die römisch-katholische Kirche zumindest vor dem 2. Vatikanischen Konzil mit ihrer damaligen offiziellen weltkirchlichen Lehre diese Voraussetzung wohl nicht erfüllt hätte. In der Tat: Der politische Katholizismus war zwar bis 1933 eine der maßgeblichen verfassungstragenden Kräfte der Weimarer Republik, aber in Fragen der Staatsform präferierte die Weltkirche Anfang des 20. Jahrhunderts die katholische Monarchie über die liberale Demokratie, wie sie die Weimarer Reichsverfassung errichtet hatte. Ein gewitzter Kollege verwies schlicht auf das positive Recht: Die Weimarer Verfassung ordne ja ausdrücklich an, dass die altkorporierten Religionsgesellschaften, also auch die römisch-katholische Kirche, den öffentlich-rechtlichen Status behalten (Art. 140 GG/Art. 137 Abs. 5 Satz 1 WRV). Ohne diese Anordnung hätte man ihr in der Tat, so der Kollege, wegen mangelnder Staatsloyalität vor dem 2. Vatikanum den öffentlich-rechtlichen Status entziehen müssen.

Vor dem Bundesverfassungsgericht und in der Rechtswissenschaft setzte sich letztlich eine andere Lesart des Grundgesetzes durch: Religionsgesellschaften müssen nicht „staatstreu“, sondern nur „rechts- insbesondere verfassungstreu“ sein. In den Leitsätzen heißt es wörtlich: „1. Eine Religionsgemeinschaft, die Körperschaft des öffentlichen Rechts

[2] Näher etwa *P. Unruh*, Religionsverfassungsrecht, Baden-Baden ^{4}2018, 178–187.

[3] *H. M. Heinig*, Die Verfassung der Religion, Tübingen 2014, 241.

werden will (Art. 140 GG i. V. m. Art. 137 Abs. 5 Satz 2 WRV), muss rechtstreu sein. a) Sie muss die Gewähr dafür bieten, dass sie das geltende Recht beachten, insbesondere die ihr übertragene Hoheitsgewalt nur in Einklang mit den verfassungsrechtlichen und sonstigen gesetzlichen Bindungen ausüben wird. b) Sie muss außerdem die Gewähr dafür bieten, dass ihr künftiges Verhalten die in Art. 79 Abs. 3 GG umschriebenen fundamentalen Verfassungsprinzipien, die dem staatlichen Schutz anvertrauten Grundrechte Dritter sowie die Grundprinzipien des freiheitlichen Religions- und Staatskirchenrechts des Grundgesetzes nicht gefährdet. 2. Eine darüber hinausgehende Loyalität zum Staat verlangt das Grundgesetz nicht.“[4] Mit dieser Unterscheidung zwischen Staatsloyalität und Rechts-, insbesondere Verfassungstreue konnte man den Fall der Zeugen Jehovas in den Griff bekommen: Deren Ablehnung von Wahlen und deren staatsskeptische Theologie stehen einer Verleihung des öffentlich-rechtlichen Status nicht per se entgegen, solange sie nicht in ihrem tatsächlichen Verhalten eine aktiv-kämpferische Haltung gegen die Verfassungsordnung einnehmen und solange sie eine rechtskonforme Ausübung der Körperschaftsrechte erwarten lassen. Auch das Gedankenspiel eines Entzugs des Körperschaftsstatus bei der römisch-katholischen Kirche vor dem 2. Vatikanum ließ sich auf diese Weise, so dachte man in der Wissenschaft damals, bewältigen. „Selbstverständlich“ waren die Diözesen in Deutschland „rechtstreu“. Die Realität, in der jahrzehntelang kirchliche Amtsträger massive Verstöße gegen das Sexualstrafrecht begangen haben und dies systematisch von der kirchlichen Hierarchie vertuscht wurde, konnte oder wollte man sich in der Dimension nicht vorstellen.

Welche rechtlichen Konsequenzen aber sind aus dem heutigen Kenntnisstand zu ziehen? Muss die bisherige Verfassungsdogmatik grundlegend neu geschrieben werden? Bedarf es einer staatlichen Aufsicht über öffentlich-rechtliche Religionsgesellschaften, wie sie etwa in der Weimarer Staatsrechtslehre diskutiert wurde?[5] Könnte und müsste man

---

[4] BVerfG, Urteil vom 19. Dezember 2000 – 2 BvR 1500/97 –, BVerfGE 102, 370–400; zum Schrifttum mit weiteren Nachweisen *P. Unruh*, Religionsverfassungsrecht (s. Anm. 2), 187–189; *H. M. Heinig*, Verfassung (s. Anm. 3), 242–246.

[5] Damals wurde intensiv diskutiert, ob nicht ungeachtet der Religionsfreiheit öffentlich-rechtlicher Körperschaftsstatus und staatliche Rechtsaufsicht miteinander korrelieren. Im Überblick *H. de Wall*, Auf der Suche nach dem kirchenpolitischen System der Reichsverfassung, in: Zeitschrift der Savigny-Stiftung für Rechtsgeschichte, Kan. Abt. 106 (2020), 50–69, 63ff. mit weiteren Nachweisen.

gegebenenfalls Religionsgesellschaften, die schon 1919 die Rechte einer öffentlich-rechtlichen Körperschaft innehatten, diesen Status entziehen können?[6] Und wo liegt dann die staatliche Eingriffsschwelle? Ist es Aufgabe des Staates, Grundnormen wie der demokratischen Partizipation, der Gleichberechtigung der Geschlechter und den menschenrechtlichen Diskriminierungsverboten (etwa in Fragen der sexuellen Identität) gesellschaftliche Wirkung zu verleihen – auch innerhalb von Religionsgesellschaften? Fragen wie diese werden zur Zeit unter dem Eindruck der Missbrauchsskandale und der Kritik am Zustand der Amtskirche aus reformkatholischen Bewegungen mit großer Intensität diskutiert. Der vorliegende Beitrag soll hierzu einige Orientierung bieten.

2. Religionsverfassungsrecht, Religionsrecht, Vollzugsmängel

Gleichsam vor die Klammer gezogen sei eine grundsätzliche Unterscheidung. Das deutsche Religionsverfassungsrecht findet sich im Grundgesetz, das wie beschrieben wesentliche Bestimmungen aus der Verfassung von 1919 übernommen hat. Davon zu unterscheiden ist das sonstige Religionsrecht, wie es uns in Parlamentsgesetzen und Staatskirchenverträgen auf Ebene des Bundes- und Landesrechts begegnet. Wichtige Prägungen hat diese Rechtsebene in den 1950er Jahren erfahren. In der frühen Bundesrepublik hat sich ein weitreichendes Gefüge der Freistellungen von allgemeinen Regelungen und staatlichen Förderungen etabliert, das im Sinne eines kooperativen Verhältnisses verfassungsrechtlich zulässig, aber in diesem Umfang keineswegs zwingend geboten ist. Schließlich ist noch auf die Unterscheidung von law in the books und law in action, zwischen dem geltenden Recht und der politischen Praxis, zu verweisen: Das Grundgesetz verheißt gleiche Anerkennung und Freiheit aller Religionen. Der Staat soll „Heimstatt aller Staatsbürger“ unab-

---

[6] Im Schrifttum wird Art. 140/Art. 137 Abs. 5 Satz 1 WRV teilweise als verfassungsunmittelbare Bestandsschutzgarantie für alle „altkorporierten“, also vor 1919 schon öffentlich-rechtlich organisierten Religionsgesellschaften verstanden. § 4 Abs. 3 des Körperschaftsstatusgesetzes NRW nimmt sie deshalb vom Regelungsbereich der Vorschrift, die den Entzug regelt, ausdrücklich aus. Näher zum Streitstand (und einen bedingungslosen Bestandsschutz altkorporierter Religionsgesellschaften ablehnend) *S. Magen*, Kirchen als Körperschaften des öffentlichen Rechts, in: Handbuch des Staatskirchenrechts der Bundesrepublik Deutschland, [3]2020, 1045–1101, 1098f. mit weiteren Nachweisen.

hängig von ihrer Religion oder Weltanschauung sein, wie es in einer Formulierung des Bundesverfassungsgerichts heißt.[7] Gemessen an diesem Anspruch lässt sich die religionspolitische Praxis des Bundes und der Länder auf Vollzugsdefizite und diskriminierende Verwaltungspraktiken hin befragen. Wenn etwa Anträge auf Verleihung des Körperschaftsstatus über Jahre von der Ministerialverwaltung nicht beschieden werden, läuft die Gleichheitsgarantie des Art. 140 GG/Art. 137 Abs. 5 Satz 2 WRV praktisch leer. Defizitär ist dann aber nicht die Verfassungsgarantie, sondern ihre Anwendung; die Verwaltung entwindet sich ihrer Verfassungsbindung und beschädigt so die Normativität des Grundgesetzes.

3. Öffentlich-rechtlicher Körperschaftsstatus für Religionsgemeinschaften als „normale Besonderheit"

In Rudolf Smends die staatskirchenrechtlichen Debatten der 1950er Jahre maßgeblich prägendem Beitrag zu „Staat und Kirche nach dem Bonner Grundgesetz" heißt es, der öffentlich-rechtliche Körperschaftsstatus für Religionsgesellschaften sei ein „rätselhafter Ehrentitel".[8] In der Tat ist es gar nicht so leicht, Sinn und Zweck sowie rechtliche Folgen des öffentlichrechtlichen Status von Religionsgesellschaften zu fassen. Schließlich ist die Staatskirche abgeschafft (Art. 140 GG/Art. 137 Abs. 1 WRV). Religionsgesellschaften werden durch die Verleihung der Körperschaftsrechte nicht Teil der mittelbaren Staatsverwaltung. Das unterscheidet sie von Sozialversicherungsträgern, Universitäten oder berufsständischen Kammern. Sie sind umfänglich Grundrechtsträger und werden nicht qua Organisationsform grundrechtsverpflichtet. In der Dichotomie von Staat und Gesellschaft gedacht bleiben sie Teil der Gesellschaft.

Man mag deshalb rechtspolitisch diskutieren, ob sich in einem fiktiven Szenario heutiger Verfassungsverhandlungen eine verfassunggebende Versammlung wieder auf die Beibehaltung dieses Rechtsinstituts für religiöse Korporationen einigen würde. Dessen Wurzeln lassen sich auf das Vernunftrecht des 18. Jahrhunderts zurückführen.[9] So gesehen handelt es sich geradezu um ein juristisches Fossil.

---

[7] BVerfG, Urteil vom 14. Dezember 1965 – 1 BvR 413/60 –, BVerfGE 19, 206 (219).

[8] *R. Smend,* Staat und Kirche nach dem Bonner Grundgesetz, in: ZevKR 1 (1951), 4–14, 9.

[9] *H. M. Heinig,* Prekäre Ordnungen, Tübingen 2018, 17–24.

Der Eindruck, hier begegne uns ein eigentümliches Relikt, mag sich in rechtsvergleichender Perspektive noch mal verstärken: Keine liberaldemokratisch geprägte Rechtsordnung kennt eine mit Art. 140 GG/ Art. 137 Abs. 5 WRV identische Lösung.

Allerdings gibt es ohnehin kein Leitmodell religiöser Organisiertheit in modernen Verfassungsordnungen. Es lassen sich für religiöse Korporationen unterschiedlichste Regelungen ausmachen: Teils werden religiöse Gemeinschaften einem strengen Konzessionssystem unterworfen (die freiheits- und gleichheitsrechtliche Probleme aufwerfen), teils dem allgemeinen Vereinsrecht zugerechnet. Zuweilen gibt es dann zusätzlich auch die Option, eine gesonderte religionsspezifische Organisationsform zu wählen, mit der eigene Rechte und Pflichten einhergehen. Diese Sonderorganisationsform kann auch öffentlich-rechtliche Prägungen erfahren. Daneben gibt es noch klassische Formen des Staatskirchentums.

Soweit eine Rechtsordnung für religiöse Organisationen das allgemeine Vereinsrecht heranzieht, wird durchaus diskutiert, inwieweit die Religionsfreiheit nicht Freiraum für religionsautonome, theologisch begründete Gestaltungen verlangt, die etwa Sportvereinen oder einer Gemeinschaft von Kleingärtnern nicht zukommen.[10] So gesehen sind religiöse Organisationen in keiner Rechtsordnung einfach nur „Vereine“ wie alle anderen, sondern die durch die Religionsfreiheit geschützten Besonderheiten des Religiösen und unterschiedliche historische Prägungen und Pfadabhängigkeiten bilden sich auf die eine oder andere Weise auch im Organisationsrecht ab. Mit anderen Worten: In Sachen Religion kennt jede Rechtsordnung Besonderheiten, jede religionsrechtliche Ordnung ist gleichsam für sich ein Sonderfall. Deshalb sagen historische Pfadabhängigkeit wenig über die Zeitgemäßheit religionsverfassungsrechtlicher Vorschriften aus. Der öffentlich-rechtliche Körperschaftsstatus für Religionsgesellschaften in Deutschland fällt jedenfalls nicht aus dem weiten Rahmen der vielfältigen Regelungsarrangements.

4. Instrument zur Förderung der Religionsfreiheit – aber nicht frei von Gemeinwohlinteressen

Die eingangs geschilderte Auseinandersetzung über in der Verfassung unbenannte Verleihungsvoraussetzungen, genauer: über die Alternative von

[10] BVerfG, Beschluss vom 5. Februar 1991 – 2 BvR 263/86 –, BVerfGE 83, 341–362.

„Staatsloyalität" und „Rechtstreue", war auch eine Kontroverse um die Zweckbestimmung des Körperschaftsstatus. Wer meint, die öffentlich-rechtliche Rechtsform diene primär staatlichen Interessen, wird die Forderung nach Staatsloyalität plausibel finden. Wer im Körperschaftsstatus ein Instrument zur Entfaltung der Religionsfreiheit sieht, wird sich mit dem Gebot der Rechtstreue begnügen. Doch auch wer sich dieser letztlich vom Bundesverfassungsgericht favorisierten Deutung anschließt, wird überlegen müssen, wie sich weitere Gemeinwohlinteressen dazu verhalten.

Sicherlich sind die Zeiten des preußischen Allgemeinen Landrechts vorbei, bei dem der Staat noch unvermittelt auf die Religionen Zugriff nahm, um treue Staatsbürger zu erziehen.[11] Religionsgesellschaften sind keine Bundeswerteagenturen. Aber das Grundgesetz ist, ungeachtet der religionsfreiheitlichen Garantien und dem Grundsatz religiös-weltanschaulicher Neutralität, auch nicht blind gegenüber staatlichen Interessen an der Ausrichtung von Religionskulturen. Jürgen Habermas sprach einmal davon, dass eine liberaldemokratische politische Ordnung auf „entgegenkommende Lebensformen" angewiesen ist.[12] Die Religionspolitik der Bonner Republik war lange Zeit von der Vorstellung geprägt, dass die christliche Religionskultur „selbstverständlich" eine Art „Humus des Verfassungsbaums"[13] darstellt.

Mit mehr Sinn für die Ambivalenz des Religiösen könnte man auch sagen, mittels der Angebote einer freiheitlichen Förderung und Kooperation betreibt der Staat mittelbar-transformative Religionspflege: Religionskulturen formen sich durch den (von den religiösen Akteuren freiwillig gewählten) Einbezug in staatlich verantwortete Sphären des Öffentlichen, etwa der Verwissenschaftlichung durch universitär betriebene Theologie oder der Bindung des konfessionellen Religionsunterrichts an die allgemeinen schulischen Bildungsziele. In diesem Sinne lässt sich mit dem Bundesverfassungsgericht auch der Körperschaftsstatus deuten: als ein Angebot erweiterter Freiheitsräume und gesteigerter Öffentlichkeit.

[11] *H. M. Heinig*, Ordnungen (s. Anm. 9), 20.
[12] *J. Habermas*, Erläuterungen zur Diskursethik, Frankfurt a. M. 1991, 25.
[13] *P. Kirchhof*, Der kirchliche Beitrag zu Freiheit und Demokratie, in: Essener Gespräche zum Thema Staat und Kirche 48 (2015), 71–90, 77.

5. Legitime Differenz: theologisches Selbstverständnis und säkularer liberaldemokratischer Ordnungsrahmen

Die öffentlich-rechtlichen Körperschaftsrechte führen zu Wirkungsmöglichkeiten, die privat-rechtlich organisierten Religionsgesellschaften so nicht zur Verfügung stehen. Deshalb treffen den Staat damit korrespondierend gewisse Schutzpflichten, die die geforderte Rechts- und Verfassungstreue näher konkretisieren: Es genügt nicht, dass die Aktivitäten einer Religionsgesellschaft noch nicht die Schwelle zum Vereinsverbot überschritten haben. Zugleich dürfen die Schutzpflichten des Staates nicht so verstanden werden, dass Religionsgesellschaften mit einem öffentlich-rechtlichen Körperschaftsstatus zu quasi-staatlichen Satelliten reduziert werden. Grundrechtliche Schutzpflichten wären missverstanden, deutete man sie im Kontext öffentlich-rechtlicher Religionsgesellschaften als Auftrag zur Angleichung der kirchlichen an die staatliche Sphäre. Auch eine vorbehaltlose theologische Affirmierung des Grundgesetzes ist nicht gefordert; das unterscheidet das Merkmal der Verfassungstreue von dem der Staatsloyalität. Die Verfassung ist gerade keine heilige Ordnung, sondern nur die säkulare Geschäftsgrundlage des demokratischen Zusammenlebens in einer freiheitlichen Gesellschaft. Als solche säkulare Geschäftsgrundlage muss eine Gemeinschaft die Geltung des Grundgesetzes jedoch anerkennen, wenn sie auf seiner Grundlage mit besonderen öffentlich-rechtlichen Handlungs- und Organisationsmöglichkeiten ausgestattet werden will. Die antragsstellenden Religionsgesellschaften müssen eine hinreichende Gewähr dafür bieten, dass die letztlich in der Menschenwürde wurzelnde demokratische Gleichberechtigung aller Bürgerinnen und Bürger ungeachtet ihrer Religion und Weltanschauung einschließlich der Religionsfreiheit geachtet wird (unter Einschluss des Rechts auf eine säkulare Option der Lebensführung). Es ist jedoch zuvörderst die Aufgabe des Staates, unterschiedliche jeweils verfassungsrechtlich geschützte Rechtsgüter zum Ausgleich zu bringen. Die korporative Religionsfreiheit schützt die autonome theologische Lehre. Die kann auch im Dissens zu gesellschaftlichen Anschauungen stehen, solange nur die säkular begründete und demokratisch legitimierte Funktion des Staates, kollidierende Freiheitssphären und konkurrierende Gemeinwohlinteressen zu kompatibilisieren, von den religiösen Akteuren anerkannt wird. Ein anschauliches Beispiel liefert das staatliche Mitgliedschaftsrecht. Die Kirche mag die Taufe als untilgbares Prägemal verstehen. Die Auflösung der geistlichen Gliedschaft zur Kirche mag dem Kirchenrecht unbekannt sein. Doch das staatliche Recht garantiert zur Durchsetzung der negativen Religionsfreiheit den Kirchenaustritt mit Wirkung im staatlichen Rechtskreis. Die Kirchenaustrittsgesetze der Länder verpflichten nicht zu einer bestimmten Tauftheologie und zwingen auch nicht dazu, den Kirchenaustritt (wie in § 10 des EKD-Mitgliedschaftsgesetzes geschehen) kirchenrechtlich zu verankern. Doch die Kirchen haben für den säkularrechtlichen Rechtskreis die Vorgaben des staatlichen Rechts zu akzeptieren. Ähnlich ist es im Verhältnis von staatlichem und kirchlichem Eheverständnis. Auch hier dürfen staatliche Grundrechte im Zusammenhang mit öffentlich-rechtlichen Religionsgesellschaften nicht als Gebot der Angleichung der kirchlichen an die staatliche Sphäre missverstanden werden. Die staatliche Ehefreiheit garantiert Heirat, Scheidung und die erneute Eheschließung. Theologische Deutungen der Ehe können davon abweichen – solange das staatliche Familienrecht in seiner bürgerlichen Wirksamkeit nicht in Frage gestellt wird.

6. Genuine Rechte des Körperschaftsstatus und weiteres Privilegienbündel

Unter dem Eindruck der religionspolitischen Dynamiken der letzten 20 Jahre geraten traditionelle politische Legitimationsmuster des religionsverfassungsrechtlichen Status quo zunehmend unter Druck. Das „Narrativ", der freiheitliche, säkularisierte Staat betreibe mit der Förderung von und Kooperation mit Religionsgesellschaften „Ethospflege" und bemühe sich um „Voraussetzungen", „die er selbst nicht garantieren kann",[14] verliert an Plausibilität unter dem Eindruck forcierter Entkirchlichung in den urbanen Räumen und in Ostdeutschland oder pauschaler gesprochen: unter dem Eindruck der Säkularisierung, Pluralisierung und Individualisierung, die das religiöse Feld prägen. Hinzu tritt der fortwährende Wissenszuwachs über das Ausmaß des Missbrauchs Schutzbefohlener und seiner systematischen Verschleierung insbesondere in der römisch-katholischen Kirche. Vor dem Hintergrund dieses Skandals erscheinen Versuche von konservativen Kreisen in den 1990er und 2000er Jahren, dem (welt)kirchlich organisierten Christentum eine herausragende Bedeutung für die Pflege der freiheitlich-demokratischen Verfassungskultur

---

[14] So eine weit verbreitete, vom Autor in der Form wohl nicht intendierte Rezeption von *E.-W. Böckenförde,* Die Entstehung des Staates als Vorgang der Säkularisation, in: ders., Recht, Staat, Freiheit, Frankfurt a. M. 1991, 92–114, 112.

zuzuschreiben, auf diese Weise andere Religionskulturen gleichsam herabzusetzen und so das grundlegende Gleichheitsversprechen des säkularen Verfassungsstaates auszuhebeln, nochmals problembehafteter, als sie immer schon waren.[15]

In der Staatsrechtslehre gibt es nun verschiedene Ansätze, die gewandelten religionssoziologischen und religionspolitischen Kontexte zu verarbeiten. Ein Interpretationsangebot schlägt vor, den öffentlich-rechtlichen Körperschaftsstatus zu entkernen und aller Begleit- und Folgerechte zu entkleiden.[16] Übrig bliebe nur das in Art. 140 GG/ Art. 137 Abs. 6 WRV ausdrücklich genannte Recht der Mitgliederbesteuerung.

Dieser Ansatz steht allerdings in Widerspruch zu einem wesentlichen Zweck der öffentlich-rechtlichen Rechtsform für Religionsgesellschaften. Unter anderem soll der Körperschaftsstatus zu einer freiheitlichen Gestaltung der inneren Organisation befähigen.[17] Das Bundesverfassungsgericht und das ganz überwiegende Schrifttum gehen eingedenk der religionsfreiheitsdienenden Funktion der öffentlich-rechtlichen Organisationsform auch davon aus, dass mit der Rechtsform auch bestimmte Folgerechte wie die Organisations- und Rechtsetzungsgewalt, die Dienstherrenfähigkeit oder das Parochialrecht von Verfassung wegen einhergehen.[18] Diese verfassungsunmittelbaren Folgerechte erweitern den bürgerlich-rechtlichen Gestaltungsraum und ermöglichen in besonders effektiver Weise eine dem jeweiligen theologischen Selbstverständnis entsprechende Selbstorganisation der Gläubigen.

Neben den verfassungsunmittelbar garantierten Folgerechten gibt es im einfachen Gesetzesrecht eine Fülle an weiteren Bestimmungen, die an der Eigenschaft als öffentlich-rechtliche Religionsgesellschaft anknüpfen (sogenanntes Privilegienbündel), so etwa im Baurecht, wenn es um die Berücksichtigung religiöser Interessen in der Bauleitplanung geht, oder im Sozialrecht, wenn öffentlich-rechtlich organisierte Religionsgesell-

---

[15] Beispielhaft *P. Kirchhof*, Die Freiheit der Religionen und ihr unterschiedlicher Beitrag zu einem freien Gemeinwesen, in: Essener Gespräche zum Thema Staat und Kirche 39 (2005), 105–146.

[16] *A. Janssen*, Die Gewährung „gleicher Rechte" an Religionsgesellschaften ursprünglich und heute, in: DÖV 2022, 580–590; *ders.*, Methodenlehre trifft Staatskirchenrechtslehre, in: RW 12 (2021), 184–221.

[17] *H. M. Heinig*, Öffentlich-rechtliche Religionsgesellschaften (s. Anm. 1), 256ff.; *S. Magen*, Körperschaftsstatus (s. Anm. 1), 197ff.

[18] BVerfG, Urteil vom 19. Dezember 2000 – 2 BvR 1500/97 –, BVerfGE 102, 370–400; *S. Magen*, Kirchen (s. Anm. 6), 1069ff. mit weiteren Nachweisen.

schaften automatisch als Träger der Jugendhilfe anerkannt werden.[19] Solche Bestimmungen, oft verabschiedet in der Phase expansiver Ausgestaltung religionskorporativer Rechte in den 1950er Jahren, stehen (anders als die Dienstherrenfähigkeit oder die Organisationsgewalt) zur Disposition des parlamentarischen Gesetzgebers. Nachdem sich die gesellschaftlichen Verhältnisse erheblich verändert haben, sind mittelfristig durchaus auch auf der Ebene demokratischer Gesetzesgestaltung religionspolitische Konsequenzen zu erwarten. Dazu dürfte ein Um- und Rückbau des sogenannten Privilegienbündels gehören. Es steht zu erwarten, dass die zugehörigen Rechte mittelfristig teils auf alle Religionsgesellschaften unabhängig von ihrer Organisationsform erstreckt werden, teils dürften aber auch Sonderregelungen für religiöse Akteure generell zurückgefahren werden.

Damit korrespondiert, dass sich der organisierte Islam aus vielfältigen, auch selbstverschuldeten Gründen schwer damit tut, Zugang zum Körperschaftsstatus zu finden. Diese organisatorische Kluft, in der eine Religionskultur von dieser herausgehobenen Organisationsform abgeschnitten ist, erscheint vielen als religionspolitisch problematisch.[20] Auch deshalb wird der Druck auf das sogenannte Privilegienbündel wachsen.

7. Grundrechtskulturelle Gravamina vs. religiös-weltanschauliche Neutralität

Möglicherweise gehen rechtliche Veränderungen aber auch weiter. Seit einiger Zeit lässt sich beobachten, wie Grundrechte in den nichtstaatlichen Gesellschaftsbereich ausgreifen.[21] Grundrechte werden dann nicht (primär) als Abwehrrechte zugunsten bürgerlicher Freiheit verstanden, sondern als Gerechtigkeitsgrundsätze, die unterschiedliche Lebensbereiche prägen.[22] Diskriminierungsverbote gewinnen in der Fluchtlinie dieser Entwicklung an Bedeutung – und zwar über den Bereich der elementaren

---

[19] Im Überblick etwa *E. Towfigh*, Die rechtliche Verfassung von Religionsgemeinschaften, ²2021, 209ff.

[20] Zuletzt *L. Krewerth*, Der Status der Religionsgemeinschaft und die Verleihung der Körperschaftsrechte an Religionsgemeinschaften, in: ZevKR 67 (2022), 270–305.

[21] Näher etwa *I. Ley*, Drittwirkung als Erstwirkung? Die Bedeutung der Unterscheidung zwischen öffentlichem Recht und Privatrecht für die Grundrechtstheorie, in: ARSP 108 (2022), 412–443.

[22] *U. Volkmann*, Grundzüge einer Verfassungslehre der Bundesrepublik Deutschland, Tübingen 2013.

Teilhabe am Arbeits- und Wirtschaftsleben hinaus. So wurde in einer Entscheidung des Bundesfinanzhofs etwa Vereinigungen, die einem bestimmten Geschlecht vorbehalten sind (im konkreten Fall eine Freimaurerloge), die Gemeinnützigkeit wegen der Selektion nach Geschlechtern abgesprochen.[23]

Vor dieser Folie lässt sich fragen, ob nicht auch Religionsgesellschaften auf grundrechtskulturelle Defizite hin befragt werden müssen. Gehört zur Rechtstreue möglicherweise auch, im Inneren bestimmten, demokratischen Verfassungsprinzipien entlehnten partizipativen Idealen oder Art. 3 Abs. 1 und 3 GG entnommenen Vorgaben der Gendergerechtigkeit (kein geschlechterexklusiver Zugang zu bestimmten Ämtern; keine Schlechterbehandlung von Personen, die von heteronormativen sexuellen Orientierungen abweichen) zu entsprechen? Zugespitzt formuliert: Ist eine Neuorientierung der römisch-katholischen Kirche im Geiste des Reformkatholizismus und der synodalen Bewegung verfassungsgeboten, soweit sie Körperschaft des öffentlichen Rechts bleiben will? Droht der Entzug der öffentlich-rechtlichen Organisationsform in Deutschland, wenn die Weltkirche in Fragen wie dem Zugang von Frauen zu den Weiheämtern oder in der Sexualmoral unbeweglich bleibt?

Menschen, die sich in den innerkirchlichen Reformkämpfen engagieren, mag eine solche staatliche Drohkulisse auf den ersten Blick interessant erscheinen. Aus einer distanzierteren Perspektive kann man vor solchen Begehrlichkeiten nur warnen: Wenn der Staat seine Religionskulturen formende und transformierende Rolle überspannt, wird er unter dem Vorwand freiheits- und gleichheitsdienender Modernisierung schlicht autoritär. Der Kulturkampf im Kaiserreich nach 1871 bietet reichhaltiges Anschauungsmaterial. Auch braucht es nur wenig Phantasie, um sich auszumalen, welche antisemitischen, xenophoben und muslimfeindlichen Energien im Religionsrecht unter Verweis auf den vermeintlichen „menschenrechtlichen Modernisierungsbedarf" in der jüdischen Orthodoxie oder der islamischen Orthopraxie freigesetzt werden könnten.[24] Am Ende würden alle verlieren: Die gesellschaftlichen

---

[23] BFH, Urteil vom 17. Mai 2017 – V R 52/15 –, BFHE 258, 124, BStBl II 2018, 218; hierzu etwa *I. Ley*, Das Politische der Gemeinnützigkeit: Das Vereinsrecht zwischen Steuerrecht, Gefahrenabwehr und Antidiskriminierung, in: Die Verwaltung 55 (2022), i. E.

[24] Zum historischen Resonanzraum des Themas gehört auch der Entzug der öffentlich-rechtlichen Körperschaftsrechte im Zuge der systematischen Verfolgung und Entrechtung von Juden im NS-Staat; hierzu etwa *M. Demel*, Gebrochene Normalität, Tübingen 2011, 135ff.

Fliehkräfte würden verstärkt, der religiöse Frieden würde brüchiger, der Staat würde mit seiner religiös-weltanschaulichen Neutralität auch seine demokratische Integrationsfunktion gefährden und religiöse Modernisierungsbewegungen würden hinter dem Schutzschild staatlicher Interventionen ihr genuin religiöses Anliegen im Ringen um die richtige Gestaltung ihres Gemeinschaftslebens diskreditieren.

Das Bundesverfassungsgericht hat in seiner Leitentscheidung zur Verleihung der Körperschaftsrechte zu Recht feinsinnig unterschieden zwischen dem mit grundrechtlichen Schutzpflichten begründeten Erfordernis, säkulare Verfassungsprinzipien in der bürgerlich-politischen Sphäre anzuerkennen, und deren innergemeinschaftlicher Bedeutung, über die Religionsgesellschaften nach theologischem Selbstverständnis eigenständig entscheiden müssen.[25] Der Körperschaftsstatus dient gerade auch der organisationsformbezogenen Effektivierung innerer Autonomie; dieser Zweck würde konterkariert, würde man das Verleihungsverfahren heutzutage kulturkämpferisch aufladen. Wer unter dem Eindruck religiöser Modernisierungsresistenz für die Verleihung des öffentlich-rechtlichen Körperschaftsstatus an Religionsgesellschaften einen „Verfassungskulturvorbehalt“ bezogen auf ihre innere Organisation, ihre Ämterstruktur oder ihre Ekklesiologie fordert, stellt letztlich die Säkularität des Staates und seine religiös-weltanschauliche Neutralität zur Disposition.[26] Das Grundgesetz wollte Unterscheidungen wie die zwischen „Kirchen“ und „Sekten“, „aufgenommenen“ und bloß „geduldeten“ Religionen hinter sich lassen. Religionsfreiheit meint das Recht zur Selbstorganisation in Differenz und Distinktion. Religionsfreiheit bedarf es gerade, weil Religion (aus Perspektive der Mehrheitsgesellschaft) sperrig, unbequem, nicht zeitgemäß sein kann. Wer mit der Entwicklung der Religionsgesellschaft, der er oder sie angehört, nicht einverstanden ist, kann öffentliche Kritik üben und/oder austreten. Beides garantiert die staatliche Rechtsordnung auch dort, wo theologisch Unterwerfung oder ewige Bindung verlangt werden. Das Ringen um weitergehende religionskulturelle Modernisierungen ist in einer freiheitlich-demokratischen Verfassungsordnung hingegen der gesellschaftlichen Selbststeuerung überantwortet.

---

[25] BVerfG, Urteil vom 19. Dezember 2000 – 2 BvR 1500/97 –, BVerfGE 102, 370–400, 390–397.

[26] Ein solcher Verfassungskulturvorbehalt bildete das Gegenstück zur traditionellen Denkfigur des christlichen Kulturvorbehalts im Staatskirchenrecht; näher dazu kritisch etwa *C. Möllers*, Religiöse Freiheit als Gefahr?, in: Veröffentlichungen der Vereinigung der Deutschen Staatsrechtslehrer 68 (2009), 47–93, 59ff.

Dem freiheitlichen, säkularen Verfassungsstaat stehen Befehl und Zwang, die Ausübung staatlicher Autorität jenseits der Schwelle zur Gefahrenabwehr als religionsformative Handlungsformen nicht zur Verfügung. Eine vergleichbare staatliche Abstinenz ist dem Verfassungsstaat in seiner leistungsstaatlichen Dimension auferlegt. Mit dem staatlichen Organisations- und Kooperationsrecht für Religionsgesellschaften gehen intendierte und nicht-intendierte, direkte und mittelbare Prägungen der Religionskulturen einher. Diese Effekte widersprechen nicht per se der religiös-weltanschaulichen Neutralität, sind teilweise auch schlicht nicht zu vermeiden. Doch sie müssen ihrerseits religionsfreiheitlich und paritätsrechtlich unter Kontrolle gehalten werden, wie das Bundesverfassungsgericht mit seiner Entscheidung für die Verfassungstreue und gegen die Staatsloyalität als unbenannte Verleihungsvoraussetzung bei Art. 140 GG/Art. 137 Abs. 5 Satz 2 WRV herausgestellt hat. Die im Körperschaftsstatus angelegten Elemente der Öffentlichkeit sind wirkungsvolle Ansatzpunkte für gesellschaftliche Religionskritik und für die Artikulation von gesellschaftlichen Erwartungen an religiöse Selbstverständnisse. Das gesetzlich garantierte Austrittsrecht stellt gleichfalls eine machtvolle Protestform dar. Wer hingegen mit kulturkämpferischer Verve weitergehende „Verfassungskulturvorbehalte“ für öffentlich-rechtliche Religionsgesellschaften verlangt, konterkariert die grundrechtsfördernde Funktion des Art. 140 GG/Art. 137 Abs. 5 WRV und unterläuft die verfassungsdogmatische Grundunterscheidung zwischen justiziablen Verfassungsrechten einerseits sowie bloß verfassungskulturellen Voraussetzungen und Erwartungen andererseits.[27]

[27] Zu dieser Unterscheidung etwa *C. Möllers*, Religiöse Freiheit (s. Anm. 26), 51ff.

Die katholische Kirche als Körperschaft des öffentlichen Rechts – rechtspolitische und kanonistische Anfragen

Thomas Schüller

1. Einleitung/Problemskizze

Zu den Eigentümlichkeiten des deutschen Religionsverfassungsrechtes gehört der Umstand, dass die ehemaligen großen christlichen Volkskirchen in ihren verschiedenen verfassungsmäßigen Untergliederungen Körperschaften des öffentlichen Rechts sind.[1] Rechtshistorisch[2] kann hierfür die zunächst einseitig durch die Staaten im deutschen Reich initiierte Einführung der Kirchensteuer genannt werden. Damit war die Notwendigkeit verbunden, körperschaftlich organisierte Vertretungsorgane zur Bewirtschaftung des Steueraufkommens auf ortskirchlicher Ebene zu bilden. Zum anderen kann an die Tatsache zum Zeitpunkt der Verabschiedung der Weimarer Verfassung erinnert werden, mit dem Rechtsinstitut der Körperschaft des öffentlichen Rechts sowohl eine rechtliche Klammer für die vielen Kooperationsfelder zwischen Kirchen und Staat als auch einen rechtlich adäquaten Ausdruck für die zentrale Bedeutung der evangelischen und katholischen Kirche zum Zeitpunkt 1919 in Deutschland in Gesellschaft und Staat anzubieten. Im Laufe der Zeit wurden diese rechtspolitischen Entscheidungen für ein modernes Religionsverfassungsrecht durch Konkordate und Staatskirchenverträge bekräftigt, so dass der Körperschaftstatus mehrdimensional rechtlich abgesichert, fast könnte man sagen, einzementiert ist. Obwohl grundsätzlich allen inzwischen in Deutschland aktiven Religionsgemeinschaften der Weg hin zu einer Körperschaft des öffentlichen Rechts offen steht,[3] ist

[1] Vgl. für die Kirchengemeinden G. *Sydow*, Zwei Seiten einer Medaille? Zur Zulässigkeit der territorialen Entkopplung von Pfarreien und Kirchengemeinden, in: KuR 28 (2022), 138–160, bes. 155ff.

[2] Vgl. *S. Haering*, Entstehung und Entwicklung der Kirchensteuer und des Kirchenbeitrags, in: L. Müller/W. Rees/M. Krutzler (Hrsg.), Vermögende Kirche? – Beiträge zur Kirchenfinanzierung und kirchlichen Vermögensverwaltung, Paderborn 2015, 71–88.

[3] Vgl. *S. Muckel*, Muslimische Religionsgemeinschaften als Körperschaften des öffentlichen Rechts, in: P. Antes/R. Ceylan (Hrsg.), Muslime in Deutschland, Berlin

deren Bestätigung für die beiden christlichen Kirchen durch die Weimarer Verfassung bis heute ein nicht zu übersehender Standortvorteil, der ihnen vielfältige Interaktionen mit den staatlichen Instanzen auf Ebene vor allem der Bundesländer ermöglicht.

Doch inzwischen mehren sich innerkirchliche wie außerkirchliche Stimmen, die diesen Rechtsstatus der Kirchen kritisch beäugen. Der skandalöse Umgang beider Kirchen mit den Fällen von sexualisierter und geistlicher Gewalt[4] und zumindest für die katholische Kirche ein lange Zeit überkommenes Arbeitsrecht, das in das Privatleben ihrer Dienstnehmer:innen schnüffelte[5], evozieren Rückfragen etwa dergestalt, ob die Kirchen sich nicht wie Staaten im Staat[6] mit eigenen Rechtssystemen verhielten, die nicht rechtsstaatlichen Grundstandards entsprechen.[7] Hinzu tritt in der katholischen Kirche eine Rechtsordnung mit einer dahinterliegenden Glaubensdoktrin, die Frauen, weil sie Frauen sind, von allen die Weihe erfordernden Leitungsämtern ausschließt und somit diskriminiert und Menschen, die nicht in ein binäres Mann-Frau-Schema passen, grundlegende Rechte wie das auf Eheschließung und Selbstverwirklichung abspricht. Der katholischen Kirche werden somit antidemo-

---

2016, 77–113; *H. M. Heinig*, Zwischen gut und gut gemeint. Beobachtungen zum Verhältnis von Islam und Grundgesetz, www.zeitzeichen.net/archiv/2015_April_islam-und-grundgesetz (Zugriff: 16.01.2023); *H. Weber*, Körperschaftsstatus für Religionsgemeinschaften, in: Zeitschrift für evangelisches Kirchenrecht 52 (2012), 347–389.

[4] Vgl. www.dbk.de/fileadmin/redaktion/diverse_downloads/dossiers_2018/MHG-Studie-gesamt.pdf (Zugriff: 16.01.2023); *R. Althaus*, Geistlicher Missbrauch. Kirchenrechtliche Aspekte, in: Theologie und Glaube 112 (2022), 318–324.

[5] Ab dem 1.1.2023 wird in allen deutschen Diözesen die überarbeitete Grundordnung in Kraft gesetzt, die weitgehend auf Bezüge zum Privatleben der kirchlichen Dienstnehmer:innen verzichtet. Vgl. hierzu einer der Berater, Prof. Hermann Reichhold aus Tübingen: www.katholisch.de/artikel/42352-180-grad-wende-bei-diskriminierungen-im-kirchlichen-arbeitsrecht (Zugriff: 16.01.2023).

[6] Die Redeweise vom „Staat im Staat“ wurde prominent 2010 von der damaligen Justizministerin Sabine Leutheuser-Schnarrenberger als Reaktion auf die aus ihrer Sicht unzureichende Zusammenarbeit der katholischen Bischöfe mit den staatlichen Strafverfolgungsbehörden verwendet und taucht als Signum der Kritik an der katholischen Kirche immer wieder in Diskussionen auf. So zum Beispiel im Kontext der schleppenden Aufarbeitung von Fällen sexualisierter Gewalt in den Kirchen der religionspolitische Sprecher der SPD-Fraktion im deutschen Bundestag Lars Castellucci: www.wdr.de/nachrichten/strafzahlungen-kirche-100.html (Zugriff: 16.01.2023).

[7] Von daher überrascht es nicht, dass ein Abgeordneter für Bündnis 90/Die Grünen wie der langjährige Verdichef Frank Bsirske in der HK 77 (2023), 6 aktuell fordert, „die kirchenrechtlichen Privilegien hinsichtlich des Arbeitsrechts, der betrieblichen Mitbestimmung und der Unternehmensmitbestimmung abzuschaffen“.

kratische, ja bisweilen menschenrechtsfeindliche Haltungen testiert, die ein Rechtsstaat wie die Bundesrepublik Deutschland nicht mit einer so hohen rechtlichen Absicherung wie dem Körperschaftsstatus goutieren dürfe. Gleichwohl wird mehrheitlich unter den Verfassungsrechtler:innen betont, dass das einzige Kriterium für die Verleihung des Körperschaftsstatus die Rechtstreue sei,[8] wie es nicht zuletzt das Bundesverfassungsgericht in seiner Entscheidung zu den Zeugen Jehovas[9] nachdrücklich unterstrichen hat. Innerkirchlich mangelt es dennoch nicht an Stimmen aus dem extrem rechts-konservativen wie auch progressiv-linken Lager, die den Körperschaftsstatus als rechtliches Symbol für eine zu enge Verquickung von Kirchen und Staat betrachten. Beide Lager sehen im Postulat der Gemeinwohldienlichkeit, der mit dem Körperschaftsstatus verbunden wird, die Gefahr der zu starken Einbindung in die Übernahme staatlicher Aufgaben in Bildung, Pflege und Kultur. Während für eher linke Reformkräfte im Katholizismus die Gefahr droht, in dieser Staatsnähe in anderen Politikfeldern wie zum Beispiel der Asylpolitik nicht mehr mahnendes Gewissen sein zu können, stören konservative Kräfte zum Beispiel die mit den staatlichen Auflagen verbundenen „Kröten" wie die Forderung nach einer gendergerechten Sprache an Schulen oder die Notwendigkeit, Sexualkunde nicht nach dem Katechismus, sondern nach staatlichen Schulplänen anbieten zu müssen. Hinzu tritt die Kritik aus beiden kirchlichen Lagern am Kirchensteuersystem, bei dem eine zu enge Verquickung von Staat und Kirchen in Kombination mit dem Körperschaftsstatus moniert wird. Denn dadurch drohe die Gefahr, nicht mehr frei und politisch unkorrekt die unbequeme und sperrige Botschaft des Evangeliums unverkürzt zu verkünden. Beispielhaft werden die Be-

---

[8] Vgl. für viele *S. Magen*, § 27 Kirchen als Körperschaften des öffentlichen Rechts, in: HSKR 1 (^{3}2020), 1045–1101, hier 1059.

[9] www.bundesverfassungsgericht.de/SharedDocs/Entscheidungen/DE/2000/12/rs2000 1219_2bvr150097.html (Zugriff: 13.01.2023). So steht in den Leitsätzen in diesen Urteilen: „Eine Religionsgemeinschaft, die Körperschaft des öffentlichen Rechts werden will (Art. 140 GG i. V. m. Art. 137 Abs. 5 Satz 2 WRV), muss rechtstreu sein. a) Sie muss die Gewähr dafür bieten, dass sie das geltende Recht beachten, insbesondere die ihr übertragene Hoheitsgewalt nur in Einklang mit den verfassungsrechtlichen und sonstigen gesetzlichen Bindungen ausüben wird. b) Sie muss außerdem die Gewähr dafür bieten, dass ihr künftiges Verhalten die in Art. 79 Abs. 3 GG umschriebenen fundamentalen Verfassungsprinzipien, die dem staatlichen Schutz anvertrauten Grundrechte Dritter sowie die Grundprinzipien des freiheitlichen Religions- und Staatskirchenrechts des Grundgesetzes nicht gefährdet. Eine darüber hinaus gehende Loyalität zum Staat verlangt das Grundgesetz nicht."

reiche Abtreibung und assistierter Freitod mehr auf der Seite der katholischen Kirche, aber auch die Mitwirkung über die Militärseelsorge an Militäreinsätzen der Bundeswehr genannt, die insbesondere in der EKD zu kritischen Rückfragen angesichts des Engagements Deutschlands im Ukrainekrieg[10] geführt haben.

Wie immer man diese kritischen Einwürfe, die je nach tagespolitischer Stimmungslage mal lauter und mal dezenter ausfallen, bewerten will, so scheint der Körperschaftsstatus ein geeignetes Prestigeobjekt des deutschen Religionsverfassungsrechtes zu sein, an dem religionspolitisch motivierte Ressentiments und Kritik ihre Angriffsfläche finden können.[11] Zumeist entzündet sich die Kritik daran, dass sich außer dem Besteuerungsrecht nach Art. 140 GG i. V. m. Art. 137 Abs. 6 WRV keine weiteren Rechtsfolgen aus der Körperschaftsqualität ableiten ließen, dennoch aber verschiedene Privilegien wie die Dienstherrenfähigkeit oder die Disziplinargewalt in einem Bündel durch diesen Status geclustert würden.

Im Folgenden soll es aus dezidiert katholisch-kirchenrechtlicher Perspektive um das Gedankenexperiment gehen, ob die römisch-katholische Kirche tatsächlich an diesem Rechtsstatus hängen sollte oder ob Veränderungen in diesem Bereich auf Zukunft denkbar sind. Dass dabei sowohl innerkirchlich wie auch gesellschaftspolitisch „dicke Bretter" zu bohren sind, versteht sich von selbst, entlastet aber nicht von der Anstrengung, zumindest prospektiv nach alternativen rechtlichen Konstrukten im Religionsverfassungsrecht Ausschau zu halten. Dabei soll es nicht um einen substanziellen Abbau von rechtlichen Instrumenten, die der umfassenden Gewährung und Ausübung der Religionsfreiheit in Art. 4 GG dienen, gehen, sondern um eine moderate Adaption an veränderte Begebenheiten, die die Bedeutung der Religion und Kirchen in der Gesellschaft und für das Leben der Einzelnen betreffen.

---

[10] Vgl. die durch Bischof Friedrich Kramer, Bischof der Mitteldeutschen Landeskirche und Friedensbeauftragter der EKD ausgelöste Diskussion um Waffenlieferungen an die Ukraine: www.sueddeutsche.de/politik/evangelische-kirche-ukraine-friedensdebatte-1.5688909 (Zugriff: 16.01.2023).

[11] Vgl. beispielhaft in einem Dossier der Humanistischen Union Vgl. www.humanistische-union.de/wp-content/uploads/2021/08/Haupt_Privilegien-1.pdf (Zugriff: 16.01.2023).

2. Kirchenrechtliche Miszellen zur Körperschaft des öffentlichen Rechts[12]

Die katholische Kirche reklamiert für sich rechtlich eine Eigenrechtsmacht, die es ihr ermöglicht, autonom im Sinne der Pastoralkonstitution Gaudium et spes (GS) Nr. 76[13] in unterschiedlichen religionsrechtlichen Systemen ihren originären Sendungsauftrag, der in der Verkündigung des Evangeliums besteht, zu realisieren.[14] Die lange Zeit reklamierte Eigenrechtsmacht, d. h. ihre staatsähnliche Stellung, wurde im 17./18. Jahrhundert zunächst im in Deutschland und dann von römischen Gelehrtenschulen übernommenen System des Ius publicum ecclesiasticum rechtsdogmatisch vorgedacht.[15] Danach war die Kirche eine societas perfecta inaequalis, der aus der Stiftung durch Jesus Christus alle Macht zur Selbstorganisation gegeben sei und die keiner staatlichen Wohltaten bedürfe, um ihre Existenz in Staat und Gesellschaft zu behaupten. In GS wird aber ein begründungstheoretischer Paradigmenwechsel für die beanspruchte Autonomie der katholischen Kirche gegenüber dem Staat vorgenommen. Die Konzilsväter verweisen auf die „Macht Gottes, die mit der Ohnmacht von Menschen verbunden ist".[16] Folgerichtig reklamiert das Konzil keine besonderen Kirchenrechte vom Staat, sondern fordert eher die Aufgabe von Privilegien bzw. Sonderrechten, die ihr die Staaten bisher gewährt haben. Zur Begründung für diesen Verzicht wird erklärt, dass so die Kirche freier werde, „den Glauben zu predigen, ihre Soziallehre zu lehren, ihre Aufgabe unter den Menschen ungehindert auszuüben sowie ein sittliches Urteil zu fällen, auch über Dinge, die die politische Ordnung betreffen, wenn grundlegende Rechte der Person oder das Heil der Seelen dies erfordern" (GS 76,5). Was die

---

[12] Vgl. zur ersten Übersicht *H. de Wall/S. Muckel*, Kirchenrecht, München 2009, 84–89.

[13] www.vatican.va/archive/hist_councils/ii_vatican_council/documents/vat-ii_const_19651207_gaudium-et-spes_ge.html (Zugriff: 16.01.2023). Dort heißt es: „Die politische Gemeinschaft und die Kirche sind auf je ihrem Gebiet voneinander unabhängig und autonom."

[14] Vgl. *H.-J. Sander*, Theologischer Kommentar zur Pastoralkonstitution Gaudium et spes, in: Herders Theologischer Kommentar zum zweiten Vatikanischen Konzil (4), Freiburg i. Br. 2009, 801f.

[15] Einen guten Überblick bietet *G. Göbel*, Das Verhältnis von Kirche und Staat nach dem Codex Iuris Canonici des Jahres 1983 (Staatskirchenrechtliche Abhandlungen 21), Berlin 1993.

[16] H.-J. *Sander*, Kommentar (s. Anm. 14), 801. In GS 76,5 stützen sich die Repräsentanten der Kirche „auf die Macht Gottes, der sehr oft in der Schwäche der Zeugen die Kraft des Evangeliums kundtut".

Kirche aber dennoch zu Recht in GS fordert, ist die umfassende staatliche Garantie der Religionsfreiheit. Sie ist der gemeinsame Kristallisationspunkt, von dem aus in den verschiedenen religionsrechtlichen Systemen der Welt die katholische Kirche als Global Player unter den Religionsgemeinschaften ihre jeweilige Verortung in einem staatlichen Rechtssystem vornimmt und gesichert sehen will.

Als quasi völkerrechtliches Subjekt ist der Apostolische Stuhl dabei bereit und in der Lage, nach c. 3 CIC[17] mit Nationen und anderen politischen Gemeinschaften Vereinbarungen in der Regel in Form von Konkordaten bzw. Notenwechseln über die religionsrechtliche Stellung der katholischen Kirche in einem Land abzuschließen. Diese Vereinbarungen gehen völkerrechtlich immer den innerkirchenrechtlichen Bestimmungen vor, sind also auch dann bindend, wenn sie einer kirchenrechtlichen Norm zuwiderlaufen.[18]

Von daher ist kirchenrechtlich festzuhalten: Dass die römisch-katholischen Bistümer und ihre verfassten Untergliederungen wie Kirchengemeinden, Domkapitel und auch Bischöfliche Stühle[19] im deutschen Religionsverfassungsrecht Körperschaften des öffentlichen Rechts sind, ist kirchenrechtlich weder zwingend noch geboten, geschweige denn mit einem kirchenrechtlichen Änderungsverbot ad calendas graecas versehen. Natürlich müssen dabei, sollte es Änderungswünsche seitens der katholischen Kirche an den Staat geben, die Freundschaftsklauseln in den verschiedenen Konkordaten, die über die Körperschaften im Verfassungsgefüge der katholischen Kirche handeln, beachtet werden. Alleingänge sind hier ausgeschlossen und sicher würden solche Prozesse wie beispielsweise der sich nun schon Jahrzehnte mühsam dahinschleppende Vorgang der möglichen Ablösung von Staatsleistungen[20] längere Zeit in Anspruch nehmen.

---

[17] „Die Canones des Codex heben die vom Apostolischen Stuhl mit Nationen oder anderen politischen Gemeinschaften eingegangenen Vereinbarungen weder ganz noch teilweise auf; diese gelten daher wie bisher fort ohne die geringste Einschränkung durch entgegenstehende Vorschriften dieses Codex."

[18] Vgl. *H. Socha*, MK 3,9–10 (47. Lfg. CODEX, Februar 2012); *W. Aymans/K. Mörsdorf*, Kanonisches Recht. Lehrbuch aufgrund des Codex Iuris (1), 96–97; grundsätzlich *H. F. Köck*, Rechtliche und politische Aspekte von Konkordaten, Berlin 1983.

[19] Vgl. *T. Schüller*, „Bischöfliche Stühle" und ihr Vermögen, in: HK 68 (2014), 11–15.

[20] Vgl. die aktuellen Bemühungen der amtierenden Bundesregierung ein sog. „Grundsätzegesetz zur Ablösung der Staatsleistungen" in der laufenden Legislaturperiode auf den Weg zu bringen: www.bundestag.de/presse/hib/kurzmeldungen-899808 (Zugriff: 16.01.2023). Kritisch hier der baden-württembergische Ministerpräsident Winfried

Doch bevor in Zukunft eventuell hierüber ernsthaft und mit tatsächlichem politischem Willen nachgedacht werden könnte, sind zunächst die Vorteile der Körperschaftskonstruktion zu erschließen. Religionspolitische Vorteile muss diese rechtliche Form offensichtlich aufweisen, sonst würden kleinere Religionsgemeinschaften wie die Zeugen Jehovas, aber auch verschiedene Denominationen des Islams[21] nicht versuchen, bei den Bundesländern als Körperschaften des öffentlichen Rechts anerkannt zu werden.[22] Die Zuerkennung des Körperschaftsstatus zunächst an beide großen christlichen Kirchen ist in der Weimarer Zeit wie auch im Übertrag auf das Grundgesetz mit der institutionalisierten Verfassungserwartung verbunden, gemeinwohlorientiert einen Beitrag zur Kultur und zu einer sozial geprägten Gesellschaft zu leisten.[23] Bei Paul Kirchhof kann man in einer älteren Kommentierung nachlesen, dass den christlichen Kirchen mit diesem Rechtsstatus die Aufgabe zuwachse, das Gewissen des einzelnen und seine Normkonzeption zu prägen, „damit die Fähigkeit zur Freiheit gebildet wird, der Zusammenhalt der Rechtsgemeinschaft in ihren Grundwerten gefestigt“[24] werde. Diese starke Rechtsfigur sei rechtlich dadurch zu plausibilisieren, wie diese Kirchen die Demokratie und Gesellschaftsordnung mitgestalten würden und darin ihre Gemeinwohldienlichkeit[25] erweisen würden. Kirchhof geht sogar so weit, diesen besonderen Rechtsstatus auch mit dem moralisch-ethischen Mandat zu begründen, der von Staat und Zivilgesellschaft an die

---

Kretschmann von Bündnis90/Die Grünen: www.kirche-und-leben.de/artikel/kretschmann-glaubt-nicht-an-schnelles-ende-der-staatsleistungen (Zugriff:13.01.2023).

[21] Vgl. das Beispiel der Anerkennung der Ahmadiyya-Gemeinde, die 2013 in Hessen als Körperschaft des öffentlichen Rechts anerkannt wurde. Vgl. www.spiegel.de/politik/deutschland/ahmadiyya-gemeinde-in-hessen-ist-koerperschaft-oeffentlichen-rechts-a-905593.html (Zugriff: 14.01.2023).

[22] Vgl. *B. Krämer* (Hrsg.), Essener Gespräche zum Thema Staat und Kirche, Der Rechtsstatus religiöser Verbände (23), Münster 2022; darin vor allem *U. Mager*, Rechtliche Voraussetzungen der Anerkennung religiöser Gemeinschaften als Körperschaften des öffentlichen Rechts, 157–176 und *A. Lorz*, Die Verleihung der Rechte einer Körperschaft des öffentlichen Rechts an Religions- und Weltanschauungsgemeinschaften aus der Perspektive der Verwaltungspraxis, 179–197.

[23] Vgl. zur geschichtlichen Rekonstruktion *H. M. Heinig*, Öffentlich-rechtliche Religionsgesellschaften. Studien zur Rechtsstellung der nach Art. 137 Abs. 5 WRV korporierten Religionsgesellschaften in Deutschland und der Europäischen Union, Berlin 2003, bes. 289f.

[24] *P. Kirchhof*, § 22 Die Kirchen und Religionsgemeinschaften als Körperschaften des öffentlichen Rechts, in: HSKR² (1), 653.

[25] Vgl. ebd., 658.

Kirchen als öffentliche Erwartung herangetragen werde.[26] In die gleiche Richtung argumentieren Joseph Listl und Alexander Hollerbach, wenn sie feststellen: „Durch die Verleihung dieser öffentlich-rechtlichen Stellung anerkennt der Staat die Kirchen als geschichtsmächtige Kräfte, die für das öffentliche Leben des im Staate verfaßten Volkes von wesentlicher Bedeutung sind."[27] Rechtssoziologisch könnte aus säkularer Perspektive angefragt werden, ob diese institutionalisierte Verfassungserwartung, wonach die Kirchen als Sinn- und Sozialproduzenten für eine soziale und humane Gesellschaft anzusehen sind, heute noch irgendeinen Wirklichkeitsbezug aufweisen kann. Und wenn diese angenommene Funktion tatsächlich weitgehend entfallen ist, was spricht rechtlich aus dieser eher rechtssoziologischen Perspektive dafür, den beiden sterbenden ehemaligen Volkskirchen diese starke öffentliche Rechtsstellung auf unbestimmte Zeit zu garantieren?

Aber auch aus katholischer Perspektive könnte rechtspolitisch bzw. fundamental-theologisch im Sinn einer kritischen Selbstvergewisserung gefragt werden, ob man überhaupt dieser vor einigen Jahrzehnten rechtlich wie wissenschaftlich hinterlegten Erwartung einer Gemeinwohldienlichkeit, die eben einen öffentlichen Rechtsstatus erfordere, in dieser Form noch entsprechen möchte.[28] Stefan Magen in Verbund mit der herrschenden Meinung begegnet dieser Anfrage mit dem Hinweis, dass die Verfassung selbst allein „die Rechtstreue als Gegenstand einer negativen Gemeinwohlprüfung" erwarte. Wenn die Verfassung und auch die beständige Rechtsprechung des Bundesverfassungsgerichtes immer noch auch positive „Gemeinwohlwirkungen" erwarten würden, so „erwüchsen" daraus dennoch keine „Handlungspflichten"[29] der als Körperschaften des öffentlichen Rechts anerkannten altkorporierten Kirchen, sich tatsächlich in dieser positiven Weise durch konkrete Tätigkeiten zum Wohl der Gesellschaft zu engagieren. Letztlich läuft seine Argumentation darauf hinaus, grundrechtlich von der Religionsfreiheit her den Körperschaftsstatus zu begründen, und zwar in seiner „Funktion, objektiv-rechtliche Gehalte der Religionsfreiheit in einer der Eigenart von Religion angemessenen Weise

---

[26] Vgl. ebd., 666.

[27] *J. List/A. Hollerbach*, § 118 Kirche und Staat in der Bundesrepublik Deutschland, in: HbKathKR², 1268–1293, 1279.

[28] Vgl. *L. Berger*, Tagungsbericht „Semper Reformanda" Tagung am 24. und 25. Juni 2022 in Berlin, in: KuR 28 (2022), 254f., hier 255.

[29] *S. Magen*, § 27 Kirchen (s. Anm. 8), 1059.

umzusetzen"[30]. Dahinter verbirgt sich des Weiteren der Gedanke, dass die individuelle religiöse Betätigung des grundrechtsberechtigten Bürgers stets auch eine kommunitäre Dimension aufweise, die die überkommene Tradition einer Religionsgemeinschaft als Teil ihrer Identität erfasse und rechtlich absichere. Dieser Teil der religiösen Sinnstiftung übersteige die eher dem Vereinigungsrecht zweckbestimmte Operationalisierung ausgewählter Ziele einer Gemeinschaft und brauche eine entsprechend grundlegende konfigurierte Rechtsform wie den Körperschaftsstatus. Von daher biete dieser immer noch eine geeignete rechtliche Organisationsform, um die durch die Verfassung garantierte Religionsfreiheit und das Selbstbestimmungsrecht der Religionsgemeinschaften optimal umzusetzen.[31] Dieser Argumentationsduktus besticht durch seine Verortung im Menschenrecht der Religionsfreiheit. Des Weiteren kann in der Regel – zumindest bei christlich verfassten Kirchen – auf den gemeinschaftlichen Charakter von Religionsgemeinschaften hingewiesen werden. Schließlich ergibt die Annahme Sinn, dass Religiosität als Grunddimension menschlicher Existenz, die in Freiheit gewählt und abgelehnt werden kann, in der religionsfreundlichen Verfassung des Grundgesetzes auch öffentlich in gesicherten Rechtsstrukturen präsent sein sollte. Diese zutreffenden dogmatischen Begründungsmuster für das Körperschaftsmodell sind aber rechtlich nicht zwingend. Zudem schwindet der lange Zeit geltende gesellschaftspolitische Konsens darüber und die damit verbundene Akzeptanz der beiden Kirchen. Davor die Augen zu verschließen, ist trügerisch.

Was könnten Warnsignale für diese Entwicklung sein? Augenscheinlich haben beide Kirchen das Sinnpotential für einen breiten ethischen Kitt der Gesellschaft weitgehend verwirkt und verloren. Ihre ethischen Positionen zu Anfang[32] und Ende des Lebens[33] verhallen weitgehend ungehört in den langen Gängen des Reichstages und auch ihre friedensethischen Appelle stören eher in den aktuellen Kriegszeiten, als dass sie neue Nachdenklichkeit auslösen können. Wäre es nicht an der Zeit, dass die

---

[30] Ebd., 1060.

[31] Vgl. ebd., 1062.

[32] Beispielhaft steht hierfür die aktuelle Diskussion über die Abschaffung des § 218 StGB. Nach Pressemeldungen, vgl. www.tagesschau.de/inland/abtreibungsverbot-schwangerschaftsabbrueche-paus-101.html (Zugriff: 13.01.2023), plädiert die amtierende Bundesfamilienministerin Lisa Pauls von Bündnis90/Die Grünen für die Abschaffung des § 218 StGB.

[33] Vgl. www.dbk.de/themen/sterben-in-wuerde (Zugriff: 14.01.2023).

Kirchen wieder freier werden von in Recht gegossenen Verfassungserwartungen, die sie wie zu Blei erstarrten Chimären staatstragender Organisationen haben verkümmern lassen? Braucht es den Körperschaftsstatus von daher noch, um freier und ohne politischen Rücksichten evangeliumsgemäße Kontrastgesellschaft zu sein, d. h. auch ohne Rücksicht auf politisches Wohlwollen soziale und ökologische Missstände anzuprangern?

Wiederum mehr aus zivilgesellschaftlicher, aber durchaus auch grundrechtlicher Perspektive könnte man schließlich anmerken, ob die gerne bemühte Formulierung, die Verleihung des Körperschaftsstatus bedeute, man sei kein Teil der staatlichen Gewalt, bleibe von daher grundrechtsberechtigt, aber nicht grundrechtsverpflichtet, rechtlich überzeugt. Hier hilft auch weniger der Verweis auf Art. 4 GG und das Selbstbestimmungsrecht, das Recht also, die inneren Angelegenheiten im Rahmen der für alle geltenden Gesetze selber ordnen und verwalten zu können. Denn dafür sind die Kirchen zu sehr im Sozial- und Bildungsbereich aktiv und dort müssen die rechtsstaatlichen Standards wie für alle freien Träger gelten. Wenngleich die religionsrechtlich freundlichen Passagen für die Kirchen im Allgemeinen Gleichbehandlungsgesetz[34] inzwischen durch europäische Rechtsprechung[35] weitgehend begraben wurden, scheint mir zwingend geboten – bei aller kritischen Sicht auf die sog. Bereichslehre –, deutlicher zwischen dem Binnenbereich der verfassten Kirchen, d. h. Verkündigung, der Bildung von Glaubensüberzeugungen, bei der die Religionsgemeinschaften wirklich frei bleiben müssen, und ihrem Engagement in Schulen, Kindertagesstätten und Kranken- und Pflegeeinrichtungen zu unterscheiden. Dort, wo sie staatliche Aufgaben subsidiär wahrnehmen, müssen die als Körperschaften des öffentlichen Rechts anerkannten Religionsgemeinschaften auch grundrechtsverpflichtet agieren. Von daher war es zum Beispiel bei der Begründung von Arbeitsvertragsverhältnissen dringend geboten, die in der alten Grundordnung bisher diskriminierenden arbeitsrechtlichen Regelungen, was die geschlechtliche Identität, die Form des Zusammenlebens und alle anderen Art. 1 und 2 GG realisierenden Grundrechtsausübungen betrifft, ersatzlos zu streichen, wie es

[34] Vgl. www.antidiskriminierungsstelle.de/SharedDocs/downloads/DE/publikationen/AGG/agg_gleichbehandlungsgesetz.pdf?__blob=publicationFile (Zugriff: 14.01.2023).

[35] Vgl. für das kirchliche Arbeitsrecht *G. Thüsing*, Europäisches Arbeitsrecht, München ³2016; ders., Die besonderen Loyalitätspflichten des kirchlichen Dienstes zwischen verfassungsrechtlichem Schutz und europarechtlicher Infragestellung“, in: Österreichisches Archiv für Recht & Religion 63 (2016), 88–120.

nun in der überarbeiteten Grundordnung, die in den meisten deutschen Diözesen seit dem 1.1.2023 in Kraft getreten ist[36], zur Überraschung vieler Betrachter augenscheinlich geschehen ist.

In gleicher Weise lässt sich fragen, ob die staatliche Justizgewährung[37] gestärkt werden muss, etwa wenn es um Wirtschaftsdelikte im Umgang mit kirchlichem Vermögen[38] oder die mangelnde Aufsicht leitender kirchlicher Amtsträger wie Bischöfe und Generalvikare über bekannte bzw. bestrafte Sexualstraftäter[39] geht. Hier wirkt der Körperschaftsstatus in Kombination mit dem Mantra des unkonditionierten Selbstbestimmungsrechtes der Religionsgemeinschaften rechtspolitisch und faktisch so, dass sich staatliche Gerichte immer noch schwertun, derlei beispielhaft aufgelistete Delikte tatsächlich durch die staatlichen Strafverfolgungsbehörden ermitteln zu lassen und anschließend bei ausreichendem Beweisangebot auch zur Anklage zu bringen. Sosehr Verfassungsrechtler:innen den Körperschaftstatus der Religionsgemeinschaften als einen Status sui generis im Sinne der Verfassung bezeichnen, da diese ja keine Staatsaufgaben wahrnehmen würden, so kann es in Zukunft doch nicht mehr angehen, dass unter dem Deckmantel dieser rechtlichen Qualifizierung Religionsgemeinschaften faktisch einen „Staat im Staat bilden“ mit dem erklärten Anspruch einer weitgehenden Autonomie, was die mögliche Geltung staatlicher Gesetze angeht. Gerade die katholische Kirche, die keine Gewaltentrennung, den theologisch haltlosen Ausschluss der Frauen von Leitungsämtern und eine sakrale Überhöhung ihrer bischöflich verfassten Leitungsstrukturen aufweist, ist dort, wo sie

---

[36] Vgl. *Bischof von Limburg*, Gesetz zur Änderung der „Grundordnung des kirchlichen Dienstes im Rahmen kirchlicher Arbeitsverhältnisse“ (GrO-ÄnderungsG), in: Amtsblatt des Bistums Limburg Nr. 14 (09.12.2022), 711–741.

[37] Vgl. Art. 19 Abs. 4 GG.

[38] Vgl. *F. Rostalski*, Verfahrenseinstellung bei „innerkirchlichen Angelegenheiten“ – Plädoyer für die (Wieder-) Aufnahme staatsanwaltschaftlicher Ermittlungen gegen den früheren Limburger Bischof wegen des Vorwurfs der Untreue, Rechtswissenschaft (2015), 1.

[39] Vgl. www.westpfahl-spilker.de/wp-content/uploads/2022/01/WSW-Gutachten-Erzdioezese-Muenchen-und-Freising-vom-20.-Januar-2022.pdf (Zugriff: 14.01.2023) und *T. Großbölting* et al., Macht und sexueller Missbrauch in der katholischen Kirche. Betroffene, Beschuldigte und Vertuscher im Bistum Münster seit 1945, Freiburg i. Br. 2022. In beiden Gutachten wird für die vergangenen Jahrzehnte nachgewiesen, wie zögerlich und zugleich gutgläubig im Vertrauen auf einen sachgerechten Umgang der Bischöfe mit den priesterlichen Tätern die staatlichen Strafverfolgungsbehörden und Gerichte mit Anzeigen von Sexualstraftaten durch Kleriker der katholischen Kirche lange Zeit umgegangen sind.

mit ihren Aktivitäten in staatlich verantworteten Segmenten unterwegs ist, uneingeschränkt der staatlichen Gewalt zu unterstellen.[40]

3. Ausblick

Die skizzierten kirchenrechtlichen, religionsverfassungsrechtlichen sowie rechtspolitischen Überlegungen markieren erst den Anfang einer stärkeren verfassungsrechtlichen Relecture des bis dato wie selbstverständlich inkulturierten Status der Körperschaft des öffentlichen Rechts. Sowohl die altkorporierten Religionsgemeinschaften als auch die neuen Religionen, die in dieser Rechtsform eine Chance sehen, stärker als Religionsgemeinschaft wahrgenommen zu werden, sollten darüber nachdenken. Dabei wird abzuwägen sein, ob man diesen Rechtsstatus erhalten oder beantragen soll, um tatsächlich gesicherter in Gesellschaft und Politik interagieren zu können. Die Landschaft der als Körperschaften des öffentlichen Rechts anerkannten Religionsgemeinschaften wird sicher in den nächsten Jahren pluraler und bunter werden.

[40] Vgl. *C. Waldhoff*, Kirchen im Verfassungsstaat, in: FAZ (16.01.2023), 6. Vgl. auch *U. Mager*, Voraussetzungen (s. Anm. 22), 173, wenn sie schreibt: „Danach muss eine Religionsgemeinschaft, die den Körperschaftsstatus erlangen möchte, die Gewähr dafür bieten, – dass sie die Körperschaftsbefugnisse in einer Weise ausübt, die unter Berücksichtigung ihrer religiösen Selbstbestimmung ein Mindestmaß an Respekt für die Grundrechte derjenigen wahrt, die von ihren Handlungen betroffen sind; – dass sie nicht die staatlichen Erziehungsziele beeinträchtigt, folglich für die weltliche Ordnung die Verfassungsform des freiheitlich-demokratischen Rechtsstaats bejaht; – dass ihr Verhalten den allgemeinen Gesetzen, insbesondere den Strafgesetzen, nicht zuwiderläuft."

Religionsverfassungsrecht und die Universalität der Menschenrechte

Möglichkeiten und Grenzen staatlicher Durchsetzbarkeit

Tine Stein

1. Begrenzte Problemanzeige im Koalitionsvertrag der Ampel-Regierung

Die Debatte über eine zeitgemäße Weiterentwicklung des Staatskirchenrechts zu einem modernen Religionsverfassungsrecht nimmt meist in der Diagnose der postsäkularen Gesellschaft ihren Ausgangspunkt. Angesichts einer zugleich multi- wie areligiöser gewordenen Gesellschaft geht es um Fragen der Gleichbehandlung christlicher Großkirchen mit anderen Religionsgemeinschaften und mit säkularen Weltanschauungsgemeinschaften. Auch wird eine als überkommen wahrgenommene Unterstützung des Staates für die christlichen Kirchen thematisiert, wie sie in den Staatsleistungen gesehen wird und im privilegierten Zugang der Kirchen zu Ministerien, Parlamenten oder den Rundfunkräten. Die regierende Ampelkoalition hat diese Debatte in dem ihrem Regierungsbündnis zugrunde gelegten Koalitionsvertrag aufgenommen.[1] Es ist bemerkenswert, dass hier begrifflich vom Religionsverfassungsrecht die Rede ist, ohne, wie noch bei der Vorgängerregierung der Fall, die christliche Prägung des Landes hervorzuheben. Vielmehr solle das Religionsverfassungsrecht im Sinne des kooperativen Trennungsmodells weiterentwickelt werden. Um die muslimischen Gemeinschaften besser einbeziehen zu können, wird eine etwaige Veränderung des Rechtsstatus für Religionsgemeinschaften erwogen. Das ist mit Blick auf die besonderen Organisationsherausforderungen der muslimischen Gemeinschaften auch notwendig. Auch soll ein Grundsätzegesetz zur Ablösung der Staatsleistungen verabschiedet werden, dessen Entwurf in seinen Eckpunkten in der Zwischenzeit intensiv diskutiert wird. Alle diese Reformvorhaben stehen im Koalitionsvertrag zugleich unter der grundsätzlichen Anerkennung der Leistung der (wie es in begrifflicher Dopplung heißt)

[1] S. https://www.bundesregierung.de/breg-de/aktuelles/koalitionsvertrag-2021-1990800 (Zugriff: 29.03.2023).

Kirchen und Religionsgemeinschaften, die als ein wichtiger Teil des Gemeinwesens angesehen werden und die für ihren „wertvollen Beitrag für das Zusammenleben und die Wertevermittlung in der Gesellschaft" geschätzt und geachtet werden. Die im Staat Verantwortung tragenden Akteure wissen also, was sie an den Kirchen als Anbieter sozialer und ethischer Dienstleistungen haben.

Wovon bei der Weiterentwicklung des Religionsverfassungsrechts im Koalitionsvertrag keine Rede ist, ist eine Überprüfung der Beziehung des Staates gegenüber den Kirchen vor dem Hintergrund des Skandalons der sexualisierten Gewalt, die insbesondere Kleriker an Kindern, Jugendlichen und Frauen verübt haben. Zwar gibt es die Versicherung, dass man die Aufarbeitung sexualisierter Gewalt, „die in den gesellschaftlichen Gruppen, wie Sportvereinen, Kirchen und der Jugendarbeit" geleistet wird, begleiten und gegebenenfalls auch erforderliche gesetzliche Grundlagen schaffen will. Entsprechend sind in der Zwischenzeit die Grundlagen der Arbeit der Unabhängigen Beauftragten für Fragen des sexuellen Kindesmissbrauchs bereits profiliert worden. Zudem wird über ein Gesetz diskutiert, das ein Recht auf Aufarbeitung statuiert. Ebenso nimmt die Debatte über ein verpflichtendes Angebot an Beratungseinrichtungen an Fahrt auf sowie über Entschädigungen bis hin zu einer Fondslösung, die notwendig werden kann, wenn in den aktuellen Prozessen Betroffenen Schmerzensgeld und ggf. auch Schadensersatz zugesprochen wird.[2] Hier kann durchaus von einer gewissen staatlichen Lernkurve gesprochen werden. Denn mit dem Missbrauch gerade in der katholischen Kirche hat sich der Staat lange schwergetan. Dies reichte von einer Zurückhaltung der Staatsanwaltschaften bei der Verfolgung und Aufklärung sexualisierter Gewalttaten nicht nur gegenüber den Tätern, sondern auch denjenigen, die die Taten vertuscht haben,[3] bis hin zu

---

[2] Die Summen, die Gerichte den Betroffenen sexueller Gewalt in Schmerzensgeldprozessen und ggf. auch auf Entschädigung zusprechen, dürften um ein vielfaches höher ausfallen, als das, was im Rahmen der innerkirchlichen und freiwillig gezahlten Anerkennung des Leids durch die katholische Kirche bislang gezahlt wurde; insbesondere wenn die Bistümer – wie bisher in den finanzstarken Bistümern Köln, München und Freising geschehen – auf die Geltendmachung der Verjährungsfristen verzichten. Vgl. Einschätzung von *T. Schüller*: www.zeit.de/news/2023-01/25/kirchenrechtler-schueller-erwartet-klagewelle-gegen-kirche (Zugriff: 29.03.2023). Siehe generell zur Rolle des Staates jüngst *S. Rixen*, in: FAZ (27.02.23), 4: „Es braucht für eine gelingende Aufarbeitung immer wieder staatliche Impulse. Ohne den Staat geht es nicht."

[3] Auch hier scheint sich eine Veränderung abzuzeichnen, siehe dazu die Durchsuchung des Erzbistums München durch die Staatsanwaltschaft: www.sueddeutsche.de/bayern/

einer öffentlichen Verteidigung und Inschutznahme der Kirche gegenüber Kritik durch führende Politiker. Als etwa die damalige Justizministerin Sabine Leutheusser-Schnarrenberger im Jahr 2010 nach den Veröffentlichungen über sexuellen Missbrauch am Berliner Canisius-Kolleg angesichts der abwiegelnden Stellungnahmen aus den Reihen der Bischöfe den mangelnden Aufklärungswillen der katholischen Kirche kritisierte, erhob sich ein Sturm der Empörung – nicht gegenüber der katholischen Kirche, sondern gegenüber der Ministerin, die sich bei der Kirche entschuldigen solle. Von solchen falschen Bewertungen kann heute auch seitens der im Bund oppositionellen Christdemokraten keine Rede mehr sein.

Aber eine tiefergehende Diskussion im Sinne einer Überprüfung des institutionellen Verhältnisses von Staat und Kirche ist aus den politischen Kreisen der Regierungsfraktionen nicht zu vernehmen. Dabei erscheint eine solche Überprüfung mit Blick auf die normativen Grundlagen des Verfassungsstaates geboten, wozu vor allem die Verpflichtung gehört, den universellen Geltungsanspruch der Menschenrechte praktisch wirksam werden zu lassen. Insbesondere kommt dem Staat die Aufgabe zu, die Grundrechte Schutzbefohlener zu garantieren. Angesichts der sexualisierten Gewalt, die speziell von Angehörigen der katholischen Kirche vor allem gegenüber Kindern und Jugendlichen, aber auch gegenüber in Abhängigkeitsverhältnissen stehenden Frauen ausgeübt worden und von Verantwortungsträgern in der Kirche vertuscht worden ist, stellt sich durchaus die Frage, inwiefern der Staat eine solche „Täterorganisation" mit spezifischen Rechten und Privilegienbündeln fördern sollte. Denn unter dem Dach einer mit besonderen Rechten ausgestatteten, sich selbst als „heilig" verstehenden Institution haben Täter für ihre Taten ermöglichende Bedingungen gefunden haben. Und darüber hinaus stellt sich die Frage, ob hinsichtlich ihrer Verfasstheit die Kirche ganz grundsätzlich ein Fremdkörper im demokratischen Verfassungsstaat darstellt. Kann angesichts dieser doppelten Problemanzeige die herkömmliche Sicht der Nichteinmischung des religiös-weltanschaulichen neutralen Staates weiter Bestand haben? Das soll im Folgenden in einer ersten Annäherung diskutiert werden. Sodann gilt es in einem weiteren Schritt aus politik-

---

kirche-muenchen-durchsuchungsaktion-im-erzbistum-kurswechsel-der-justiz-dpa.urn-newsml-dpa-com-20090101-230226-99-749043 (Zugriff: 29.03.2023); was vor fünf Jahren nach Veröffentlichung der MHG-Studie noch kritisiert wurde: www.spiegel.de/politik/wie-die-katholische-kirche-die-strafverfolgung-behindert-a-00000000-0002-0001-0000-000160311466 (Zugriff: 29.03.2023).

theoretischer Perspektive zu erhellen, was mit dem universellen Geltungsanspruch der Menschenrechte gemeint ist, worin dieser begründet liegt und welche Verpflichtungsverhältnisse daraus erwachsen – für Individuen wie für den Staat. Schließlich sollen die Möglichkeiten, die der Verfassungsstaat hätte, dem universellen Geltungsanspruch der Menschenrechte auch gegenüber Religionsgemeinschaften nachzukommen, diskutiert werden und welche Grenzen dabei zu konstatieren sind. Damit geht es auch um die im Grunde demokratietheoretische Frage, ob und wie sich die Liberalität des demokratischen Verfassungsstaates im Umgang mit illiberalen und nichtdemokratischen Organisationen zeigt.

2. Doppelte Problemanzeige für das Religionsverfassungsrecht

In der von katholischen Klerikern an Kindern, Jugendlichen und Frauen ausgeübten sexualisierten Gewalt kommt – so die Analyse vieler Studien – nicht bloß das kriminelle Verhalten von Individuen zum Tragen, vielmehr steht dieses in einem Zusammenhang mit dem Charakter der Institution, unter deren schützendem Dach die Täter gehandelt haben. Die Machtkonzentration beim Weiheamt und die fehlenden Kontrollmechanismen innerhalb der institutionell-rechtlichen Verfasstheit der katholischen Kirche sind es, die für die Taten und deren Vertuschung ermöglichende Bedingungen geschaffen haben. Denn Amtsinhaber von Organisationen, die nicht transparent arbeiten, die ohne Kontrollmechanismen und geregelte Beratungsverfahren in Kollegialorganen auskommen, die zudem keine prozeduralen Kriterien der Fairness kennen und dann noch eine starke Kompetenzkonzentration aufweisen, neigen dazu, ihre Vollmacht zu missbrauchen. Ein weiteres katholisches Spezifikum kommt hinzu: Die lehramtliche Ekklesiologie hat zu einem problematischen Klerikalismus als Habitus geführt, der sich bis hin zu einem männerbündischen Verhalten ausgeprägt hat, in dessen Rahmen nicht den Opfern, sondern den „Brüdern im Nebel“ die Fürsorge der Bischöfe galt.[4] Und schließlich ging es darum, dass die Kirche als von ihrem Selbstverständnis nach sakramental-heilige Institution vor einem Ansehensverlust zu schützen sei, was Ernst-Wolfgang Böckenförde schon

[4] „Brüder im Nebel“ lautete bekanntlich der Aktenordner, in dem der Kölner Erzbischof Kardinal Meisner aus seiner Sicht geheimhaltungsbedürftige Unterlagen über Missbrauchstäter sammelte.

2010 scharf als unseliges Handeln nach Kirchenräson analysierte.[5] Er wäre wohl nicht überrascht gewesen, dass ein solches Handeln auch von hoch angesehenen bischöflichen Verantwortungsträgern an den Tag gelegt worden ist.[6]

Kommt dem Staat vor diesem Hintergrund daher nicht die Aufgabe zu, im Rahmen der ihm zur Verfügung stehenden Instrumente dazu beizutragen, dass diese, wie es die MHG-Studie auf den Begriff gebracht hat, „systemischen Ursachen" für sexuellen Missbrauch und die Vertuschung des Missbrauchs speziell in der katholischen Kirche mit Willen zur Veränderung angegangen werden?[7] Noch zugespitzter: Steht eine solche innere Struktur, die diese Taten und ihre Vertuschung ermöglicht hat, nicht in einer eklatanten Spannung zu der verfassungsrechtlichen Gewährleistung des Schutzes von körperlicher Unversehrtheit, und erwächst daher aus dieser Spannung nicht eine regelrechte Aufforderung an die politisch Verantwortlichen, zu einer neuen Bewertung des Staat-Kirche-Verhältnisses zu kommen?

Auch jenseits dieser konkreten Problematik, wonach die institutionelle Verfasstheit der katholischen Kirche systemische Ursachen für sexuellen Missbrauch ausbildet, steht die kirchliche Ordnung in einem grundsätzlichen Spannungsverhältnis zu der Verfassungsordnung einer liberalen Demokratie. Der exklusive Zugang zum Weiheamt, der Frauen qua Ge-

---

[5] *E.-W. Böckenförde*, Das unselige Handeln nach Kirchenraison, in: Süddeutsche Zeitung (29.04.2010), 2.

[6] Wie tief diese Haltung auch bei dem langjährigen DBK-Vorsitzenden Bischof Kardinal Lehmann verankert gewesen ist, kann man in einer der jüngsten Studien zur Aufarbeitung sexualisierter Gewalt und deren Vertuschung im Erzbistum Mainz nachlesen: *U. Weber/J. Baumeister*, Erfahren. Verstehen. Vorsorgen. Studie zu Taten gegen die sexuelle Selbstbestimmung seit 1945 im Verantwortungsbereich des Bistums Mainz, www.uw-recht.org/images/230303%20Bericht%20EVV_final.pdf (Zugriff: 29.03.2023). Die Autoren können zeigen, dass Lehmann eine Strategie der Verteidigung verfolgte, bei der eine Verbindung zu systemischen Ursachen geleugnet und die Taten als die von pädophilen Einzeltätern eingeordnet wurden – also nichts mit der Kirche als Institution zu tun haben sollten, weswegen er auch jegliche Form von Entschuldigung und Entschädigung ablehnte (ebd., 487f.). Die Studie wertet auch Schreiben aus einem als „Geheimarchiv" bezeichnet Aktenbestand aus und zitiert bspw. aus einem Schreiben Lehmanns v. 14.04.2010, in dem er sich kritisch mit Bischof Ackermanns Wirken als Missbrauchsbeauftragter der DBK auseinandersetzt: „Wir dürfen uns doch nicht jagen lassen!" (ebd., 480).

[7] MHG-Studie: Sexueller Missbrauch an Minderjährigen durch katholische Priester, Diakone und männliche Ordensangehörige im Bereich der Deutschen Bischofskonferenz, 2018, www.dbk.de/fileadmin/redaktion/diverse_downloads/dossiers_2018/MHG-Studie-gesamt.pdf (Zugriff: 29.03.2023).

schlecht ausschließt, die monokratische Leitungsgewalt ohne Gewaltenteilung, ohne demokratische Legitimationsstrukturen und ohne rechtsstaatliche Verfahren oder auch nur einen effektiven Rechtsschutz stehen in einer Spannung zu den verfassungskulturellen Leitbildern einer konstitutionellen Demokratie, wie sie mit dem Grundgesetz für die staatliche Ordnung rechtlich verbürgt und kulturell in der Gesellschaft der Bundesrepublik verankert ist.

Was bedeutet diese doppelte Problemanzeige für das traditionelle religionsverfassungsrechtliche Arrangement? Sehr verkürzt gesagt, bilden in diesem Arrangement die grundgesetzlichen Normen ein korporatives Freiheitsgrundrecht für Religionsgemeinschaften aus, das als Abwehrrecht gegen den Staat geltend gemacht werden kann. Die inneren Angelegenheiten religiöser Lehre und interner Organisation sind so vor äußerem – also staatlichem – Reglement geschützt und erscheinen fast wie der Souveränitätspanzer im Völkerrecht, der den einen Staat vor der Einmischung des anderen schützt. Diese Nicht-Einmischungsklausel im Religionsverfassungsrecht basiert nicht wie beim Souveränitätsprinzip in der Staatenwelt auf der Anerkennung von prinzipiell Gleichen, auch wenn die Koordinationslehre der sechziger Jahre noch der Auffassung anhing, es handele sich bei Staat und Kirche um zwei auf gleicher Ebene befindliche Entitäten. Vielmehr geht es gerade um den Schutz des Eigensinns einer ganz anderen Form der Vergemeinschaftung, die jenseits der politischen Sphäre liegt. Wie eine hochdifferenzierte religionsverfassungsrechtliche Dogmatik herausgearbeitet hat und fortlaufend weiter entwickelt,[8] schützt der freiheitliche Staat hier zum einen die institutionellen Rechte bzw. Gewährungen, die mit der Inkorporierung der entsprechenden Religions-Artikel aus der Weimarer Reichsverfassung in das Grundgesetz übernommen und deren Geltung damit fortgeschrieben wurden; es ist also verfassungsrechtlich garantiert, dass die eigenen Angelegenheiten ohne staatliche Steuerung selbst geregelt werden können sollen. Zum anderen und vor allem werden hierin die individuellen und kollektiven Glaubensvollzüge und die Gewissensfreiheit des Menschen in seiner personalen Freiheit geschützt. Das kann gewissermaßen als Alpha und Omega des liberalen Verfassungsstaates angesehen werden. Die Frei-

---

[8] Vgl. dazu nur den Stand der Diskussion in den Beiträgen von *G. Czermak, H. M. Heinig, I. Ley, A. K. Mangold, T. Schüller und C. Waldhoff* in diesem Band. Der vorliegende Beitrag versteht sich nicht als eine Untersuchung aus religionsverfassungsrechtlicher, sondern einer normativ-politiktheoretischen Perspektive.

heit, das, was man für wahr hält, woran man glaubt und wie man den Glauben praktiziert, und selbstverständlich auch: ob man überhaupt glaubt, vor dem eigenen Gewissen selbst entscheiden zu können, ohne die Bevormundung irgendeines weltlichen Machtträgers, diese Freiheit ist der Begründungskern des säkularen Staates. Säkularität kann sinnvollerweise auch als Prinzip religiöser und weltanschaulicher Neutralität des Staates übersetzt und so als das objektivrechtliche Korrelat zum Menschenrecht der Glaubens- und Gewissensfreiheit verstanden werden, das in enger Verbindung mit dem Um-Willen eines freiheitlichen Staates steht: dem Schutz der Freiheit und der gleichen Würde aller Menschen. Der Respekt vor der unantastbaren Würde des Einzelnen bedeutet nämlich im Kern den Respekt vor der Integrität der individuellen Gewissensentscheidungen – gleichviel ob sich diese auf Religion oder andere moralische Quellen der Entscheidungsbildung stützen. Einer Religionsgemeinschaft mit den Mitteln des staatlichen Rechtszwangs vorzuschreiben, nicht nur wie ihre Lehre und Glaubenssätze auszusehen haben, sondern daraus folgend auch, wie sie sich in Ableitung dieser Lehre intern zu organisieren hat, hieße also aus dieser Perspektive die Freiheitlichkeit des Verfassungsstaates zu unterlaufen. Aber es gilt zugleich, das Spannungsverhältnis zu sehen, dass sich für den Verfassungsstaat aus dem universellen Geltungsanspruch der Menschenrechte ergibt.

3. Zum universellen Geltungsanspruch der Menschenrechte und ihrer Bindungskraft

Unter Menschenrechten können wir individuelle Rechte des Menschen verstehen, die bürgerliche, politische, soziale, kulturelle und wirtschaftliche Freiheiten als rechtliche Ansprüche formulieren. Diese Rechte sind unveräußerlich, können also nicht abgesprochen werden und sie sind unteilbar. Vor allem ist der Geltungsanspruch der Menschenrechte universell: Jedem Menschen kommen qua Mensch-sein in gleicher Weise Rechte zu. Die Begründungsstrategien, warum wir davon ausgehen, dass Menschen Rechte haben, sind unterschiedlich. Nicht alle können in gleicher Weise die Aussage stützen, dass jedem Menschen, allein aufgrund der Zugehörigkeit zur Gattung Mensch, Rechte zukommen, das heißt unabhängig von den Spezifika seines individuellen So-Seins. Eine Begründung, die etwa an konkreten Fähigkeiten oder Empfindungen ansetzt, wirft Abgrenzungsprobleme gegenüber anderen Lebewesen auf, die hierüber ebenfalls verfügen, oder lässt fraglich erscheinen, warum menschlichen Individuen, die über diese Fähigkeiten und Empfindungen noch nicht, nicht mehr oder grundsätzlich nicht verfügen, auch Träger von Menschenrechten sein können.

Eine weithin geteilte Begründung, die diese Schwierigkeit nicht aufweist, ist die Rechtsphilosophie Immanuel Kants, der die personale Qualität des Menschen als wesentlich dafür ansieht, dass dem Menschen Würde zukommt, woraus Rechte folgen. Danach sind Menschen als Personen die Subjekte einer moralisch-praktischen Vernunft, die – begabt mit einem Gewissen – gut und böse unterscheiden können und sich fragen, wie sie handeln sollen, damit ihre Entscheidung auch im Lichte der Interessen und Wünsche anderer Bestand haben. Für Kant ist es diese grundsätzliche Fähigkeit des Menschen als Gattungswesen, die die menschliche Würde begründet und die den Menschen über allen Preis erhaben sein lässt und seine Selbstzweckhaftigkeit ausmacht. Diese Würde nötigt uns wechselseitig füreinander Achtung ab, wenn wir uns, wie es in Kants Metaphysik der Sitten heißt, „auf dem Fuß der Gleichheit" begegnen.[9]

Es ist frappant, welche strukturellen und inhaltlichen Ähnlichkeiten sich aus einer biblischen Theologie ziehen lassen, wenn man die paulinisch-augustinische Erbsündenlehre einmal ausklammert und die Geschichte der Vertreibung aus dem Paradies nicht als die eines Sündenfalls versteht, sondern als Freiheitsgeschichte. Dann lässt sich aus der Genesis im 3. Kapitel die Botschaft extrahieren, dass Eva und – in ihrer Nachfolge dann auch – Adam eine den Menschen wesentlich auszeichnende Erfahrung gemacht haben, als sie sich entschließen, das göttliche Verbot zu übertreten und die verbotene Frucht zu kosten: nämlich die Erfahrung der Fähigkeit, eigene Entscheidungen zu treffen, die es zugleich vor dem eigenen Gewissen zu verantworten gilt. Man muss die Glaubensprämissen der Schöpfungserzählung nicht teilen, um erkennen zu können, dass hier in derselben Weise wie bei Kant, dessen Metaphysik auf säkularer Grundlage operiert, ein unbedingter Geltungsgrund angeboten wird, von dem aus wir uns als Wesen mit einzigartiger Würde verstehen kön-

---

[9] „Allein der Mensch als Person betrachtet, d. i. als Subjekt einer moralisch-praktischen Vernunft, ist über allen Preis erhaben; denn als ein solcher (homo noumenon) ist er nicht bloß als Mittel zu anderer ihren, ja selbst seinen eigenen Zwecken, sondern als Zweck an sich selbst zu schätzen, d. i. er besitzt eine Würde (einen absoluten inneren Wert), wodurch er allen andern vernünftigen Weltwesen Achtung für ihn abnötigt, sich mit jedem anderen dieser Art messen und auf dem Fuß der Gleichheit schätzen kann." *I. Kant*, Metaphysik der Sitten, Werkausgabe (VIII), hrsg. v. W. Weischedel, Frankfurt a. M. 1997, 434f.

nen und – da wir als Gleiche geschaffen sind – einander die Anerkennung dieser Würde und der aus ihr folgenden Rechte schulden.

Damit soll ersichtlich gemacht werden, dass Menschenrechte nicht erst dann gelten, wenn sie auf der Basis politischer Entscheidungen einen Niederschlag in rechtlichen Dokumenten finden. Ihnen ist vielmehr ein doppelter Geltungsanspruch eigen: ein moralischer und ein juridischer Anspruch auf Geltung. Einmal liegt die Quelle ihres Geltungsanspruchs in – als in zwingender Weise richtig erkannten und uns verpflichtenden – moralischen Gründen begründet und das andere Mal im politischen Willen des Gesetzgebers.[10]

Von welcher Art die Bindung ist, die aus diesem Geltungsanspruch folgt, lässt sich in einem weiteren Schritt mit Hilfe der Struktur von subjektiven Rechten erhellen, wie sie von Georg Jellinek analysiert worden ist.[11] Mit einem subjektiven Recht ist im Grunde ein Beziehungsverhältnis aufgerufen, das eine dreistellige Relation darstellt – erstens zwischen jemandem, der durch das Recht zu etwas berechtigt ist, zweitens gegenüber einem Adressaten bzw. Verpflichteten, der diese Berechtigung zu respektieren bzw. als Recht zu achten hat, und schließlich drittens einer neutralen Instanz, die als Garant dieses Verhältnis zu beaufsichtigen hat und für die Erfüllung des Rechts sorgen kann, wodurch das Rechtsverhältnis auch praktisch wirksam werden kann. Dieses Dreiecksverhältnis kann mit Blick auf den juridischen Geltungsanspruch der Menschenrechte wie folgt rekonstruiert werden: Alle Menschen sind im Staat durch die Menschenrechte, die in staatlichen Verfassungen als Grundrechte positiviert sind, geschützt; der Verpflichtete ist hier der Staat, der dem Geltungsanspruch, der von den Menschenrechten ausgeht, durch ein Unterlassen, eine Duldung oder ein Tun nachzukommen hat. Denn der Anspruch auf Geltung im Sinne von praktischer Wirksamkeit wird nicht nur

---

[10] Dieser doppelte Geltungsanspruch kommt in Situationen der Gründen auch historisch zum Ausdruck, besonders paradigmatisch in der amerikanischen Unabhängigkeitserklärung, in der es heißt: „We hold these truths to be self-evident, that all men are created equal, that they are endowed by their Creator with certain unalienable Rights, that among these are Life, Liberty and the pursuit of Happiness." www.archives.gov/founding-docs/declaration-transcript (Zugriff: 29.03.2023).

[11] Im Folgenden Abschnitt greife ich in überarbeiteter Form auf Gedanken zurück, die ich bereits in Auseinandersetzung mit dem Ansatz von Ulrich K. Preuß ausführlich hier entwickelt habe: *T. Stein*, Menschenrechte als Paradox? Unterschiedliche Geltungsansprüche der Menschenrechte bei Ulrich K. Preuß, in: C. Franzius/T. Stein (Hrsg.), Recht und Politik. Das Staatsverständnis von Ulrich K. Preuß, Baden-Baden 2015, 123–145.

im abwehrrechtlichen Charakter von Menschen- respektive Grundrechten zugunsten der jeweils geschützten Freiheiten realisiert, sondern ist auch in der Orientierung auf eine bestimmte, entsprechend der Menschenrechte gestaltete gerechte Politik zu sehen. Dem Staat kommt daher die Verpflichtung zu, die Menschenrechte nicht nur selbst zu achten, sondern auch in soziale Beziehungen regulierend einzugreifen, wenn Rechte durch Dritte bedroht werden. Hieraus kann sich eine Spannung ergeben. Denn die im Sinne der Menschenrechte regulierende Gestaltungsmacht des Staates findet zugleich an eben diesen Rechten als Abwehrrechte eine Grenze. Der Staat ist nicht nur Verpflichteter, sondern nimmt in der dreistelligen Relation auch die Stellung des Garanten ein. Dieser Doppelrolle von Verpflichtetem und Garantem kann der Verfassungsstaat mit Hilfe der Gewaltenteilung nachkommen, denn die Grundrechtsträger als Berechtigte können mit rechtlichen wie politischen Mitteln die Geltung ihrer Rechte einfordern und verteidigen.

Wie sieht das Dreiecksverhältnis in Bezug auf den moralischen Geltungsanspruch der Menschenrechte aus? Auch hier lässt sich die Relation zwischen dem Berechtigten, dem Verpflichteten und dem Garanten analytisch ausmachen: Jeder Mensch ist Berechtigter und zugleich gegenüber dem Anderen Verpflichteter; und auch hier bedarf es einer dritten Instanz, die außerhalb dieser Beziehung liegt und vor der das wechselseitige Anerkennungsverhältnis dieser Rechte bezeugt wird. Diese Instanz ist allerdings nur eine gewissermaßen vorgestellte oder geglaubte Instanz – für die eine mag diese Funktion hier die Anrufung der Menschheit als Gemeinschaft symbolisch übernehmen, für religiös gebundene Menschen ist dies nicht allein die Menschheit, sondern auch Gott. Bekanntlich kommt diese doppelte Verantwortungsinstanz in prominenter – und umstrittener – Weise in der Präambel der deutschen Verfassung zum Ausdruck, wenn es heißt, dass sich das deutsche Volk dieses Grundgesetz, das ja ein explizites Bekenntnis zu den Menschenrechten im ersten Artikel enthält, „in Verantwortung vor Gott und den Menschen“ gegeben hat. Die dritte Instanz ist also durchaus in einem moralisch-normativen Sinn ein Faktor; sie ist aber keine Garantiemacht, wie der Staat es zu sein vermag, der die Durchsetzung der Rechte erzwingen kann. Das heißt nun wiederum nicht, dass der moralische Geltungsanspruch der Menschenrechte politisch vollkommen bedeutungslos wäre, denn je stärker die Idee der Menschheit als einer weltumspannenden Gemeinschaft in den Auffassungen, Solidaritätsgefühlen und sozialen Praktiken der Menschen verankert ist, desto größer ist die Chance, dass sich der Geltungsanspruch der Menschenrechte auch praktisch realisieren kann: Dann erkenne ich in jeder und jedem Anderen, der und die mir mit einem Anspruch auf Anerkennung ihrer jeweiligen gleichen Würde gegenübertritt, dass es sich um ein gleiches und gleichberechtigtes Mitglied der einen Menschheit als Gemeinschaft von Freien und Gleichen handelt – diesseits und jenseits der staatlichen Grenzen und diesseits und jenseits politischer Gemeinschaften.

Aufgrund dieser moralischen Verpflichtung geht von den Menschenrechten ein Geltungsanspruch auch in den Staaten aus, deren Regierungen den dort lebenden Menschen grundlegende Rechte vorenthalten – sei es, indem diese Rechte nicht hinreichend positiviert sind, sei es, indem keine funktionstüchtigen Verfahren vorhanden sind, die die Realisierung der Rechte garantieren. Von diesem Universalitätsanspruch kann man keine Abstriche machen. Autoritäre Regierungen fordern dies ein und reklamieren Respekt vor einer anderen als der westlich-liberalen kulturellen Entwicklung, die zu einem eigenen Menschenrechtsverständnis führe. Aber dann würde denjenigen Menschen, die als Dissidenten in Gefängnissen sitzen, auch noch der moralische Geltungsanspruch abgestritten, mit dem sie die Vorenthaltung ihrer Rechte beklagen können. Ja, dann würde das ganze Konzept aporetisch, denn anders als universell sind Menschenrechte als Menschenrechte nicht begründbar.[12] Der universelle Geltungsanspruch der Menschenrechte macht also vor territorial-staatlichen Grenzen nicht Halt, da er im staatlich gesetzten (verfassungsmäßigen oder internationalen) Recht nicht aufgeht – er besteht neben und unabhängig von der Positivierung wie gezeigt auch als ein moralischer Anspruch.

Die Frage ist nun, ob nicht dieser Universalitätsanspruch, um widerspruchsfrei erhoben werden zu können, auch auf die Welt jenseits politischer Gemeinschaften zu richten ist. Wenn der Geltungsanspruch universell ist, dann sind auch nicht-staatliche Gemeinschaften im Grundsatz nicht davon ausgenommen, das heißt auch Religionsgemeinschaften nicht. Dann kommt dem Staat als Garanten die Verpflichtung zu, den menschenrechtlichen Anspruch auch ihnen gegenüber wirksam werden zu lassen.

---

[12] Das sollte sich im Übrigen auch die postkoloniale Kritik am Universalismus oder Eurozentrismus klarmachen: Die Stoßrichtung ihrer Kritik stellt die normative Basis in Frage, auf deren Grundlage das Vorenthalten dieser Rechte überhaupt angeprangert werden kann. Vgl. jüngst als aktuelle Verteidigung des Universalismus O. *Boehm*, Radikaler Universalismus. Jenseits von Identität, Berlin 2022.

Die Begründung für die Prüfung, ob der Staat gegenüber Religionsgemeinschaften die aus den Menschen- und Grundrechten folgenden Freiheits- und Gleichheitsansprüche in Bezug auf deren interne Organisation durchsetzen soll und wenn ja, in welcher Weise, liegt also nicht darin, dass er sich mit bestimmten Strömungen innerhalb von Religionsgemeinschaften solidarisiert und diese gegen andere unterstützen will. Es geht mithin nicht etwa darum, dass der Staat hier einer Reformbewegung beizuspringen habe, wie sie sich gegenwärtig in der deutschen katholischen Kirche im Synodalen Weg organisiert hat. Dieser kann durchaus auch als eine soziale und geistige Bewegung innerhalb einer Religionsgemeinschaft verstanden werden, die dem moralischen Geltungsanspruch der Menschenrechte (für die Gläubigen in der Ebenbildlichkeit Gottes geschenkten menschlichen Würde begründet) folgt und versucht, diesem Anspruch mit einer erneuerten Ekklesiologie und einer anderen kirchlichen Verfasstheit gerecht zu werden. Denn obwohl die Kirche selbst in ihrer irdischen Gestalt rechtlich organisiert ist, kann das Recht in ihr kaum als Schutzmechanismus für Schwache gegenüber Inhabern von Herrschaftspositionen wirken und auch kaum als Grundlage einer fairen Konfliktregelung funktionieren, weil die entscheidende biblische Grundlage nicht wirksam geworden ist – denn in der kirchlichen Verfassung schlägt sich das Bild des Menschen als frei und entscheidungsbefähigt und die Vorstellung der gleichen Würde aller Christgläubigen, die gemeinsam das Gottesvolk bilden, nicht nieder: Die Amtsträger sind in ihrer Würde doch gleicher als die anderen Getauften, da aus der Gleichwürdigkeit im Kirchenrecht keine Rechtsgleichheit folgt. Für die katholische Kirche kann hier ein performativer Selbstwiderspruch konstatiert werden, da sie für die Organisation ihrer eigenen institutionellen Gestalt den mit dem Zweiten Vatikanum erfolgten Paradigmenwechsel nicht vollzogen hat: Die Universalität der Menschenrechte wird nun zwar anerkannt, sogar biblisch begründet und für die politischen Ordnungen eingefordert, aber die Menschenrechte werden nicht *ad intra* als ein Maßstab angelegt.

Wenn nun im nächsten Schritt diskutiert wird, ob und inwiefern der Verfassungsstaat in seiner Religionspolitik – auch der Verfassungsreligionspolitik – gegenüber Religionsgemeinschaften deren innere Verfasstheit einbeziehen kann oder soll, dann geht es also nicht darum, staatlicherseits auf solche innerreligionsgemeinschaftlichen Debatten Einfluss zu nehmen. Es geht vielmehr darum, ob und inwiefern aus dem menschenrechtlichen Geltungsanspruch dem Staat ein Auftrag erwächst, in seiner Religionspolitik Kriterien von Freiheit und Gleichheit zu berücksichtigen.

4. Religionspolitik

Die Gestaltungsmacht des Staates findet, wie gezeigt, eine Grenze an den grundrechtlich geschützten Freiheiten, aufgrund des Spannungsverhältnisses, das sich aus diesen ergibt. Das Spannungsverhältnis zeigt sich auch aus der Perspektive von Religionsgemeinschaften und Individuen. Grundsätzlich müssen auch Religionsgemeinschaften und Gläubige die allgemeinen Gesetze beachten – keine Person oder Organisation ist aus religiösen Gründen von der Pflicht der Rechtstreue ausgenommen. Aber gerade wenn religiöse Fragen berührt sind, kann es Ausnahmen geben. So kann der Staat Individuen, die aus Gewissensgründen bestimmte staatliche Normen nicht erfüllen können, diese von der Befolgung der Norm freistellen und eine Alternative auferlegen (etwa bei der Verweigerung des Kriegsdienstes aus Gewissensgründen). Eine Grenze findet dieser besondere Respekt vor religiösen Normen dort, wo elementare Grundrechtspositionen durch religiös motiviertes Handeln verletzt würden. Wie Klaus Rennert dies einmal zugespitzt hat: Vor einer religiösen Anordnungsnorm zur Witwenverbrennung kann das staatliche Recht nicht weichen.[13] Dies schlägt sich auch in der staatlichen Bewertung zum religiösen Verbot von Bluttransfusionen nieder – für nichteinwilligungsfähige Minderjährige als besondere Schutzbefohlene kann der religiösen Norm nicht der Vorrang gelassen werden. Weniger eindeutige, aber systematisch in diesen Kontext einzuordnende Fälle betreffen den Bereich des kirchlichen Arbeitsrechts. Inwieweit hier kirchliche Arbeitnehmerinnen und Arbeitnehmer sich auf das aus den Grundrechten abgeleitete Diskriminierungsverbot stützen können, um Ansprüche gegen die Kirchen als Arbeitsgeberinnen geltend zu machen, ist Gegenstand vieler juristischer Auseinandersetzungen.[14] Hier zeigt sich, wie die Menschenrechte, vermittelt über das staatliche Recht, durchaus in Religionsgemeinschaften hinein einen Geltungsanspruch erheben, der allerdings

[13] *K. Rennert*, Der Beitrag der staatlichen Justiz zu einer menschenrechtsgerechten Rechtsordnung im kirchlichen Raum, in: B. Kämper/K. Pfeffer (Hrsg.), Globale Menschenrechte und weltweite Verkündigung der christlichen Botschaft (Essener Gespräche zum Thema Staat und Kirche 52), Münster 2021, 133–150.

[14] Siehe hierzu den Beitrag von *K. Mangold* in diesem Band.

immer wieder neu ausgehandelt werden muss, wenn es sich um Bereiche handelt, für die strittig ist, ob sie zu den genuin religiösen Fragen gehören, in die sich der Staat aufgrund der Religionsfreiheit nicht einmischen können soll (etwa im prominenten Falle der Kündigung des wiederverheiraten Chefarztes im katholischen Krankenhaus).

Auch für Religionsgemeinschaften als Kollektive können also Ausnahmen geltend macht werden, ohne dass damit die Schranken des für alle geltenden Gesetzes aufgehoben werden (wie explizit in Art. 140 GG, respektive Art. 137 Abs. 3 WRV festgehalten). Aber die inneren Angelegenheiten wie Ämterordnung, Lehre, Kultus müssen nicht entlang der aus den Menschen- und Grundrechten abgeleiteten demokratischen und rechtsstaatlichen Prinzipien geordnet sein; hier nimmt der Verfassungsstaat seine ansonsten für gesellschaftliche Assoziationen vorgeschriebenen Anforderungen zurück.

In der religionsverfassungsrechtlichen Diskussion firmiert dies als Unterschied zwischen „Rechtstreue“ und „Staatstreue“ bzw. „Staatsloyalität“, was heißen soll, dass es im Unterschied zu der von allen gebotenen Rechtstreue keiner Loyalität im Sinne einer inneren Übereinstimmung mit den den Verfassungsstaat tragenden Prinzipien bedarf. Das Bundesverfassungsgericht hat diese auf das Bundesverwaltungsgericht zurückgehende Unterscheidung in seinem Urteil zur Beantragung des Status einer Körperschaft öffentlichen Rechts durch die Zeugen Jehovas aufgegriffen, aber das Kriterium der Staatsloyalität anders bewertet und die verwaltungsgerichtliche Begründung des verwehrten Körperschaftsstatus für die Zeugen Jehovas zurückgewiesen: Der Körperschaftsstatus könne nicht mit mangelnder Loyalität gegenüber dem demokratischen Verfassungsstaat begründet werden, da die Glaubens- und Gewissensfreiheit auch bedeutet, dass sich die Bürger gerade nicht in einem Verhältnis innerer Loyalität zum Staat befinden müssen; es kann nur das Verhalten bewertet werden.[15] Dazu gehört auch, ob die Grundrechtspositionen Schutzbefohlener angemessen geachtet werden. Der weltanschaulich-neutrale Verfassungsstaat verlangt also von den Religionsgemeinschaften und ihren Mitgliedern Rechtstreue, auch gegenüber den tragenden Verfassungsprinzipien in ihrem Außenverhalten; aber das Recht, auch das

---

[15] *BVerfGE*, Urteil des Zweiten Senats vom 19. Dezember 2000, www.bundesverfassungsgericht.de/SharedDocs/Entscheidungen/DE/2000/12/rs20001219_2bvr150097.html (Zugriff: 29.03.2023), Rn. 92–95.

Verfassungsrecht, muss dabei nicht für gut befunden werden.[16] Dass die Zeugen Jehovas sich nicht an demokratischen Wahlen beteiligen, sei im Rahmen ihrer religiösen Lehre begründet und nicht vom Staat zu bewerten. Es wird freilich auch der Gedanke nahegelegt, dass diese Nicht-Bewertung sich dann ändern muss, wenn große Teile der Bevölkerung diese Lehre teilen würden, weil dann durch die immer geringer werdende Wahlbeteiligung die demokratische Funktionsfähigkeit beeinträchtigt wird.[17] Das erinnert entfernt an eine Argumentation im NPD-Verbotsverfahren, wonach ein Verbot der NPD erst dann gerechtfertigt wäre, wenn sich eine hinreichende Gefahr durch eine entsprechende Wirkkraft der Partei auch in der Bürgerschaft ergebe (die jetzt keine nennenswerte Anhängerschaft in der Bevölkerung aufweist), was freilich das Problem aufwirft, dass es für ein Verbot, das die Sicherung der Demokratie bezweckt, womöglich dann schon zu spät wäre.[18] Hier wird jedenfalls ein

[16] In der politischen Theorie firmiert dies als Trennung von Legalität und Moralität und wird als Grundlage für die Möglichkeit legitimen Widerspruchs angesehen. Dass das positive Recht auf Befolgung als gewissermaßen äußere Übereinstimmung von Handlungen mit Rechtsnormen ausgelegt ist, nicht aber darauf, dass der Regelungsgehalt auch auf eine innere Übereinstimmung bei den Gesetzesadressaten trifft, lässt sich gut an einem aktuellen Beispiel erhellen, nämlich mit Blick auf die zahlreichen Demonstrationen gegen die Regierungspolitik in der Pandemie: Solange nur die Auflagen der Infektionsschutzgesetze und -verordnungen befolgt werden, konnte jeder und jede Corona für eine Erfindung böswilliger Regierungen halten, die nur auf die Gelegenheit gewartet haben, einen faschistoiden Vorsorge- und Hygienestaat einzurichten und grundrechtliche Freiheiten zu beschränken und dagegen demonstrieren und auch Klage einreichen.

[17] „Man müsste erwarten, dass sich die Haltung der Beschwerdeführerin in ihren praktischen Folgen negativ auf die vom Demokratieprinzip geforderte demokratische Legitimation der Staatsgewalt durch Wahlen auswirkt, wenn es ihr gelänge, erhebliche Teile der wahlberechtigten Bevölkerung von einer Teilnahme an staatlichen Wahlen abzuhalten. Das ist in den über hundert Jahren ihres Bestehens aber nicht der Fall gewesen. In ihrer auf Abgrenzung bedachten Haltung, die sich auf religiös begründete Verlautbarungen beschränkt und sich politischer Optionen enthält, übt die Beschwerdeführerin offenbar keinen spürbaren Einfluss auf Nichtmitglieder aus. Deshalb ist ihr Verhalten gegenüber staatlichen Wahlen ein Gesichtspunkt, der zwar bei der gebotenen typisierenden Gesamtbetrachtung Berücksichtigung finden kann, der aber für sich allein die Annahme einer Gefährdung der unantastbaren Gehalte des Demokratieprinzips nicht trägt.“ *BVerfGE*, Urteil des Zweiten Senats vom 19. Dezember 2000 (s. Anm. 15), Rn. 103.

[18] „Es fehlt jedoch an konkreten Anhaltspunkten von Gewicht, die eine Durchsetzung der von ihr verfolgten verfassungsfeindlichen Ziele möglich erscheinen lassen. Weder steht eine erfolgreiche Durchsetzung dieser Ziele im Rahmen der Beteiligung am Prozess der politischen Willensbildung in Aussicht, noch ist der Versuch einer Erreichung dieser Ziele durch eine der NPD zurechenbare Beeinträchtigung der Freiheit der politi-

Ansatzpunkt erkennbar, dass der Verfassungsstaat durchaus aus legitimen Gründen eine Bewertung religiöser Lehren vornehmen kann.

Bezogen auf die katholische Kirche lässt sich vor diesem Hintergrund zwar sagen, dass der im Lichte der Grund- und Menschenrechte als diskriminierend zu bewertende Ausschluss von Frauen vom Weiheamt, zudem die demokratietheoretisch problematische Machtkonzentration in der Leitungsstruktur, sowie die mangelnde Legitimations- und Rechenschaftspflichten der Inhaber von Weiheämtern gegenüber dem Kirchenvolk und schließlich auch die defizitären Rechtsschutzverfahren nicht die demokratische Funktionstüchtigkeit des Staates beeinträchtigen. Die katholische Kirche ist kein Fall für die wehrhafte Demokratie. Aber dass diese Struktur, wie hier gezeigt, einen Ermöglichungsraum für ein Verhalten bietet, welches die Rechte insbesondere von Schutzbefohlenen verletzt, das sollte der Staat durchaus gewichten. Gewichten ist aber nicht gleichbedeutend damit, dass in Bezug auf eine religiöse Lehre und religionsgemeinschaftliche Organisation der Verfassungsstaat dann sein schärfstes Mittel einsetzt: nämlich ein bestimmtes Verhalten durch ein Verbot zu erzwingen. Würde die katholische Kirche etwa als verfassungsfeindliche Organisation gewertet und verboten, liefe die Religionsfreiheit leer. Aber davon kann bei der Debatte über die Frage, ob die Bedingungen für die Verleihung und die Erhaltung des Körperschaftsstatus zu verändern sind, ja nicht die Rede sein. Keiner Religionsgemeinschaft würde das Existenzrecht beschnitten, wenn dieser Status nicht gewährt oder entzogen würde. Dieser kann vielmehr als ein weiches staatliches Instrument gelten, dass wie eine Subvention qualifiziert werden kann. Mit Subventionen gibt der Staat einen Anreiz, dass ein aus staatlicher Perspektive wünschenswertes Verhalten erbracht wird. Wird dieses Verhalten nicht gezeigt, ist es weiterhin erlaubt, ggf. auch rechtlich geschützt, aber eben nicht staatlicherseits noch durch weitere Maßnahmen besonders gefördert. So betrachtet fördert der Staat mit dem Rechts- und Privilegienbündel des Körperschaftsstatus den Status quo in der katholischen Kirche. Diejenigen, die derzeit in der Kirche die Leitungsgewalt innehaben, können diese nicht zuletzt auf der Basis der Ressourcen, die mit dem Körperschaftsstatus zugänglich gemacht werden, besonders gut verteidigen, da sie aufgrund der monokratischen Struktur exklusiven Zugang zu diesen

---

schen Willensbildung in hinreichendem Umfang feststellbar." Zusammenfassung des Urteils in der Pressemitteilung, www.bundesverfassungsgericht.de/SharedDocs/Pressemitteilungen/DE/2017/bvg17-004.html (Zugriff: 29.03.2023).

Ressourcen haben. Vor allem die staatliche Unterstützung bei der Einziehung der Kirchensteuer ist es, die die episkopale Leitung unempfindlich gegenüber dem Veränderungswillen des Kirchenvolks macht, da der Grundsatz des „No Taxation Without Representation" hier ausgehebelt ist. Der Körperschaftsstatus kann daher auch als eine Prämie für diejenigen angesehen werden, die in der Kirche die Macht haben, ihre Stellung und die antidemokratische Ordnung aufrecht zu erhalten.

Damit sind diese Ausführungen am Ende bei einem paradox anmutenden Ergebnis angelangt: Der demokratische Verfassungsstaat scheint faktisch mit dem Verzicht auf eine Reform zugunsten qualifizierter Bedingungen bei der Gewährung und Erhaltung des Körperschaftsstatus gerade diejenigen Kräfte in der katholischen Kirche zu stabilisieren, die die undemokratische und menschenrechtsferne Verfasstheit repräsentieren. Dem universellen Geltungsanspruch der Menschenrechte, für die doch der Verfassungsstaat eine – im Bewusstsein der Spannungsverhältnisse maßvoll auszuübende – Garantenstellung hat, ist damit nicht gedient.

5. Fazit

Den universellen Menschenrechten wohnen ein moralischer und ein juridischer Geltungsanspruch inne. Dass jeder Mensch dem anderen die Anerkennung der gleichen Würde schuldet, ist Ausdruck des moralischen Selbstverständnisses des Menschen als Person. Dem Staat kommt als Garanten die Aufgabe zu, den Menschenrechten zur Wirksamkeit zu verhelfen. Wenn es gesellschaftliche Bereiche gibt, in denen die Konsequenzen, die aus dieser gleichen Würde folgen, nicht wirksam sind – wie in der institutionellen Verfasstheit der katholischen Kirche der Fall – dann wirft dies die Frage auf, inwiefern der Staat hier seiner Garantenfunktion nachkommen und auf eine Änderung hinwirken sollte. Hier ist allerdings im selben Atemzug das Spannungsverhältnis zu betonen, das aus den Menschenrechten als Grundrechten folgt. Denn diese bilden einen Freiraum aus, der die individuelle und gesellschaftliche Freiheitssphäre vor staatlicher Regulierung schützt und diese abwehrt. Es gibt also keine staatlich durchzusetzende Pflicht, dass alle nichtstaatlichen Verbände demokratisch organisiert sein müssen. Dies gilt für die Wissenschaft, die Familie, die Wirtschaft und gerade die Integrität der individuellen Gewissensentscheidungen und religiöse Entscheidungen, Haltungen und Praktiken sind besonders geschützt. Die in den Grundrechten positivierten

Menschenrechte garantieren also einerseits die freien Betätigungsformen auch in Glaubensangelegenheiten, aber beinhalten andererseits zugleich einen aus Freiheit und Gleichheit resultierenden Maßstab. Dies gilt insbesondere, wenn die spezifische Organisationsweise einer Religionsgemeinschaft wie in der katholischen Kirche der Fall mit besonderen Risiken für die Grundrechtssphäre von Schutzbefohlenen einhergeht. Um diesem Spannungsverhältnis gerecht zu werden, kann der normative Maßstab der Freiheit und Gleichheit zwar nur maßvoll vom Staat gegenüber den Religionsgemeinschaften angelegt werden, er kann aber nicht ganz außer Acht gelassen werden. Freiheit und Gleichheit als Maßstab für die Organisationsprinzipien in Religionsgemeinschaften können nicht mit den harten Mitteln des Rechtszwanges durchgesetzt werden, etwa durch ein dem Parteienverbot vergleichbares Verbot solcher Religionsgemeinschaften, die in ihrer internen Organisation weder demokratisch noch rechtsstaatlich organisiert sind und auch nicht durch einzelgesetzliche Vorschriften für deren innere Organisation. Dies würde die Freiheitlichkeit des säkularen Verfassungsstaates unterlaufen, die gerade in der Anerkennung der Glaubens- und Gewissensfreiheit ihr A und O findet, die auch die Glaubenslehre wie die daraus folgende Verfasstheit einer Religionsgemeinschaft umgreift. Aber dem Spannungsverhältnis kann mit der Anwendung weicherer staatlicher Instrumente Rechnung getragen werden. Die Ampelkoalition sollte daher das Religionsverfassungsrecht auch in dieser Hinsicht modernisieren und neue Kriterien für die Bedingungen der Verleihung und Aufrechterhaltung des Körperschaftsstatus nach dem Maßstab der Menschenrechte erarbeiten.

II. Sexueller Missbrauch in den Kirchen und die Rolle des Staates

Victim or Non-Victim?
Über die problematische Einordnung von Missbrauch an Erwachsenen zwischen kirchlichen und staatlichen Regelungen

Ute Leimgruber

Seit einiger Zeit nehmen in der theologischen Missbrauchsforschung die Thematik erwachsener Personen als mögliche Opfer[1] und die komplexen Zusammenhänge rund um das Verständnis von Missbrauch und seiner ihm zugrundeliegenden, meist verborgenen Muster[2] einen wichtigen Raum ein. Bereits in den ersten Analysen des Phänomens von sexuellem Missbrauch an erwachsenen Frauen in der Kirche wurde offenkundig, dass eine der zentralen Kategorien die sexuelle Selbstbestimmung der beteiligten Personen sein müsse.[3] Lange Zeit hieß es insbesondere im binnenkirchlichen Umfeld, es gäbe grundsätzlich keinen Missbrauch von erwachsenen Personen, denn diese könnten schließlich „nein" sagen – käme es also zu sexuellen Handlungen, könne man davon ausgehen, dass es einvernehmliche Handlungen gewesen seien. Erst in jüngerer Zeit wird auch in der Kirche rezipiert, dass Einvernehmlichkeit und die Frage von Schutz- und Hilfebedürftigkeit nicht unkompliziert zu behaupten sind.

---

[1] Vgl. u. a. *U. Leimgruber/D. Reisinger* (Hrsg.), Special Issue „Sexual and Spiritual Violence against Adult Men and Women in the Catholic Church", in: Religions 2022, 13, www.mdpi.com/si/77127 (Zugriff: 01.02.2023); *B. Haslbeck/R. Heyder/U. Leimgruber/D. Sandherr-Klemp* (Hrsg.), Erzählen als Widerstand. Berichte über spirituellen und sexuellen Missbrauch an erwachsenen Frauen in der katholischen Kirche, Münster 2020.

[2] Vgl. *U. Leimgruber*, Missbrauchsmuster, www.missbrauchsmuster.de (Zugriff: 01.02.2023); *B. Haslbeck/M. Hürten/U. Leimgruber*, Missbrauchsmuster – hidden patterns of abuse (20.12.2022), www.feinschwarz.net/missbrauchsmuster (Zugriff: 01.02.2023).

[3] Vgl. *K. Byrne*, Understanding the Abuse of Adults by Catholic Clergy and Religious, Kearney 2010; *R. Heyder/U. Leimgruber*, Erwachsene Frauen sind Opfer sexuellen und spirituellen Missbrauchs in der Kirche. Was aus den Berichten von Betroffenen zu lernen ist, in: B. Haslbeck et al. (Hrsg.), Erzählen als Widerstand. Berichte über spirituellen und sexuellen Missbrauch an erwachsenen Frauen in der katholischen Kirche, Münster 2020, 187–220. In den evangelikalen Kirchen wurde das Problem sehr viel früher behandelt, vgl. *M. Fortune/J. Poling*, Sexual Abuse by Clergy: A Crisis for the Church, Eugene (OR) 2004.

Um diese Fragen nach der sexuellen Selbstbestimmung und der Einvernehmlichkeit bei sexuellen Handlungen aus binnenkirchlicher Sicht wird es im ersten Teil des vorliegenden Artikels gehen. Im zweiten Teil wird die Perspektive gewendet und gefragt, ob und ggf. wie Handlungen gegen das sexuelle Selbstbestimmungsrecht, insbesondere in Macht- und Abhängigkeitsverhältnissen im kirchlich-institutionellen Kontext, rechtlich geregelt sind. Hier gilt es auch den Geltungsanspruch des § 174c StGB zu diskutieren, in dem sexueller Missbrauch unter Ausnutzung eines Beratungs-, Behandlungs- oder Betreuungsverhältnisses behandelt wird, und der die sexuelle Selbstbestimmung von Personen schützt, die sich in solchen Verhältnissen befinden: Inwiefern sind Seelsorgeverhältnisse in den Geltungsbereich des § 174c StGB einzugliedern? In einem abschließenden Fazit blickt der Text auf weitere offene Fragen im Bereich zwischen Kirche und Staat hinsichtlich des Missbrauchs von erwachsenen Personen.

1. Die römisch-katholische Kirche und das sexuelle Selbstbestimmungsrecht – Von einem Rechtsgut und seiner (Nicht-)Anerkennung

Sexuelle – und meist damit zusammenhängend: spirituelle – Gewalt gegen erwachsene Personen, die durch katholische Verantwortungsträger*innen begangen wurde, war bis vor kurzem in der Öffentlichkeit mehr oder weniger unsichtbar. Während die Missbrauchsverbrechen an Kindern und Jugendlichen spätestens seit 2010 und der MHG-Studie aus dem Jahr 2018 nicht länger aus der öffentlichen Wahrnehmung verbannt werden konnten, wurden entsprechende Taten an erwachsenen Personen lange nicht als Missbrauch anerkannt. Erst durch Betroffenenberichte und die Fernsehdokumentation „Gottes missbrauchte Dienerinnen“ aus dem Jahr 2019[4] gewann die Tatsache, dass auch Erwachsene von Missbrauch betroffen sind, in Deutschland an Aufmerksamkeit. Immer wieder wurden und werden einzelne Fälle in den Medien publik gemacht,[5] gibt es punktuelle Aufmerksamkeit auch seitens kirchlicher Ver-

---

[4] Vgl. *E. Quintin/M.-P. Reimbault*, Gottes missbrauchte Dienerinnen, ARTE Frankreich 2017, www.arte.tv/de/videos/078749-000-A/gottes-missbrauchte-dienerinnen (Zugriff: 01.02.2023); D. *Wagner*, Nicht mehr ich. Die wahre Geschichte einer jungen Ordensfrau, München 2016; *B. Haslbeck* et al. (Hrsg.), Erzählen als Widerstand (s. Anm. 1).

[5] Zum Beispiel der „Fall Ellen Adler“, vgl. www.saechsische.de/kriminalitaet/bischoefe-streiten-um-missbrauchsordnung-5434590.html (Zugriff: 01.02.2023); der „Fall Karin Weißenfels“, vgl. u. a. C. *Florin*, Zwei Priester, zwei Bischöfe und das Trauma der Karin

antwortlicher und hin und wieder erhält die Frage nach erwachsenen Betroffenen Raum bei Fachtagungen. Dennoch scheint es, als würde dieses – systemisch wie theologisch hochrelevante – Phänomen bislang noch nicht in der Breite der kirchlichen wie theologischen Diskurse ernst genommen.[6]

1.1 Erwachsene Betroffene in diözesanen Missbrauchsgutachten

Als Beispiel sei genannt, dass viele der Missbrauchsstudien, die von Seiten der deutschen Diözesen in den vergangenen Jahren herausgegeben wurden, fast ausschließlich auf die Aufdeckung von Missbrauch an Kindern, Jugendlichen oder besonders schutz- bzw. hilfebedürftigen Personen ausgerichtet sind. Missbrauch an (nicht eindeutig schutz- und hilfebedürftigen) Erwachsenen kommt in den bislang veröffentlichten Gutachten jedenfalls kaum vor.[7] In einigen werden bestimmte Vorfälle zwar genannt, aber schließlich als nicht relevant gekennzeichnet, z. B. im Gutachten des Bistums Hildesheim, mit dem Hinweis, dass sich die Vorwürfe gegen den mutmaßlichen Täter „auf sexuelle Beziehungen zu erwachsenen Frauen“ beziehen und deswegen nicht weiter verfolgt würden. Wer den Missbrauch von erwachsenen Personen als marginal oder nicht-existierend behauptet, ignoriert die Ausmaße des Missbrauchs und/

W., www.deutschlandfunk.de/missbrauchsverdacht-im-bistum-trier-zwei- priester-zwei-100.html (Zugriff: 01.02.2023); und jüngst der „Fall Rupnik“, vgl. u. a. *L. Ring-Eifel*, Übergriffs-Vorwürfe gegen bekannten Jesuiten – Schützte ihn der Papst?, www.katholisch.de/artikel/42430-uebergriffs-vorwuerfe-gegen-bekannten-jesuiten-schuetzte-ihn-der-papst (Zugriff: 01.02.2023).

[6] Vgl. *S. Kiechle*, Missbrauch Erwachsener. Geistliche und sexuelle Übergriffe im kirchlichen Kontext, in: Stimmen der Zeit 9 (2022), 643–651. Es ist Stefan Kiechle darin zuzustimmen, dass der Missbrauch an Erwachsenen „schwerer zu fassen ist als der an Minderjährigen, und […] schwerer ins Bewusstsein zu bringen“ (ebd., 651), allerdings gibt es deutlich mehr an Forschung und ist das Thema schon länger in der Öffentlichkeit, als Kiechle das in seinem Text behauptet.

[7] In einigen wenigen Studien werden Erwachsene als Betroffene in den Blick genommen, bislang allerdings nicht in den deutschen diözesanen Gutachten, sondern in Gutachten, die sich mit einzelnen geistlichen Gemeinschaften bzw. Tätern beschäftigen, z. B. zu Philippe Thomas und Jean Vanier / L'Arche: www.commissiondetude-jeanvanier.org/commissiondetudeindependante2023-empriseetabus/wp-content/uploads/2023/01/Report_Control-and-Abuse_EN.pdf (Zugriff: 25.03.2023), Theodore McCarrick oder zu den sog. Fidei-Donum-Akten: www.dbk.de/fileadmin/redaktion/microsites/Sexualisierte_Gewalt_und_Praevention/Dokumente/Untersuchung_Akten_Fidei_Donum.pdf (Zugriff: 01.02.2023).

oder bagatellisiert Missbrauchstaten und -verbrechen.[8] Auch deshalb sind autobiografische Berichte so wichtig, weil sie Missbrauch beschreiben, der entweder gar nicht in Akten aufgenommen wurde oder zwar (zum Teil) in den Akten vorfindbar wäre, aber für Gutachten oder Studien als nicht relevant angesehen wird. Dies ist besonders auffällig bei weiblichen Betroffenen, da hier entlang des Alters unterschieden wird zwischen Missbrauch (= Minderjährige) und Nicht-Missbrauch (= Erwachsene). Es geht dann meist um „Beziehungen von Priestern mit Frauen“, die beschönigend als „Affäre“ oder „Verhältnis“ bezeichnet werden und damit als zu untersuchende Fälle für Missbrauchs-Gutachten nicht in Frage kommen. Ein Beispiel dafür ist der im Jahr 2022 herausgegebene Zwischenbericht für das Bistum Osnabrück.[9] Dort geht es u. a. um einen „Sachverhalt […], der Generalvikar Heitmeyer betrifft. Nach dessen Entpflichtung vom Amt des Domdechanten teilte eine erwachsene Frau […] mit, dass Heitmeyer um das Jahr 2000 bei ihr im Rahmen einer seelsorglichen Beziehung massive Grenzüberschreitungen durch sexualisierte Sprache, bedrängende Fragen und Berührungen begangen habe. 2014 meldete sich eine weitere Frau […]. Sie gab an, dass Heitmeyer in den 1970er Jahren mit ihr ein zweijähriges sexuelles Verhältnis unterhalten habe, das sich aus einer geistlichen Begleitung ergab. Die Frau beschrieb das Verhalten von Heitmeyer als manipulativ, es sei keine Beziehung auf Augenhöhe gewesen. Heitmeyer gab die beschriebenen Verhaltensweisen bei Konfrontationen grundsätzlich zu. Da es sich bei den genannten Frauen in diesen von Ungleichheit geprägten Beziehungen nicht um Minderjährige oder besonders schutz- bzw. hilfebedürftige Personen handelte, fallen die Handlungen Heitmeyers an sich *nicht in den Rahmen des laufenden Forschungsprojekts.* Heitmeyer war allerdings persönlich in vielen Fällen mit der Bearbeitung von Übergriffen anderer Kleriker befasst. Um sein Handeln korrekt einzuordnen, ist es eine wichtige Hintergrundinformation, dass der Generalvikar selbst *problematische sexuelle Verhaltensweisen* zeigte.“ (49f; Hervorheb. U. L.)

Sexuelle Handlungen in seelsorglichen Abhängigkeitsverhältnissen als „problematische sexuelle Verhaltensweisen“ zu beschreiben, ist einerseits

---

[8] Vgl. auch zum „Fall Rupnik“: *R. Heyder*, Der Fall Marko Ivan Rupnik: Erfolg als Täterstrategie, in: HK 3 (2023), 35–39.

[9] *J. Schmiesing* et al., Betroffene – Beschuldigte – Kirchenleitung. Sexualisierte Gewalt an Minderjährigen sowie schutz- und hilfebedürftigen Erwachsenen durch Kleriker im Bistum Osnabrück seit 1945. Zwischenbericht: Pflichtverletzungen der Bistumsleitung, Osnabrück 2022.

eine kritikwürdige, da verharmlosende Formulierung, andererseits deutet sie auf die Wurzeln des epistemischen Problems hin. Denn der Auszug aus dem Osnabrücker Zwischenbericht veranschaulicht, wie erwachsene Frauen als Geschädigte unsichtbar bleiben, wie ihr sexuelles Selbstbestimmungsrecht und eine eventuelle Verletzung desselben gar nicht erst thematisiert werden. Die Perspektive des Zwischenberichts ist wie bei fast allen derartigen Gutachten auf „Minderjährige oder besonders schutz- bzw. hilfebedürftige Personen“ gerichtet, das Geschehen unter Erwachsenen fällt „nicht in den Rahmen des laufenden Forschungsprojekts“[10]. Im breiten Diskurs über Missbrauch bzw. sexuelle/sexualisierte Gewalt und damit verbunden im Blick auf Aufklärung und Anerkennungsleistungen wird erwachsenen Frauen abgesprochen, Opfer von Missbrauch werden zu können, solange sie nicht den Bestimmungen der Schutz- und Hilfebedürftigkeit[11] unterliegen (allerdings wird dies selten geprüft bzw. wird nichts über eine eventuelle Prüfung ausgesagt). Entsprechende Fälle von sexuellen Handlungen sind – wenn sie denn gemeldet worden sind – meist nicht schriftlich dokumentiert, mit fatalen Folgen für die Wahrnehmung bzw. Sichtbarkeit des Phänomens (und die diesbezügliche Forschung): „Quod non est in actis, non est in mundo“[12].

1.2 Eingriffe in das sexuelle Selbstbestimmungsrecht

Im staatlichen Bereich gab es in den vergangenen Jahrzehnten, was die Frage nach sexuellem Missbrauch angeht, eine bemerkenswerte Rechtsentwicklung. In Deutschland wird sexuelle Selbstbestimmung staatlicherseits als Recht anerkannt, garantiert und geschützt. Die Strafrechts-

---

[10] Die Problematik schutz- und hilfebedürftiger Personen in der Missbrauchsdebatte vgl. *B. Haslbeck/R. Heyder/U. Leimgruber*, Erzählen ist Widerstand. Zur Einführung, in: dies. (Hrsg.), Erzählen als Widerstand: Berichte über spirituellen und sexuellen Missbrauch an erwachsenen Frauen in der katholischen Kirche, Münster 2020, 13–24.

[11] Vgl. *Deutsche Bischofskonferenz*, Ordnung für den Umgang mit sexuellem Missbrauch Minderjähriger und schutz- oder hilfebedürftiger Erwachsener durch Kleriker und sonstige Beschäftigte im kirchlichen Dienst, Bonn 2019, www.dbk.de/fileadmin/redaktion/diverse_downloads/dossiers_2019/2019-207a-Ordnung-fuer-den-Umgang-mit-sexuellem-Missbrauch-Minderjaehriger.pdf (Zugriff: 01.02.2023).

[12] Vgl. *U. Leimgruber*: „Quod non est in actis, non est in mundo“ – Über die Problematik ordnungsgemäßer Dokumentation im Fall von Missbrauch an erwachsenen Frauen, in: A. Middelbeck-Varwick/D. Reisinger (Hrsg.), Kirchliche Macht und kindliche Ohnmacht. Konturen, Kontexte und Quellen theologischer Missbrauchsforschung, Münster 2023 (i. E.).

reform im Jahr 2016 etablierte die sog. „Nein-heißt-Nein“-Lösung; die §§ 174–184i StGB bestimmen die Verletzung der sexuellen Selbstbestimmung als strafwürdige Rechtsverletzung. Dies ist insbesondere bei erwachsenen Personen seit 2016 die maßgebliche Richtschnur.[13] Grundsätzlich ist von der Strafwürdigkeit aller nicht-einvernehmlichen Sexualkontakte auszugehen. Dies bedeutet, dass ein Eingreifen von Strafverfolgungsbehörden und Justiz zum Schutz der sexuellen Selbstbestimmung bei nicht-einvernehmlichen Sexualkontakten prima facie geboten ist.[14] Kirchlicherseits spielen sexuelle Selbstbestimmung und nicht-einvernehmliche Sexualkontakte zwischen Erwachsenen quasi keine Rolle in Theologie und Lehre, ebenso wenig in den Feldern der Prävention oder Aufarbeitung von sexuellem Missbrauch, weswegen Betroffene überhaupt erst um die Möglichkeit als Betroffene einer solchen, als strafwürdig anzusehenden Tat kämpfen müssen. In der überarbeiteten Form des kirchlichen Strafrechts aus dem Jahr 2021 wurde festgelegt, dass der sexuelle Missbrauch Minderjähriger und habituell in ihrem Vernunftgebrauch eingeschränkter Personen nicht mehr als klerikale Standespflichtverletzung behandelt wird, sondern unter Straftaten gegen menschliches Leben, Würde und Freiheit fällt. Blickt man aber auf sexuellen Missbrauch gegenüber Erwachsenen, so gilt dies nicht. Die Kirchenrechtlerin Judith Hahn führt dazu aus: „[…] setzen Kleriker sexuelle Gewalt gegenüber Erwachsenen ein, wird dies weiterhin zuvörderst als Zölibatsproblem wahrgenommen (c. 1395 § 3 CIC/1983). Vergewaltigung und sexuelle Nötigung durch Einsatz physischer und psychischer Gewalt, einschließlich geistlichen Missbrauchs, erfuhren [im neuen Strafrecht; U. L.] keine Neuqualifizierung.“[15] Dies zeige in besonderer Weise auf, dass das kirchliche Strafrecht dem Schutz der sexuellen Selbstbestimmung nach wie vor „bleibend wenig Aufmerksamkeit schenkt. Der Gesetzgeber behandelt sexuelle Gewalt von Klerikern gegenüber Erwachsenen weiterhin als disziplinarisches Problem. Hierdurch zeigt er an, dass er der sexuellen Selbstbestimmung als Aspekt der menschlichen Würde

---

[13] Vgl. *D.-S. Valentiner*, Das Grundrecht auf sexuelle Selbstbestimmung: Zugleich eine gewährleistungsdogmatische Rekonstruktion des Rechts auf die freie Entfaltung der Persönlichkeit, Baden-Baden 2021.

[14] *R. Vavra*, Die Strafbarkeit nicht-einvernehmlicher sexueller Handlungen zwischen erwachsenen Personen, Baden-Baden 2020, 149–151.

[15] *J. Hahn*, Neue Härte gegen Missbrauch? Beobachtungen zur kirchlichen Strafrechtsreform, www.feinschwarz.net/neue-haerte-gegen-missbrauch-beobachtungen-zur-kirchlichen-strafrechtsreform (Zugriff: 01.02.2023).

keinen gesonderten Stellenwert zuerkennt. Ob ein effektiver Kampf gegen Missbrauch ohne einen grundlegenden Perspektivwechsel in der kirchlichen Sicht auf sexuelle Integrität gelingen kann, ist fraglich"[16], so die Einschätzung von Judith Hahn. Der vatikanische Kirchenrechtler Markus Graulich sagte in einem Interview auf die Frage, ob es das „Recht auf sexuelle Selbstbestimmung" im Kirchenrecht gebe: „Das ist ein Begriff, der im staatlichen Recht verwendet werden kann, im Kirchenrecht aber keine Basis hat."[17] Staatlicherseits kann eine Person also Eingriffe in das sexuelle Selbstbestimmungsrecht geltend machen, im kirchlichen Strafrecht nicht.

Was bedeutet diese Diskrepanz in den Rechtsgütern für das Wissen über, die Rezeption und die Aufklärung von Missbrauchsfällen in der Kirche? Die enorme Tragweite der Tatsache, dass im kirchlichen Recht das sexuelle Selbstbestimmungsrecht geschützt wird und Menschen deren Verletzung also nicht geltend machen können, wird in den Debatten um sexuellen Missbrauch insbesondere von erwachsenen Personen deutlich: Ein Rechtsgut, das der Staat für seine Bürger*innen festschreibt und schützt, wird den Menschen von der Kirche nicht einmal zuerkannt. Die Konsequenzen sind vielfältig. Beispielsweise werden entsprechende Vorfälle nicht von der kirchlichen Aufklärungsintention erfasst und fallen damit auch nicht unter die spezifisch kirchenrechtliche Regelung von Missbrauchsfällen (wonach, so die Ordnung der Deutschen Bischofskonferenz, Verjährung derogiert oder der Täter bei entsprechender Beweislage vom Dienst freigestellt werden kann), auch hat es Folgen u. a. im Bereich entsprechender finanzieller „Anerkennungsleistungen"[18]. Für viele Betroffene ist es enorm wichtig, dass das ihnen Widerfahrene auch von Seiten der Täterorganisation als Missbrauch, d. h. als Unrecht, anerkannt wird. Eine Nichtanerkennung ist mit einer weiteren Viktimisierung gleichzusetzen.

---

[16] Ebd.

[17] *R. Juchem*, Kirchenrechtler Graulich: Neues Strafrecht braucht Mentalitätswandel, www.katholisch.de/artikel/32271-kirchenrechtler-graulich-neues-strafrecht-braucht-mentalitaetswandel (Zugriff: 01.02.2023).

[18] Vgl. *Deutsche Bischofskonferenz*, Ordnung für das Verfahren zur Anerkennung des Leids, Bonn 2020/2021, www.dbk.de/fileadmin/redaktion/diverse_downloads/dossiers_2021/2021-ORDNUNG-Verfahren-zur-Anerkennung-des-Leids.pdf (Zugriff: 01.02.2023).

2. Sexuelle Handlungen innerhalb von Macht- und Abhängigkeitsverhältnissen in der Kirche

Sexuelle Übergriffe gegen erwachsene Personen stellen in der Kirche ein erhebliches Problem dar. Denn auch aufgrund der fehlenden Anerkennung des sexuellen Selbstbestimmungsrechts im Gegensatz zum staatlichen Strafrecht gibt es in der Kirche keine ausreichenden Schutzregelungen, die explizit auf sexuellen Missbrauch von Erwachsenen abheben. Sexuelle Missbrauchstaten in der Kirche geschehen zumeist in unterschiedlichen Abhängigkeitsverhältnissen, z. B. im Rahmen von Dienstverhältnissen oder Seelsorgesettings. Die Folgen für die Betroffenen sind differenziert zu betrachten.

2.1 Arbeitsverhältnisse

Bei Vorfällen rund um ein Arbeitsverhältnis gilt neben den strafrechtlichen Regelungen u. a. auch das Allgemeine Gleichstellungsgesetz. Neben schwereren Verletzungen des sexuellen Selbstbestimmungsrechts wie z. B. Vergewaltigung (§ 177 StGB) ist v. a. sexuelle Belästigung in kirchlichen Arbeitsverhältnissen ein gravierendes Problem. § 3 Abs. 4 AGG stellt klar, dass „ein unerwünschtes, sexuell bestimmtes Verhalten, wozu auch unerwünschte sexuelle Handlungen und Aufforderungen zu diesen, sexuell bestimmte körperliche Berührungen, Bemerkungen sexuellen Inhalts sowie unerwünschtes Zeigen und sichtbares Anbringen von pornographischen Darstellungen gehören" als sexuelle Belästigung anzusehen ist, durch das die Würde der betreffenden Person verletzt wird. Und § 184i StGB reiht sexuelle Belästigung unter die Straftaten gegen die sexuelle Selbstbestimmung. Fälle sexueller Belästigung in der Kirche werden in der Öffentlichkeit meist entsprechend der bereits erwähnten Muster wahrgenommen. Eine der Autorinnen in „Erzählen als Widerstand", Josefine Mindel, beschreibt sexuelle Belästigung als „Anfass-Sucht" mancher Kleriker: „Mein Eindruck war, dass diese Priester suchtartig betatschen mussten, dass sie es brauchten, untergeordnete Frauen anzufassen."[19] Sie weist damit darauf hin, dass im Arbeitskontext sexuelle Belästigung in der Regel eng mit Machtausübung und Hierarchien

[19] *J. Mindel*, Die Anfass-Sucht, in: B. Haslbeck et al. (Hrsg.), Erzählen als Widerstand: Berichte über spirituellen und sexuellen Missbrauch an erwachsenen Frauen in der katholischen Kirche, Münster 2020, 131.

zusammenhängt. Der Umgang der Kirche mit solchen Fällen ist bislang nicht erforscht, einzelne Fälle sind in die Medien gelangt. So wurde im Jahr 2022 bekannt, dass einem Priester im Bistum Limburg sexuelle Belästigung vorgeworfen wurde, u. a. von einer Frau, die sich zum Zeitpunkt der Taten in der Ausbildung zur Pastoralreferentin befand. „Um nicht weiter mit dem Mann arbeiten zu müssen, hatte sich die junge Frau damals an den Personaldezernenten gewandt. Es folgten Gespräche und schließlich Versetzungen. Allerdings habe man sie angewiesen, nicht mit Dritten über die Gründe für den Stellenwechsel zu sprechen. [...] Schon damals habe sie sich nicht wirklich ernst genommen gefühlt. [...] In Zeiten lange vor der ‚MeToo'-Bewegung und vor dem Bekanntwerden des Missbrauchsskandals in der Kirche habe sie vermittelt bekommen: Zwischen Erwachsenen könne es keinen Missbrauch geben. Eine erwachsene Frau sei nicht schutzbedürftig. Sie sei alt genug, um Stopp zu sagen, um eine Grenze zu setzen. [...] Erst das Bekanntwerden der Missbrauchsfälle 2010 habe sie veranlasst, sich doch an den Missbrauchsbeauftragten der Kirche zu wenden, der sie an eine Stelle für sexuelle Belästigung am Arbeitsplatz weitergeleitet habe."[20] An dieser Stelle soll besonders auf die narrative Einordnung der Vorfälle hingewiesen werden, denn von Seiten der Kirchenverantwortlichen wurde mit dem Hinweis, es habe sich nicht um Minderjährige gehandelt und die Vorfälle seien noch nicht strafbar gewesen,[21] eine weitere Debatte beendet bzw. die Vorfälle nicht in den Komplex sexueller Missbrauch in der Kirche eingeordnet. Mit anderen Worten: Eine Tat, die nach dem StGB ggf. als Straftatbestand zu werten wäre, wird von Kirchenverantwortlichen mit dem Hinweis auf das Alter der Betroffenen relativiert; erneut ein Hinweis darauf, dass sexuelle Selbstbestimmung als Rechtsgut keinen Stellenwert in der kirchlichen Beurteilung der Vorkommnisse hat. Dabei würde auch die Regelung der Deutschen Bischofskonferenz bei entsprechender Aus-

---

[20] *R. Dieckmann/B. Müller*, Der Umgang des Bistums Limburg ist die viel größere Dimension des Leids, www.hessenschau.de/gesellschaft/opfer-sexueller-belaestigung-durch-priester-der-umgang-des-bistums-limburg-ist-die-viel-groessere-dimension-des-leids-v1,bistum-limburg-baetzing-sexuelle-belaestigung-100.html (Zugriff: 01.02.2023). Zuerst wurde der Fall veröffentlicht von *L. Glum/R. Löbbert*, Nur ermahnt, nicht bestraft. Warum hat Bischof Georg Bätzing einen Priester befördert, der zwei Frauen belästigte?, www.zeit.de/2022/22/georg-baetzing-sexuelle-uebergriffe-frauen-pfarrer (Zugriff: 01.02.2023).

[21] Im besagten Fall in Limburg waren die Vorfälle nach dem StGB nicht relevant, da sie im Jahr 2007 stattgefunden haben. Sexuelle Belästigung gem. § 184i StGB ist erst seit 2016 strafbar.

legung ermöglichen, derartige Fälle in Arbeitsverhältnissen als sexuellen Missbrauch zu ahnden. Dort heißt es nämlich, dass sich die Ordnung unter Berücksichtigung der Besonderheiten von Einzelfällen auch „auf Handlungen unterhalb der Schwelle der Strafbarkeit" bezieht (Art. 2d). Dies könnte bei einer weniger täterfreundlichen Auslegung der Ordnung durchaus positive Auswirkungen auf eine die Opfer berücksichtigende Wahrnehmung der Vorfälle haben. Ein weiteres: Die Ordnung bezieht sich neben Minderjährigen auf schutz- oder hilfebedürftige Erwachsene, dazu gehören nach dem Wortlaut der Ordnung sowohl Schutzbefohlene im Sinne des § 225 Abs. 1 StGB als auch Personen, „die einem besonderen Macht- und/oder Abhängigkeitsverhältnis unterworfen sind."[22] Arbeitsbeziehungen zwischen Vorgesetzten und Angestellten oder Personen, die noch in der Ausbildung sind, könnten als solche besonderen Macht- und/oder Abhängigkeitsverhältnisse im Sinne der Missbrauchsordnung verstanden werden, so dass die Lücke zwischen staatlichem Recht und kirchlichen Regelungen geschlossen würde. Angestellten ist es z. B. aufgrund des im Arbeitskontextes bestehenden Abhängigkeitsverhältnisses nicht ohne weiteres möglich, „nein" zu sagen, z. B. aufgrund einer Angst vor der Verschlechterung der eigenen Lage oder – gerade im kirchlichen Kontext – einer Vermischung von dienstrechtlichen (d. h. auch finanziellen/existenziellen) Kontexten mit seelsorglichen oder spirituellen Betreuungskontexten, z. B. im Ordensleben. Es bräuchte also eine intensivere Erörterung der Zusammenhänge zwischen einem „besonderen Macht- und/oder Abhängigkeitsverhältnis" und seiner Auswirkung auf die Unwirksamkeit der Zustimmung zu sexuellen Handlungen[23] bzw. der Interpretation der diesen Verhältnissen unterworfenen Personen als schutz- und hilfebedürftig. Der Gewinn wäre nicht nur eine höhere Rechtssicherheit, sondern erneut die Anerkennung des Betroffenenstatus mit entsprechenden (auch finanziellen oder psychologischen) Folgen.

---

[22] Ordnung für den Umgang mit sexuellem Missbrauch Minderjähriger und schutz- oder hilfebedürftiger Erwachsener durch Kleriker und sonstige Beschäftigte im kirchlichen Dienst vom 18. November 2019 der Deutschen Bischofskonferenz, Abs. 3.

[23] Die Zustimmung zu sexuellen Handlungen zwischen zwei erwachsenen Personen kann auch im Rahmen von bestehenden Hierarchien nicht in jedem Fall generell ausgeschlossen werden; gerade deshalb ist es wichtig, die Umstände und Konstellationen der Hierarchiebeziehungen zu prüfen, die zu einer Unwirksamkeit der Zustimmung zu sexuellen Handlungen führen können, z. B. in totalen Institutionen. Vgl. hierzu *R. Vavra*, Die Strafbarkeit nicht-einvernehmlicher sexueller Handlungen zwischen erwachsenen Personen (s. Anm. 14), 299–301.

2.2 Seelsorgebeziehungen

Die Ordnung der Bischofskonferenz beziffert ein Arbeitsverhältnis nicht ausdrücklich als besonderes Macht- und/oder Abhängigkeitsverhältnis, stattdessen heißt es dort: „Ein solches besonderes Macht- und/oder Abhängigkeitsverhältnis kann auch im *seelsorglichen Kontext* gegeben sein oder entstehen.“ (Nr. 3; Hervorheb. U. L.) Diese Regelung lenkt den Blick zwar auf das spezielle Feld der Seelsorge, bleibt allerdings in mehrfacher Hinsicht unbestimmt: a) Es wird nicht geklärt, was unter dem „besonderen Macht- und/oder Abhängigkeitsverhältnis“ zu verstehen ist; b) es wird nicht definiert, wann eine Person dem „unterworfen“ ist, so dass die Schutz- und Hilfebedürftigkeit begründet würde, mit der eine Person sich auf die Ordnung berufen kann; c) aufgrund der Kann-Formulierung wird im Unklaren gelassen bzw. wird auf die Ebene der Anwendung verschoben, wann welche Kriterien in einem seelsorglichen Kontext ein „besonderes Macht- und/oder Abhängigkeitsverhältnis“ hervorrufen.

Ein Großteil der Taten sexuellen Missbrauchs in der Kirche, besonders an Erwachsenen, findet im Rahmen von Seelsorgesettings bzw. unter Ausnutzung der Seelsorgebeziehung statt. Jede Person, die ein geistliches Amt bzw. eine seelsorglich betreuende Position innehat, hat in Seelsorgebeziehungen eine besondere Verantwortung für ihr Gegenüber. Es ist eine professionelle Beziehung, und als solche beinhaltet sie unweigerlich Machtasymmetrien, die professionell reflektiert sein und alleine deswegen schon – unabhängig von Zölibatsverpflichtungen eines Klerikers – zur sexuellen Abstinenz verpflichten sollten. Im Bereich der Seelsorge kommt es häufig zu einem tiefen Vertrauensverhältnis und nicht selten zu emotionalen oder spirituellen Abhängigkeiten von den Seelsorger*innen. Konkrete, häufig intime Gesprächssituationen zwischen zwei (professionell, amtstheologisch, psychologisch usw.) ungleichen Personen können niemals eine Beziehung „auf Augenhöhe“ generieren und schließen damit ein simplifizierendes Verständnis von Einvernehmlichkeit bei sexuellen Handlungen aus.[24] Die komplexen und ineinander verflochtenen Asymmetrien, die gegenseitigen Interdependenzen zwischen psychologischen Dynamiken, „theologischen Konstrukten, kirchlichen Prakti-

---

[24] Vgl. *U. Leimgruber*, Die Vulneranz von Seelsorgesettings im Blick auf den sexuellen Missbrauch erwachsener Personen, in: E. Dirscherl/M. Weißer (Hrsg.), Wirksame Zeichen und Werkzeuge des Heils?: Aktuelle Anfragen an die traditionelle Sakramententheologie, Freiburg i. Br. 2022, 188–204.

ken und systemischen Logiken"[25] sind auf das Gesamtsetting von Seelsorgesituationen zu beziehen. Um die interdependenten Missbrauchspotentiale zu erfassen, ist der Begriff der Vulneranz hilfreich, der von Hildegund Keul in den Vulnerabilitätsdiskurs eingeführt wurde.[26] Seelsorgliche Beziehungen weisen eine hohe Verletzungsmacht, d. h. eine hohe Vulneranz auf; mehr noch: die Kirche produziert gerade in der Seelsorge Kontexte, in denen Menschen einer systemischen Vulneranz ausgesetzt sind. Mit anderen Worten: Seelsorgliche Verhältnisse sind nicht nur durch ein stark asymmetrisches Machtverhältnis gekennzeichnet, sie sind aufgrund der hoch komplexen Zusammenhänge von theologischen und kirchlich-sozialen Strukturen mit einer systemischen Vulneranz behaftet. Mit Blick auf psychotherapeutische Verhältnisse schreibt Werner Tschan – und hier kann getrost die Seelsorgeperson mitgedacht werden: „Täter-Fachleute finden in professionellen Beziehungen ‚ideale' Bedingungen, um einen sexuellen Übergriff vorzubereiten und durchzuführen."[27] Seelsorgliche Relationen und Menschen in seelsorglicher Begleitung bedürfen deshalb eines besonderen – auch rechtlichen – Schutzes.

Es ist allerdings klar festzustellen, dass hier enorme Defizite bestehen. Seelsorge wurde in der Kirche lange Zeit teils naiv, teils idyllisierend als heilende Nähe beschrieben, häufig ohne Sensibilität für die vulneranten Machtdynamiken, die unweigerlich in diesen Beziehungen wirken. Erst in der jüngeren Vergangenheit hat die der Seelsorge innewohnende asymmetrischen Beziehung zwischen Seelsorger*in und begleiteter Person mit Blick auf sexuelle Handlungen Eingang in die entsprechenden Diskurse gefunden. Besonders erwähnenswert ist das Schreiben der deutschen Bi-

[25] *J. Sautermeister*, Beichte und sexualisierte Gewalt: Theologisch-ethische und moralpsychologische Annäherung, in: K. Karl/H. Weber (Hrsg.), Missbrauch und Beichte. Erfahrungen und Perspektiven aus Praxis und Wissenschaft, Würzburg 2021, 71–92, 73.

[26] Während Vulnerabilität die Verletzbarkeit von Personen, Gruppen oder Systemen meint und damit eine eher passive Komponente ausdrückt, weist Vulneranz auf die aktive Fähigkeit zu verwunden hin. Vulneranz betrifft die persönlich-existentielle ebenso wie die institutionelle und systemische Ebene. Vgl. *H. Keul,* Vulnerabilität und Vulneranz in Unsicherheit und Terrorangst – eine theologische Perspektive, in: H. Keul/Th. Müller (Hrsg.), Verwundbar. Theologische und humanwissenschaftliche Perspektiven zur menschlichen Vulnerabilität, Würzburg 2021, 60–71, 61. Vgl. zum Vulneranzbegriff auch *H. Keul*, Verwundbarkeit, Sicherheit und Resilienz: der Vulnerabilitätsdiskurs als Chance für eine gesellschaftsrelevante Theologie, in: Stimmen der Zeit 235 (2017), 589–598, 591.

[27] *W. Tschan*, Missbrauchtes Vertrauen: Sexuelle Grenzverletzungen in professionellen Beziehungen Ursachen und Folgen, Basel 2005, 108.

schöfe „In der Seelsorge schlägt das Herz der Kirche“. Die Bischöfe stellen klar: „Es ist hier daran zu erinnern, dass in einer beruflich bzw. mit bischöflicher Sendung ausgeübten Seelsorgebeziehung sexuelle Kontakte niemals als einvernehmlich bezeichnet und niemals toleriert werden können. Denn zur Seelsorgebeziehung gehört analog zu anderen professionellen pädagogischen, medizinischen oder therapeutischen Verhältnissen ein Machtgefälle und damit eine Abhängigkeit, in der den Seelsorgern und Seelsorgerinnen Autorität, Fähigkeiten und Kompetenzen zugesprochen werden, die dem Seelsorge Suchenden helfen sollen.“[28] Die Bischofskonferenz parallelisiert seelsorgliche mit anderen professionellen pädagogischen, medizinischen oder therapeutischen Verhältnissen. Wenn solche therapeutischen Verhältnisse zur Vornahme von sexuellen Handlungen missbraucht werden, ist es gem. § 174c StGB ein Straftatbestand.[29] Die Bischofskonferenz stellt in ihrem Text nun zutreffenderweise fest, dass das seelsorgliche Verhältnis in § 174c StGB nicht erwähnt wird, zieht aber in Analogie den Schluss, dass „die Ausnutzung einer seelsorglichen Beziehung für Übergriffe bis hin zu sexuellem Missbrauch strafbar [ist] und bei den zuständigen Staatsanwaltschaften wie auch innerkirchlich angezeigt werden [muss].“[30] Selbst wenn das Phänomen – sexuelle Handlungen unter Ausnutzung von seelsorglichen Verhältnissen – mittlerweile also auch von Kirchenverantwortlichen als Problem anerkannt wird, ist dies dennoch weder strafrechtlich noch kirchenrechtlich eindeutig geregelt. Denn wie schon betont, spricht weder die Ordnung der Deutschen Bischofskonferenz diese Fälle eindeutig an, noch ist es expressis verbis in § 174c StGB enthalten. Solange eine solche Handlung aber nicht in einer Strafrechtsnorm niedergeschrieben ist, ist sie auch nicht strafbar. Würde man ein solches problematisches Verhalten bei den Staatsanwaltschaften oder innerkirchlich anzeigen (wie es

---

[28] *Deutsche Bischofskonferenz*, In der Seelsorge schlägt das Herz der Kirche. Wort der deutschen Bischöfe zur Seelsorge (Die deutschen Bischöfe 110), Bonn 2022, 47f.,

[29] „(1) Wer sexuelle Handlungen an einer Person, die ihm wegen einer geistigen oder seelischen Krankheit oder Behinderung einschließlich einer Suchtkrankheit oder wegen einer körperlichen Krankheit oder Behinderung zur Beratung, Behandlung oder Betreuung anvertraut ist, unter Missbrauch des Beratungs-, Behandlungs- oder Betreuungsverhältnisses vornimmt oder an sich von ihr vornehmen lässt, wird mit Freiheitsstrafe von drei Monaten bis zu fünf Jahren bestraft. (2) Ebenso wird bestraft, wer sexuelle Handlungen an einer Person, die ihm zur psychotherapeutischen Behandlung anvertraut ist, unter Missbrauch des Behandlungsverhältnisses vornimmt oder an sich von ihr vornehmen lässt. (3) Der Versuch ist strafbar.“

[30] *Deutsche Bischofskonferenz*, Seelsorge (s. Anm. 28), 47f.

die Bischöfe empfehlen), würde wohl nur wenig passieren: *Nulla poena sine lege*.

Notwendig und wünschenswert sind also Gesetzesänderungen. Kirchenrechtlich gäbe es bis dahin zumindest die Möglichkeit, die Ordnung der DBK entsprechend auszulegen, da sie – wie dargestellt – eine Subsumierung von Seelsorgesettings unter dem Label der Schutz- und Hilfebedürftigkeit („Macht- und/oder Abhängigkeitsverhältnisse, die in Seelsorgebeziehungen entstehen können“) offenlässt. Wünschenswert wäre aber die Neuformulierung der kirchenrechtlichen Ordnung zum sexuellen Missbrauch, in dem Sinne, dass bei eindeutigen Abhängigkeitsverhältnissen wie in Arbeits- oder Seelsorgekontexten nicht mehr nur auf die betroffene Person als schutz- und hilfebedürftig abgestellt wird, sondern der Fokus auf die Situation gerichtet ist, in der sich die Personen befinden. Zudem bräuchte es eine Gesetzesänderung des StGB, d. h. konkret die Aufnahme von seelsorglichen Verhältnissen in den Katalog der therapeutischen Behandlungs- und Betreuungsverhältnisse in § 174 c StGB.[31] Dies würde für Kirche und Theologie u. a. bedeuten, das Rechtsgut der sexuellen Selbstbestimmung zu rezipieren und in eine intensive, rechtlich verlässliche Klärungsdebatte über seelsorgliche Verhältnisse und die Professionalität der seelsorglich agierenden Personen einzutreten.[32]

---

[31] Birgit Aschmann weist darauf hin, dass im Reichsstrafgesetzbuch von 1871 im Abschnitt 13, der in weiten Teilen mit den Passagen des heutigen Strafrechts (§ 174 und 176) übereinstimmt, Geistliche explizit erwähnt werden (damit wären sexuelle Übergriffe von Geistlichen in ihrer seelsorglichen Tätigkeit in die Rechtsnormen als strafrechtlich relevant inkludiert), später wird diese Personengruppe später allerdings nicht mehr ausdrücklich genannt. Vgl. *B. Aschmann*, „Katholische Dunkelräume“ – Denkanstöße für eine historiographische Aufarbeitung. Eine Einleitung, in: dies. (Hrsg.), Katholische Dunkelräume: die Kirche und der sexuelle Missbrauch, Paderborn 2022, XI–XXVII, hier: XXI.

[32] Neben solchen rechtlichen Veränderungen bräuchte es dringend die Implementierung in die Ausbildung der Seelsorger*innen, z. B. brauchen Seelsorger*innen eine Anleitung, wie sie eine korrekte Beziehung in der Seelsorge gestalten und mit Gefühlen der Nähe und Intimität in ihrem Berufsalltag umgehen können. Mithin können Präventionsmaßnahmen nicht konzipiert werden, wenn nicht grundlegende Kenntnisse über Täterverhalten und Vulneranzkomplexe bestehen. Vgl. zu ähnlichen Fragen im Umfeld von psychotherapeutischen Kontexten *W. Tschan*, Missbrauchtes Vertrauen (s. Anm. 27), 107–109.

3. Fazit

Der vorliegende Text hat auf ein sehr spezielles Problem geblickt. Dass erwachsene Personen auch Opfer von sexuellem Missbrauch werden können, ist in den vergangenen Jahren, v. a. seit der Publikation von „Erzählen als Widerstand“, zwar auch in der kirchlichen Öffentlichkeit angekommen, doch noch immer werden sexuelle Handlungen zwischen Erwachsenen in der Kirche oft eher zurückhaltend als Missbrauchsfälle identifiziert, weil sie z. B. unter den oben genannten Stichworten wie „Affäre“ und damit als vermeintlich „einvernehmliche Handlung“ verhandelt werden. Neben der Implementierung des Rechtsguts der sexuellen Selbstbestimmung in die kirchlichen Diskurse und Rechtsvorschriften und der Anerkennung der systemischen Vulneranz in kirchlichen Macht- und Abhängigkeitsrelationen braucht es auf breiterer Ebene v. a. eine systematische und umfassende Aufklärung des sexuellen und spirituellen Missbrauchs in der katholischen Kirche auch über minderjährige Betroffene hinaus. Die Kirchen bzw. die einzelnen Diözesen sollten für alle Betroffenen eindeutige Verfahrensregeln und Beschwerdewege implementieren – für Menschen, die älter als 18 Jahre sind, dürfen in Zukunft nicht mehr pauschal Ermittlungen in Bezug auf sexuellen Missbrauch ausgeschlossen werden; es bräuchte in allen deutschen Diözesen die gleichen pastoralen Verhaltensleitlinien mit Rechtskraft. Hilfreich wäre zudem eine bundesweit einheitliche und nicht länger tendenziell täterfreundliche Auslegung der Missbrauchs-Ordnung aus dem Jahr 2019. Die Diözesen brauchen gut geschultes Personal in der Missbrauchsaufarbeitung und in den Beratungs- und Anlaufstellen auch für erwachsene Betroffene, was wiederum bedeuten würde, dass alle Diözesen die Tatsache erwachsener Missbrauchsbetroffener öffentlich anerkennen. Es darf für die Betroffenen keinen Unterschied in Aufklärung und Unterstützungsangeboten machen, in welchem Bistum sie geschädigt wurden und in welchem Bistum sie ihre Erfahrungen öffentlich machen. Es bräuchte Akteneinsicht für die Betroffenen (jenseits des bekannten Aktenproblems im Fall von erwachsenen Geschädigten), in den kanonischen Verfahren sollten sie mehr als nur einen Zeugenstatus erhalten (es geht hier z. B. um die Möglichkeit, als Nebenkläger*in am Prozess teilzunehmen). Es braucht Schulungen auf allen Ebenen, insbesondere in der Seelsorgeausbildung, und das heißt auch einen Professionalisierungsschub in der Seelsorge.

Und was die Frage nach einer unabhängigen Aufarbeitungskommission angeht: Ja, eine unabhängige Aufklärung wäre wünschenswert –

mit Betonung auf unabhängig, unter dem Dach des Staates, bei der möglichst umfassend die Betroffenen von sexuellem Missbrauch adressiert werden. Wichtig dabei ist nicht nur, *dass*, sondern *wie* etwas gemacht wird. Der Staat sollte klarmachen, dass die Kirche keinen Einfluss auf die Kommission hat. Es ist weiterhin zu diskutieren, ob es eine Kommission für Missbrauch in Institutionen, d. h. über die Kirche(n) hinaus sein sollte. Wichtig ist dabei, bereits im Vorfeld das Design einer solchen unabhängigen Kommission klug zu erwägen. Denn es gibt zahlreiche *hidden patterns*, verborgene Muster, die im Feld von Missbrauch enorm wirkmächtig sind – und eben nicht offen diskutiert werden. Eine unabhängige Kommission sollte sehr sorgfältig vorbereitet werden und ebenso sorgfältig in ihrer Arbeit dafür sorgen, dass die *hidden patterns* und ihre (Un-)Sichtbarkeiten aufgearbeitet werden. Dazu gehört auch, dass die Grenze zwischen erwachsen und minderjährig in der Aufarbeitung der Missbrauchsfälle diskutiert werden sollte; ein Großteil der Kleriker, die sich an Kindern vergehen, hat auch sexuelle Kontakte zu Erwachsenen. Auch sind Fälle bekannt, in denen Täter bewusst mit expliziten sexuellen Handlungen warten, bis die Opfer 18 Jahre alt sind, die Anbahnungsstrategien (Grooming) und Manipulationen, die missbräuchlichen Beziehungen mit den typischen Merkmalen wie Isolierungen usw. beginnen jedoch viele Jahre früher. Wo man nur auf minderjährige Geschädigte blickt, würde man diese Täterstrategie in gewisser Weise ‚honorieren'. Und nicht zuletzt: Menschen über 18 sind genauso geschädigt, genauso verletzlich – und befinden sich, z. B. in der Seelsorge, in hoch asymmetrischen Beziehungen, in denen ein einvernehmlicher Sexualkontakt auszuschließen ist. Man sollte sich nicht den kirchenrechtlichen und kirchenkulturellen Blick zu eigen machen, z. B. im Blick darauf, wie Akten gemacht und gelesen werden, was in Zusammenhang damit steht, welche Gutachten mit welchem Ziel und Design in Auftrag gegeben werden usw. Es könnte von einer unabhängigen Kommission die Botschaft ausgehen, die binnenkirchliche oder anderweitig begrenzte oder ausschließende (häufig z. B. misogyne) Logik nicht zu übernehmen und sogar offensiv aufzudecken.

Sobald man erkannt hat, dass zwischen Kirche und Staat Schutzlücken bestehen, die von Täter*innen proaktiv zu ihren Gunsten genutzt werden, sind beide Seiten, Kirche und Staat, verpflichtet, diese Lücken zu schließen. Und beide Seiten sind verpflichtet, Missbrauchstaten transparent und umfassend im Sinne der Betroffenen aufzuklären.

Systemische Ursachen der sexualisierten Gewalt in der Kirche

Adrian Loretan

In diesem Artikel sollen die systemischen Ursachen des Machtmissbrauchs und der sexualisierten Gewalt in der Kirche in vier Kapiteln untersucht werden. Systemkritik wird als Voraussetzung der Prävention angesehen (1), denn die Ohnmacht der Betroffenen sexueller Gewalt in der katholischen Kirche ist systemisch (2). Daher trägt der Verfassungsstaat auch politische Verantwortung gegenüber diesen Menschen, deren Rechte verletzt wurden (3). So besteht im Dialog mit Hannah Arendt die Hoffnung, dass kirchliche Funktionsträger vom Systemgehorsam zur Menschlichkeit zurückfinden können (4). Wer systemische Ursachen leugnet und entsprechend notwendige Reformen der Kirche in Haltung und Struktur ablehnt, sieht die anstehenden Herausforderungen noch nicht.[1] Schon der Kirchenlehrer Augustinus machte sich in diesen Personalfragen keine Illusionen. In seinem *Gottesstaat* entwirft er „sein Programm im Bewusstsein, dass sich Machthungrige und Lüstlinge auf allen Rängen der katholischen Kirche finden. […]“ (civ. XI,1).[2] Die Kritik am Machtmissbrauch im kirchlichen Bereich ist also nicht neu. Neu ist aber, dass die Vertuschung von sexueller Gewalt durch Bischöfe und Priester in den unabhängigen juristischen Länderberichten als Verbrechen benannt und von der Öffentlichkeit und von Kirchenmitgliedern nicht mehr hingenommen wird.

1. System-Kritik als Prävention

„Wir haben keine Einzelfälle von Missbrauch, sondern ein System. […] Ich sehe heute, dass es naiv war zu glauben, die Kirche könne selbst aufklären“[3], so der ehemalige Generalvikar des Erzbistums München und

---

[1] www.nachrichten.at/politik/aussenpolitik/kardinal-marx-kirche-war-fuer-viele-menschen-ein-ort-des-unheils;art391,3557111 (Zugriff: 16.03.2023).

[2] *J. Habermas*, Auch eine Geschichte der Philosophie. (1) Die okzidentale Konstellation von Glauben und Wissen, Berlin 2019, 600.

[3] Interview von E. Finger mit *P. Beer*, „Ich frage mich, ob es ein Fehler war, dass ich Priester geworden bin.“ Ein Gespräch über das neue Missbrauchsgutachten, in: Die Zeit 5 (27.01.2022), 58.

Freising, Peter Beer. Systemimmanente Faktoren begünstigen die sexuelle Ausbeutung von Menschen in der Institution Kirche, worauf unabhängige englische und französische Rechtsgutachten hinweisen.[4] Wenn die Kirche systemisch nichts aus den juristischen Gutachten der verschiedenen Länder lernt, verkommt ihre Prävention zur Makulatur. Denn die Entscheidungsgewalt liegt bisher meistens in den Händen von wenigen Priestern und Bischöfen (c. 274 CIC 1983).

Die Abhängigkeit der Gläubigen von den Priestern muss durchbrochen werden. Schon Immanuel Kant (1724–1804) hat diese Abhängigkeit mit seiner Definition von Aufklärung kritisiert. Denn Aufklärung ist nach Kant „der Ausgang des Menschen aus seiner selbst verschuldeten Unmündigkeit. Unmündigkeit ist das Unvermögen, sich seines Verstandes ohne Leitung eines anderen zu bedienen."[5] Auch Papst Franziskus kritisiert das anormale „Verständnis von Autorität in der Kirche – sehr verbreitet in zahlreichen Gemeinschaften, in denen sich Verhaltensweisen des sexuellen wie des Macht- und Gewissensmissbrauchs ereignet haben"[6].

Der Standesunterschied zwischen einem Priester und einer Frau ist enorm. Das habe ich begriffen, als eine Zeugin mir erklärte, warum ihre Mutter sechzig Jahre geschwiegen hatte zur Vergewaltigung durch ihren Priester-Schwager.[7] Selbst die Kirchenkonstitution *Lumen Gentium* des Zweiten Vaticanums hält daran fest, dass sich das hierarchische Priestertum vom gemeinsamen Priestertum der Gläubigen *wesentlich* unterscheidet (vgl. LG 10). Ein solches Verständnis des hierarchischen Priestertums trägt dazu bei, die Mündigkeit der Gläubigen kleinzuhalten.

Von Seiten der Hierarchie steht über allem die Sorge um das Image der Kirche und des heiligen Priesterstandes. Um dieses Bild wirksam zu schützen, brauchte es die Geheimhaltung. Dadurch wurden aber die Täter geschont und die Opfer im Stich gelassen. Heiligkeit wurde zu Scheinheiligkeit und der Missbrauchsskandal zum Vertuschungsskandal, wobei

---

[4] www.missbrauch-kath-info.ch/stand-der-aufarbeitung (Zugriff: 05.03.2023).

[5] Immanuel Kant antwortete in der Dezembernummer der Berlinischen Monatszeitschrift 1784 damit auf die Frage des Pfarrers Johann Friedrich Zöllner: „Was ist Aufklärung?" Kant entwickelte in diesem Essay seine bis heute klassische Definition der Aufklärung.

[6] *Papst Franziskus*, Schreiben an das Volk Gottes, Nr. 1 (20.08.2018), www.vatican.va/content/francesco/de/letters/2018/documents/papa-francesco_20180820_lettera-popolodidio.html (Zugriff: 31.03.2023).

[7] Vgl. *A. Loretan*, Ein katholischer Priester vergewaltigt seine Schwägerin, in: INTAMS Review 26 (2020), 245–247 (Special Theme Issue: Sexual Abuse in Families).

die Vertuschung von höchster kirchlicher Stelle angeordnet war.[8] Was alle Machtträger in der Kirche verbindet, ist der Habitus: Priesterliche Macht ist nicht an Verantwortung vor „Nichtpriestern" gekoppelt. Das ist der absolutistische Habitus der Priester und Bischöfe, der die Laien kirchenrechtlich entmündigt. Die Gleichheit der Getauften von LG 32 ist nicht rechtlich umgesetzt worden.

Bis heute fehlt eine weltweite katholische Debatte darüber, wie eine Gewaltenteilung in der Kirche auszusehen hätte und wie Menschenrechte in der Kirche den kirchlichen Machtmissbrauch eindämmen könnten. Die entsprechende breite Verfassungsdiskussion hatte Papst Paul VI. als Konzilsauftrag verstanden.[9] Entsprechende Vorschläge (Lex Ecclesiae Fundamentalis) wurden allerdings unter seinem Nachfolger schubladisiert.[10] Zur Ausübung von Macht gehört Verantwortung. Ohne Rechenschaftspflicht der Priester vor Laien (über 99 % der Mitglieder der Kirche) bleiben Laien tendenziell wehrlos, der Willkür ausgeliefert. Es braucht daher Machtbegrenzung durch Gewaltenteilung.[11] Das kanonische Recht kennt eine Form der Gewaltenteilung auf der Ebene der Jurisdiktionshierarchie (c. 134 § 1 CIC 1983), nicht aber auf der Ebene der Weihehierarchie. Organisationen mit Machtkonzentration ohne Rechenschaftspflicht gegenüber den „Untergebenen" fördern den Machtmissbrauch. Kirchen-Macht, d. h. Weihe- und Jurisdiktionsmacht (c. 274/CIC 1983), und Pflichtzölibat (c. 277/CIC 1983) sind seit 1139 eng verknüpft. Dabei spielen das Pries-

---

[8] Vgl. https://www.kath.ch/newsd/alois-riklin-die-vertuschung-von-missbrauch-war-von-hoechster-kirchlicher-stelle-angeordnet (Zugriff: 16.03.2023). „Wer es nicht glaubt, kann die Instruktion Kardinal Ratzingers vom 18. Mai 2001 in den ‚Acta Apostolicae Sedis' nachlesen oder mit einem einfachen Klick im Internet unter dem Titel ‚Epistula de delictis gravioribus' auf Lateinisch und Deutsch herunterladen."

[9] „Daraus erklärt sich, dass das Thema in katholischer Theologie und Kanonistik eine weit umfänglichere Behandlung erfahren hat als in evangelischer Theologie und Kirchenrechtslehre." *W. Huber*, Grundrechte in der Kirche, in: Gerhard Rau/Hans-Richard Reuter/K. Schlaich (Hrsg.), Das Recht der Kirche. Zur Theorie des Kirchenrechts (1), Gütersloh 1997, 518–554, 530 Anm. 16.

[10] Vgl. *W. Aymans*, Das Projekt einer Lex Ecclesiae Fundamentalis [Kirchliches Grundgesetz], in: J. Listl/H. Müller/H. Schmitz (Hrsg.), Handbuch des katholischen Kirchenrechts, Regensburg 1983, 65–71.

[11] „Das Bischofsamt vereint in sich höchste gesetzgeberische, richterliche und ausführende Gewalt im entsprechenden Bistumsgebiet. Es stellt sich grundsätzlich die Frage, ob solche Ansprüche auf bloss juristischer oder verwaltungstechnischer Ebene wirksam umsetzbar sind, ohne die grundlegenden Probleme rund um die geweihte Amtsgewalt (sacra potestas) zu lösen und die kirchliche Verfassung weiterzuentwickeln." *S. Loppacher*, Macht ohne Verantwortung, in: Schweizerische Kirchenzeitung 6 (2020), 104–105.

terbild und das priesterliche Pflichtzölibatssystem[12] eine entscheidende Rolle. So werden Priesterberufungen gegen die Aussagen von Überlebenden sexualisierter Gewalt um jeden Preis geschützt. Diese Haltung wird in Zeiten des zölibatären Priestermangels kaum die nötige Korrektur erfahren.

Die Aufhebung des Pflichtzölibats, wie sie Kardinal Marx forderte, bringt ohne Frauen in obersten Ämtern, z. B. als Ordinariatsleiterin (München, Münster, Mainz), Gerichtspräsidentin oder sogar Staatssekretärin[13] (bisher Kardinalstaatssekretär der römischen Kurie), keine Besserung. Diese Leitungspositionen mit Frauen zu besetzen, ermöglicht im geltenden Rechtsrahmen die konsequente Trennung von Weihe- und Jurisdiktionsgewalt, die Papst Franziskus z. B. in der Kurienreform 2022 durchführt.

Deutsche Bischöfe wollen ein Drittel Frauen in Leitungspositionen in den Ordinariaten. Denn erst mit diesem Anteil beginne eine nachhaltige Veränderung in der Leitungskultur. Die Bischöfe haben eine klare Zielvorgabe bis 2023 eingeführt. Frauen in Leitungsämtern tragen aber nur dann dazu bei, den Klerikalismus als „Kultur des Todes“ (so Franziskus[14]) zu durchbrechen, wenn sie keine Alibi-Leitungsaufgaben bekommen, sondern eben die entscheidenden Ebenen leiten, wie schon betont, als Leiterin des Ordinariates[15], Gerichtspräsidentin, ja sogar Leiterin des Bistums, was im Übrigen mit Blick in die Rechtsgeschichte der Kirche nichts Neues wäre.[16]

Ein weiteres Problem kommt hinzu: Es gibt in der Sprache der Kirche keine Macht, sondern nur Dienst. Diese Rede vom spirituellen Dienst machte es lange unmöglich, über die Priester-Macht in der Kirche zu sprechen. Politikwissenschaftlich ist die katholische Kirche eine absolutistische Monarchie. Die Kirche wollte im 19. Jahrhundert das Gegenmodell zu anderen Regierungssystemen bilden, zum Beispiel zur konstitutionellen Monarchie oder der parlamentarischen Demokratie. Gewaltenteilung ist in der absolutistischen Monarchie von Ludwig XIV. bzw. Pius IX. nicht vor-

---

[12] www.kath.ch/newsd/der-pflichtzoelibat-stuetzt-ein-system-der-scheinheiligkeit (Zugriff: 16.03.2023).

[13] Interview von R. Rauch mit *A. Loretan*: „Das ist eine Revolution.“ Einordnung der Kurienreform aus Sicht des Kirchenrechts, https://www.unilu.ch/fileadmin/fakultaeten/tf/professuren/kirecht/Brosi_Interview_0722.pdf (Zugriff: 16.03.2023).

[14] *Papst Franziskus*, Schreiben (s. Anm. 6).

[15] Vgl. z. B. im Bistum Mainz: www.faz.net/aktuell/rhein-main/region-und-hessen/bistum-mainz-erstmals-mit-frau-in-der-spitze-18008752.html (Zugriff: 16.03.2023).

[16] Vgl. *J. Escriva de Balaguer*, La Abadesa de Las Huelgas, Madrid 1944.

gesehen. „Macht kann also unkontrolliert ausgeübt werden. D. h. aber, dass derjenige, der Macht missbrauchen will, das ungestört tun kann“[17] in der Kirche. Denn über der Macht „liegt ein spiritueller Nebel-Schleier“[18].

Bei jeder Stellenvergabe sollte die Frage gestellt werden, weshalb diese Leitungsstelle mit einem zölibatären Priester besetzt werden muss. Damit wird die Machtfrage gestellt, denn das Priestertum „kann Anlass zu besonderen Konflikten geben, wenn die sakramentale Vollmacht zu sehr mit der Macht verwechselt wird“[19], so Papst Franziskus, und er fährt fort: „Die Beanspruchung der legitimen Rechte der Frauen aufgrund der festen Überzeugung, dass Männer und Frauen die gleiche Würde besitzen, stellt die Kirche vor tiefe Fragen“[20], die sie in den Ortskirchen beantworten muss. Wie kann in Zukunft über die Machtfrage in der Kirche theologisch und rechtlich so gesprochen werden, dass die bestqualifizierten Personen die Leitungsstellen erhalten und nicht jene Priester, deren Qualifikation es ist, gegen das Frauenpriestertum zu sein?

2. Systemische Ohnmacht der Betroffenen

Der Kirche muss sich wieder klarwerden, wem die Zuwendung Jesu gilt: nicht den Mächtigen in Religion und Staat, sondern den Kindern, den Ausgestoßenen und den Schwächsten in der Gesellschaft: „Was ihr für einen meiner geringsten Brüder [und Schwestern] getan habt, das habt ihr mir getan“ (Mt 25,40). Der amerikanische Rechtshistoriker Harold Berman weist darauf hin, dass die westliche Rechtstradition ohne diese Hoffnung auf das Jüngste Gericht nicht hätte entstehen können.[21] Sogar

---

[17] Interview von R. Bucher mit *C. Florin*, Wahrheit und Gewissen (28.12.2021), www.feinschwarz.net/wahrheit-und-gewissen (Zugriff: 16.03.2023).

[18] Ebd.

[19] *Papst Franziskus*, Apostolisches Schreiben Evangelii Gaudium, Nr. 104 (2013), www.vatican.va/content/francesco/de/apost_exhortations/documents/papa-francesco_esortazione-ap_20131124_evangelii-gaudium.html (Zugriff: 05.03.2023).

[20] Ebd.

[21] Vgl. *H. Berman*, Recht und Revolution. Die Bildung der westlichen Rechtstradition, Frankfurt a. M. 1995, 847. Siehe dazu auch: *A. Loretan*, Der Westen wurzelt in der Westkirche: eine kleine Rechtsgeschichte (06.02.2018), www.feinschwarz.net/der-westen-wurzelt-in-der-westkirche (Zugriff: 31.03.2023). Daran erinnern auch Rechtshistoriker (vgl. *B. Tierney*, The Idea of Natural Rights. Studies on Natural Rights, Natural Law and Church Law, 1150–1625, Grand Rapids (MI) 1997) und Philosophen wie Jürgen Habermas (vgl. *A. Loretan*, Interaktion von Philosophie und Recht, in: Freiburger Zeitschrift für Philosophie und Theologie 67 (2/2020), 482–489. Rezension

die Präambel des Deutschen Grundgesetzes erinnert indirekt mit der Verantwortung vor Gott an das Jüngste Gericht.

Beim Jüngsten Gericht könnte ich mir folgende Szene vorstellen, die die Rolle der Betroffenen stärkt:

Christus sagt: „Ich war Opfer sexueller Gewalt und ihr habt meine Rechte verteidigt."
Die Politikerin fragt: „Wo haben wir deine Rechte verteidigt?"
Christus antwortet: „Was ihr für eine/n meiner geringsten Brüder und Schwestern getan habt, das habt ihr mir getan."
„Ich bin ja gar nicht christlich", antwortet die Politikerin.
Da mischt sich Papst Franziskus ins Gespräch: „Paradoxerweise können diejenigen, die sich für ungläubig halten, den Willen Gottes manchmal besser erfüllen als die Glaubenden."[22]

Ist der Rechtsstaat, der die Grundrechte der Opfer kirchlicher Gewalt verteidigt, dem Willen Gottes näher als die auf ihre Priester-Privilegien[23] fixierte Kirche? Das oberste Lehramt der katholischen Kirche hält dazu im Konzil fest: „So wird also jeder Theorie oder Praxis das Fundament entzogen, die zwischen Mensch und Mensch [...] bezüglich der Menschenwürde und der daraus fließenden Rechte einen Unterschied macht. Deshalb verwirft die Kirche jede Diskriminierung eines Menschen oder jeden Gewaltakt [...], weil dies dem Geist Christi widerspricht."[24] Rechtlich heißt dies, dass die Menschenrechtsdiskussion und die Grundrechtsdiskussion in der katholischen Kirche, die von Papst Paul VI. und der Bischofssynode 1967 angeregt wurde, wieder aufgenommen werden muss. Dies würde die von Vaticanum II geforderte Mitverantwortung aller Gläubigen gegenüber der Hierarchie stärken.

---

von *J. Habermas*, Auch eine Geschichte der Philosophie. (1) Die okzidentale Konstellation von Glauben und Wissen. (2) Vernünftige Freiheit. Spuren des Diskurses über Glauben und Wissen. Berlin 2019.)

22 *Papst Franziskus*, Enzyklika Fratelli tutti über die Geschwisterlichkeit und die soziale Freundschaft, Nr. 74 (2020), www.vatican.va/content/francesco/de/encyclicals/documents/papa-francesco_20201003_enciclica-fratelli-tutti.html (Zugriff: 16.03.2023).

23 Vgl. *W. Koch*, Die klerikalen Standesprivilegien nach Kirchen- und Staatskirchenrecht. Unter besonderer Berücksichtigung der Verhältnisse in der Schweiz, Freiburg i. Br. 1949.

24 Nostra Aetate Nr. 5, Konzils-Erklärung über das Verhältnis der Kirche zu den nichtchristlichen Religionen.

Alle Personen haben aufgrund ihrer Würde Rechte, auch die Kinder. Der Heilige Stuhl fördert dies durch die Ratifizierung der UN-Kinderrechtskonvention. Zusätzlich forderte die Päpstliche Kinderschutzkommission eine Anzeigepflicht und neue Richtlinien zur Schaffung eines unabhängigen kirchlichen Gerichts. Hier könnten auch Bischöfe angeklagt werden, die sich der Vertuschung von sexueller Gewalt schuldig gemacht haben. „Untersuchungsverfahren sollten robust und transparent sein. Die Erfahrung zeigt, dass die [Richter] entsprechend erfahrene und qualifizierte Laien [Nichtkleriker] sein sollten, um die Unabhängigkeit zu gewährleisten."[25]

Beim Synodalen Weg in Deutschland war die Rede vom „besonderen Lehramt der Betroffenen" bzw. vom „locus theologicus" der Betroffenen.[26] Die Opfer sexueller Gewalt, also das Lehramt der Betroffenen, zeigen mit aller Deutlichkeit die nicht geklärte Machtfrage der Kirche. Solange Opfer sexueller Gewalt auf weite Strecken der Willkür der priesterlichen Machtträger ausgeliefert sind, kann von einklagbaren subjektiven Grundrechten in der Kirche[27] nicht die Rede sein.

Vor kirchlichen Gerichten sind Betroffene keine Geschädigten und keine Kläger. Sie gelten nur als Zeugen eines priesterlichen Zölibatsverstoßes. Sie werden in den kirchlichen Gerichtsverfahren marginalisiert, da sie kein Recht auf Nebenklage, Akteneinsicht und anwaltlichen Beistand haben. Dagegen haben beschuldigte Kleriker umfangreiche Rechte und können davon ausgehen, dass ihre Ankläger und Richter fast immer Kleriker sind.[28] Die Öffentlichkeit und die Gläubigen haben keinen wirk-

---

[25] Pontifical Commission for the Protection of Minors, Guidelines Template, 9 (2016).

[26] Ein „besonderes Lehramt" der Betroffenen wurde mit knapper Mehrheit abgelehnt und stattdessen diese Passage über Betroffene kirchlichen Machtmissbrauchs verabschiedet: „In ihnen wird nach dem Zeugnis der Hl. Schrift (Mt 5,1–12; Mt 25,31–46) die Stimme Christi vernehmbar. Ihr Schrei ist ein besonderer „Locus theologicus" für unsere Zeit." Zitiert nach: *H.-J. Sander*, Glaubwürdig? Wenn Schuld, Scham und Ortsbestimmung übergroß werden (10.02.2022), www.feinschwarz.net/glaubwuerdig-schuld-scham-lehramt-betroffener (Zugriff: 16.03.2023).

[27] Vgl. *A. Loretan*, Einklagbare Grundrechte. Das Kirchenrecht angesichts von sexualisierter Gewalt und Machtmissbrauch, in: HK 2 (2019), 28–31.

[28] Vgl. *D. Reisinger*, Missbrauch mit System. Das Ringen um die Zukunft der katholischen Kirche, Blätter für deutsche und internationale Politik 5 (2021), 105–111, 107–108. „Dazu kommen weitere Eigenarten kirchlicher Strafprozesse: Ermittlung und Urteilsspruch liegen hier in derselben Hand. Und selbst nach der Aufhebung des sogenannten päpstlichen Geheimnisses durch Papst Franziskus bleiben kirchenrechtliche Verfahren grundsätzlich geheim. Das heißt, die Öffentlichkeit hat bis heute keinen echten Einblick in den kirchlichen Umgang mit Beschuldigten. Gläubige wissen

lichen Einblick in den kirchlichen Umgang mit beschuldigten Priestern. In dieser Hinsicht ist die Schlussfolgerung berechtigt, dass wir es heute mit einem priesterlichen Willkürsystem zu tun haben. Die subjektiven Rechte der Überlebenden sexueller Gewalt können ausschließlich im Rechtsstaat eingeklagt werden.[29]

Wie schwer es der katholischen Kirche fällt, begangene Schuld überhaupt wahrzunehmen und einzugestehen, zeigt auch folgendes Beispiel:

Im Sommer 2021 wurden auf dem Gelände der früheren Kamloops Indian Residential School in British Columbia die Überreste von Hunderten von Schülern gefunden, die anonym verscharrt worden sind. In weiteren solchen Schulen wurden sterbliche Überreste von unzähligen Kindern ausgegraben. Im internationalen Widerhall in den Medien wurde immer wieder darauf hingewiesen, „dass sich der Vatikan beharrlich weigerte, offiziell eine Schuld einzugestehen – im Gegensatz zur kanadischen Regierung, die Reparationen in Milliardenhöhe an die Überlebenden und Hinterbliebenen zahlte“[30]. Zwar dankte Franziskus bei seinem Besuch in Kanada den Anwesenden, dass sie ihm die Augen für die Realität geöffnet haben. Der Zeitungsbericht fährt fort: „Von 1840 bis zur Schliessung des letzten Internats im Jahr 1996 wurden etwa 150 000 Kinder von ihren indigenen Familien getrennt und in Internate verbracht, wo ihnen die eigene Kultur ausgetrieben werden sollte. Das Verwenden ihrer Muttersprache war ihnen bei Strafe verboten. Etwa 6000 Kinder kamen ums Leben, infolge drakonischer körperlicher Züchtigungen, Unterernährung und medizinischer Vernachlässigung. Oft wurden die Eltern nicht einmal über die Todesfälle informiert. Auch sexueller Missbrauch durch Patres, Mönche und Nonnen war weit verbreitet. Mädchen, die schwanger wurden, unterzog man einer Abtreibung – manchmal sogar noch im achten Monat. […] So sprach Franziskus vom Schmerz, den er über die Rolle empfinde, die verschiedene Katholiken bei den Missbräuchen gespielt hätten. Das ist eine Verharmlosung. Es ging nicht um individuelle Verfehlungen, sondern um die katholische Kirche in Kanada als Ganzes, die

---

nicht, welche und wie viele Fälle aktuell an örtlichen Kirchengerichten verhandelt, wie viele nach Rom gemeldet werden, wie die Ermittlungen und die Urteile aussehen und wie hoch die Prozentzahl der verurteilten Kleriker ist.“

[29] Vgl. *A. Loretan*, Personenrechte der Gläubigen einklagen – in einem säkularen Rechtsstaat, in: M. Durst/M. Wasmaier-Sailer (Hrsg.), Christsein in der Welt (Theologische Berichte 40), Freiburg i. Br. 2020, 231–255.

[30] *D. Signer*, Papst Franziskus bittet die kanadischen Indigenen um Vergebung, in: NZZ (26.07.2022).

sich zum Vollstrecker eines kulturellen Genozids machte, wie es ein nationaler Untersuchungsbericht festhielt."[31]

Die Menschenwürde und die daraus fließenden Rechte aller Personen, auch der Kinder, wird durch die Ratifizierung der Kinderrechtskonvention durch den Heiligen Stuhl völkerrechtlich anerkannt. Die vielfach geforderte grundrechtliche Umsetzung im eigenen Kirchenrecht lässt allerdings bis heute auf sich warten.[32]

In gewissem Maße konnte jedoch der Genfer Überwachungsausschuss für die Kinderrechtskonvention (CRC-Committee) ein internationales Forum bieten für Betroffene, die sich organisiert haben, um ihre Anklagen gegen die katholische Kirche zu Gehör zu bringen.[33] Die Mitglieder des Ausschusses sind unabhängige Fachleute für Humanwissenschaften, internationales Recht oder staatliches Erziehungswesen; der Heilige Stuhl als Signatarstaat der Kinderrechtskonvention wird durch vatikanische Diplomaten vertreten, die sich zur Anhörung in Genf einzufinden haben. Der mündlichen Anhörung vor dem Ausschuss geht ein intensiver Austausch vorbereitender Dokumente voraus, alle Materialien einschließlich der abschließenden Beurteilung (Concluding Observation) werden veröffentlicht und sind digital abrufbar. Nichtregierungsorganisationen oder Betroffenenverbände genießen Anhörungs- und Beteiligungsrechte, von denen sie in der Vergangenheit durchaus Gebrauch gemacht haben. Der Ausschuss ist zwar kein Gerichtshof im technischen Sinne, sein Potential, Täter und tatbegünstigende Strukturen zu benennen und sichtbar zu machen, ist jedoch nicht zu unterschätzen. Da der Vatikanstaat auch der UN-Folterkonvention beigetreten ist, ergeben sich vergleichbare Konstellationen vor dem dazugehörigen Ausschuss.

---

[31] Ebd.

[32] Vgl. *M. McAleese*, Children's Rights and Obligations in Canon Law, Leiden 2019; *A. Loretan*, Sexuelle Gewalt von Amtsträgern gegen Kinder. Ein menschenrechtliches Plädoyer, in: J. Enxing/D. Gautier (Hrsg.) unter Mitarbeit von D. Wojtczak, Satisfactio. Über (Un-)Möglichkeiten von Wiedergutmachung, Leipzig 2019, 13–57.

[33] Eine Darstellung von Status und Funktion des Überwachungsausschusses, gerade auch im Verhältnis zum Heiligen Stuhl als Signatarstaat, findet sich bei *M. McAleese*, Children's Rights (s. Anm. 32), 366–370. Dem Gespräch mit meinem ehemaligen Forschungsmitarbeiter Franz Wittmann verdanke ich die Auseinandersetzung mit diesen Fragen.

3. Politische Verantwortung des Verfassungsstaates

Von einer „Missbrauchskrise“ wird normalerweise nicht gesprochen, wenn massenhafte sexualisierte Gewalt aufgedeckt wird. Wenn Angehörige von internationalen Organisationen solche Verbrechen begangen haben, ist von Menschenhandel, von Folter oder von organisierter Kriminalität die Rede. Auch schaut die Staatengemeinschaft nicht jahrzehntelang wohlwollend zu, bis die Täterorganisation diese Verbrechen unter Umständen selbst aufklärt. „Stattdessen werden solche Organisationen vor internationalen Gerichtshöfen zur Verantwortung gezogen, mit Sanktionen belegt oder zumindest öffentlich scharf verurteilt. Im Fall der katholischen Kirche sind bis heute nur wenige und diese nur äußerst zaghaft dazu bereit. Amnesty International ebenso wie der ehemalige irische Premierminister Enda Kenny sprachen immerhin von ‚Folter‘. Betroffenenorganisationen versuchen die katholische Kirche mittlerweile völkerrechtlich zur Rechenschaft zu ziehen. Bisher allerdings nur mit mäßigem Erfolg.“[34]

Dennoch werden die Staaten sich nicht auf der kollektiven Religionsfreiheit ausruhen können. Vier Spannungsfelder zwischen Individuum und Kollektiv im Religionsverfassungsrecht insbesondere in der Schweiz[35], aber auch darüber hinaus werden im Folgenden aufgeführt:

1. Die Benachteiligung von Frauen darf der Rechtsstaat bei einer Kooperation mit Religionsgemeinschaften nicht indirekt in Kauf nehmen. Mit dem Verhältnis von Religionsgemeinschaften und der Gleichstellung bzw. Diskriminierung der Frauen in Europa befasste sich ausführlich der Gleichstellungsausschuss des Europarates. In einem Bericht von 2005 hält der Ausschuss fest, dass Glaubensgemeinschaften das Recht auf Gleichstellung der Frau nicht mit staatlicher Hilfe untergraben dürfen.[36]

---

[34] *D. Reisinger*, Missbrauch (s. Anm. 28), 107.

[35] Vgl. *A. Loretan*, Grundrechte innerhalb der Religionsgemeinschaften – oder: Individuum contra Kollektiv, in: J. Hänni/S. Heselhaus/A. Loretan (Hrsg.), Religionsfreiheit im säkularen Staat. Aktuelle Auslegungsfragen in der Schweiz, in Deutschland und weltweit, Zürich 2019, 167–192.

[36] Vgl. Council of Europe, Parliamentary Assembly Resolution 1464 (04.10.2005), § 56. Ausführlicher vgl. *J. Wyttenbach*, Kooperation von Staat und Religionsgemeinschaften in der Schweiz im Kontext der Grundrechte, in: A. Loretan (Hrsg.), Religionsfreiheit im Kontext der Grundrechte (Religionsrechtliche Studien 2), Zürich 2011, 377–413, bes. 387–390. „Großen in Europa verbreiteten Glaubensgemeinschaften wie der katholischen Kirche, den orthodoxen und manchen evangelikalen Kirchen, dem orthodoxen Judentum oder manchen islamischen Gruppen sei gemeinsam, so der

Auch die Vizepräsidentin des deutschen Bundestages, Kathrin Göring-Eckardt, sieht, dass das Selbstbestimmungsrecht der Kirchen im Grundgesetz das Diskriminierungsverbot nicht aufhebt.[37]

2. Im schweizerischen Arbeitsrecht gilt, bei Anstellungs-, Entlassungs- und Lohnfragen „aufgrund des Gleichstellungsgesetzes eine direkte Drittwirkung: In diesem Bereich dürfen sowohl privatrechtliche als auch öffentlichrechtliche Arbeitgeber niemanden wegen des Geschlechts ungleich behandeln oder diskriminieren.“[38]

3. In der Entwicklungszusammenarbeit werden die menschenrechtlichen Standards der Kooperation von Staat und Religionsgemeinschaft vom Rechtsstaat als Voraussetzung einer Zusammenarbeit genannt.[39]

4. „Soweit die qualifiziert als öffentlich-rechtliche Körperschaft anerkannte Kirche […] geliehene Hoheitsgewalt[40] ausübt, hat sie – wie der Staat die Grundrechte der Bürgerinnen und Bürger – jene ihrer Mitglieder zu beachten. Auch in den übrigen äusseren Angelegenheiten sind die [staatskirchenrechtlichen] Kantonalkirchen und ihre Kirchgemeinden als grundrechtsgebunden zu betrachten; das ist der wesentliche Inhalt des Rechtsstaatsvorbehalts. Allein dort, wo ein so enger Bezug zu einer inneren Angelegenheit der Kirche gegeben ist, dass deren Selbstverständnis betroffen ist, werden sich auch eine Landes- oder Kantonalkirche und ihre Kirchgemeinden auf die Religionsfreiheit berufen können“[41], so der

---

Bericht weiter, dass sie diskriminierende Rollenstereotype aufrechterhielten, das sittliche Verhalten und die Sexualität von Frauen wesentlich stärker kontrollierten als von Männern und die weiblichen Glaubensangehörigen in ihrer patriarchalischen Organisationsstruktur teilweise massiv benachteiligten.“ (ebd., 389)

[37] So in der ARD bei Anne Wills Diskussionssendung: „Missbrauch, Lügen, Vertuschung – ist diese Kirche noch zu retten?“ (30.01.2022). Für die Schweiz siehe: *E. M. Belser*, Die Religionsfreiheit und das Verbot der Geschlechterdiskriminierung. Vom Umgang des Staates mit Religionsgemeinschaften, die Frauen von Ämtern ausschliessen, und von anderen Grundrechtskollisionen, in: R. Pahud de Mortanges (Hrsg.), Staat und Religion in der Schweiz des 21. Jahrhunderts. Beiträge zum Jubiläum des Instituts für Religionsrecht, Zürich 2020, 381–420.

[38] *F. Hafner*, Religionsfreiheit im Kontext der Menschenrechte, in: A. Loretan (Hrsg.), Religionsfreiheit im Kontext der Grundrechte (Religionsrechtliche Studien Teil 2), Zürich 2011, 121–161, 153.

[39] Vgl. *A.-M. Holenstein* et al., Religionen – Potential oder Gefahr? Religion und Spiritualität in Theorie und Praxis der Entwicklungszusammenarbeit, Wien 2010.

[40] Z. B. Besteuerung der Mitglieder.

[41] *G. Nay*, Schweizer Rechtsstaat und Religionsgemeinschaften: Hilfen und Grenzen, in: A. Loretan, Das Kreuz der Kirche mit der Demokratie. Zum Verhältnis von katholischer Kirche und Rechtsstaat, Zürich 2006, 35–47, 41.

ehemalige Bundesgerichtspräsident Giusep Nay. Hoheitliches Handeln der öffentlich-rechtlichen Religionsgemeinschaften ist grundrechtsgebunden. Dass ein europäischer „Staat dies als Bedingung nennt, ist unter der EMRK nicht zu beanstanden."[42]

Der demokratische Verfassungsstaat prämiert durch das Kirchensteuersystem und weitere Privilegien „jene, die in der Kirche die Macht haben"[43], obwohl nicht wenige darunter nachweislich die Aufklärung von Sexualverbrechen behindert haben. Die Politik ist gefordert, Rechtsstandards zum Schutz der Opfer sexueller Gewalt in der Kirche einzufordern, trotz des Selbstbestimmungsrechts der Kirchen. Das Grundrecht Religionsfreiheit ist im Kontext der Grundrechte zu interpretieren. Oder einfacher formuliert: Menschenrechte gelten auch in der Kirche.

„Ecclesia irreformabilis – die Kirche ist unreformierbar"[44], so formuliert es Wolfgang Treitler, selbst ein Opfer sexueller Gewalt. Er widerspricht damit der Möglichkeit einer Reform, die in dem Ausspruch „Semper reformanda" liegt. Die universale Kirche will sich zurzeit in Bezug auf ihre Machtverteilung nicht selbst reformieren. Deshalb muss der Staat seine Verantwortung wahrnehmen für die Rechte der Opfer sexualisierter Gewalt in den Religionsgemeinschaften.

4. Dialog mit Hannah Arendt: vom Systemgehorsam zur Menschlichkeit

Der Zivilisationsbruch der Wannseekonferenz von 1942 (11 Mio. Juden in Europa sollten umgebracht werden) schrie nach einer neuen normativen Grundlage. Die Antwort lautet wie die vom Konzil verwendete Formulierung in Nostra Aetate Nr. 5: Jeder Mensch hat eine Würde und daraus folgende Menschenrechte. Diese Formulierung wurde erstmals in der Weihnachtsansprache von Pius XII. 1942 verwendet.[45] Die UNO-

---

[42] *K. Sahlfeld*, Aspekte der Religionsfreiheit im Lichte der Rechtsprechung der EMRK-Organe, des UNO-Menschenrechtsausschusses und nationaler Gerichte (Luzerner Beiträge zur Rechtswissenschaft 3), Zürich 2004, 174.

[43] Vgl. *T. Stein*, Mit Engelszungen und Liebe (20.10.2021), www.feinschwarz.net/mit-engelszungen-und-liebe-der-synodale-weg-als-chance-katholischer-transformation (Zugriff: 16.03.2023).

[44] *W. Treitler*, Am Ende der klerikalen Prozession (01.10.2021), www.feinschwarz.net/am-ende-der-klerikalen-prozession (Zugriff: 16.03.2023).

[45] *Pius XII.*, Weihnachtsansprache von 1942, abgedruckt in: W. Jussen, Gerechtigkeit schafft Frieden. Reden und Enzykliken des Heiligen Vaters Papst Pius XII., Hamburg 1946, 67–92, 76f., 83.

Charta (1945), die Allgemeine Erklärung der Menschenrechte (1948), das Deutsche Grundgesetz (1949), die Enzyklika Pacem in terris von Johannes XXIII. (1963), das Zweite Vatikanische Konzil (DH 1; NA 5; LG 32; GS 29), die Schweizer Bundesverfassung 1999 und viele weitere Verfassungen haben den Gedanken aufgenommen.

Obwohl die rechtsphilosophische Tradition der Rechtswissenschaft der Kirche (Naturrecht) einen derart bedeutenden Beitrag geliefert hatte für die Gemeinschaft der Rechtsstaaten[46], fürchtet sich die Kirche immer noch vor den Menschenrechten bzw. vor der von ihr ratifizierten Kinderrechts-Konvention. Die absolutistische Monarchie Kirche kennt keine einklagbaren Grundrechte, nachdem ein entsprechendes Grundgesetz (Lex Ecclesiae Fundamentalis), das der Kirchenrechtler Paul VI. vorbereiten ließ, von Johannes Paul II. nicht promulgiert wurde. Ohne Grundrechtsschutz und Gewaltenteilung, das heißt, ohne rechtlich geschützte Würde der menschlichen Person aufgrund der Ebenbildlichkeit Gottes, kann die sexuelle Gewalt von Priestern in der absolutistischen Kirche nicht wirklich eingeschränkt werden. Die Katholiken und die Menschen guten Willens im Rechtsstaat sind gefordert, die Kirchenopfer sexueller Gewalt in zivilen Gerichtsverfahren zu Wort kommen zu lassen.

Hannah Arendts Buch „Eichmann in Jerusalem: ein Bericht von der Banalität des Bösen“[47] bricht mit der Vorstellung, dass hinter dem Bösen eine dämonische Willenskraft stünde. Eichmann war ein Bürokrat, der als Rädchen in einer Organisation funktioniert hatte. Er berief sich für all seine Verbrechen auf die buchstabengetreue Umsetzung von Gesetzen, Erlassen, Vorschriften und Regeln. Nach dem Zusammenbruch des Tausendjährigen Reichs wuschen sich fast alle Verantwortlichen die Hände in Unschuld, weil sie ja nur Befehle ausgeführt hatten. „Was im nationalsozialistischen Deutschland und in den von ihm besetzten Gebieten begangen wurde, kann man juristisch nicht mehr fassen, und das macht

[46] Zum Einfluss dieser Argumentation Pius' XII. auf die Rechtsentwicklung der Allgemeinen Erklärung der Menschenrechte und der europäischen Rechtsstaaten vgl. den jüdischen Rechtshistoriker aus Harvard: *S. Moyn*, Christian Human Rights, Philadelphia (PA) 2015.

[47] *H. Arendt*, Eichmann in Jerusalem. Ein Bericht von der Banalität des Bösen. In der Übersetzung von Brigitte Granzow, München 1986 (auf Englisch erschienen: 1963). Die politische Philosophin Hannah Arendt schrieb dieses Buch anlässlich des 1961 vor dem Bezirksgericht Jerusalem geführten Prozesses gegen den SS-Obersturmbannführer Adolf Eichmann.

gerade ihre Ungeheuerlichkeit aus. […] Diese Schuld ist anders, sie übersteigt und zerbricht alle Rechtsordnungen."[48]

Die entscheidende Frage lautet: „Wie ist die Schuld zu ermessen, wenn eine Tat innerhalb eines Systems begangen wurde, das Unrechtmässigkeit mit rechtmässigen Mitteln zum Gesetz erhoben hat?"[49] Ist dann der Mensch nur Funktionsträger? Auch Pilatus hat seine Hände in Unschuld gewaschen. Ist er damit entschuldigt als ein Opfer der Umstände? War Pilatus ein gehorsamer, pflichtbewusster Diener des Staates? Ist eine Organisation also letztlich verantwortlich? Kann ein Mensch sich hinter dem Gehorsam gegenüber einer Institution verstecken und die Verantwortung für das eigene Handeln abtreten? Diese rechtsphilosophischen Fragen thematisiert der Roman von Hildegard Keller über Hannah Arendt.[50]

Vor Gericht stellte sich Eichmann als Befehlsempfänger dar. Er sei in ein System hineingeraten, das mörderisch war.[51] Ein Angeklagter, der Millionen in den sicheren Tod geschickt hatte, beteuerte im Polizeiverhör, „er habe immer und überall nur seine Pflicht getan."[52] Er sang ein Loblied auf die Tugend des blinden Gehorsams und zitierte einen kategorischen Imperativ für den kleinen Mann, wie die Nazis ihren Kant zurechtgebogen hatten: „Handle so, dass der Führer dein Handeln billigen würde, wenn er davon Kenntnis hätte."[53] Diese geistige Abhängigkeit von einer Person (Führer) und einem System verunmöglichte das eigene Denken des Funktionärs. Widerspruchslos bediente Eichmann das System. „Alles, was ihn am Funktionieren gehemmt hätte, war radikal abgetötet. Gefühle, Gedanken, Vorstellungskraft, Mitempfinden."[54]

Jedes System, auch das Kirchensystem, muss sich fragen lassen, ob es den Funktionsträger in seiner persönlichen Verantwortung meint entlasten zu können (z. B. im Amtseid des Bischofs). Im Kirchensystem haben Funktionsträger (Priester und Bischöfe) die Verbrechen anderer Funktionsträger des Systems aus Systemgründen über Jahrhunderte vertuscht und bagatellisiert.[55]

---

[48] *H. E. Keller*, Was wir scheinen, Köln 2021, 146. Der Roman beschreibt mit einem frischen Blick Hannah Arendts Lebensreise von Königsberg über Berlin, Paris und New York nach Jerusalem, Zürich und Rom und auch immer wieder ins sommerliche Tessin.
[49] Ebd., 214.
[50] Vgl. ebd., 303.
[51] Ebd., 304.
[52] Ebd., 317.
[53] Ebd., 318.
[54] Ebd., 341.
[55] Vgl. *D. Reisinger*, Die so genannte Missbrauchskrise oder das Ende der römisch-ka-

Hildegard E. Keller formuliert es im Blick auf Adolf Eichmann und das NS-Regime so: „Das Schlimmste an diesem Schweigen war doch, dass es alle scheinbar gleichmachte, die Täter, die Mitmacher, die Mitwisser und auch die armen Teufel, die zum Schlimmsten gezwungen worden waren."[56] Eichmann wollte mitmachen im vollen System-Vertrauen, ohne sich fragen zu müssen. Um das System auszuhalten, hatte er nur noch funktioniert. „Dieses Wir-Sagen machte die allergrössten Verbrechen möglich."[57] Hannah Arendts Absicht mit dem Eichmann-Bericht war es, die Legende von der Größe des Bösen zu zerstören.[58]

Der Roman über Hannah Arendt schildert eine Verwandlung, die mit Adolf Eichmann beim Prozess in Jerusalem geschehen sein könnte. „[...] beim Gerichtsverfahren in Jerusalem gab es tatsächlich etwas Grossartiges, und das ist erzählenswert. [...] Jede Bürokratie schafft Anonymität und enthumanisiert die Menschen in ihr. [...] Aber jetzt kommt das Grossartige an diesem Gerichtsverfahren, und das war die Verwandlung. Aus dem Bürokraten Eichmann wurde plötzlich wieder ein Mensch. [...] Als er sagte, ich war nur ein Bürokrat, antwortete der Richter: Deswegen stehst du aber nicht hier, sondern weil du ein Mensch bist und weil du bestimmte Sachen gemacht hast, für die du nun geradestehen musst."[59]

Werden auch Kirchen-Funktionäre vor staatlichen Gerichten als Menschen Verantwortung übernehmen müssen für ihre Vertuschung und Bagatellisierung von sexueller Gewalt durch Priester? Werden auch sie die Verwandlung vom Funktionsträger zum Menschen durchleben? Oder wird sich dafür erst das Jüngste Gericht zuständig erklären? Davon singt Maria im Magnifikat: „Er stürzt die Mächtigen vom Thron und erhöht die Niedrigen." (Lk 1,52) Papst Franziskus bezieht diese Stelle ausdrücklich auf die Amtsträger der Kirche, die sexuelle Verbrechen begangen oder vertuscht haben.[60]

---

tholischen Kirche, wie wir sie kannten, in: A. Loretan (Hrsg.), Machtmissbrauch und sexuelle Gewalt in der Kirche. Beiträge aus Rechtswissenschaften und Theologie, Wien 2023, 35–71, 36–43.

[56] *H. E. Keller*, Was wir scheinen (s. Anm. 48), 492.

[57] Ebd., 482.

[58] Vgl. *H. Arendt*, Eichmann (s. Anm. 47).

[59] *H. E. Keller*, Was wir scheinen (s. Anm. 48), 495.

[60] *Papst Franziskus*, Schreiben (s. Anm. 6). „Der Schmerz dieser Opfer ist eine Klage, die zum Himmel aufsteigt und die Seele berührt, die aber für lange Zeit nicht beachtet, versteckt und zum Schweigen gebracht wurde. Doch ihr Schrei war stärker als alle Maßnahmen, die danach strebten, ihn zum Schweigen zu bringen, oder auch versucht haben, ihn mit Entscheidungen zu beruhigen, die seinen Schmerz vergrößerten, weil sie

Eines ist allerdings im Dialog mit der politischen Philosophin Hannah Arendt klar geworden: Verbrechen können nicht nur durch einzelne Personen, sondern auch durch juristische Personen (Staat, Kirche, Unternehmen) mit ihren Strukturen und ihrer Kultur direkt gefördert werden. Solange diese systemische Ebene der sexuellen Gewalt im Kirchensystem nicht thematisiert wird, bestehen die Kirchenstrukturen und die Kirchenkultur weiter, die die Verbrechen in diesem weltweiten Ausmaß erst ermöglichen.

in Komplizenschaft gerieten. Ein Schrei, den der Herr gehört hat. Er lässt uns wieder einmal sehen, auf welcher Seite er steht. Der Lobgesang der Maria geht nicht fehl und durchläuft die Geschichte wie eine Hintergrundmusik weiter; denn der Herr denkt an seine Verheißung, die er unseren Vätern gegeben hat: „Er zerstreut, die im Herzen voll Hochmut sind; er stürzt die Mächtigen vom Thron und erhöht die Niedrigen. Die Hungernden beschenkt er mit seinen Gaben und lässt die Reichen leer ausgehen." (Lk 1,51–53)

Die Aufarbeitung kirchlichen Unrechts als Pflicht der staatlichen Gemeinschaft

Matthias Katsch

1. Wie alles anfing

An der Schule, die ich von der 5. Klasse bis zum Abitur besuchte, dem Berliner Canisius-Kolleg, haben zwei Jesuitenpriester jahrzehntelang, von den sechziger bis in die achtziger Jahre hinein, sexuelle Gewalt gegen Kinder und Jugendliche ausgeübt. Im Umfeld gab es weitere Täter.

Die Übergriffe im Rahmen der „Seelsorge" und der Beichte waren also Teil des geschützten, privaten Raums der Kommunikation zwischen Priester und Gläubigen. Auch wenn das vorausgehende, monatelange Grooming, also die gezielte Kontaktaufnahme Erwachsener mit Minderjährigen in Missbrauchsabsicht, in aller Öffentlichkeit stattfand und auch von Dritten wahrgenommen wurde, erkannten diese nicht, was sie da sahen; man erkennt eben nur, was man kennt. Aber auch die zahlreichen Opfer erkannten das Ausmaß des ihnen zugefügten Leids nicht. Sie fühlten sich isoliert und allein.

Dass diese Verbrechen so lange ohne Konsequenzen blieben, hatte wesentlich damit zu tun, dass es sich eben um Priester handelte, die seit jeher einen besonderen Vertrauensvorschuss genießen und exklusive Zugänge zu den ihnen anvertrauten Kindern und Jugendlichen besitzen, die gesellschaftlich akzeptiert sind oder jedenfalls nicht weiter hinterfragt werden: Welchem anderen Erwachsenen würde man sonst erlauben, mit Kindern vor oder zu Beginn der Pubertät intime Gespräche über Sexualität zu führen? Es sei denn, es handelt sich eben um eine religiöse Übung („Beichte" – das „sechste Gebot!").

Der eine notorische Täter leitete über ein Jahrzehnt die an der Schule angesiedelte Jugendarbeit. Er manipulierte die Kinder, zu denen er in seiner Tätigkeit als Religionslehrer und geistlicher Leiter des Jugendverbandes Zugang hatte, um seine Übergriffe begehen zu können. Das von ihm selbst verfasste Geständnis des anderen Serientäters gegenüber seinen kirchlichen Vorgesetzten offenbart einen grausamen Sadismus: „Ich habe viele hundert Male Kinder missbraucht". Wobei es diesem Täter wichtig war zu betonen, dass er die Geschlechtsorgane der Kinder nicht berührte und auch keine sexuelle Erregung verspürte, als er die nackt und wehrlos vor ihm knienden Kinder mit der bloßen Hand sowie mit allerlei Instrumenten so lange auf das Hinterteil schlug, bis dieses grün und blau geschlagen war und teilweise blutete. Anschließend versorgte er die Wunden nur zu gern mit Salbe. Den Opfern prägte sich jenseits des akuten Schmerzes eine tiefe Erniedrigung, eine Entwürdigung und Ohnmacht ein, die ihr weiteres Leben nachhaltig prägte.

Ich begegnete nacheinander beiden Tätern. Scham, Schuldgefühle, Wut und Depression waren die Folgen. Ich dachte, ich wäre damit allein.[1] Als ich 2010, im Alter von 47 Jahren, anfing, über die sexualisierte Gewalt, die ich als Schüler mit 13, 14 Jahren erlitten hatte, zu sprechen, verstand ich schnell, dass es zahlreiche Opfer an meiner Schule gegeben haben musste. Dafür sprachen die Vorgehensweise und die lange Zeit, die die Täter dort aktiv waren. Aber ich hätte mir nicht vorstellen können, wie viele Fälle von Missbrauch durch Priester und Ordensangehörige der katholischen Kirche es noch darüber hinaus gab, die durch Verjährung vor Strafverfolgung geschützt waren.

Alles Folgende begann mit meiner persönlichen Aufarbeitung.

2. Die Tat hinter der Tat

Therapiegespräche helfen bei der Lebensbewältigung nach traumatisierenden Kindheitserfahrungen. Doch mit der Offenbarung, Teil eines Verbrechenskomplexes gewesen zu sein, dem mehr als hundert Schulkameraden zum Opfer fielen, verändert sich der Blick auf die eigene Biografie grundlegend. Aufarbeitung bedeutete nun eine *relecture* des eigenen Lebens.

Es ist daher ein fataler Rat an Betroffene, die Dinge doch ruhen zu lassen, weil es so lange her ist. Ohne den Bezugspunkt der traumatischen Erfahrungen in der Vergangenheit bleibt das eigene Leben schief, fremd, unzugänglich. Persönliche Aufarbeitung kann sehr anstrengend und belastend sein bis dahin, dass durch diesen Prozess eine traumatische Belastungsstörung aktiviert wird, als wären die Übergriffe erst gestern geschehen. Aber diese Belastung ist Teil des Heilungsprozesses. Damit eine vergiftete Wunde wirklich heilen kann, muss sie noch einmal geöffnet

---

[1] Siehe dazu: *M. Katsch*, Damit es aufhört: Vom befreienden Kampf der Opfer sexueller Gewalt in der Kirche, Berlin 2020.

werden, damit der Eiter, der sich dort angesammelt hat, abfließen kann. Ein schmerzhafter, aber notwendiger, ein befreiender Prozess. Denn er entlastet von der durch die Täter induzierten Scham und den religiös aufgeladenen Schuldgefühlen.

Zugleich und untrennbar verbunden mit diesem persönlichen Prozess begann die institutionelle Aufarbeitung mit der Suche nach Gründen, Ursachen und Verantwortlichkeiten dafür, dass diese Täter unentdeckt und ungestraft über so lange Zeit Kindern und Jugendlichen Gewalt antun konnten. Die Ursachen zu verstehen, verlangt die systemischen Aspekte zu beleuchten. Und die sind sehr spezifisch. Deshalb ist es notwendig und richtig vom *katholischen Missbrauchsskandal* zu sprechen, auch wenn es institutionenübergreifend viele Gemeinsamkeiten gibt.[2]

Die Tat hinter der Tat, das von uns als Betroffenen sogenannte „zweite Verbrechen" nahm im Lauf der Zeit Gestalt an. Denn die kirchlichen Vorgesetzten dieser Männer wussten früh von deren Taten. Und sie ließen sie gewähren, boten ihnen allenfalls Hilfen an, versetzten sie und erlaubten ihnen immer wieder neue Zugänge zu Kindern und Jugendlichen. Am Canisius-Kolleg führten sich beide Täter gegenseitig Opfer zu für ihre pervertierte Seelsorge. Nachdem an der Schule schließlich Aufdeckung drohte, weil Opfer begonnen hatten, sich zu wehren, wurde der eine als Pfarrer von Gemeinde zu Gemeinde weiter versetzt. An jeder Station seines weiteren Werdegangs gab es neue Vorwürfe wegen Übergriffen.

Der andere ließ sich nach einer Odyssee durch mehrere Ordensschulen in Deutschland schließlich ans andere Ende der Welt nach Chile versetzen, wo er sich in Armenvierteln der Gemeinde- und Jugendarbeit widmete. Jugendliche aus den Gemeinden und Ordensschulen in Deutschland besuchten den ausgewanderten Ordensmann in Chile, chilenische junge Mädchen und Frauen kamen im Gegenzug nach Deutschland in die Pfarreien des Priesters. Beide Täter waren Teil eines Systems, das sie schützte. Nicht nur dort existierte eine Parallelgesellschaft mit eigenen Gesetzen und Verhaltensregeln.

Dieses „zweite Verbrechen" nach dem eigentlichen Missbrauch durch die Täter wurde erst durch die Enthüllungen der Jahre 2010 und folgende offenbar. Die Gleichförmigkeit der Praxis, die Täter einfach zu versetzen, wenn nötig über Grenzen hinweg, und sie so vor den Konsequen-

---

[2] Vgl. *M. Katsch*, Warum dieser Missbrauch katholisch schmeckt, in: G. Brüntrup/C. Herwartz/H. Kügler (Hrsg.), Unheilige Macht: der Jesuitenorden und die Missbrauchskrise, Stuttgart [2]2013, 57–70.

zen ihrer Verbrechen zu schützen, zeigte sich nicht nur bistumsübergreifend in Deutschland, sondern wiederholt auch international, wie die inzwischen erschienenen Aufarbeitungsberichte aus zahlreichen Staaten zeigen. Ebenso gilt dies in Bezug auf die Ordensgemeinschaften, die ihr Hauptquartier meist in der Vatikanstadt haben und von dort aus in zahlreichen Ländern aktiv sind: Das waren und sind ideale Bedingungen, um auffällig gewordene Täter hin und her zu schieben. Und genauso geschah es: Die Unterlagen dazu liegen im Zweifel gut geschützt auf exterritorialem Gebiet, mitten in Italien. Bis heute werden die Akten dieser Täter von der Organisation, die ihnen ihre Taten ermöglichte, verwaltet und vor Ermittlungen geschützt, obwohl beide Männer nicht mehr Priester sind. Erst beschützte sie jahrzehntelang die Gemeinschaft des Jesuitenordens, dann die kirchliche Bürokratie.[3]

Nach 2010 wurde immer deutlicher, dass es sich um ein weltweites Phänomen handelt: von Australien bis Kanada, von Irland bis Deutschland, Frankreich, Polen, Italien, Spanien, Chile, Argentinien, Indien, Japan, Neuseeland, die kleine Südseeinsel Guam und immer so weiter: überall die gleiche Praxis, die gleiche Vorgehensweise, das gleiche „Protokoll“ (Tom Doyle) im Umgang mit diesen Fällen, insbesondere wenn die Gefahr droht, dass es zu öffentlicher Aufmerksamkeit kommen könnte. Dies verweist auf ein systemisches Geschehen, das seine Ursache in der Einheitlichkeit der katholischen Lehre und Doktrin sowie ihrer organisatorischen Geschlossenheit und Gleichförmigkeit hat, bei allen kulturellen und nationalen Unterschiedlichkeiten.

Die Täter genießen bis heute die Privilegien ihres Standes. Strafrechtlich werden sie nur selten zur Verantwortung gezogen und auch disziplinarisch wurden nur in wenigen Fällen Täter nach Kirchenrecht ihres Amtes

---

[3] Diese beiden Jesuiten gehörten zu den Zehntausenden von Priestertätern weltweit. Aktuell gibt es rund 400.000 katholische Priester. Nach verschiedenen Studien liegt der Prozentsatz derjenigen, die Kinder und Jugendliche missbraucht haben, bei mindestens vier bis sieben Prozent. Vgl. *John Jay College of Criminal Justice,* The Nature and Scope of Sexual Abuse of Minors by Catholic Priests and Deacons in the United States 1950–2002, Washington D.C. 2004, www.bishop-accountability.org/reports/2004_02_27_JohnJay_revised/2004_02_27_John_Jay_Main_Report_Optimized.pdf (Zugriff: 25.03.2023), bzw. die Australische Royal Commission von 2017: https://www.bbc.com/news/world-australia-38877158 (Zugriff: 25.03.2023). In Deutschland ermittelte die MHG-Studie von 2018 eine Rate von fünf Prozent der anonymisiert ausgewerteten Personalakten, bei denen es Hinweise auf entsprechende Übergriffe gab. Vgl. www.dbk.de/fileadmin/redaktion/diverse_downloads/dossiers_2018/MHG-Studie-Endbericht-Zusammenfassung.pdf (Zugriff: 22.03.2023).

als Priester enthoben und in den Laienstand versetzt. Die meisten Täter blieben und bleiben bis zu ihrem Tod auf der Gehaltsliste der Kirche und von Konsequenzen verschont. Und noch über den Tod hinaus können sie sich auf die Loyalität ihrer Institution verlassen. Diese hütet getreulich die Akten, in Deutschland wie im Vatikan, und schützt sie vor neugierigen Blicken von Betroffenen oder Forschenden gleichermaßen. Auch wenn es im Einzelfall Ausnahmen von der Regel gibt, so bleibt doch vielfach der Eindruck, dass immer nur das zugegeben wird, was nicht mehr geleugnet werden kann. Ich selbst bin meinen Tätern bis ans andere Ende der Welt gefolgt, um auf ihren Spuren mehr von diesem „System aus Missbrauch und Vertuschung" (Papst Franziskus) zu verstehen, um Opfer zu identifizieren in einem fernen Land, für die sich hierzulande niemand interessiert.[4]

Erst kürzlich wurde bekannt, dass der hoch angesehene ehemalige Vorsitzende des bischöflichen Hilfswerks für Lateinamerika Adveniat, Bischof Emil Stehle, „Missbrauchspriester" aus verschiedenen deutschen Bistümern, denen strafrechtliche Ermittlungen drohten, vor den Konsequenzen ihrer Verbrechen in Sicherheit gebracht hatte, indem er sie unter falschem Namen „in die Mission" nach Südamerika untertauchen ließ.[5] Adveniat sammelt seit Jahrzehnten in der Weihnachtszeit Millionenspenden der Gläubigen und unterstützt damit Projekte in Lateinamerika. Es verwundert nicht, dass Stehle auch selbst die Gelegenheit für Übergriffe gegen junge Mädchen und Frauen genutzt hat, die sich ihm in der kirchlichen Parallelwelt bot. Sein „Wirken" als Bischof in Ecuador muss überhaupt erst noch untersucht werden.

3. Ebenen der Aufarbeitung

Es scheint auch im Jahre 13 nach Canisius, dass wir inmitten einer *never ending story* feststecken. Seit 2010 ist die Gesellschaft in Deutschland mit Tausenden von Verbrechen an Kindern und Jugendlichen konfrontiert, begangen durch Kleriker insbesondere der katholischen Kirche. Die Aufdeckung und Aufklärung ist jedoch bis heute weitgehend eine Aufgabe von Presse und Betroffenen geblieben. Die Aufarbeitung der Ursachen erfolgt, wenn überhaupt, in Eigenregie der Institution Kirche.

---

[4] S. ARD/DW-Dokumentation „Meine Priester, die Täter", 2018.

[5] Vgl. www.dbk.de/fileadmin/redaktion/microsites/Sexualisierte_Gewalt_und_Praevention/Dokumente/Untersuchung_Akten_Fidei_Donum.pdf (Zugriff: 22.03.2023).

Eine Aufarbeitung, die „den blinden Fleck in der Wahrnehmung überwinden und die Gründe und Ursache eines schweren Unrechts verstehen“ hilft, kommt erst in Gang, wenn Betroffene sich zu Wort melden und sie einfordern. Dann braucht es aber auch eine Bereitschaft, diese Impulse aufzunehmen. Sprechen allein reicht nicht aus, es braucht auch jemanden, der zuhört und dann ins Handeln kommt.

Soll sich der Umgang mit diesen Verbrechen nicht in einer endlosen Kette von Skandalberichten erschöpfen, braucht es einen Rahmen für die institutionelle und gesellschaftliche Aufarbeitung. Denn die Auseinandersetzung mit vergangenem Unrecht erfolgt auf drei Ebenen, die wiederum miteinander verschränkt sind und sich gegenseitig beeinflussen:

1. persönlich-individuell,
2. institutionell und
3. gesellschaftlich.

In einer Gesellschaft, die blind und taub ist gegenüber sexualisierter Gewalt, erfolgt auch keine institutionelle Aufarbeitung, und die Opfer bleiben auf die persönliche Ebene verwiesen: Sie machen das Unrecht und seine Folgen mit sich selbst aus; bestenfalls erhalten sie dabei Hilfe aus dem Gesundheits- und Sozialsystem.

Um die gesellschaftliche Wahrnehmung zu verändern, ist es wichtig, dass Betroffene sichtbar werden, wie das nach 2010 geschehen ist. Es reicht aber nicht aus. Das wird auch deutlich bei dem anderen großen gesellschaftlichen Unrecht an Kindern und Jugendlichen, das bis heute nicht wirklich aufgearbeitet ist: der Heimerziehung der fünfziger und sechziger Jahre. Bis heute etwa schulden Staat und Gesellschaft den Kindern und Jugendlichen, die zu Opfern dieses Zwangssystems wurden, eine Entschuldigung und eine Wiedergutmachung. Die halbherzige Aufarbeitung zwischen 2005 und 2010 hat ausgerechnet die Frage der institutionellen und gesellschaftlichen Verantwortung weitgehend ausgeklammert und die Betroffenen mit kleinen Sachleistungen und einem unzureichenden Unterstützungsangebot zurückgelassen. Ausgelöst wurde der Aufarbeitungsprozess durch Betroffene, die sich an den Journalisten Peter Wensierski wandten, der ihre Erfahrungen 2006 in dem Buch *Schläge im Namen des Herren* an die Öffentlichkeit brachte.[6] Das

[6] *P. Wensierski*, Schläge im Namen des Herren. Die verdrängte Geschichte der Heimkinder in der Bundesrepublik, München 2006.

darin beschriebene Zwangssystem der im staatlichen Auftrag in kirchlicher Trägerschaft (katholisch wie evangelisch) betriebenen Heimeinrichtungen wurde zwar ab den siebziger Jahren reformiert, die inzwischen erwachsenen Opfer jedoch weitgehend allein gelassen.

Nicht die seit mehr als einem Jahrzehnt nicht enden wollende Kette von Enthüllungen rund um Gewalt und Missbrauch sind der Skandal, sondern die sich endlos hinziehende Aufklärung und Aufarbeitung in kirchlicher Eigenregie, ohne dass der Staat die Dinge in die Hand nimmt. Das ist skandalös. Warum tut sich der Staat so schwer? Ein möglicher Grund: Kirche und Staat agieren vielfach gemeinsam. Sie sind Partner im Sozialstaat. Die Heime etwa, in denen nach dem Zweiten Weltkrieg Tausende von Kindern gequält, zur Arbeit gezwungen und missbraucht wurden, wurden überwiegend von den Kirchen betrieben, natürlich im staatlichen Auftrag. Umso befangener reagierte und reagiert der Staat auf all seinen Ebenen bis heute, wenn erwachsen gewordene Betroffene Aufklärung, Hilfe und Entschädigung verlangen.

4. Staatliche Verantwortung: Wahrheitskommissionen, Strafverfolgung und Entschädigung

Immer noch kommen neue Verbrechen zu Tage, wie der „Missbrauchstäterverschiebebahnhof" rund um das Hilfswerk Adveniat. Doch weder werden die Fäden dieser einzelnen Fälle zusammengeführt noch wird proaktiv gehandelt. Wo bleibt etwa seit 2010 die Aufdeckungsarbeit in anderen Hilfswerken? Spätestens mit dem Skandal um die *Ärzte für die Dritte Welt* (heute: *German Doctors*) konnte man 2010 um die immanenten systemischen Risiken wissen. Nun warten wir also auf den nächsten Skandalbericht eines anderen Hilfswerks oder eines anderen Bistums, eines anderen Täters. Oder gelingt es doch noch, so etwas wie eine deutsche *royal commission*, eine Wahrheitskommission zustande zu bringen?

Damit der zähe Prozess der Aufarbeitung sinnvoll weitergehen kann, braucht es ein Empowerment der Betroffenen. *Eckiger Tisch* entstand als Selbstvertretung von Betroffenen, für die am *Runden Tisch Kindesmissbrauch* 2010 zunächst kein Platz vorgesehen war. Daraus entwickelte sich eine Lobby- und Empowerment-Arbeit, die seit 2022 endlich auch eine staatliche Projektförderung erhält, um die Rolle als Gegenüber der kirchlichen Institutionen in den Prozessen rund um Aufklärung, Hilfe und Entschädigung aktiv und professionell wahrnehmen zu können.

Grundsätzlich haben Vertreter der Kirche erklärt, dass sie sich einer staatlichen Aufklärung und Aufarbeitung nicht in den Weg stellen würden. Umso wichtiger ist es aber, dass der Staat nun erklärt, was er fordert, und die Frage nicht einfach an die Kirche zurückgibt, wo nun Dutzende von ehrenamtlichen „unabhängigen Kommissionen" versuchen, vor Ort und auf sich allein gestellt, Aufklärung zu betreiben. Die Deutsche Bischofskonferenz hat zwar erklärt, dass unabhängige Experten künftig die Aufarbeitung von sexualisierter Gewalt in der katholischen Kirche begleiten sollen, und sie hofft auch darauf, dass der Staat das Gremium unterstützt. Doch letztlich würde auch dieser „Expertenrat" nur die Praxis der Aufarbeitung in Eigenregie fortsetzen.

Doch nicht nur die Art und Weise, wie sich die kirchliche Selbstaufklärung und Aufarbeitung in Eigenregie seit Jahren hinzieht, ist schwer erträglich. Die bislang fehlende Aufklärung und Aufarbeitung der zahlreichen Skandale ist selbst auch ein Skandal für den Rechtsstaat. Denn Tausende von Opfern erfahren keine Genugtuung, weil aufgrund gesetzlicher Verjährungsfristen keine Strafverfolgung mehr möglich ist[7]. Da es keine Anzeigepflicht gab und gibt, bleibt auch das Verhalten von kirchlichen Vorgesetzten ungestraft. Und schließlich muss die Justiz selbst sich vorwerfen lassen, bei den Ermittlungen – wenn sie denn überhaupt mal in Gang kamen – sowie bei ihren Urteilen nachlässig gewesen zu sein. Kein einziges kirchliches Archiv wurde bis heute durchsucht, kein Bischof oder Provinzial je als Zeuge einvernommen. Man verlässt sich einfach darauf, dass die Kirche schon die richtigen Akten zur richtigen Zeit selbst offenlegen wird. Offenbar waren die mutmaßlichen Verbrechen an Kindern und Jugendlichen durch Priester und der Umgang ihrer Vorgesetzten damit den Behörden keine besonderen Ermittlungsanstrengungen wert.

In der Konsequenz bleiben Tausende von Verbrechen von Priestern und ihren Beschützern ungesühnt. Das ist ein Problem für den Rechtsstaat, welches er zum Teil selbst erzeugt hat, indem er lange Zeit nur sehr kurze strafrechtliche Verjährungsfristen für diese Art von Verbrechen vorsah. Erst nach und nach wurden die Verjährungsfristen angepasst an die Tatsache, dass viele kindliche und jugendliche Opfer sehr

---

[7] Die Verjährung für sexuellen Kindesmissbrauch wurde zwar 2016 durch Einführung einer Ruhensfrist bis zur Vollendung des 30. Lebensjahres des Opfers deutlich verlängert, doch hat das keine Auswirkungen auf vergangene Fälle, bei denen die Verjährung aufgrund der zuvor geltenden Fristen schon eingetreten war.

lange Zeit brauchen, um selbst die Kraft zu finden, sich mit Taten und Tätern auseinanderzusetzen. Zumal, wenn sie es dabei mit einer der machtvollsten Institutionen unserer Gesellschaft zu tun haben, die offenbar viele Jahrzehnte lang auf das Wohlwollen der staatlichen Institution zählen konnte.

Auch deshalb kann Aufarbeitung nicht einfach der Kirche überlassen bleiben. Sie betrifft auch die staatliche Gemeinschaft und die Gesellschaft, in der dies alles möglich war. Nicht erst seit den Gutachten in Köln und München drängt sich der Eindruck auf, dass über lange Zeit hinweg der Staat es gar nicht so genau wissen wollte und stattdessen daran mitgewirkt hat, *Priestertäter* weniger streng zu bestrafen, als es angemessen gewesen wäre. Durch die Vernachlässigung der Strafverfolgung und durch die Bereitschaft, bei Mitwirkung von Täter und Institutionen auf Gefängnisstrafen zu verzichten, konnten sich Täter lange sehr sicher fühlen.

Aufarbeitung kann Strafverfolgung nicht ersetzen und auch die eingetretene Verjährung nicht rückwirkend aufheben, aber sie kann den Opfern wenigstens Anerkennung, Gewissheit, Information über Ursachen, Hintergründe, Verantwortlichkeiten verschaffen und so Betroffenen auf der persönlichen Ebene bei der Bewältigung und Bearbeitung des erlebten Traumas helfen. Das ist nur gerecht. Es ist aber nicht nur eine Frage der Gerechtigkeit gegenüber den vielen tausend Betroffenen, denen mit den Mitteln des Rechtsstaates nicht mehr geholfen werden kann und die als Kinder und Jugendliche der Institution Kirche hilflos ausgeliefert waren, sondern es ist auch ein wichtiger Bestandteil einer nachhaltigen Präventionsstrategie. Wer Kinder heute und morgen sicher vor Gewalt und sexueller Ausbeutung aufwachsen lassen will, muss sich dem Versagen der Institutionen beim Schutz der Kinder in der Vergangenheit stellen. Deshalb fordern der *Eckige Tisch* und zahlreiche Betroffene seit Jahren die Einsetzung einer oder mehrerer Wahrheitskommissionen auf Ebene des Bundes für 27 Bistümer und analog für die Landeskirchen der evangelischen Kirche.

Der immer wiederkehrende Hinweis, dass es doch auch in anderen Einrichtungen und insbesondere in der größten und wichtigsten Institution unserer Gesellschaft, der Familie, zu zahlreichen Gewaltverbrechen an Kindern und Jugendlichen kommt, die regelmäßig nicht aufgeklärt und aufgearbeitet werden können, darf kein Hinderungsgrund sein, um für den Verantwortungsbereich der katholischen Kirche jetzt endlich tätig zu werden. Es braucht gesetzliche Grundlagen für die Aufarbeitung aller Tatkontexte, um Opfern Gerechtigkeit widerfahren zu lassen. Es braucht aber auch eine spezifisch dafür beauftragte und mit gesetzlichen Zuständigkeiten ausgestattete Untersuchungs- und Wahrheitskommission, um auch das „zweite“, das institutionelle Verbrechen in der katholischen Kirche, aufzuklären, nämlich die systematische Vertuschung der Taten.

Wer immer nur darauf verweist, wie groß das Problemfeld sexuelle Gewalt an sich ist, setzt sich dem Vorwurf aus, dass er oder sie das konkrete Unrecht, um das es hier jetzt geht, gar nicht unbedingt aufklären und aufarbeiten will. Eine Wahrheitskommission im Kontext der katholischen Kirche und gegebenenfalls darüber hinaus für die evangelischen Landeskirchen könnte in der Zukunft auch Vorbild sein für andere Institutionen oder auf anderen gesellschaftlichen Feldern, in denen es zu Missbrauch kommt.

Die Arbeit der 2016 eingesetzten untergesetzlichen Aufarbeitungskommission hat gezeigt, wie wichtig es ist, nicht auf die perfekte Lösung zu warten, sondern einfach mit der Arbeit anzufangen.[8] Vertreter der Kirche selbst haben in der Vergangenheit mehrfach erklärt, dass sie bereit wären, sich einer entsprechenden Untersuchung zu stellen. Woran es bisher mangelt, ist die Bereitschaft der Parlamente, diese Herausforderung anzunehmen. Natürlich müsste für eine umfassende Aufklärung auch die Rolle der jeweiligen staatlichen Institutionen mit betrachtet werden und natürlich würde jede Aufarbeitungskommission auch den gesellschaftlichen Kontext mit aufzuhellen haben, in dem diese Verbrechen möglich waren.

Die Opfer warten nun schon sehr lange. Viele werden den Tag nicht mehr erleben, an dem eine unabhängige Untersuchungskommission, eine Wahrheitskommission, ihren Bericht vorlegt und damit die Verantwortung auch der staatlichen Gemeinschaft für die in einer ihrer wichtigsten gesellschaftlichen Institutionen verübten Verbrechen klar demonstriert. Deshalb ist keine Zeit zu verlieren: Aufarbeitung ist überfällig. Manchmal hört man leise Zweifel, die besagen, irgendwann müsse es doch gut sein, was wollen wir denn noch mit der Aufarbeitung: Das System, in dem diese Verbrechen möglich wurden, sei doch inzwischen vielfach klar belegt und untersucht, was sollen da weitere Untersuchungen noch an Erkenntnissen bringen. Doch Aufarbeitung ist keine akademische Übung, sondern existentiell für die Opfer. Für sie, die Betroffenen, ist es notwendig, die Wahrheit zu kennen, um ihren Fall und ihre Geschichte in das große Bild einordnen zu können, um die persönliche Heilung voranzubringen.

Die Kultur der Straflosigkeit, die solange verhindert hat, dass Täter bestraft und Opfern rechtzeitig Hilfen angeboten werden konnten, muss

---

[8] www.aufarbeitungskommission.de (Zugriff: 16.03.2023).

endlich durchbrochen werden. Das betrifft nicht nur das erste Verbrechen der sexualisierten Gewalt, sondern auch das zweite Verbrechen: Kein Bischof, kein Provinzial musste sich je vor Gericht verantworten. Daran wird sich auch so schnell nichts ändern, denn Vertuschung ist nicht strafbar in Deutschland. Theoretisch denkbare Anklagen wegen Begünstigung oder Mittäterschaft kommen in der Realität nicht vor. Es gibt auch kein Unternehmensstrafrecht, das die Diözesen oder Ordensprovinzen selbst zur Verantwortung ziehen könnte. Wenn es zu Reformen des Rechts kommen sollte – und das wäre dringend zu erwarten –, würde das für die Fälle der Vergangenheit nichts mehr ändern.

Deshalb brauchen wir wenigstens die Wahrheit über das, was geschehen ist: konkret, individuell und nachvollziehbar. Und dann steht auch noch die Frage der Wiedergutmachung an, denn auch Entschädigungen für die Opfer gibt es in Deutschland bislang nicht. Sollte es demnächst eine Vereinbarung zwischen Kirche und Staat über die Ablösung der Staatsleistungen geben, wird auch über eine Lösung für die Entschädigungsfrage zu sprechen sein. Dieselbe Kirche, die sich seit 200 Jahren für die Enteignungen von Kirchengut abfinden lässt, das im Zuge der napoleonischen Kriege an die Fürsten des alten Reiches fiel, weigert sich bislang, ihre Opfer zu entschädigen, und bietet stattdessen sogenannte freiwillige Anerkennungsleistungen an. Wenn es hart auf hart kommt, verschanzt sie sich bislang hinter dem Rechtsstaat, um keine Entschädigungen zahlen zu müssen.

Bislang begünstigt unser Rechtssystem „Täterorganisationen" wie die Kirche und verhindert, dass effektiv auch nur ein einziges Opfer eine Entschädigung auf dem Klageweg erreichen konnte. Wie viele stillschweigende Vereinbarungen und Vergleiche es in den letzten 13 Jahren gab, wissen wir nicht. Die sogenannten Anerkennungszahlungen sind jedenfalls auch nach eigener Definition keine Entschädigungen, weder was die Höhe der Zahlungen angeht, die sich in der Masse der Fälle im Bereich weniger Tausend Euro bewegen, noch was das Verfahren angeht, wo die Opfer bei den Verantwortlichen der Institution einen Antrag stellen müssen, der nach den von dieser Institution vorgegebenen Regeln von einer von ihr eingesetzten „unabhängigen Kommission" in einem intransparenten und unkontrollierten Verfahren vergeben werden.

Auch das gehört zum Prozess der Aufklärung und Aufarbeitung dazu: dass die Opfer mit den Folgen des Unrechts nicht allein gelassen werden und die Institutionen alles tun, um den angerichteten Schaden wiedergutzumachen.

5. Aufarbeitung als Teil von Prävention

Ein letzter Grund, weshalb wir dringend eine Wahrheitskommission zu den Verbrechen der sexualisierten Gewalt im Kontext der katholischen Kirche in Deutschland brauchen, ist die Notwendigkeit, die Verbrechen aufzuklären und zu untersuchen. Die Ursachen müssen aufgearbeitet und die Ergebnisse dazu genutzt werden, einen entscheidenden Beitrag dazu zu leisten, dass es aufhört. Natürlich geht es nicht nur um die Institution katholische Kirche. Ebenso wären andere Institutionen anzufragen. Doch das Beispiel einer erfolgreich abgeschlossenen Untersuchung dieses einen Skandals kann ein wichtiges Vorbild abgeben für die Aufarbeitung sexueller Gewalt in anderen Bereichen. Bislang jedoch schrecken die Erfahrungen, die Betroffene mit dem Prozess der Aufarbeitung in der Kirche machen, eher ab.

Doch andere Institutionen werden folgen: Längst ist die Auseinandersetzung um sexualisierte Gewalt an Kindern und Jugendlichen Teil einer wachsenden internationalen Menschenrechtsbewegung geworden: ob *Ending Clergy Abuse*[9], die Vereinigung von Betroffenen sexuellen Kindesmissbrauchs in der katholischen Kirche, die *European Justice Initiative*[10] oder jüngst das *Brave Movement*:[11] Der Kampf zur Überwindung von sexueller Gewalt heute und Gerechtigkeit für Betroffene gehören zusammen. Den Staaten kommt dabei eine wichtige Rolle zu. Sie tragen die Verantwortung dafür, dass Kinder besser geschützt werden und Opfer angemessen unterstützt und entschädigt werden.

6. Was muss passieren?

Aus den hier beschriebenen Erfahrungen lassen sich verschiedene Forderungen ableiten, die von den Menschen, die von sexualisierter Gewalt in der katholischen Kirche betroffen sind, in Richtung der staatlichen Gemeinschaft erhoben werden. Dazu gehört, dass staatliche Stellen und Strafverfolgungsbehörden die von Betroffenen erhobenen Vorwürfe umfassend aufklären müssen, unabhängig davon, wie lange die Taten zurückliegen oder ob die Täter noch leben. Dazu gehören die konsequente

[9] Vgl. www.ecaglobal.org (Zugriff: 16.03.2023).
[10] Vgl. www.justice-initiative.eu/de (Zugriff: 16.03.2023).
[11] Vgl. www.bravemovement.org (Zugriff: 16.03.2023).

strafrechtliche, auch internationale Verfolgung der Täter und deren Ausscheiden aus dem kirchlichen Dienst. Wo dies nicht mehr möglich ist, weil Verfolgungsverjährung eingetreten ist, muss eine unabhängige Aufklärung und Aufarbeitung dieser Verbrechen durch eine dafür eingesetzte Kommission gewährleistet werden. Dafür ist auf die Herausgabe sämtlicher relevanter kirchlicher Unterlagen zu bestehen.

Für eine umfassende Aufklärung ist auch die Rolle der jeweiligen staatlichen Institutionen wie Jugendämter oder Justiz zu betrachten. In Zukunft sollte es eine Anzeigepflicht für Vorgesetzte geben, die von Taten ihrer Mitarbeitenden erfahren, um das kirchliche System der Vertuschung und des Täterschutzes unter Strafe zu stellen.

Staat und Gesellschaft schulden den Kindern und Jugendlichen, die zu Opfern eines Zwangssystems wurden, eine Entschuldigung und Wiedergutmachung. Die Selbstorganisation von Betroffenen muss gestärkt werden. Künftig sollte es in jedem Bundesland Anlauf- und Beratungsstellen sowie eine oder einen Missbrauchsbeauftragten nach dem Vorbild des UBSKM geben. Die zwischenzeitlich von der Kirche selbst eingerichteten Aufklärungskommissionen sollten in eine bundesweite Wahrheitskommission zu den Verbrechen der sexualisierten Gewalt im Kontext der katholischen Kirche in Deutschland überführt werden.

Betroffenen muss umfassende, auch psychologische und psychiatrische Hilfe zugänglich sein. Seit langem schlagen wir als Betroffeneninitiative *Eckiger Tisch* dazu die Einrichtung eines „Opfergenesungswerks" vor, dass Betroffene bei der Überwindung der Folgen der Gewalterfahrung unterstützt. Die Höhe von Zahlungen in Anerkennung des meist lebenslangen Leids, das den Opfern sexualisierter Gewalt zugefügt wurde, sollten nicht länger durch die Kirche selbst festgelegt werden, sondern durch das Parlament einheitlich geregelt und neu berechnet werden. Wenigstens aber sollte der Zugang zu den ordentlichen Gerichten für Betroffene erleichtert werden, etwa indem Musterklagen und Sammelverfahren auch für diese Fälle ermöglicht werden.

Das Engagement von Betroffenen des katholischen „Missbrauchs- und Vertuschungssystems" ist Teil einer inzwischen weltweiten breiten Bewegung von Menschen, die in ihrer Kindheit und Jugend sexualisierte Gewalt erlebt haben. Gemeinsam setzen sie sich dafür ein, dass heutige und künftige Generationen ohne diese Gewalterfahrungen aufwachsen können. Das bedeutet praktischen Einsatz für die Menschenrechte. Denn: Die Würde des Menschen ist unantastbar. Doch sie wurde vieltausendfach verletzt, inmitten unserer Gesellschaft. Den Opfern der Vergangenheit Gerechtigkeit widerfahren zu lassen, ist ein entscheidender Beitrag, um für die Zukunft dieses Versagen zu überwinden. Das ist Aufgabe von Staat und Institutionen, auch der katholischen Kirche in unserer Gesellschaft.

Zur Rolle des Staates bei der Aufarbeitung von sexuellem Missbrauch in der katholischen Kirche

Klaus Mertes SJ

In seiner Studie über die Geschichte des sexuellen Missbrauchs in der katholischen Kirche resümiert Thomas Großbölting: „Eine zumindest flankierende Rolle für die Aufarbeitung sexuellen Missbrauchs in der Kirche müsste in Deutschland der Staat einnehmen – tut es aber nicht. Sexueller Missbrauch, so macht es den Eindruck, lähmt nicht nur die Opfer und bringt diese zum Schweigen, sondern auch die Politik."[1] Im Rückblick auf Kontroversen wie 2010 die zwischen Erzbischof Zollitsch und der damaligen Bundesjustizministerin Leutheusser-Schnarrenberger[2] lässt sich ergänzen: „… bringt Politik (und Kirche) nicht nur zum Schweigen, sondern alternativ auch zum gegenseitigen Anbrüllen".

1. Gescheiterte innerkirchliche Aufarbeitung? Ruf nach dem Staat

Der Ruf nach einer stärkeren Rolle des Staates bei der Aufarbeitung von sexuellem Missbrauch in Institutionen wird inzwischen lauter. Der Kreislauf des Scheiterns, in dem sich die katholische Kirche zu drehen scheint und auch tatsächlich immer wieder dreht, bedrückt nicht nur diejenigen, die sich in ihr seit Jahren um Aufarbeitung im weitesten Sinne des Wortes bemühen, im Einzelnen ja durchaus auch erfolgreich. Auch in Medien[3] und Politik[4] dämmert inzwischen die Erkenntnis, dass die Kirche mit der Aufgabe der Aufarbeitung alleine überfordert ist: „Die Kirche schafft es nicht alleine."[5]

---

[1] *T. Großbölting*, Die schuldigen Hirten, Freiburg i. Br. 2022, 221.

[2] Vgl. www.sueddeutsche.de/politik/justizministerin-auf-konfrontationskurs-mit-den-katholiken-1.23058 (Zugriff: 25.03.2023).

[3] Vgl. zuletzt *M. Lütz*, Der Spiegel (04.09.2022), www.spiegel.de/panorama/missbrauch-in-kirche-und-sport-alle-sind-erschuettert-und-dann-gastbeitrag-a-ef1c880c-87d6-477e-806b-0324b3c8a444 (Zugriff: 01.03.2023).

[4] Vgl. *L. Castellucci* im Interview mit D. Deckers, in: FAZ (31.01.2022), www.faz.net/aktuell/politik/inland/spd-innenpolitiker-lars-castellucci-ueber-sexualisierte-gewalt-17765911.html (Zugriff: 25.03.2023).

[5] *F. Neumann*, Die Kirche schafft es nicht allein (06.01.2021), www.katholisch.de/artikel/28233-missbrauchsaufklaerung-die-kirche-schafft-es-nicht-allein (Zugriff: 22.03.2023).

Diese Erkenntnis trifft nicht nur die katholische Kirche, sondern alle vergleichbaren Institutionen, die auf die eine oder andere Weise mit Schutzbefohlenen zu tun haben. Die Unabhängige Kommission verweist darauf, dass die bei der Aufarbeitung in der Kirche sichtbar gewordenen Probleme paradigmatischen Charakter haben: „Wie wir beispielhaft an der katholischen Kirche immer wieder sehen, kann eine Institution die eigene Gewaltgeschichte glaubwürdig und mit der notwendigen Beteiligung der Betroffenen nicht alleine aufarbeiten."[6] Die Probleme bei der Aufarbeitung hängen nicht nur mit dem Versagen einzelner Personen zusammen, sondern auch damit, dass solche Aufarbeitung dysfunktional aufgestellt ist.

2. Notwendigkeit unabhängiger Aufarbeitung

Eine Voraussetzung, ohne die Aufarbeitung nicht gelingen kann, besteht darin, dass eine unabhängige Instanz sowohl der Institution wie den Betroffenen gegenübertritt, eine Instanz, die über Definitions- und Entscheidungsvollmachten verfügt, sowohl was Inhalt als auch was Verfahren von Aufarbeitung betrifft.

Johannes-Wilhelm Rörig, der inzwischen aus dem Amt geschiedene Unabhängige Beauftragte für Fragen des sexuellen Missbrauchs (UBSKM), stellt rückblickend fest: „Der Staat muss jetzt beweisen, dass er die unabhängige Aufarbeitung sexueller Gewalt ernst nimmt und alles dafür tut, damit diese unterstützt und kontrolliert wird."[7] Die Formulierung lässt die Frage offen, welche „unabhängige Aufarbeitung" das Objekt staatlicher Unterstützung und Kontrolle sein soll: Die der „Unabhängigen Kommission zur Aufarbeitung sexuellen Kindesmissbrauchs" (UK), die der zwischen UBSKM und der Deutschen Bischofskonferenz (DBK) vereinbarten diözesanen „unabhängigen Aufarbeitungskommissionen" oder die des UBSKM selbst. Jedenfalls ist vorab festzuhalten: Der Staat – das ist mehr als bloß Staatsanwaltschaft und Gerichte. Die allermeisten Anzeigen von Betroffenen scheitern aus bekannten Gründen: Entweder

---

[6] www.katholisch.de/artikel/32944-spd-politiker-kirche-bei-aufarbeitung-staerker-in-die-pflicht-nehmen (Zugriff: 31.03.2023).

[7] Pressemitteilung zum UBSKM-Positionspapier, 16.02.2022, https://beauftragte-missbrauch.de/presse/artikel?tx_news_pi1%5Baction%5D=detail&tx_news_pi1%5Bcontroller%5D=News&tx_news_pi1%5Bnews%5D=579&cHash=da384318b1675336ea7b1876e2b05fcb (Zugriff: 25.03.2023).

sind die Taten verjährt, oder der Charakter der Missbrauchstat ist strafrechtlich nicht fassbar, oder der Opferschutz ist während des strafrechtlichen Verfahrens nicht gegeben, oder es gilt, wenn Aussage gegen Aussage steht, das Prinzip der Unschuldsvermutung zugunsten des Angeklagten sogar bei hoher Wahrscheinlichkeit, dass er schuldig ist. „In dubio pro reo".

Noch schwieriger wird es, wenn es darum geht, die Vertuschung des Missbrauchs durch Verantwortliche – das eigentliche institutionelle Problem – strafrechtlich aufzuarbeiten. Wenn Vertuschung von Straftaten in Institutionen zum Zwecke der Strafvereitelung vorliegt und nachgewiesen werden kann, ist diese Vertuschung selbst eine Straftat. Doch das Phänomen der Vertuschung geht weit über diesen strafrechtlich relevanten Fall hinaus. Vertuschungsdynamiken, Schweigespiralen und Tabus betreffen in der Regel das ganze System. Die Diözese Münster ist deswegen einen Schritt weitergegangen, indem sie eine historische Studie vorlegte, die nicht nur – wie meist in den Gutachten unterschiedlicher Kanzleien – die Feststellung strafrechtlich relevanter Taten oder Unterlassungen von Verantwortlichen in den Blick nimmt, sondern auch die *Bystander* einschließlich der Staatsanwaltschaften selbst:[8] „Staat und Kirche koexistierten lange Zeit in einer Win-win-Situation, in der die Kirchen einen ideell-religiösen Überbau für die Gesellschaft bereitstellten und dafür mit einer starken organisatorischen Einbindung in Staat und Gesellschaft belohnt wurden. Diese Nähe schafft eine Loyalität, die schließlich Entschuldigung für das Unentschuldbare suchen lässt."[9]

3. Welche Kompetenzen für unabhängige Aufarbeitung?

Diejenige Institution, die bisher „flankierend" (Großbölting) den Kirchen bei der Aufarbeitung staatlicherseits gegenüberstand, war und ist der/die UBSKM (Unabhängige Beauftragte für Fragen des sexuellen Missbrauchs). Die Unabhängigkeit des UBSKM bezieht sich zunächst auf die Unabhängigkeit von staatlich-politischer Weisung. 2010 wurde der/die UBSKM dem Familienministerium zugeordnet. Eine Weisungsbefugnis der Ministeriumsleitung gegenüber dem UBSKM bestand und

---

[8] *B. Frings* et al. (Hrsg.), Macht und sexueller Missbrauch in der katholischen Kirche. Betroffene, Beschuldigte und Vertuscher im Bistum Münster seit 1945, Freiburg i. Br. 2022.

[9] *T. Großbölting*, Hirten (s. Anm. 1), 222.

besteht ausdrücklich nicht. Die UBSKM kann sich öffentlich kritisch auch zu staatlichem Handeln und Unterlassen im Bereich des Kinderschutzes äußern und Forderungen an die Politik stellen. Sie hat eher eine anwaltliche als eine staatsrepräsentierende Funktion. Er/sie soll das Thema sowie die Anliegen der Betroffenen stärker als bisher in die Öffentlichkeit hineintragen. In diesem Sinne sammelte und förderte der UBSKM in den letzten Jahren wissenschaftliche Expertise, veranstaltete Hearings zu den unterschiedlichen Bereichen und Themenfeldern des Missbrauchs und holte so das Thema des sexuellen Missbrauchs entsprechend den knappen Mitteln, die zur Verfügung standen, erfolgreich aus dem Schweigen heraus. Den Betroffenen hilft die UBSKM dabei, dass sie nicht auf die mehr oder (meist) weniger ausgeprägte Bereitschaft der Institutionen angewiesen sind, sich der Aufarbeitung ihrer jeweiligen Gewaltgeschichte zu stellen.

Auf Druck und unter Mitwirkung des Betroffenenbeirates beim UBSKM wurde 2016 die Unabhängige Kommission zur Aufarbeitung sexuellen Kindesmissbrauchs (UK) eingerichtet. Seit 2016 arbeitet sie entsprechend ihrem Auftrag, „Ausmaß, Art, Ursache und Folgen von sexuellem Missbrauch in der Bundesrepublik Deutschland und in der DDR zu untersuchen, z. B. in Institutionen, in der Familie und im sozialen Umfeld, durch Fremdtäter oder -täterinnen, und im organisierten rituellen Kontext. Sie soll Strukturen und Bedingungen benennen, die in der Vergangenheit Missbrauch ermöglicht und Aufarbeitung verhindert haben.“[10] Doch damit haben weder der/die UBSKM noch die UK eine Position inne, mit der sie selbst staatliches Handeln repräsentieren könnte, etwa Akteneinsicht fordern und durchsetzen, unabhängige Berichterstatter ernennen, verbindliche Verfahrensstandards setzen sowie Institutionen entsprechend ihren Möglichkeiten Entschädigungs- und/oder Hilfszahlungen auferlegen. Zurzeit stehen eher zwei Forderungen zur Stärkung der UK und der UBSKM im Raum, die sich an den vorgegebenen Rahmen halten. Zum einen soll die UK auf eine gesetzliche Basis gestellt werden, um ihre Existenz über 2023 hinaus und ihr Budget dauerhaft zu sichern. Zum anderen soll eine jährliche Berichtspflicht des UBSKM vor dem Parlament eingeführt werden, damit das Thema im Bundestag und in der gesamten gesellschaftlichen Öffentlichkeit eine höhere Aufmerksamkeit erhält, als dies bisher der Fall ist.

---

[10] https://www.aufarbeitungskommission.de/service-presse/service/faq (Zugriff: 31.03.2023).

Von einem wirklich durchgreifenden Agieren des Staates bei der Aufarbeitung von Missbrauch in Institutionen kann unter diesen Bedingungen nicht die Rede sein. Das wäre möglich, wenn entweder neben der anwaltlich-unabhängigen Rolle des UBSKM der Staat selbst als Instanz auftreten würde, um gegenüber Institutionen inhaltliche Standards und Verfahren von Aufarbeitung zu definieren, oder wenn das Setting des UBSKM und der UK dahingehend verändert würde, dass beide aus der anwaltlichen Rolle in eine hoheitlich-neutrale Rolle umsteigen würden. Letzteres würde mit dem Verlust einer unabhängig-parteinehmenden Instanz einhergehen, die im Sinne der Betroffenen die institutionelle und gesamtgesellschaftliche Aufarbeitung anwaltlich voranbringt.

4. Ein gesamtgesellschaftliches Interesse an Aufarbeitung

Es sind die Besonderheiten des Staat-Kirche-Verhältnisses in Deutschland, die es hierzulande nicht möglich machen, so vorzugehen, wie es etwa in der angelsächsischen Tradition üblich ist. Dort konnten „royal commissions“ gebildet werden, die aus eigener Vollmacht von der Kirche die Herausgabe der Akten fordern und unabhängige Berichte vorlegen. Nicht nur die Kirche, sondern auch die Politik in Deutschland zögert aus vielen guten Gründen, das kooperative Staat-Kirche-Modell durch einen einseitig eröffneten Machtkampf zu beschädigen. Das Ergebnis der beiderseitigen Zurückhaltung ist aber mit Blick auf die Aufarbeitung nicht ermutigend, nicht einmal im Blick auf das Kooperationsverhältnis selbst. Großbölting formuliert kritisch: „Die Bischöfe haben mit ihrem Umgang mit dem sexuellen Missbrauch diese enge Verbindung von Staat und Kirche aufs Spiel gesetzt. In Zukunft ist wohl nicht auszuschließen, dass die Politik auf größere Distanz zur katholischen Kirche geht.“[11]

Der Schaden geht über das Staat-Kirche-Verhältnis hinaus. Er berührt den Zusammenhalt in der Gesellschaft. Der Staat kann kein Interesse daran haben, dass diejenigen (staatlichen und nicht-staatlichen) Institutionen, die öffentliche Aufgaben im Bereich von Kitas bis zu Heimen und Jugendämtern, von Schulen bis zu Sportvereinen und Verbänden übernehmen, scheitern, wenn in ihnen Missbrauch aufzuarbeiten ist. Die Funktionsfähigkeit und Attraktivität dieser Institutionen müsste im Gegenteil gerade gestärkt werden, aus Gründen des Allgemeinwohls. Wenn

[11] *T. Großbölting*, Hirten (s. Anm. 1), 222.

es aber stimmt, dass diese Institutionen es alleine gar nicht schaffen können – und es stimmt ja –, dann muss eine unabhängige Instanz hinzutreten, um überhaupt die Bedingung dafür herzustellen, dass ein Aufarbeitungsprozess mit dem Ziel von Rechtsfrieden im weitesten Sinne des Wortes gelingen kann. Das ist nicht zu verwechseln mit einer Delegation der Verantwortung der Institutionen nach oben, an den Staat. Die Institutionen bleiben in der Pflicht. Es geht bei der Aufarbeitung von Missbrauch ja gerade um mehr als nur um juristisch-strafrechtliche Aufarbeitung im Einzelfall. Einerseits scheitert schon diese Aufarbeitung oft genug aus den bereits genannten Gründen. Andererseits gehört zur Aufarbeitung die Auseinandersetzung der Institution mit sich selbst, mit der internen Betriebskultur, mit den eigenen Leitungs- und Beschwerdestrukturen sowie mit den Konsequenzen, die dies für Prävention bedeutet. Die Eigenaktivität der Institutionen ist und bleibt also unverzichtbar für das Gelingen von Aufarbeitung. Pädagogische, pflegerische, therapeutische und seelsorgliche Institutionen sind mehr als andere durch Missbrauch und Vertuschung in ihrem Kernbereich getroffen. Sie sind in ihrem Existenzzweck gefährdet, weil das Vertrauen im Nahbereich beschädigt wurde, ohne welches sie ihre Arbeit gar nicht leisten können, eine Arbeit, die wiederum für die Gesellschaft als Ganze unverzichtbar ist.

Wenn der Staat nicht selbst als dritte Instanz gegenüber Institutionen und Betroffenen auftreten will, so bleibt immer noch das Modell, wie es in Frankreich mit der Sauvé-Kommission gewählt wurde[12], ein Weg, der in Deutschland nach 2010 nicht beschritten wurde: Die Kirche ernannte eine öffentlich bekannte Persönlichkeit mit gewachsenem, hohem Vertrauensbonus, den ehemaligen Richter Jean-Marc Sauvé. Dieser sagte unter der Bedingung zu, die Kommission selbst zusammensetzen zu können. Die dann zusammengesetzte Kommission wurde von der Kirche finanziell hervorragend ausgestattet. Sie hörte die Betroffenen, vergab die wissenschaftlichen Studien nach eigenem Ermessen und Urteil und verantwortete den Abschlussbericht. Die Beteiligung der Betroffenen war gewährleistet, ohne dass die Betroffenen in die Mitverantwortung für die Entscheidungen der Kommission hineingezogen wurden. Für die Besetzung der Sauvé-

---

[12] Vgl. *M. Wiegel*, Er will am Deckel des Schweigens rütteln, in: FAZ (11.10.2021), www.faz.net/aktuell/politik/ausland/katholische-kirche-in-frankreich-die-abgruende-des-missbrauchs-17575884.html (Zugriff: 25.03.2023): „Mit einem umfassenden Missbrauchsbericht hat Jean-Marc Sauvé der katholischen Kirche Frankreichs ihre Abgründe präsentiert – und ein Erdbeben ausgelöst …“.

Kommission gab es deswegen zwei Ausschlusskriterien, auf die Sauvé Wert legte: Priester und Betroffene gehörten ihr nicht an.

5. Die Rolle der Betroffenen

In Deutschland wurde, was die katholische Kirche betrifft, unter dem Eindruck der Ergebnisse der MHG-Studie 2018 ein anderer Weg beschritten in Form einer Vereinbarung zwischen UBSKM und DBK (Deutsche Bischofskonferenz) über „Standards der Unabhängigen Aufarbeitung", der sich eine weitere Vereinbarung zwischen UBSKM und DOK (Deutsche Ordensoberen-Konferenz) anschloss. Mit den Standards wird die Quadratur des Kreises versucht, nämlich ein Verfahren zu entwickeln, das die Unabhängigkeit der Aufarbeitung mit der Sicherung der Beteiligung der Betroffenen zusammenbindet, ohne dass dabei eine dritte, wirklich unabhängige Entscheidungsinstanz der Institution und den Betroffenen gegenübersteht. Das Problem der Konstruktion beginnt damit, dass die Hoheit über die Zusammensetzung der Kommissionen sowie der Betroffenenbeiräte in der Regel letztlich wieder in der Hand der Institution liegt. Dadurch ist auch bei unterstellten guten Absichten keine Augenhöhe zwischen Institution und Betroffenen gegeben. Diese müsste durch eine unabhängige Instanz gesichert werden, die den Betroffenen Selbstorganisation ermöglicht, sowohl finanziell als auch über ein Verfahrens-Setting, das auch Konfliktfälle von Anfang an bedenkt und regelt, auch solche zwischen den Betroffenen selbst.

Hier kommt wieder die Unterscheidung zwischen einer anwaltlich-parteinehmenden Rolle des UBSKM mit staatlicher Unterstützung und einer hoheitlich-neutralen Rolle des Staates als unabhängiger Akteur gegenüber den Institutionen ins Spiel. Wenn der Staat bei der Aufarbeitung von Missbrauch keine Möglichkeit zur Intervention nach definierten Kriterien hat, dann hängt das Gelingen der Aufarbeitung von Zufällen ab – und vom guten Willen in der Institution. Wenn es nicht gelingt, kommt es mit hoher Wahrscheinlichkeit nicht nur zum Scheitern, sondern auch zur Reinszenierung des Missbrauchs, wie sie beispielhaft im Fall der Erzdiözese Köln stattfand.[13]

---

[13] Vgl. *K. Mertes*, Beteiligung der Betroffenen, in: *V. Dessoy* et al. (Hrsg.), Riskierte Berufung – ambitionierter Beruf, Freiburg i. Br. 2021, 184–196.

Schon bei den Bewerbungsverfahren für Mitarbeit der Betroffenen werden die Rollenprobleme der Konstruktion in der Vereinbarung zwischen DBK und UBSKM sichtbar. Der Vorgang einer „Bewerbung" ist in sich problematisch, da die Ansprache von der Institution ausgeht. Die Kriterien für die Auswahl aus den Bewerbungen sind intransparent (was vermutlich nicht zu vermeiden ist), und sie werden (was noch schwerer wiegt) von der Institution festgelegt. Eine Konkurrenzsituation zwischen Betroffenen kann ebenfalls nicht ausgeschlossen werden und führt immer wieder zu Spaltungen. Viele Betroffenenbeiräte sind mit Priestern oder Kirchenangestellten besetzt, was die Rollenklärung für die Betroffenen nicht leichter macht. In anderen Diözesen zeigt sich das Problem von der anderen Seite. Bewerbungen kommen erst gar nicht zustande, weil sich eben niemand oder zu wenige bewerben. Das erhöht den Druck auf die Betroffenen, denn die Institution ruft umso dringlicher Betroffene auf, sich zu melden, je weniger sich melden, weil die Mitarbeit von Betroffenen im Eigeninteresse der Aufarbeitung und damit auch im Eigeninteresse der Institution benötigt wird. Andere Betroffene verweigern sich der Mitarbeit in den Betroffenenbeiräten und Unabhängigen Kommissionen der Institution, weil sie deren Unabhängigkeit grundsätzlich in Frage stellen. Auch in dieser Differenz liegt wieder spalterisches Potential, weil es zwischen denjenigen Betroffenen, die im vorgegebenen Setting mitarbeiten, und denjenigen, die es nicht tun, unterscheidet.

Aus diesen Erfahrungen ergibt sich: Die Beteiligung der Betroffenen bei der Aufarbeitung muss wetterfest gemacht werden gegen die Reinszenierung des Missbrauchs. Die Betroffenen tragen keinerlei Verantwortung für das, was ihnen in der Institution zugefügt wurde. Sie sind in keiner Weise verpflichtet zur Mitwirkung bei der Aufarbeitung. Deswegen tragen sie auch keinerlei Verantwortung für die Aufarbeitung. Die Institution darf sie deswegen nicht in die Verantwortung hineinziehen. Mehr noch: Sie muss dem Wunsch von Betroffenen nach Beteiligung sogar Grenzen setzen, wenn dieser mit dem Wunsch nach Verantwortung für die Entscheidungen vermischt ist. Auf der anderen Seite ist diese Grenze in Einklang zu bringen mit der Tatsache, dass die Aufarbeitung ohne Beteiligung der Betroffenen nicht gelingen kann. Es muss also eine klare Eigenständigkeit der Betroffenen innerhalb des Verfahrens der Aufarbeitung gesichert werden. Die Betroffenen sind es ja, die die Schweigemauern als erste durchbrechen; sie formulieren die Anklage gegen die Institution; sie sind die entscheidenden Zeuginnen und Zeugen; sie bringen aufgrund ihrer Erfahrungen die Opferperspektive in den Aufarbeitungsprozess ein. Aber welche Entscheidung der Institution oder einer Unabhängigen Kommission daraus folgt, das verantwortet in letzter Instanz die Kommission oder die Institution entsprechend dem vorher geklärten Verfahren. Bei der Unabhängigen Kommission versteht sich das von selbst, bei der Institution ist es ein unüberwindliches Problem.

6. Der Staat als Garant für die Unabhängigkeit der Aufarbeitung

Zurück an den Anfang: „Eine zumindest flankierende Rolle für die Aufarbeitung sexuellen Missbrauchs in der Kirche müsste in Deutschland der Staat einnehmen – tut es aber nicht. Sexueller Missbrauch, so macht es den Eindruck, lähmt nicht nur die Opfer und bringt diese zum Schweigen, sondern auch die Politik."[14] Worin könnte diese flankierende Rolle bestehen? Eigentlich ist die Frage einfach zu beantworten. Der Staat müsste stärker als bisher Garant für die Unabhängigkeit der Aufarbeitung sein. Er könnte die Betroffenen bei der Selbstorganisation unterstützen und zugleich einen Rahmen schaffen, in dem die Selbstorganisation nach demokratischen und rechtsstaatlichen Kriterien abläuft. Betroffene haben auch in der Phase der Aufarbeitung Schutzbedürfnisse sowohl gegenüber Institution und Öffentlichkeit als auch unter- und voreinander.

Der Staat könnte dann schließlich seiner friedensstiftenden Funktion nachkommen, indem er jenseits der rein strafrechtlichen Aufarbeitung Verfahren festsetzt, auf die sich Institution und Betroffene gemeinsam einlassen könnten. Diese müssten vielleicht sogar durch ein Gesetzgebungsverfahren abgesichert werden, wenn und soweit sie in die Autonomie der Beteiligten eingreifen. Im Rahmen eines solchen Verfahrens könnten dann auch einer Unabhängigen Kommission Entscheidungsbefugnisse über Anerkennungs- und Hilfszahlungen zukommen sowie die Verpflichtung zu Standards bei Präventionsmaßnahmen. Die Garantien des deutschen Staatskirchenrechts hindern die Kirchen nicht daran, sich im Wege freiwilliger Selbstbindung einem solchen Rechtsregime unterzuordnen.

---

[14] *T. Großbölting*, Hirten (s. Anm. 1).

Sexualisierte Gewalt in kirchlichen Einrichtungen und die Rolle des Staates

Lars Castellucci / Julian-Christopher Marx

Gut zehn Jahre nachdem ehemalige Schüler des Berliner Canisius-Kollegs ihre Geschichten öffentlich gemacht und damit den Missbrauchsskandal in der katholischen Kirche ins Rollen gebracht haben, werden die Stimmen lauter, die ein stärkeres Eingreifen des Staates fordern. Zunächst waren dies Stimmen der Betroffenen. Sie beklagen vor allem intransparente und ins Belieben gestellte Prozesse der Aufarbeitung, mangelnde Anerkennung und Entschädigung. Sie vermitteln, wie sie sich erneut der Institution ausgeliefert fühlen, in deren Verantwortungsbereich sie die leidvollen Erfahrungen gemacht haben. Aber auch innerhalb der Kirchen wächst die Einsicht, dass man schlecht Angeklagter, Staatsanwalt und Richter in einer Person sein kann. Nach der Veröffentlichung des Gutachtens für das Bistum München und Freising zu Beginn des Jahres 2022 folgte dann eine klare Aussage des Regierungssprechers der neuen Ampel-Koalition: Es sei „Konsens in der Bundesregierung, dass die Aufarbeitung von Fällen strukturierten Kindesmissbrauchs nicht Institutionen allein überlassen werden darf".

Die Klagen und Rufe nach dem Staat verstellen durchaus den Blick darauf, dass seit Bekanntwerden der Vorfälle in Berlin und der Einsicht, dass es sich dabei nicht um einen Einzelfall handelte, kontinuierlich gesetzgeberisch und exekutiv gehandelt wurde; – sicher, wie zumeist, nicht ausreichend, aber gehandelt. Es lohnt, an dieser Stelle auf diese Entwicklung einzugehen, weil sich darin ein Pfad beschreiben lässt, der weiter beschritten werden kann und sollte.

1. Was bisher geschah

Als Reaktion auf die zunehmenden Enthüllungen sexualisierter Gewalt tagte 2010 bis 2011 eineinhalb Jahre lang der sogenannte Runde Tisch „Sexueller Kindesmissbrauch in Abhängigkeits- und Machtverhältnissen in privaten und öffentlichen Einrichtungen und im familiären Bereich". Er wurde von drei Bundesministerien berufen, auch die Kirchen beteiligten sich daran. Der Runde Tisch legte einen beachtlichen Abschlussbericht vor und ernannte im März 2010 die erste deutsche „Unabhängige Beauftragte" damals noch „zur Aufarbeitung des sexuellen Kindesmissbrauchs". Die Stelle wurde von der früheren Familienministerin Christine Bergmann bekleidet. Fortan konnten sich Betroffene mit ihren Anliegen und Fragen erstmals an eine staatliche Stelle wenden.

Zahlreiche gesetzliche Regelungen der letzten zehn Jahre bewirkten Verbesserungen auf allen Ebenen, zu nennen sind die Reform des Sexualstrafrechts von 2013, unter anderem mit der Verlängerung der Verjährungsfrist bei sexuellem Missbrauch Minderjähriger. Die Bekämpfung der Kinderpornografie im Strafgesetzbuch wurde im Jahr 2014 nach europäischen Vorgaben verschärft, seit 2015 wird der Bericht über die Löschung von Telemedienangeboten mit kinderpornographischem Inhalt fortgeschrieben. 2016 wurde das Gesetz zur Verlängerung von Verjährungsmaßnahmen verabschiedet. Damit wurden Strafbarkeitslücken gerade im digitalen Bereich geschlossen. Seit 2017 haben besonders schutzbedürftige Prozessbeteiligte Anspruch auf psychosoziale Prozessbegleitung. Präventiv wurden Kampagnen an Schulen gestartet, die Kinder und Jugendliche dazu ermutigen, unabhängig von der Kenntnis ihrer Eltern über sexuelle Gewalterfahrungen zu sprechen. Speziell für die Sozialen Netzwerke wurde „Keine Grauzonen im Internet" sowie „Kein Täter werden" ins Leben gerufen. Seit 2017 gibt es eine Bundeskoordinierung spezieller Fachberatungen. In diesem Jahr wurde auch das Gesetz zur Stärkung von Kindern und Jugendlichen verabschiedet. Ärzte dürfen seitdem durch die Schweigepflicht nicht mehr davon abgehalten werden, Missbrauchsverdachte dem Jugendamt zu melden. Auch wurden Beratungs- und Beschwerdemöglichkeiten ausgeweitet.

2018 richtete die damalige Bundesregierung das Amt einer/eines „Unabhängigen Beauftragten für Fragen des sexuellen Kindesmissbrauchs" (UBSKM) inklusive einer Geschäftsstelle auf Dauer ein, um weitreichender als zuvor zu informieren, zu sensibilisieren, Kinder und Jugendliche zu unterstützen und Aufarbeitung sexuellen Kindesmissbrauchs in Deutschland sicherzustellen. Zwei Angliederungen des UBSKM verdienen in diesem Zusammenhang besondere Aufmerksamkeit: Zum einen konnte mit der Einsetzung eines Betroffenenrates beim UBSKM schon 2015 ein ehrenamtlich tätiges Gremium ins Leben gerufen werden, das die Belange Betroffener vertritt und in die Öffentlichkeit trägt. Der zweite Betroffenenrat wurde 2020 mit 18 Mitgliedern für die Dauer von fünf Jahren von der damaligen Bundesfamilienministerin Franziska Giffey berufen. Zum anderen wurde Anfang 2016 die „Unabhängige Kommission zur Aufarbeitung sexuellen Kindesmissbrauchs" vom Unabhängigen Beauftragten berufen. Die Einrichtung einer Kommission, die sexuellen Kindesmissbrauch in Deutschland unabhängig aufarbeitet, war lange eine Forderung von Betroffenen und der Wissenschaft gewesen. Die Arbeit der Kommission war zunächst begrenzt, sie wurde 2018 um weitere fünf Jahre bis Ende 2023 verlängert. Sie arbeitet ehrenamtlich und untersucht laut ihres Auftrags „sämtliche Formen sexuellen Kindesmissbrauchs in der Bundesrepublik Deutschland und in der DDR ab 1949". Das anspruchsvolle und weit gefasste Vorhaben ist es, Aufarbeitung nicht nur in institutionellen Einrichtungen, sondern auch in den Bereichen der Familie oder im Rahmen von organisierter sexueller Ausbeutung zu leisten, außerdem Bedingungen, Zusammenhänge und Folgen sexuellen Kindesmissbrauchs zu ergründen.

Im Jahr 2019 wurde das neue Soziale Entschädigungsrecht in einem neuen Vierzehnten Buch des Sozialgesetzbuchs (SGB XIV) gebündelt, Entschädigungszahlungen wurden erhöht und durch Leistungen zur Teilhabe ergänzt. Jüngste Verschärfungen im Strafrecht stellen den Versuch des Cybergroomings, das Ansprechen von Kindern im Internet mit dem Ziel der Anbahnung sexuellen Kontakts, unter Strafe (2020), weitere Reformpakete zur Bekämpfung sexualisierter Gewalt gegen Kinder, unter anderem mit weiteren Strafverschärfungen, zur effektiveren Strafverfolgung, zu Prävention und Qualifizierung der Justiz, folgten 2021 – so auch die Einführung eines Straftatbestands der Verbreitung und des Besitzes von Anleitungen zu sexuellem Missbrauch von Kindern.

2. Kultur des Hinsehens

Zweifelsohne gab es in den letzten Jahren also Fortschritte. Die aufmerksame Leserin und der aufmerksame Leser werden bemerkt haben, dass sich die staatlichen Eingriffe und Maßnahmen nie auf Kirchen im Speziellen, sondern immer grundsätzlich auf das Phänomen sexualisierter Gewalt an Kindern und Jugendlichen bezogen. Das ist der Sache zunächst völlig angemessen, denn sexualisierte Gewalt oder sexueller Missbrauch ist ein gesamtgesellschaftliches Problem. Die meisten Fälle finden im familiären Umfeld und nicht innerhalb von Institutionen statt. Erforderlich ist also eine Kultur des Hinsehens und keine Kultur des Hindeutens auf eine hervorgehobene, vermeintlich besonders abartige Gruppe, die alle anderen in einem besseren Lichte dastehen lässt. Wer sich im Zusammenhang mit sexualisierter Gewalt ausschließlich auf die Kirchen und hier insbesondere die katholische stürzt, riskiert, das Thema weiter zu tabuisieren und damit zu vergrößern. Die Kirchen dürfen das öffentlich nicht sagen, ihnen würde sofort Relativierung und Ablenkung vorgeworfen werden. Alle anderen sollten sich aber um eine angemessene Analyse der Ausgangssituation bemühen, ohne die auch jede abgeleitete Strategie der Aufarbeitung im Rahmen der Kirchen fehlzulaufen drohte.

Gleichzeitig gibt es im Umgang mit sexualisierter Gewalt im kirchlichen Bereich und der Rolle staatlicher Institutionen einige Fragezeichen, die es rechtfertigen, genau hierzu noch einmal neu nach Antworten zu suchen. Gehen wir darum auf den Ausgangspunkt, das Jahr 2010, zurück. Damals kritisierte Justizministerin Sabine Leutheusser-Schnarrenberger eine mangelnde Mitwirkungsbereitschaft der Kirche in der Aufarbeitung. Damit löste sie eine bemerkenswerte Reaktion des damaligen Vorsitzenden der Bischofskonferenz Erzbischof Zollitsch aus. Dieser zittert dieser Tage der zunächst einmal wieder verschobenen Veröffentlichung eines Missbrauchsgutachtens in seiner Heimatdiözese Freiburg im April 2023 entgegen, das auch seine Amtsjahre zum Gegenstand hat.[1] 2010 warf er der Justizministerin auf ihre Äußerung hin noch wortgewaltig eine „schwerwiegende Attacke auf die katholische Kirche" vor. Man kann das so deuten, dass eine Rolle des Staates in Sachen sexualisierter Gewalt im kirchlichen Bereich vor nicht allzu langer Zeit im Prinzip als Einmischung in innere Angelegenheiten gedeutet wurde, die es zurückzuweisen galt. Eine solche Reaktion wäre heute undenkbar. Sie entsprang auch damals einer Hybris, dass einem keiner etwas könne. Aber sie verweist eben auch auf ein gesellschaftliches Klima, in dem Kirchen eine Sonderstellung im Staat zugemessen wurde, die einer sehr weiten Interpretation von Religionsfreiheit entsprang. Wer kann sicher sein, dass davon nicht auch Staatsanwaltschaften berührt waren und ein Anfangsverdacht im Bereich der Kirchen anders behandelt wurde als im Falle eines Wirtschaftsbetriebs? Und wenn der Bub nach Hause kam und ein unappetitliches Vorkommnis andeutete, bekam er eben eher noch eine Ohrfeige hinterher. Wo Gesellschaften so ticken, müssen auch die staatlichen Strukturen und Ämter zwangsläufig versagen.

---

[1] www.badische-zeitung.de/erzbistum-freiburg-veroeffentlicht-missbrauchs-gutachten-am-18-april–238837004.html (Zugriff: 14.02.2023).

Die Verfassung gesteht den Kirchen zu, ihre eigenen Angelegenheiten selbst zu ordnen und zu verwalten. Verbrechen waren jedoch nie eigene Angelegenheiten von Institutionen, innerhalb derer sie begangen wurden. So lautet auch der weitere Text in unserer Verfassung „innerhalb der Schranken des für alle geltenden Gesetzes", Art. 140 GG i. V. m. Art. 137 III 1 GG. Zwischenzeitlich gehören weniger als fünfzig Prozent der Bevölkerung einer der beiden immer noch großen Kirchen an. In Zuge dessen ist es auch leichter, die Sonderstellung zu hinterfragen beziehungsweise auf den wichtigen Kern zurückzuführen, der durch die Verfassung geschützt werden soll. Als Tatort sind Kirchen jedenfalls Orte wie andere auch. Der Rechtsstaat muss für alle gelten. So nüchtern stellt sich die Situation zwischenzeitlich dar. Und damit sind wir auch weiter, als es die ehemalige Justizministerin war, der im Wesentlichen nur die Empörung über eine Institution blieb, auf die sie nur begrenzten Einfluss hatte. Heute ist klar, dass der Staat mit hinein in die Abwärtsspirale gerät, in der das Vertrauen in die Tiefe gezogen wird, wenn Kirchen für mangelnde Aufarbeitung nur kritisiert werden, der Kritik aber keine Konsequenzen folgen. An diesem Punkt stehen wir.

Darüber hinaus darf es niemandem gesellschaftlich und damit politisch egal sein, wenn institutionelles Vertrauen weiter verlorengeht, unabhängig davon, ob wir im Einzelnen den Institutionen, denen es entzogen wird, nahestehen oder nicht. Wenn Großorganisationen wie Kirchen oder auch Parteien, denen in der Vergangenheit eine Integrationsleistung gelungen ist, erodieren, erodiert der gesellschaftliche Zusammenhalt mit. Als soziale, nur in Kooperation erfolgreiche Wesen sind Menschen auf Vertrauen angewiesen. Dieses notwendige Vertrauen bezieht sich auf die eigenen Kräfte, aber ebenso auch auf die Mitmenschen und ein Vertrauen in die Welt, aus welchen Quellen es sich auch speisen mag. Das ergibt erst eine grundlegende Zuversicht, die Menschen ihre Potenziale einbringen lässt, um diese Zuversicht auch zu rechtfertigen. Dass Autoritäten nicht mehr blind gefolgt wird, ist ein gesellschaftlicher Fortschritt. Wenn Menschen aber nur noch auf sich selbst zurückgeworfen sind, brechen sie mehr und mehr darunter zusammen. Außerdem kann Politik zu Enttabuisierung und einer Kultur des Hinsehens beitragen, um für besseren Schutz zu sorgen. Wie kann staatliche Verantwortung aufgrund unzureichender Kontrolle von Institutionen und Trägern und vor allem des mangelnden Schutzes von Kindern und Jugendlichen nach allem Gesagten aussehen?

Es mehren sich die Rufe, der Staat möge als deutliche Konsequenz die Aufarbeitung an sich ziehen und nun endlich selbst in die Hand nehmen, damit es vorangeht. Wenn staatliche Stellen aber die Aufarbeitung von den Kirchen oder anderen Institutionen übernehmen, dann nehmen sie ihnen diese zugleich auch ab. Die Institutionen stehen zunächst einmal selbst in der Verantwortung. Sie müssen selbst verstehen, was passiert ist und wie es passieren und zugelassen werden konnte, damit Prävention in Zukunft eine Chance hat. Ohne sie kann es keine Aufklärung und keine Aufarbeitung geben. Nur durch eigene Vergangenheitsbewältigung kann organisationales Lernen und Kulturwandel stattfinden. Ob und wie dies geschieht, kann den Institutionen aber nicht freigestellt werden, es braucht einen verbindlichen Rahmen. Außerdem besteht ein enormer Zeitdruck. Die dringende Problematik liegt darin, dass die meisten Taten lange verjährt und viele Täter bereits verstorben sind. Staatsanwaltschaften oder Polizei ermitteln dann nicht mehr.

3. Ein verbindlicher Rahmen der Aufarbeitung für alle

Im Koalitionsvertrag der Ampelregierung sind bereits wesentliche und anders als in früheren Vereinbarungen sehr konkrete Vorhaben festgehalten. So sollen die seit 2011 sukzessive geschaffenen Institutionen nicht nur beibehalten, sondern mehr noch gestärkt werden. Das Amt der Unabhängigen Beauftragten wird auf eine gesetzliche Grundlage gestellt, sie soll dem Deutschen Bundestag fortan regelmäßig berichten. Die Aufarbeitung struktureller sexualisierter Gewalt an Kindern und Jugendlichen, so hat sich die Bundesregierung vorgenommen, will sie „begleiten, aktiv fördern und wenn erforderlich gesetzliche Grundlagen schaffen“. Die Unabhängige Kommission zur Aufarbeitung sexuellen Kindesmissbrauchs soll entfristet werden, um ihre Aufgaben leisten zu können. Diese Klarheit ist nicht vom Himmel gefallen, sie fußt auf einer Vorarbeit, die in der Wahlperiode davor geleistet, in der damaligen Konstellation aber nicht umsetzbar war. Der neue Koalitionsvertrag stellt eine gute Basis für die nun folgenden Überlegungen dar. Diesen liegt das folgende weite Verständnis von Aufarbeitung zugrunde, das sich an einem Dreischritt orientiert: Sich das geschehene Unrecht zu vergegenwärtigen ist erstens notwendig, um zu erkennen und zu verstehen, was geschehen ist. Oft ist es erst die Erzählung einer Geschichte, die ermöglicht, damit in Zukunft besser leben zu können. Aufarbeitung bedeutet also Aufklärung. Zweitens muss geschehenes Unrecht anerkannt und, soweit möglich, Gerechtigkeit gegenüber den Betroffenen hergestellt werden. Hier sind sowohl unterstützende wie repressive Maßnahmen des Staates zu verorten als auch die Fragen von Entschädigung. Drittens dient Aufarbeitung der Prävention, dass sich Taten nicht wiederholen, auch wenn sie nie zu einhundert Prozent zu verhindern sein werden.

Wenn es nicht Rolle und Aufgabe des Staates sein kann, die Aufarbeitung einfach an sich zu ziehen, die Aufarbeitung aber weiterhin nicht einfach in das Belieben der Organisationen gestellt bleiben darf, in deren Rahmen die Taten stattgefunden haben, dann ist es Aufgabe des Staates, einen verbindlichen Rahmen für die Aufarbeitung zu setzen. Und diesen auch durchzusetzen, wo er verletzt wird. Hinzu kommt der zahlenmäßig relevanteste Bereich, nämlich der des privaten Umfelds, in dem kein verfasstes Gegenüber besteht, an das man als Staat Anforderungen formulieren könnte. Beide Bereiche umfassend sollte daher ein individuelles Recht auf Aufarbeitung formuliert werden. Demgegenüber stünde auf der Seite der Organisationen dann eine Pflicht zur Aufarbeitung. In individuellen Kontexten müsste ein Recht auf Aufarbeitung beispielsweise als dauerhaftes Recht zur Akteneinsicht und mit weitgehenden Informationsrechten ausgestaltet werden.

Innerhalb der staatlichen Strukturen bedarf es sodann einer Verortung der Zuständigkeit. An dieser Stelle kommen wir auf die Bemerkung zurück, die schon eingangs eine gewisse Pfadabhängigkeit andeutete. Tatsächlich sollte auf die Definition und Gründung neuer Institutionen wie etwa einer Wahrheitskommission nach australischem Vorbild verzichtet werden, wie es immer wieder in der Debatte vorgeschlagen wird. Für diese Festlegung sprechen eine Reihe von Gründen, deren wichtigste die Fragen der Durchsetzbarkeit und des drohenden Zeitverlustes sind. Es fehlen Vorarbeiten, der Koalitionsvertrag bietet keinen Anker, lange zurückliegende Fälle verlangen aber zügige Vorgehensweisen und keine weiteren Verzögerungen. Auch eine Enquetekommission würde im Kern bedeuten, dass erst einmal vier Jahre beraten wird, ohne dass es vorangeht. In der Zwischenzeit stapeln sich weiter die Gutachten in betroffenen Institutionen, segeln andere munter im Windschatten dieser Institutionen, ohne ihrer eigenen Verantwortung angemessen nachzukommen, und sterben Betroffene, Beschuldigte und Täter. Also sollte evolutionär, aber zügig und wirkmächtig entlang der bisher geschaffenen Institutionen vorgegangen werden. Wo also wäre die Aufgabe zu verorten?

Die Unabhängige Beauftragte hat in der Architektur der Aufarbeitung eine quasi anwaltliche Stellung für die Betroffenen. Sie muss zu jedem Zeitpunkt unzufrieden sein dürfen mit dem, was bislang der Stand der

Aufarbeitung ist, und sich entsprechend äußern können. Das spricht dagegen, die Um- und Durchsetzung von Aufarbeitungsprozessen bei ihrem Amt anzusiedeln. Sie würde sonst direkt involviert und könnte die Prozesse nicht mehr unabhängig bewerten, wie es ihrer Aufgabe entspricht. So ist es heute schon geschehen mit der grundsätzlich verdienstvollen, aber inhaltlich quälenden Vereinbarung des UBSKM mit der katholischen Kirche. Diese enthält grundlegende Fehlkonstruktionen, die dringend aufgelöst werden müssen. Das betrifft zum einen die Rolle der Bischöfe. Sie dürfen als Repräsentanten der Organisation, in der es die Übergriffe gegeben hat, eben nicht entscheiden, wie Aufarbeitung laufen soll. Zum anderen betrifft es die drittelparitätischen Aufarbeitungskommissionen. In diesen wird Betroffenen eine Rolle zugewiesen, die ihnen nicht zukommt, denn sie werden als Betroffene des Gegenstands der Aufarbeitung in die Mithaftung für die Aufarbeitung genommen, noch dazu aus einer Minderheitenposition heraus.

4. Schlüsselstellung der Aufarbeitungskommission

Die Unabhängige Kommission zur Aufarbeitung auf Bundesebene ist der richtige Ort, um Aufarbeitung zu organisieren. Die Kommission braucht deshalb für ihre zukünftige Arbeit ebenso wie die Unabhängige Beauftragte eine gesetzliche Grundlage mit Präzisierung der Aufgabenstellung, ihrer Kompetenzen und der dafür erforderlichen personellen und sachlichen Ressourcen. Kirchen und andere Institutionen sind zu transparenten Aufarbeitungsprozessen nach vergleichbaren Kriterien zu verpflichten. Die Kommission muss dafür Qualitätsstandards setzen können, die einen zwingenden Rahmen für alle vorgeben. Bislang unverbindliche Leitfäden sind zu einer verbindlichen Maske weiterzuentwickeln, die die überinstitutionelle Vergleichbarkeit der Ergebnisse und eine gemeinsame Bilanzierung sicherstellt. Außerdem ist sicherzustellen, dass keine schönfärberischen Texte abgeliefert werden, beziehungsweise dass Nacharbeiten für solche Fälle angeordnet werden können. Zu den Vorgaben für institutionelle und einzelfallbezogene Prozesse gehören zudem Festlegungen u. a. hinsichtlich des zu untersuchenden Zeitraums, der Dauer, der Transparenz oder der Methodik der Aufarbeitung.

Zur Einhaltung dieser Kriterien braucht es eine Kommission, die Konflikte nicht scheut, Diskurse anstößt, politische Aufmerksamkeit generiert. Dazu muss die Kommission in die Lage versetzt werden, Institutionenberichte zu fordern und öffentlich zu besprechen, Aufträge zur Nacharbeit zu formulieren, Aspekte neu zu sortieren und dadurch Aufarbeitung im Ganzen immer wieder neu grundsätzlich auszurichten. Schlagkraft erhält sie durch ein Initiativrecht, indem sie nach eigenem Ermessen Aufarbeitungsprozesse in bestimmten bislang noch unterbelichteten Bereichen startet und durch eigene Zugriffs- und Anhörungsrechte die Aufarbeitung in Einzelfällen voranbringt. Wenn Aufarbeitung verzögert oder verweigert zu werden droht, braucht es als letztes Mittel auch Sanktionsrechte, mit denen Konsequenzen angedroht und vollzogen werden können. Aufarbeitende Institutionen müssen verpflichtet werden, Ergebnisse laufend zu berichten. Die Institutionen sollen Orte sein, in denen institutionelle Lernerfahrung stattfindet. In den Strukturen darf nicht länger reproduziert werden, was den Missbrauch ausmachte. Demgemäß sollte die Evaluation von Aufarbeitungsprozessen im Sinne eines begleitenden Monitorings ebenfalls bei der Kommission angesiedelt werden. Die Entwicklung und Umsetzung von Schutzkonzepten darf dabei nicht am Ende von Aufarbeitung stehen, sondern muss dynamisch modifiziert und begleitend weiterentwickelt werden. Da es um Strukturen geht, die von bundesweiten Organisationen bis hin zu örtlichen Vereinen gehen, braucht es auch eine entsprechende dezentrale Organisation der Aufarbeitung und damit eine stärkere Verantwortungsübernahme auch in den Ländern.

Für mehr Aufmerksamkeit für die Themen Kinderschutz und Aufarbeitung sexualisierter Gewalt muss der Staat Öffentlichkeit schaffen. Hierzu ist eine Berichtspflicht gegenüber dem Deutschen Bundestag einzuführen. Der Deutsche Bundestag wäre wiederum verpflichtet, die Berichte in entsprechenden Ausschüssen zu behandeln. Solche Jahresberichte der Kommission könnten einen allgemeinen Teil enthalten, der fortgeschrieben wird, und einen speziellen Teil, der einzelne gesellschaftliche Bereiche oder Institutionen aus dem Schatten ans Licht holt. Eine bessere Verankerung unterstützt die Wirksamkeit und Sichtbarkeit dieser Institution. Daher ist eine Anbindung der Unabhängigen Kommission an den Deutschen Bundestag quasi zwingend. Das Parlament zeigt dadurch seiner Rolle entsprechend stellvertretend für die Gesellschaft: Wir schauen hin. Die hier entstehende Öffentlichkeit wäre zudem ein Eckstein einer breiten gesellschaftlichen Debatte. Gleiches gilt für eine parlamentarische Begleitgruppe mit fachlich zuständigen Bundestagsabgeordneten bei der Kommission.

Die doppelte Verankerung einer Berichtspflicht, einmal der Institutionen gegenüber der Kommission, sodann der Kommission gegenüber dem

Deutschen Bundestag, hat noch einen weiteren Sinn: Aufgrund der als „quälend langsam" (Bundespräsident Frank-Walter Steinmeier) empfundenen Prozesse, liegt der Fokus medial und in den Kommentarspalten oftmals auf Sanktionen bis hin zum Entzug staatlicher Mittel an die Kirchen etwa im Bereich von Kindertageseinrichtungen oder Krankenhäusern. Im Bereich des Sportes ist es beispielsweise tatsächlich so, dass Fördermittel an die Einhaltung von Schutzkonzepten gebunden sind. Entsprechend droht dem Deutschen Schwimm-Verband nach der Enthüllung sexualisierter Gewalt der Entzug von Leistungssportförderung. Staatliche Mittel im Bereich von Kindertageseinrichtungen und Krankenhäusern sind jedoch keine Förderungen von Kirchen, vielmehr übernehmen kirchliche Träger hier, wie andere auch, staatliche Aufgaben im Wohlfahrtsstaat, die entsprechend finanziert werden. Noch kruder sind Vorschläge, die Kirchensteuer abzuschaffen, handelt es sich dabei doch im Prinzip um Mitgliedsbeiträge der Kirchen, die nur staatlicherseits und dafür gegen Gebühr eingezogen werden. Natürlich könnten Vergabeentscheidungen vertraglich an bestimmte Schutzvorkehrungen geknüpft werden, deren Einhaltung dann mit dem möglichen Entzug der Trägerschaft bewehrt wird. Das wäre aber nur im konkreten Fall sinnvoll, wenn es in einer betreffenden Einrichtung zu Missbrauchsfällen kommt und der Umgang damit kritikwürdig ist. Will man Institutionen als Ganze zu einer (bestimmten) Mitwirkung in der Aufarbeitung zwingen, weil es nicht von selbst geschieht, sollten Sanktionen aber auch gezielt die Institutionen treffen, also als Strafzahlungen gefasst werden, die dann wiederum sinnvollerweise für Präventionsmaßnahmen oder Hilfs- und Beratungsangebote für die Betroffenen sexualisierter Gewalt eingesetzt werden. Während Sanktionen durch die Kommission als letztes Mittel nicht ausgeschlossen sein sollten, ist aber doch das Folgende zu berücksichtigen: Innerhalb der betroffenen Institutionen gibt es in der Regel Teile, die einen starken Willen zur Aufarbeitung mitbringen, aber innerhalb der Institutionen auf Widerstände stoßen. Die Frage ist dann, wie man diese Engagierten stärken kann, damit es in der Sache vorangeht, nicht wie Strafzahlungen in bestimmter Höhe zu erzielen sind. Die skizzierte Berichtspflicht und Öffentlichkeit stellen ein nicht zu unterschätzendes Instrumentarium dar, den Druck innerhalb der Institutionen zu erhöhen, der dann innerhalb der Institutionen genutzt werden kann, um Prozesse zu beschleunigen und zu verbessern.

Der Staat muss außerdem für eine ausreichende Ausstattung der Kommission sorgen. Was den Umfang der Arbeit anbelangt, sollte die

Kommission sämtliche Formen sexuellen Kindesmissbrauchs seit Gründung der Bundesrepublik untersuchen. In der aktuellen Form der Kommission ist diese Aufgabe kaum zu bewältigen, viel weniger noch könnte eine Kommission, wie sie hier skizziert wird, mit den bisherigen Mitteln zurechtkommen. Mindestens also braucht es eine hauptamtliche und ordentlich ausgestattete Geschäftsstelle, die es den bislang ehrenamtlich arbeitenden Mitgliedern der Kommission erlaubt, ihre Expertise einzubringen. Die ehrenamtliche Mitgliedschaft trägt zwar der Unabhängigkeit Rechnung, stellt aber fraglos eine Doppelbelastung dar. Ausgleichsmodelle, die zeitlich befristete Freistellungen der ordentlichen Mitglieder möglich machen, wären eine Option, eine Mitarbeit für Expertinnen und Experten attraktiver zu machen.

Diese Fragen sind deshalb entscheidend, weil sie eine dauerhafte Bearbeitung der Thematik sicherstellen helfen. Darüber hinaus muss der Staat die Forschung sowohl hinsichtlich der Dimension des Themas sexualisierter Gewalt als auch hinsichtlich der Gegenstrategien fördern. Die Kommission braucht dazu eine entsprechende finanzielle Ausstattung, um Forschungsaufträge vergeben zu können. Dringend notwendig ist eine bereichsübergreifende Dunkelfeldstudie, die Fallzahlen, systemische Faktoren, Täterprofile und Tatsituationen einbezieht. Eine solche Studie würde zu einer besseren Erfassung der Ausgangslage beitragen, auf deren Grundlage im nächsten Schritt Ziele und Handlungsstrategien abgeleitet werden können. Im Nationalen Rat gegen sexuelle Gewalt an Kindern und Jugendlichen wird am Design einer solchen Studie gearbeitet. Die Kommission könnte sie dann in Auftrag geben. Zur besseren Erfassung der Forschung soll die Kommission ein Bundesregister für Forschungs- und Aufarbeitungsprojekte zu sexualisierter Gewalt in verschiedenen gesellschaftlichen Bereichen führen.

5. Stärkung der Betroffenen

In die Rolle des Staates fällt es ferner, die Selbstorganisation der Betroffenen zu unterstützen. Viel stärker noch als bisher ist ein Fokus darauf zu legen, Betroffene zu stärken und in die Lage zu versetzen, sich selbst zu organisieren und Beteiligungsformate auch qualifiziert und legitimiert wahrnehmen zu können. Für Betroffene sind Aufarbeitungsprozesse ohnehin quälend, die erfahrene sexualisierte Gewalt wird für sie präsent bleiben, selbst wenn sie das Thema für sich integrieren konnten. Als

Richtschnur gilt: Betroffene müssen beteiligt werden, aber ohne sie in die Verantwortung dafür zu nehmen, was sie erlitten und eben nicht selbst verantwortet haben. Die Betroffenenbeteiligung in der jetzigen Form der Kommissionen im Rahmen der katholischen Kirche ist daher perspektivisch abzuschaffen. Sie bringt Betroffene erneut in Abhängigkeit und bindet sie für Ergebnisse ein, die sie nicht entscheidend beeinflussen können. Besser ist es, die Vernetzung und Selbstorganisation zu unterstützen und die Verständigung darüber zu ermöglichen, was Betroffene selbst wollen. Die im Entstehen begriffene Interessenvertretung muss daher breite Unterstützung erfahren. So kann demokratisch, selbstständig und vertrauensgebildet eine unabhängige Selbstorganisation entstehen, durch die Betroffene selbstbewusst und stark mit Institutionen und der Politik in den Dialog treten. Unterstützung und Austausch, Beratung, Begleitung und Auszeitnehmen können hierüber organisiert werden.

Als Symbol der Anerkennung und Wahrnehmung des individuell erfahrenen Unrechts braucht es außerdem öffentliches Gedenken. Zugleich wird damit auch eine Enttabuisierung des Themas und eine Kultur des Hinsehens gefördert. Eine Gedenkstunde im Deutschen Bundestag ist längst überfällig. Das Leid liegt zum Teil weit zurück oder befindet sich noch heute im Dunkelfeld. Eine Gedenkstunde ist geeignet, sich symbolisch jenes Teils der Thematik zuzuwenden, der gesetzgeberisch nicht mehr erfasst werden kann. Sie würde einen Zwischenhalt darstellen, bei dem auf die Vergangenheit bis zum Tag des heutigen Gedenkens zurückgeblickt wird. Daneben braucht es auch eine Gedenkkultur für jene, die ihre individuelle Geschichte nicht aufgearbeitet haben wollen, eine aktive Erinnerungsarbeit mit Zeiten und Orten des Erinnerns.

Was die monetäre Anerkennung anbelangt, so kann es nur um ausgleichende Gerechtigkeit gehen. Opfer müssen nach bestimmten Kriterien mit gestuften oder pauschalen Beträgen entschädigt werden. Diese Entscheidungen dürfen nicht den Institutionen überlassen werden. Eine gemeinsame Stiftung für die Opfer sexualisierter Gewalt könnte grundsätzliche Entschädigungen leisten, indem sie sich aus Beiträgen betroffener Institutionen, staatlicher Mittel und Einnahmen bei Verstößen gegen Auflagen der Aufarbeitungskommission finanziert. Ähnlich der Stiftung „Erinnerung, Verantwortung und Zukunft“ zur Entschädigung der ehemaligen Zwangsarbeiter und anderer NS-Opfer sowie zur Einrichtung eines speziellen Fonds wäre die Stiftung zuständig für alle Opfer sexualisierter Gewalt. Auch eine Ombuds-/Clearingstelle für Einzelfälle ist hier klugerweise anzugliedern, um Streitfälle einer Lösung zuzuführen.

Im Bereich des Strafrechts ist letztlich auch die Strafverfolgung zu stärken, mit angemessen ausgestatteten Staatsanwaltschaften, Schulungen für den geeigneten Umgang bei Verdachtsmeldungen, flächendeckender anonymisierter Beweissicherung und Expertise zur Bekämpfung von Kinderpornographie. Auch weiteren Verschärfungen oder möglichen Lücken im Gesetz sollte man sich bedarfsgerecht zuwenden, wie einem möglichen Tatbestand zum sexuellen Missbrauch in der Seelsorge. Im Bereich Prävention passiert unstreitig viel, allerdings werden die Wirkungen der Anstrengungen zu wenig nachverfolgt. Die Präventionsarbeit braucht einen qualitativ nächsten Schritt. Dafür sollte die Einführung von Schutzkonzepten in Einrichtungen unabhängig begleitet und bewertet werden.

6. Nationale Gesamtstrategie gegen sexualisierte Gewalt

Wird der Staat mit diesen Vorhaben seiner Rolle gerecht? Das wissen wir nur, wenn wir eine Verständigung über die Ausgangslage erzielen und definieren, was wir in welchem Zeitraum konkret erreichen wollen, und dann auf der Zeitachse beständig prüfen, ob die Maßnahmen der Zielerreichung ausreichend dienen oder nachgesteuert werden muss. Was es braucht, ist also eine nationale Gesamtstrategie gegen sexualisierte Gewalt gegen Kinder und Jugendliche. Natürlich gibt es auch Betroffene sexualisierter Gewalt im Erwachsenenalter. Dennoch brauchen Kinder und Jugendliche spezifische Unterstützung durch den Staat, um sich aus destruktiven Beziehungen lösen zu können. Dies sollte auch beinhalten, dass die Rolle von Kindern als Zeugen in Gerichtsverfahren möglichst schonend gehandhabt wird: Kinder sollten nur einmal vernommen werden und notwendige Therapien vorgezogen werden können. Daneben müssen Schutz- und Hilfekonzepte in der Fläche verbreitet und unabhängige Anlaufstellen entwickelt und umgesetzt werden.

Der Koalitionsvertrag der Ampelregierung bietet die Chance eines echten Neustarts für das Thema Kinderschutz. All die notwendigen Schritte können schließlich in ein Aufarbeitungsgesetz münden, wie es als Prüfauftrag im Koalitionsvertrag formuliert wurde. In einem solchen Aufarbeitungsgesetz soll Aufarbeitung für alle geregelt werden. Der Vertrauensverlust gegenüber dem Staat wäre enorm, wenn nicht alles versucht wird, um aufzuklären, was noch aufzuklären ist und im Sinne der Betroffenen aufgeklärt werden soll. Die Konsequenzen der Aufarbeitung sollten nach allem Gesagten nicht im Belieben von Einzelpersonen oder je nach öffentlichem Druck gezogen werden, sondern in angemessener und nachvollziehbarer Weise. Betroffene zu Beteiligten zu machen, war von Anbeginn ein richtiges Anliegen. Jetzt geht es auch hier um Qualitätsstandards, also gute Beteiligung. Es wurde bereits viel erreicht, es bleibt unbestreitbar viel zu tun. Niemand kann erwarten, dass die Aufarbeitung großen Elends einfach oder konfliktfrei verlaufen wird. Die Kirchen haben noch immer die Chance, als die Institutionen, die besonders im Fokus stehen, einen beispielgebenden Prozess zu gestalten, der dann auch den Sport, Bildungseinrichtungen oder Heime in Zugzwang bringt. Und der Staat darf ihnen das nicht alleine überlassen.

III. Sonderrechte für die Kirchen?

Diskriminierungsschutz im kirchlichen Arbeitsrecht oder die Quadratur des Kreises

Anna Katharina Mangold

Muss eine Person der evangelischen oder einer christlichen Religion angehören, die einen Schattenbericht über die Antirassismuskonvention der UN für die Diakonie verfassen soll?[1] Darf ein katholischer Chefarzt gekündigt werden, der sich nach einer Scheidung wiederverheiratet hat?[2] Wieso werden nicht-katholische Chefärzte in demselben Krankenhaus nicht gekündigt bei Wiederverheiratung? Kann eine lesbische Kindergartenleiterin ihre Funktion in einem katholischen Kindergarten weiter ausüben, nachdem sie ihre Partnerin offiziell geehelicht hat und, statt diese Beziehung weiterhin geheimzuhalten, die arbeitgebende Diözese darüber informiert?[3] Wie steht es um trans, inter oder nichtbinäre Mitarbeitende in katholischen Einrichtungen?[4]

Dies sind einige aktuelle Fragen zu Diskriminierungsschutz im kirchlichen Arbeitsrecht, die mir als Juristin großes Kopfzerbrechen bereiten. Ich forsche als Protestantin zum Religionsverfassungsrecht, als Europarechtlerin zum Verhältnis mitgliedstaatlichen und unionalen Rechts,[5] als Antidiskriminierungsrechtlerin zur Sicherstellung demokratischer Inklusion mittels Diskriminierungsverboten[6] und zu ihren Ver-

---

[1] So der Sachverhalt EuGH, Urt. v. 17.4.2018, Rs. C-414/16, *Egenberger*.

[2] So der Sachverhalt EuGH, Urt. v. 11.9.2018, Rs. C-68/17, *IR*.

[3] So ein Fall in der Diözese Augsburg, über den 2012 in den nationalen Medien berichtet wurde, siehe etwa: Keine Kündigung in Elternzeit für lesbische Erzieherin, Spiegel Online (19.06.2012), www.spiegel.de/karriere/kirche-keine-kuendigung-in-elternzeit-fuer-lesbische-erzieherin-a-839767.html (Zugriff: 25.03.2023). Ähnlich ein Fall in der Diözese Eichstätt von 2018, siehe *R. Gerner*, Katholische Kirche will keine lesbische Erzieherin, Nordbayern.de (10.02.2018), www.nordbayern.de/region/schwabach/katholische-kirche-will-keine-lesbische-erzieherin-1.7213045 (Zugriff: 25.03.2023).

[4] Bei der so mutigen Aktion #OutinChurch wirkten LGBTIQ-Personen aus dem ganzen Regenbogenspektrum der geschlechtlichen Vielfalt und unterschiedlicher sexueller Orientierungen mit, vgl. www.outinchurch.de (Zugriff: 25.03.2023), sowie *J. Ebebrecht-Zumsande/V. Gräwe/B. Mönkebüscher/G. Werner/M. Brinkschröder* (Hrsg.), Out in Church. Für eine Kirche ohne Angst, Freiburg i. Br. 2022.

[5] *A. K. Mangold*, Gemeinschaftsrecht und deutsches Recht, Tübingen 2011.

[6] *A. K. Mangold*, Demokratische Inklusion durch Recht. Antidiskriminierungsrecht

schränkungen[7]. Wenn ich über kirchliches Arbeitsrecht und insbesondere Diskriminierung in diesem Bereich nachdenke, weiß ich keine leichten Lösungen, und ich bin nicht allein mit diesen Schwierigkeiten.[8]

Eine Antwort, gar eine kohärente, auf die aufgeworfenen Rechtsfragen zu formulieren, ist meines Erachtens deswegen so schwer, weil die Probleme sich je unterschiedlich darstellen, werden sie aus verschiedenen rechtlichen Perspektiven analysiert: (religions)verfassungsrechtlich (1.), unionsrechtlich (2.) oder antidiskriminierungsrechtlich (3.). Noch komplizierter wird es, wenn alles zusammengedacht werden soll und in Urteilen von Bundesverfassungsgericht, Europäischem Gerichtshof oder den Arbeitsgerichten entschieden werden muss (4.).

1. Deutsches (Religions)Verfassungsrecht

Wie wenige Spezialmaterien der nationalen Verfassungsordnungen sind religionsverfassungsrechtliche Regelungen historisch gewachsen und geographisch spezifisch, das Resultat teils tiefgreifender jahrhundertelanger gesellschaftlicher Konflikte – in den Regelungen schlagen sich diese Konflikte und die zeitbedingt befriedenden Lösungen nieder. Im Religionsverfassungsrecht ist nun in Deutschland seit etwa 20 Jahren ein Aufstand der Arbeitsgerichtsbarkeit gegen die etablierte Rechtsprechung des Bundesverfassungsgerichts aus den 1950er und 1960er Jahren zu beobachten, insbesondere seitens des Bundesarbeitsgerichts.

Normativer Angelpunkt der Auseinandersetzung sind Normen der Weimarer Reichsverfassung, die im Parlamentarischen Rat als sogenannter Weimarer Kirchenkompromiss ihren Weg in das Grundgesetz fanden und ohne viel Federlesens in Art. 140 GG einfach zu einem Teil der neuen Verfassung erklärt wurden.[9] In Art. 137 Abs. 3 WRV steht:

---

als Ermöglichungsbedingung der demokratischen Begegnung von Freien und Gleichen, Tübingen 2021.

[7] *A. K. Mangold/M. Payandeh*, Diskriminierungsschutz und unternehmerische Freiheit im Unionsrecht, in: EuR (2017), 700.

[8] Vgl. die differenzierten Ausführungen bei *C. Walter/K. Tremml*, § 8 Religion und Weltanschauung als Diskriminierungskategorien, in: A. K. Mangold/M. Payandeh (Hrsg.), Handbuch Antidiskriminierungsrecht. Strukturen, Rechtsfiguren und Konzepte, Tübingen 2022, 349; und bei *P. Stein*, Das kirchliche Selbstbestimmungsrecht im Arbeitsrecht und seine Grenzen, Frankfurt a. M. 2023, inbes. 89–170.

[9] Grundlegend zu dem veränderten Kontext der wortgleichen Normen der Weimarer Reichsverfassung *R. Smend*, Staat und Kirche nach dem Bonner Grundgesetz, in:

„Jede Religionsgesellschaft ordnet und verwaltet *ihre Angelegenheiten* selbständig *innerhalb der Schranken des für alle geltenden Gesetzes*. Sie verleiht ihre Ämter ohne Mitwirkung des Staates oder der bürgerlichen Gemeinde." (Hervorh. nur hier.)

Bei der Auslegung dieser Norm geht es seit jeher um die Frage, ob den Kirchen ein Selbstbestimmungsrecht zugestanden wird, das „ihre Angelegenheiten" staatlicher Kontrolle entzieht und die resultierenden Konflikte in die Sphäre der staatsfreien Zivilgesellschaft verlagert, wo aber zugleich die „Schranken des für alle geltenden Gesetzes" zu beachten sind. Das Bundesverfassungsgericht hat den Kirchen weitausgreifend Autonomie in ihren eigenen Angelegenheiten zugesprochen und Art. 137 Abs. 3 WRV immer schon denkbar weit ausgelegt.[10] Gerade im kirchlichen Arbeitsrecht unterzieht das Bundesverfassungsgericht die kirchlichen Selbsteinschätzungen im Wesentlichen nur einer Plausibilitätsprüfung; Loyalitätspflichten, die kirchliche Arbeitgebende von ihren Arbeitnehmenden verlangen, sind gerichtlicher Kontrolle nach der Rechtsprechung des Bundesverfassungsgerichts entzogen.[11]

Diese Interpretation ist in der deutschen Rechtswissenschaft schon lange als zu weitgehend kritisiert worden.[12] Gerade in jüngerer Zeit ist

---

ZevKR 1 (1951), 4–14: „Wenn in zwei Grundgesetzen dasselbe steht, ist es nicht dasselbe."

[10] Leitentscheidung: BVerfGE 24, 236 – *Aktion Rumpelkammer* [1968].

[11] Seit BVerfGE 70, 138 – *Loyalitätspflichten* [1985]. In seiner Chefarzt-Entscheidung hat das Bundesverfassungsgericht eine gewisse Anpassung vorgenommen und eine zweistufige Prüfung mit Plausibilitätskontrolle und Angemessenheitskontrolle gefordert, BVerfGE 137, 273 (Rn. 81) – *Katholischer Chefarzt* [2014]: „Die staatlichen Gerichte haben auf einer ersten Prüfungsstufe zunächst im Rahmen einer Plausibilitätskontrolle auf der Grundlage des glaubensdefinierten Selbstverständnisses der verfassten Kirche zu überprüfen, ob eine Organisation oder Einrichtung an der Verwirklichung des kirchlichen Grundauftrags teilhat, ob eine bestimmte Loyalitätsobliegenheit Ausdruck eines kirchlichen Glaubenssatzes ist und welches Gewicht dieser Loyalitätsobliegenheit und einem Verstoß hiergegen nach dem kirchlichen Selbstverständnis zukommt. Auf einer zweiten Prüfungsstufe ist sodann unter dem Gesichtspunkt der Schranken des „für alle geltenden Gesetzes" eine Gesamtabwägung vorzunehmen, in der die – im Lichte des Selbstbestimmungsrechts der Kirchen verstandenen – kirchlichen Belange und die korporative Religionsfreiheit mit den Grundrechten der betroffenen Arbeitnehmer und deren in den allgemeinen arbeitsrechtlichen Schutzbestimmungen enthaltenen Interessen auszugleichen sind." – In der Sache versagte sich das Bundesverfassungsgericht dann freilich gerade eine Angemessenheitskontrolle.

[12] *J. Wieland*, Die Angelegenheiten der Religionsgesellschaften, in: Der Staat (1986), 321; vgl. auch *U. K. Preuß*, Alternativkommentar zum Grundgesetz, ^{3}2001, Art. 140 Rn. 17, 45, 48f.

in einer ganzen Reihe von Konflikten über religionsverfassungsrechtliche Regelungen deutlich geworden, dass die etablierten Interpretationen unter veränderten rechtlichen wie sozialen Rahmenbedingungen angegriffen werden und deswegen neu gerechtfertigt werden müssen. Die Rechtfertigungen der Vergangenheit reichen nicht aus, sondern müssen neu gedacht und formuliert werden. Das betrifft besonders die Reichweite des Selbstverwaltungsrechts, das in der Interpretation des Bundesverfassungsgerichts und der Lehre „usurpatorisch" wirke, wie *Bernhard Schlink* angemerkt hat, weil die Kirchen letztlich ihre Vorstellungen auf jene ausdehnen durften, mit denen sie in Kontakt trat bei „ihren Angelegenheiten", zuvorderst den eigenen Beschäftigten.[13] Nach der weitreichenden Rechtsprechung des Bundesverfassungsgerichts haben die „Schranken des für alle geltenden Gesetzes" aus Art. 137 Abs. 3 WRV nurmehr wenig regulative Wirkung.

In seinen religionsverfassungsrechtlichen Leitentscheidungen hat das Bundesverfassungsgericht gerade wirtschaftliche Tätigkeiten der Kirchen sehr extensiv religiös imprägniert, bei denen die Kirchen mit nicht-religiösen Wirtschaftsteilnehmenden in Konkurrenz treten.[14] Verfassungsrechtliche Erwägung war, dass die kollektive Religionsfreiheit auch karitatives Tätigwerden als religiös geboten grundrechtlich schütze.[15] Doch wie weit geht dieser Schutz? Ist jede wirtschaftliche Tätigkeit durch den Bezug auf Religionsausübung aufzuwerten und mit religiöser Dignität zu versehen, wie das Bundesverfassungsgericht seit 1968 meint? Soll von der kollektiven Religionsfreiheit geschützt sein, dass die christlichen (!) Kirchen als Arbeitgebende Zugriff auf das Privat- und Intimleben der dort Tätigen nehmen und ihnen vorschreiben dürfen, ob sie sich wiederverheiraten, geoutet gleichgeschlechtlich lieben oder von männlich und weiblich abweichende Geschlechtsidentitäten haben dürfen? All dies wird verfassungsrechtlich unter dem Stichwort der Loyalitätsobliegenheiten verhandelt.

Diese Rechtsprechungslinie des Bundverfassungsgerichts ist vor allem deswegen sehr kritisch zu sehen, weil sie die soziale Arbeit als Tätigkeitsfeld weitgehend dem faktischen Regelung- und Zugriffsrecht der Kirchen

---

[13] *B. Schlink, Die* Angelegenheiten der Religionsgesellschaften, in: JZ 5 (2013), 209 (218).

[14] BVerfGE 24, 236 – *Aktion Rumpelkammer* [1968].

[15] Das Bundesverfassungsgericht stützte sich im Wesentlich auf die Argumentation des protestantischen Staatskirchenrechtlers *J. Heckel*, Die Kirchen unter dem Grundgesetz, in: VVDStRL 26 (1968), 5, 41.

unterstellt. Aufgrund der historischen Entwicklung ist nämlich die soziale Arbeit in Deutschland in hohem Grad durch kirchliche Arbeitgebende geprägt.[16] Die karitativen (Wirtschafts-)Unternehmen der christlichen Kirchen beschäftigen allein knapp 1,3 Millionen Menschen, in der Caritas etwa 660.000 und in der Diakonie etwa 600.000 Beschäftigte. Es geht um Krankenhäuser, Kindergärten und Schulen sowie Einrichtungen der Alten-, Jugend- und Behindertenhilfe und der Rehabilitation. Hinzu kommen etwa 460.000 Beschäftigte in der verfassten Kirche, wozu auch die kirchlichen Kindergärten zählen. Die beiden Kirchen sind mithin nach dem öffentlichen Dienst der zweitgrößte Arbeitgeber in Deutschland.

Die kirchlichen Träger finanzieren sich bei diesen Tätigkeiten zu einem Großteil aus Steuergeld. Die sogenannte Kirchenquote, also der Anteil staatlicher Finanzierung karitativer Tätigkeit der Kirchen, liegt bei um die 98 %, die Kirchen geben also nur etwa 2 % eigenes Geld hinzu.[17] So verwandelt sich Steuergeld, jedenfalls in der öffentlichen Wahrnehmung, in Diskriminierungsgeld, in Abweichung von den Regeln, die für nicht-kirchliche Arbeitgebende gelten, die nicht auf das Intim- und Privatleben ihrer Arbeitnehmenden Zugriff nehmen und insoweit nicht „diskriminieren“ dürfen.

2. Unionsrecht

Wie stellt sich die Lage in der unionsrechtlichen Perspektive dar? In den völkerrechtlichen Verträgen, welche die Europäische Union begründen, gilt seit Beginn das Prinzip, dass nur solche Kompetenzen auf die unionale Ebene übergehen, die von den Mitgliedstaaten explizit übertragen werden. Aus Erfahrungen der Vergangenheit ist es den Mitgliedstaaten

---

[16] Die folgenden Zahlenangaben nach *J. M. Schubert*, Die Kirchen als Arbeitgeber – Die Folgen von „Egenberger“ und „Chefarzt“ für Diakonie und Caritas, in: EuZA (2020), 320 (322 f.); etwas ältere, aber ähnliche Zahlen bei *G. Czermak/E. Hilgendorf*, Religions- und Weltanschauungsrecht. Eine Einführung, Berlin [2]2018, Rn. 424f.

[17] Bei *G. Czermak/E. Hilgendorf*, Religions- und Weltanschauungsrecht (s. Anm. 16), Rn. 426, sind 1,8 bis 2,2 % angegeben, auf Basis der Erhebungen von *C. Frerk*, Caritas und Diakonie in Deutschland, Aschaffenburg 2005, 220ff. Soweit ersichtlich, sind die von dem Politikwissenschaftler *Frerk* im Jahr 2003 erhobenen Daten die einzigen, auf die sich alle Medienberichte immer wieder beziehen, vgl. etwa zuletzt *B. Krebs*, Kirchen und die lieben Steuern, in: Junge Welt (13.02.2023), 3, www.jungewelt.de/artikel/444733.finanzen-kirchen-und-die-lieben-steuern.html (Zugriff: 25.03.2023).

ein besonderes Anliegen, Kompetenzusurpationen der Unionsebene dezidiert entgegenzutreten. Zuletzt im Vertrag von Lissabon aus dem Jahr 2007 haben die Mitgliedstaaten das Prinzip der begrenzten Einzelermächtigung in Art. 5 Abs. 2 EUV niedergelegt.

Auf Betreiben gerade der deutschen Kirchen wurde schon 1997 auf europäischer Ebene als Zusatz zum Vertrag von Amsterdam eine kirchenrechtliche Erklärung formuliert, die heute inhaltsgleich in der Lissaboner Version von Art. 17 Vertrag über die Arbeitsweise der EU (AEUV) steht:

> „Die Union achtet den Status, den Kirchen … in den Mitgliedstaaten nach deren Rechtsvorschriften genießen, und *beeinträchtigt ihn nicht*."

In Art. 17 AEUV haben die Mitgliedstaaten also sicherheitshalber ganz genau formuliert, dass die EU im Bereich der religiösen und weltanschaulichen Gemeinschaften gerade *keine* Kompetenz erhalten soll. Der Normenbefund ist also zunächst, dass die EU den besonderen Status von Kirchen in den Verfassungstraditionen der Mitgliedstaaten durchaus anerkennt. Der EU kommt zudem keine Kompetenz zu, diesen Bereich selbständig zu regeln. Nach dieser Logik müsste das deutsche (Religions)Verfassungsrecht unangetastet bleiben.

Freilich: Die EU hat unzweifelhaft Kompetenzen in anderen Bereichen, und diese können Auswirkungen auch auf die rechtliche Situation der Kirchen entfalten. Dieses in föderalen Rechtsordnungen bekannte Phänomen nennt sich „spill over".[18] Denn Kompetenzen lassen sich nur in der Theorie klar voneinander trennen. In der Praxis gibt es vielfältige Überschneidungsbereiche, das ist kein Spezifikum des Unionsrechts.

Art. 21 der EU-Charta der Grundrechte (GRCh) verbietet für unionales Handeln Diskriminierung „wegen" verschiedener Kategorien.[19] Seit dem Vertrag von Amsterdam 1997 enthält das Unionsrecht eine weitreichende Kompetenzgrundlage für den Erlass antidiskriminierungsrecht-

---

[18] Zu den Abgrenzungsproblemen gerade aus einem deutschen Kompetenzverständnis prägnant *F. C. Mayer*, Kompetenzverteilung, in: W. Kahl/M. Ludwigs (Hrsg.), Handbuch des Verwaltungsrechts (2): Grundstrukturen des europäischen und internationalen Verwaltungsrechts, Heidelberg 2021, § 33 Rn. 38f.

[19] Art. 21 Abs. 1 GRCh: „Diskriminierungen insbesondere wegen des Geschlechts, der Rasse, der Hautfarbe, der ethnischen oder sozialen Herkunft, der genetischen Merkmale, der Sprache, *der Religion oder der Weltanschauung*, der politischen oder sonstigen Anschauung, der Zugehörigkeit zu einer nationalen Minderheit, des Vermögens, der Geburt, einer Behinderung, des Alters oder der sexuellen Ausrichtung sind verboten."

licher Maßnahmen, heute in Art. 19 AEUV, demzufolge die EU antidiskriminierungsrechtliche Regelungen für Beschäftigung und Beruf treffen darf.[20] Dass diese Regelungskompetenz sich dem Grunde nach auch auf kirchliche Arbeitsverhältnisse erstreckt, kann nicht überraschen, schließen doch die Kirchen als privatrechtliche Akteurinnen mit ihren Bediensteten Arbeitsverträge. Auch nach deutschem Rechtsverständnis unterliegen diese den allgemeinen arbeitsrechtlichen Bestimmungen, bei deren Auslegung allerdings den Besonderheiten des kirchlichen Selbstverwaltungsrechtes Rechnung zu tragen ist.

So ist es auch im Unionsrecht. Art. 4 Abs. 2 der Richtlinie 78/2000,[21] um den es in der zentralen Leitentscheidung des EuGH *Egenberger* aus dem Jahr 2018 geht, anerkennt auf sekundärrechtlicher Ebene die Besonderheiten kirchlicher Arbeitgebender.[22] Wie *weitgehend* diese Besonderheiten für jeden Mitgliedstaat anerkannt werden, das ist dann allerdings im Einzelfall zu bestimmen. Zu bedenken ist hier, dass die Richtlinie nicht nur *eine* nationale Rechtsordnung im Blick hat,

---

[20] Art. 19 Abs. 1 AEUV: „Unbeschadet der sonstigen Bestimmungen der Verträge kann der Rat im Rahmen der durch die Verträge auf die Union übertragenen Zuständigkeiten gemäß einem besonderen Gesetzgebungsverfahren und nach Zustimmung des Europäischen Parlaments einstimmig geeignete Vorkehrungen treffen, um Diskriminierungen aus Gründen des Geschlechts, der Rasse, der ethnischen Herkunft, der Religion oder der Weltanschauung, einer Behinderung, des Alters oder der sexuellen Ausrichtung zu bekämpfen."

[21] Richtlinie 2000/78/EG des Rates zur Festlegung eines allgemeinen Rahmens für die Verwirklichung der Gleichbehandlung in Beschäftigung und Beruf v. 27.11.2000, ABl. 2000 L 303/16 (Rahmenrichtlinie).

[22] Art. 4 Abs. 2 RL 2000/78/EG, UAbs. 1: [1]Die Mitgliedstaaten können in Bezug auf berufliche Tätigkeiten innerhalb von Kirchen … Bestimmungen in ihren zum Zeitpunkt der Annahme dieser Richtlinie geltenden Rechtsvorschriften beibehalten oder in künftigen Rechtsvorschriften Bestimmungen vorsehen, die zum Zeitpunkt der Annahme dieser Richtlinie bestehende einzelstaatliche Gepflogenheiten widerspiegeln und wonach eine Ungleichbehandlung wegen der Religion oder Weltanschauung einer Person keine Diskriminierung darstellt, wenn die Religion oder die Weltanschauung dieser Person nach der Art dieser Tätigkeiten oder der Umstände ihrer Ausübung eine *wesentliche, rechtmäßige und gerechtfertigte berufliche Anforderung angesichts des Ethos der Organisation* darstellt. [2]Eine solche Ungleichbehandlung muss die verfassungsrechtlichen Bestimmungen und Grundsätze der Mitgliedstaaten sowie die allgemeinen Grundsätze des Gemeinschaftsrechts beachten und rechtfertigt keine Diskriminierung aus einem anderen Grund. UAbs. 2: Sofern die Bestimmungen dieser Richtlinie im Übrigen eingehalten werden, können die Kirchen … im Einklang mit den einzelstaatlichen verfassungsrechtlichen Bestimmungen und Rechtsvorschriften von den für sie arbeitenden Personen verlangen, dass sie sich *loyal und aufrichtig im Sinne des Ethos der Organisation* verhalten." (Hervorh. nur hier)

sondern deren 27. Es sei in der Richtlinie jedenfalls ein Ausgleich zwischen den Interessen der Kirche nach Art. 17 AEUV und dem Diskriminierungsverbot aus Art. 21 GRCh gefunden worden, urteilte der EuGH in *Egenberger.*[23] Deutschland sollte nicht überrascht tun, denn die Bundesrepublik war als Mitgliedstaat am Erlass der Richtlinie beteiligt. Absatz 2 von Art. 4 der Richtlinie war sogar erst im Laufe des Rechtsetzungsverfahrens hinzugekommen,[24] gerade um die Kirchen zu schützen, ohne zugleich den Grundsatz der Nichtdiskriminierung im Arbeitsrecht gänzlich aufzugeben.

Das Bundesverfassungsgericht wacht nun recht eifrig (und gelegentlich auch etwas eifersüchtig) über die Wahrung dieser Kompetenzordnung. In der Entscheidung über die verfassungsrechtliche Zulässigkeit des Vertrages von Lissabon hat das Bundesverfassungsgericht in gleich zwei Randnummern etwas überraschend gerade die mitgliedstaatliche Organisation von Religion und Kirchen explizit aufgeführt und für von der deutschen Verfassungsidentität geschützt erklärt.[25] Das erklärt, warum nun alle religionsverfassungsrechtlich Forschenden nahezu gebannt die anhängige Verfassungsbeschwerde der Diakonie in der Rechtssache *Egenberger* verfolgen,[26] geht es hier doch gerade um ein *spill over* aus

---

[23] EuGH, Urt. v. 17.4.2018, Rs. C-414/16, *Egenberger,* Rn. 81.

[24] *P. Unruh*, Religionsverfassungsrecht, Baden-Baden ^{4}2018, Rn. 197; vgl. auch *GA Tanchev*, Schlussanträge v. 9.11.2017, Rs. C-414/16, *Egenberger,* Rn. 85f.

[25] BVerfGE 123, 267 (Rn. 249) – *Vertrag von Lissabon* [2009]: „Die europäische Vereinigung auf der Grundlage einer Vertragsunion souveräner Staaten darf allerdings nicht so verwirklicht werden, dass in den Mitgliedstaaten kein ausreichender Raum zur politischen Gestaltung der wirtschaftlichen, kulturellen und sozialen Lebensverhältnisse mehr bleibt. Dies gilt insbesondere für Sachbereiche, die die Lebensumstände der Bürger, vor allem ihren von den Grundrechten geschützten privaten Raum der Eigenverantwortung und der persönlichen und sozialen Sicherheit prägen, sowie für solche politische Entscheidungen, die in besonderer Weise auf kulturelle, historische und sprachliche Vorverständnisse angewiesen sind, und die sich im parteipolitisch und parlamentarisch organisierten Raum einer politischen Öffentlichkeit diskursiv entfalten. Zu wesentlichen Bereichen demokratischer Gestaltung gehören unter anderem die Staatsbürgerschaft, das zivile und militärische Gewaltmonopol, Einnahmen und Ausgaben einschließlich der Kreditaufnahme sowie die für die Grundrechtsverwirklichung maßgeblichen Eingriffstatbestände, vor allem bei intensiven Grundrechtseingriffen wie dem Freiheitsentzug in der Strafrechtspflege oder bei Unterbringungsmaßnahmen. Zu diesen bedeutsamen Sachbereichen gehören auch *kulturelle Fragen wie* die Verfügung über die Sprache, die Gestaltung der Familien- und Bildungsverhältnisse, die Ordnung der Meinungs-, Presse- und Versammlungsfreiheit oder der *Umgang mit dem religiösen oder weltanschaulichen Bekenntnis.*“ (Hervorh. nur hier) – Vgl. später auch Rn. 260.

[26] Exemplarisch *H. Sauer*, Kirchliche Selbstbestimmung und deutsche Verfassungs-

dem Antidiskriminierungsrecht in den Bereich des religionsverfassungsrechtlich grundierten kirchlichen Arbeitsrechts.

3. Antidiskriminierungsrecht

Damit zur dritten rechtlichen Perspektive: Schutz vor Diskriminierung ist der EU, wie gesehen, in Art. 19 AEUV explizit als Kompetenz zugewiesen. Der Grundsatz der Nichtdiskriminierung von Arbeitnehmenden ist ein Grundpfeiler der europäischen Integration. Das ursprüngliche Verbot der Diskriminierung wegen der Staatsangehörigkeit wurde allmählich weiterentwickelt zu einem allgemeinen und umfassenden Diskriminierungsverbot.[27] Die Antidiskriminierungs-Richtlinien der EU verpflichten die Mitgliedstaaten, diese umzusetzen und in den mitgliedstaatlichen Rechtsordnungen zu effektiver Wirksamkeit zu verhelfen.[28] Die Richtlinien gewähren unter anderem Schutz vor religiöser Diskriminierung und vor Diskriminierung wegen der sexuellen Orientierung. Besondere Relevanz hat der Grundsatz der Nichtdiskriminierung im Arbeitsrecht.

Dabei ist zu beobachten, dass diese Form von unionalem Diskriminierungsschutz in ihrem Ausgangspunkt einer marktförmigen Logik entspringt: Alle dem Arbeitsmarkt dem Grunde nach zur Verfügung stehenden Personen sollen auch tatsächlich in Arbeit gebracht werden, um die möglichst effiziente Allokation von Arbeitskräften und so das Funktionieren des Arbeitsmarktes zu gewährleisten. Der Schutz vor Diskriminierung ist in erster Linie den Gerichten überantwortet, die nötigenfalls nationale Rechtsnormen unangewendet lassen müssen, wenn diese den unionsrechtlichen Vorgaben widersprechen. Das Konzept des Bundesverfassungsgerichts dagegen sieht vor, dass Gerichte im konkreten Fall kirchlicher Arbeitsverhältnisse lediglich eine Plausibilitätskontrolle vornehmen dürfen, also nur kontrollieren dürfen, „[o]b eine Organisation oder Einrichtung an der Verwirklichung des kirchlichen Grundauftrags

---

identität: Überlegungen zum Fall „Egenberger“, in: VerfBlog (03.05.2019), www.verfassungsblog.de/kirchliche-selbstbestimmung-und-deutsche-verfassungsidentitaet-ueberlegungen-zum-fall-egenberger (Zugriff: 25.03.2023).

[27] Siehe *A. K. Mangold*, Demokratische Inklusion durch Recht, Tübingen 2021, 70–72.

[28] Zum unionsrechtlichen Rahmen *A. K. Mangold/M. Payandeh*, § 1 Antidiskriminierungsrecht – Konturen eines Rechtsgebiets, in: A. K. Mangold/M. Payandeh (Hrsg.), Handbuch Antidiskriminierungsrecht, Tübingen 2022, Rn. 20–22.

teilhat, ob eine bestimmte Loyalitätsobliegenheit Ausdruck eines kirchlichen Glaubenssatzes ist und welches Gewicht dieser Loyalitätsobliegenheit und einem Verstoß hiergegen nach dem kirchlichen Selbstverständnis zukommt".[29]

Das deutsche Gesetz, mit dem die Antidiskriminierungsrichtlinien der EU in deutsches Recht umgesetzt werden, ist das Allgemeine Gleichbehandlungsgesetz (AGG) von 2006. Im AGG trägt § 9 AGG jedenfalls teilweise den kirchlichen Sonderrechten Rechnung, wie sie in Art. 17 AEUV von der Union anerkennt werden. § 9 AGG lautet:

> „(1) ... ist eine *unterschiedliche Behandlung wegen der Religion oder der Weltanschauung* bei der Beschäftigung durch Religionsgemeinschaften ... auch zulässig, wenn eine bestimmte Religion oder Weltanschauung unter Beachtung des *Selbstverständnisses der jeweiligen Religionsgemeinschaft* ... im Hinblick auf ihr Selbstbestimmungsrecht oder nach der Art der Tätigkeit eine *gerechtfertigte berufliche Anforderung* darstellt.
> (2) Das Verbot unterschiedlicher Behandlung wegen der Religion oder der Weltanschauung berührt nicht das Recht der in Absatz 1 genannten Religionsgemeinschaften ... von ihren Beschäftigten ein *loyales und aufrichtiges Verhalten im Sinne ihres jeweiligen Selbstverständnisses* verlangen zu können." (Hervorhebung nur hier.)

Dieser Wortlaut legt bereits nahe, dass irgendeine Form von (gerichtlicher) Kontrolle möglich sein muss, wenn § 9 AGG eine Ausnahme vom allgemeinen Diskriminierungsverbot wegen der Religion nur für „*gerechtfertigte* berufliche Anforderungen" macht. Hier ist ein im Vergleich zu der bisherigen bundesverfassungsgerichtlichen Prüfungsfolge neues Konzept angelegt, das die Kirchen in ihrer Einschätzung selbst einer strengeren Kontrolle unterstellt. Die Frage, ob der in § 9 AGG umgesetzte Art. 4 Abs. 2 der Richtlinie 78/2000 möglicherweise sogar noch strengere Bedingungen stellt, ruft zudem einen weiteren Akteur auf den Plan, nämlich den EuGH als Letztinterpreten des Unionsrechts. Schon nach seinem Wortlaut erlaubt § 9 AGG den Kirchen aber nicht die Diskriminierung wegen der sexuellen Orientierung.

Ist es nun, so die Rechtsfrage in der Leitentscheidung *Egenberger*, eine Diskriminierung wegen der (hier: fehlenden) Religion, wenn ein religiöses Bekenntnis zur Einstellungsvoraussetzung gemacht wird und deswegen eine konfessionslose Bewerberin unberücksichtigt bleibt? Für welche Positionen darf die Zugehörigkeit zur Kirche gefordert werden? Kommt es auf die Verkündungsnähe an? Was ist bei öffentlichkeitswirk-

[29] BVerfGE 137, 273 (Rn. 113) – *Katholischer Chefarzt* [2014].

samer Tätigkeit? Ist das Verfassen eines Antirassismusberichts für die Diakonie eine Tätigkeit, für deren Ausübung die Zugehörigkeit zur Kirche gefordert werden darf? Diese Fragen haben ersichtlich weit über den Anlassfall *Egenberger* hinaus Bedeutung, betreffen sie doch gerade die Abgrenzung zwischen der Entscheidung der Kirchen „in ihren Angelegenheiten“ einerseits und den „Schranken des für alle geltenden Gesetzes“ andererseits.

Im schon erwähnten sozialen Bereich etwa führt das Erfordernis der Konfessionsangehörigkeit zu einem faktischen Zwang für im sozialen Bereich Tätige, in christlichen Kirchen zu verweilen, obwohl es sich eigentlich um weitgehend staatlich finanzierte Tätigkeiten handelt, die lediglich in den zivilgesellschaftlichen Bereich ausgelagert wurden,[30] aber im Kern doch weiterhin staatlicher Gewährleistung unterfallen.

Im Fall *Egenberger* forderte der EuGH nun, staatliche Gerichte müssten kontrollieren, für welche Positionen vernünftigerweise die Konfessionsangehörigkeit erwartet werden dürfe. Die Entscheidung dürfe jedenfalls nicht allein den Kirchen vorbehalten bleiben, weil andernfalls der Bock zum Gärtner gemacht würde. Auf den ersten Blick ein überzeugender Gedanke – aber wird damit nicht der Staat zum Richter (im wörtlichen Sinne) über die „Angelegenheiten“ der Kirche? Schreiben dann nicht staatliche Gerichte den Kirchen vor, was für sie Glaubensbezug hat oder haben darf und was nicht? Ein Verstoß gegen das verfassungsrechtlich richtige und wichtige Prinzip religiös-weltanschaulicher Neutralität läge nahe, demzufolge der Staat Äquidistanz zu allen Glaubensrichtungen zu wahren hat.[31]

---

[30] Tatsächlich ist dieser Vorrang von freien Trägern gegenüber Trägern der öffentlichen Hand erst 1961 seitens der konservativen Parteien durch Änderungen des Bundessozialhilfegesetzes (BSHG) und des Jugendwohlfahrtsgesetzes (JWG) und gegen den Widerstand der Städte und Gemeinden als kommunalen Trägern durchgesetzt worden, wobei ein verfehltes Verständnis des Subsidiaritätsprinzips der katholischen Soziallehre zugrunde gelegt wurde, siehe *G. Czermak/E. Hilgendorf*, Religions- und Weltanschauungsrecht (s. Anm. 16), Rn. 427. Beißende zeitgenössische Kritik an dieser Rezeption der katholischen Soziallehre bei *R. Herzog*, Subsidiaritätsprinzip und Staatsverfassung, in: Der Staat 2 (1963), 399 (407): „Letztlich wäre [mit dem notwendig dynamischen Verständnis des Subsidiaritätsprinzips der katholischen Soziallehre in der Übertragung auf andere Bereiche, AKM] nichts anderes erreicht, als daß die Gliederung der Aufgaben so vorgenommen würde, daß ein aus anderen Gründen gewünschter Sozialaufbau zu ihrer Erfüllung notwendig wäre – d. h., nichts als *ein grandioser Selbstbetrug.*“ (Hervorh. nur hier)

[31] BVerfGE 19, 206 (216) – Kirchenbausteuer [1965]: „Das Grundgesetz legt ... dem

In dem anderen berühmten Fall des Katholischen Chefarztes, der wegen Wiederverheiratung gekündigt wurde, stellen sich weitere Fragen. Lässt das (unionsrechtliche) Antidiskriminierungsrecht Aus- und Übergriffe kirchlicher Arbeitgebender in Privat- und Intimleben ihrer Angestellten zu? Darf, ja muss ein wiederverheirateter Chefarzt gekündigt werden, weil er Personalverantwortung inne hat und eine Leitungsfunktion ausübt? Gilt das auch dann, wenn dieselbe Funktion auch von Nicht-Katholiken ausgeübt wird? Ist die Konfessionszugehörigkeit der Kirche dann vielleicht doch nicht so wichtig? Oder ist es andersherum überhaupt nur sinnvoll, allein an katholische Personen die Erwartung zu richten, die katholische Glaubenslehre einzuhalten?

Schließlich: Was ist mit der eminenten Ausgrenzungserfahrung schwuler und lesbischer Personen in der katholischen Kirche? Bis vor kurzem wurde regelmäßig über die Kündigung homosexueller Personen in katholischer Trägerschaft berichtet. In gleichgelagerten Fällen ohne offizielle Eheschließung galt hingegen anscheinend das aus der US-Armee bekannte „Don't ask, don't tell" – mach es nicht offiziell, dann tun wir so, als sei nichts. Faktisch bedeutete dies etwa für lesbische Erzieherinnen, dass sie ihre Partnerin nicht heiraten durften, weil sie sonst fürchten mussten, gekündigt zu werden. Diese Position ist gerade aus eher konservativer Haltung kaum widerspruchsfrei zu begründen, es sei denn, es wird gerade eine metaphysische Begründung angeführt (die Sündhaftigkeit homosexueller Beziehungen[32]). Auch hier wird der Widerspruch

Staat als Heimstatt aller Staatbürger ohne Ansehen der Person weltanschaulich-religiöse Neutralität auf."

[32] Das geht klar hervor aus der aktuell geltenden Fassung des Katechismus der katholischen Kirche von 1997, Nr. 2357: „Homosexuell sind Beziehungen von Männern oder Frauen, die sich in geschlechtlicher Hinsicht ausschließlich oder vorwiegend zu Menschen gleichen Geschlechtes hingezogen fühlen. Homosexualität tritt in verschiedenen Zeiten und Kulturen in sehr wechselhaften Formen auf. Ihre psychische Entstehung ist noch weitgehend ungeklärt. Gestützt auf die Heilige Schrift, die sie als schlimme Abirrung bezeichnet [Vgl. Gen 19,1–29; Röm 1,24–27; 1 Kor 6,10; 1 Tim 1,10.], hat die kirchliche Überlieferung stets erklärt, ‚daß die homosexuellen Handlungen in sich nicht in Ordnung sind' (CDF, Erkl. ‚Persona humana' 8). Sie verstoßen gegen das natürliche Gesetz, denn die Weitergabe des Lebens bleibt beim Geschlechtsakt ausgeschlossen. Sie entspringen nicht einer wahren affektiven und geschlechtlichen Ergänzungsbedürftigkeit. Sie sind in keinem Fall zu billigen."; Nr. 2358: „Eine nicht geringe Anzahl von Männern und Frauen haben tiefsitzende homosexuelle Tendenzen. Diese Neigung, die objektiv ungeordnet ist, stellt für die meisten von ihnen eine Prüfung dar. Ihnen ist mit Achtung, Mitgefühl und Takt zu begegnen. Man hüte sich, sie in irgend einer Weise ungerecht zurückzusetzen. Auch diese Menschen sind berufen, in ihrem Leben den Willen Gottes zu erfüllen und,

zwischen „ihren Angelegenheiten“ (religiöse, also metaphysische Begründung von Positionen wie der Sündhaftigkeit homosexueller Beziehungen zwischen Erwachsenen) und dem „für alle geltenden Gesetz“ (rationale, also nach-metaphyische Begründung von Verboten der Diskriminierung wegen der sexuellen Orientierung[33]) sichtbar.[34]

Deswegen war die Aktion #OutinChurch so unfassbar mutig, weil sich hier Menschen in ihrer kirchlich unerwünschten Identität öffentlich zu erkennen gaben und tatsächlich ihre Jobs riskierten. Besonders bigott mutet hier an, dass das heimliche Lesbischsein geduldet wurde, die offizielle Eheschließung hingegen zur Kündigung führte. Auch hier muss freilich die Gegenfrage gestellt werden: Können kirchliche Träger gezwungen werden, entgegen ihrer Glaubenslehre eine verheiratete oder offen lesbische KiTa-Leiterin weiter zu beschäftigen, wenn doch zugleich gerade die Sündhaftigkeit solchen Verhaltens religiöser Glaubenssatz ist? Wie weit reicht also hier die Religionsfreiheit?

Inzwischen, und wohl nicht zuletzt aufgrund des öffentlichen Drucks gerade durch die Aktion #OutinChurch,[35] hat die katholische Kirche im November 2022 eine überarbeitete Version ihrer „Grundordnung des

---

wenn sie Christen sind, die Schwierigkeiten, die ihnen aus ihres Verfaßtheit erwachsen können, mit dem Kreuzesopfer des Herrn zu vereinen.“; Nr. 2359: „Homosexuelle Menschen sind zur Keuschheit gerufen. Durch die Tugenden der Selbstbeherrschung, die zur inneren Freiheit erziehen, können und sollen sie sich – vielleicht auch mit Hilfe einer selbstlosen Freundschaft -, durch das Gebet und die sakramentale Gnade Schritt um Schritt, aber entschieden der christlichen Vollkommenheit annähern.“ www.vatican.va/archive/DEU0035/__P8B.HTM (Zugriff: 25.03.2023).

[33] Zur in modernen demokratischen Gesellschaften notwendig nach-metaphysischen Begründung von religiösen Normsätzen prägnant *J. Habermas*, Religion und nachmetaphysisches Denken, in: ders., Nachmetaphysisches Denken II, Berlin 2012, 120 (155).

[34] Auch das berühmte Böckenförde-Diktum postuliert, dass der freiheitliche, säkularisierte Staat auf die religiösen Auffassungen seiner Bürger*innen nur hoffen, sie aber gerade nicht vorschreiben darf, mithin nicht unmittelbar auf metaphysische Begründungen für rechtliche Regulierung zurückgreifen darf, siehe *E.-W. Böckenförde*, Die Entstehung des Staates als Vorgang der Säkularisation, in: FS Forsthoff (1967), 75 (wiederabgedruckt bei *E.-W. Böckenförde*, Recht, Staat, Freiheit, Berlin 2006, 92, Zitat 112); ausführlicher zur Begründung *A. K. Mangold*, Demokratische Inklusion durch Recht, Tübingen 2021, 397–426; gerade auch in Auseinandersetzung mit Böckenförde, 407–415.

[35] So der Artikel von *R. Wagner*, Trans*-Verband zum neuen kirchlichen Arbeitsrecht: „Reform nützt uns nichts“, 23.11.2023, www.buzzfeed.de/news/trans-transfeindlichkeit-katholische-kirche-arbeitsrecht-reform-bischofskonferenz-zr-91934533.html (Zugriff: 25.03.2023).

kirchlichen Dienstes“ veröffentlicht.[36] In Art. 3 Abs. 2 dieser neuen Fassung heißt es nun:

> „[1]Vielfalt in kirchlichen Einrichtungen ist eine Bereicherung. [2]Alle Mitarbeitenden können unabhängig von ihren konkreten Aufgaben, ihrer Herkunft, ihrer Religion, ihres Alters, ihrer Behinderung, ihres Geschlechts, ihrer sexuellen Identität und ihrer Lebensform Repräsentantinnen und Repräsentanten der unbedingten Liebe Gottes und damit einer den Menschen dienenden Kirche sein. [3]Vorausgesetzt werden eine positive Grundhaltung und Offenheit gegenüber der Botschaft des Evangeliums und die Bereitschaft, den christlichen Charakter der Einrichtung zu achten und dazu beizutragen, ihn im eigenen Aufgabenfeld zur Geltung zu bringen.“

Es wird sich in der Praxis erweisen, wie ernst die katholischen Arbeitgebenden es mit dieser Änderung meinen, die nicht zuletzt auf die grassierende Personalnot in ihren Einrichtungen reagieren dürfte. Es gibt schlicht nicht mehr genug katholisches Personal. Doch auch grundsätzlich ist Kritik und Zweifel angezeigt: Zum einen fehlt die Kategorie Geschlechtsidentität, so dass jedenfalls trans Personen sich nach wie vor nicht vor Diskriminierung geschützt sehen.[37] Zum anderen aber steht diese Neuregelung der deutschen Bischofskonferenz in einem klaren Gegensatz zu der nach wie vor geltenden Fassung des katholischen Katechismus von 1997.[38] Der Gegensatz zu den Inhalten der katholischen Glaubenslehre wird aller Wahrscheinlichkeit nach eine Reaktion aus Rom nach sich ziehen, an der sich erweist, ob ein progressiver synodaler Sonderweg der deutschen Katholiken von der römischen Weltkirche geduldet werden wird.

4. (Un)Möglichkeit einer Synthese?

Der antidiskriminierungsrechtliche Ansatz besticht für eine moderne, pluralistische Gesellschaft wie die der Bundesrepublik Deutschland. Der Blick auf Gleichheit und Nichtdiskriminierung wirft ein grelles Licht auf die Bigotterie, die darin liegt, dass Arbeitnehmende erst gekündigt werden, wenn sie sich outen, auch wenn etwa ihre sexuelle Orientierung zuvor ein „offenes Geheimnis“ war. Sichtbar wird auch die Bereitschaft,

---

[36] Grundordnung des kirchlichen Dienstes in der Fassung des Beschlusses der Vollversammlung des Verbandes der Diözesen Deutschlands vom 22. November 2022.

[37] Queer.de, Neues kirchliches Arbeitsrecht nur ein „Teilerfolg“, 22.11.2022, www.queer.de/detail.php?article_id=43880 (Zugriff: 25.03.2023).

[38] Exemplarisch für den Umgang mit Homosexuellen siehe das Zitat oben in Anm. 32.

von Glaubenstreue abzusehen, sobald ökonomische Zwänge dies gebieten. So werden auch nicht-katholische Mitarbeitende eingestellt, wenn der Pool an katholischen Arbeitnehmenden erschöpft ist. Anscheinend ist es dann doch nicht so weit her mit dem dringenden Erfordernis der Glaubenszugehörigkeit.[39]

Die vorstehenden Ausführungen haben aber auch gezeigt, wo die Herausforderung im kirchlichen Arbeitsrecht liegt: Es gilt, stets die Staatsfreiheit mitzudenken, welche die Religionsfreiheit gerade schützt, auch gegenüber staatlichen, also säkularen Gerichten. In manchen antidiskriminierungsrechtlichen Diskussionen fehlt mir persönlich das Verständnis für die Fundamentalität religiöser Glaubensüberzeugungen und für die Religionsfreiheit als historisch erstes Schutzrecht für Andersdenkende in pluralistischen Staatengemeinschaften. Die Religionsfreiheit schützt gerade das Gegen-den-Strom-Schwimmen, das Nicht-woke-Sein, die Freiheit, irrational zu handeln, nämlich so, dass andere sagen: Das ist doch nicht vernünftig! That's the point. Insoweit lässt sich Religionsfreiheit geradezu als ein „Grundrecht auf Irrationalität" bezeichnen. Glaubenssätze entziehen sich der nachmetaphysischen Begründung, sie sind und sie müssen nicht rational sein. Gleichwohl ist grundrechtlich die Grenze zu ziehen, wann ein Handeln als religiös motiviert den besonderen Schutz der Religionsfreiheit genießt und wann die „für alle geltenden" gesetzlichen Vorschriften zu beachten sind.

Die ohnehin schon schwierige Abgrenzung zwischen der staatsfreien eigenständigen kirchlichen Regelung „ihrer Angelegenheiten" und dem „für alle geltenden Gesetz" nach Art. 137 Abs. 3 WRV (i. V. m. Art. 140 GG) ist durch die unionale Überformung des Arbeitsrechts und seine Anreichung mit Diskriminierungsverboten noch einmal beträchtlich komplexer geworden. Verschiedene rechtliche Logiken prallen aufeinander, können und müssen neu adressiert und austariert werden. Der Schutz Arbeitnehmender vor Diskriminierung ist ins Verhältnis zu setzen zu kirchlichen Autonomiebereichen. Überraschend wäre, wenn für 27 Mitgliedstaaten konzipierte Richtlinien nach Maßgabe des Religionsverfas-

[39] Es ist dem EuGH nicht zu verdenken, dass er im Chefarzt-Fall hierin einen performativen Widerspruch zu entdecken können glaubte, wurden doch auch Nicht-Katholiken auf Chefarzt-Positionen eingestellt, EuGH, Urt. v. 11.9.2018, Rs. C-68/17, *IR*, Rn. 59. – Dem lässt sich freilich entgegenhalten, dass natürlich nur an katholische Arbeitnehmende die Forderung gerichtet werden kann, sich gemäß der katholischen Glaubenslehre zu verhalten.

sungsrechts genau *eines* Mitgliedstaates interpretiert würden. Das steht nicht zu erwarten und sollte gar nicht erst erhofft werden.

Das Unionsrecht wählt in dieser Situation den Ausweg einer Prozeduralisierung, indem es keine inhaltlichen Ergebnisse vorgibt für die Vielzahl denkbarer Konstellationen in den 27 Mitgliedstaaten, sondern vielmehr ein Verfahren für die Entscheidungsfindung. Der Verhältnismäßigkeitsgrundsatz, wie er in Art. 4 Abs. 2 der Richtlinie formuliert ist („wesentliche, rechtmäßige und *gerechtfertigte* berufliche Anforderung angesichts des Ethos der Organisation"), setzt voraus, dass die Gerichte als Kontrollorgane tätig werden und gibt ihnen zudem ein abzuarbeitendes Prüfprogramm an die Hand. In diesem Konzept ist nicht vorgesehen, dass eine Partei einseitig und ohne Kontrolle die Bedingungen festsetzen darf, was nun aber gerade das Modell des Bundesverfassungsgerichts ist. Das deutsche Modell, kirchliche Arbeitgebende aus den typischen gerichtlichen Kontrollen herauszunehmen, die Entscheidungen den Kirchen als zivilgesellschaftlichen Mediären selbst zu überlassen, kollidiert zwangsläufig mit einer solchen unionsrechtlichen Logik. Es überrascht wenig, wenn der EuGH skeptisch ist gegenüber der deutschen Lösung, die Kirchen keiner staatlich-gerichtlichen Kontrolle zu unterstellen, weil damit der Modus der europäischen Integration als Rechtsintegration selbst infrage gestellt wird.[40]

Die Prozeduralisierung der Abwägungsfrage scheint mir eine ganz vernünftige Lösung zu sein. Es kommt zwar möglicherweise zu einer gewissen Verschiebung, die Gerichte können allerdings nach wie vor den kirchlichen Autonomierechten Rechnung tragen. Das wird aber nur dann gelingen, wenn ein Grundverständnis für die Fundamentalität von religiösen Glaubensüberzeugungen auch in einer immer stärker säkularisierten Gesellschaft erhalten bleibt. Umgekehrt muss die katholische Kirche (und teils auch die evangelische) einsehen, dass der Verweis auf metaphysische Gründe nicht überzeugt, wenn im Übrigen ökonomische Erwägungen zu einer Lockerung der eigenen Maßstäbe führen. Solch ein performativer Widerspruch bleibt nicht unbemerkt und führt zum – berechtigten – Vorwurf der Bigotterie.

---

[40] Vgl. auch Stellungnahme der Kommission in: EuGH, 21.9.2016, Rs. C-140/15 P, *Kommission/Spanien*, Rn. 117: „In einer rechtsstaatlichen Union obliegt es deren Gerichten, über die Einhaltung [des Unionsrechts] zu wachen."; zitiert von *GA Tanchev*, Schlussanträge v. 9.11.2017, Rs. C-414/16, *Egenberger*, Rn. 92.

Einfach ist das alles nicht. Und so bleibt nur der Versuch, intersubjektiv vermittelbare, und das heißt auch: nachmetaphysische Gründe anzugeben, warum bestimmte historische Konstellationen fortgesetzt werden sollten. Der bloße Verweis auf Traditionen reicht in der Demokratie nicht aus, auch nicht für die christlichen Kirchen.

Kirchliches Arbeitsrecht zwischen Grundrechten und Drittem Weg – Reformperspektiven

Jacob Joussen

1. Einleitung

Die beiden großen Kirchen haben über den Weg der Zusprechung einer öffentlich-rechtlichen Körperschaft sowie aufgrund der Besonderheiten des deutschen Religionsverfassungsrechts in vielfacher Hinsicht eine rechtliche Sonderstellung. Häufig wird diese mit dem Stichwort „Privilegien“ verbunden, die den erfassten Religionsgesellschaften zukämen. Aufgrund der schwindenden Mitgliederzahl – die beiden christlichen Großkirchen unterschreiten mittlerweile die 50 %-Schwelle –, und auch des Missbrauchsskandals wird immer wieder die Frage gestellt, ob der Staat den Religionsgesellschaften das häufig in der Diskussion sogenannte „Privilegienbündel“ nach wie vor gewähren kann. Denn schließlich handele es sich auch um „Täterorganisationen“. Kann ihnen beispielsweise der Körperschaftsstatus unverändert gewährt werden, der nicht zuletzt mit der Möglichkeit einhergeht, Sonderrechte im Arbeitsrecht beanspruchen zu können?

Vor dem Hintergrund der allgemeinen Grundfragen dieses Bandes werden in diesem Beitrag Reformperspektiven im kirchlichen Arbeitsrecht und für den Dritten Weg untersucht. Die Gerichte haben bereits eine Relativierung der Position kirchlicher Arbeitgeber vorgenommen. Die katholische Kirche hat, nicht zuletzt in Reaktion auf die Initiative #OutInChurch, die Erwartung an die Lebensführung der bei ihr Beschäftigten sukzessive abgeschwächt.[1] Auch die evangelische Kirche befindet sich in einem Prozess der Neuorientierung im Hinblick auf die im Grund-

[1] Siehe „Grundordnung des kirchlichen Dienstes“, verabschiedet am 22.11.2022 von der Vollversammlung des Verbands der Diözesen Deutschlands, www.dbk.de/fileadmin/redaktion/diverse_downloads/VDD-Arbeitsrecht/Grundordnung-des-kirchlichen-Dienstes-22.-November-2022.pdf (Zugriff: 01.03.2023). Auf die Implikationen der zum Teil weit reichenden Änderungen kann im Folgenden nur punktuell eingegangen werden, da sich dieser Beitrag auf den auf der Tagung „Semper Reformanda“ im Juni 2022 gehaltenen Vortrag des Verfassers stützt.

satz angelegte (de facto nicht mehr praktizierte) Kirchenmitgliedschaft derjenigen, die bei ihr tätig sind. Dürfen solche Besonderheiten noch beansprucht werden – etwa im Hinblick darauf, dass viele Einrichtungen an staatlichen Mitteln partizipieren? Muss das kollektive Arbeitsrecht neu justiert werden, das Betriebsverfassungs- wie das Tarifrecht?

2. Konkreter Ausgangspunkt

Einen Ausgangspunkt für das Nachdenken auch über die arbeitsrechtlichen Besonderheiten zugunsten der Kirchen festzumachen, ist nicht einfach. Sicher haben der Missbrauchsskandal und der Akzeptanzverlust all dessen, was mit „Kirche“ zusammenhängt, generell dazu beigetragen. Aber schon früher standen die Besonderheiten im Fokus der Kritik. Auch individualrechtlich gab es immer Kritik daran, dass die Kirchen besondere Anforderungen an ihre Beschäftigten stellen dürfen. Aber in beiden Bereichen hat die Rechtsprechung sehr lange ihre Hand schützend über die Kirchen gehalten. Das allerdings hatte sich vor etwa zehn Jahren bereits geändert – und es ist, ausgehend von verschiedenen Urteilen des Europäischen Gerichtshofs für Menschenrechte – sehr viel in Bewegung geraten.

Konkret haben aber Akzeptanzverlust und Missbrauchsskandal sehr wohl ihren Niederschlag für die Erwartungen an das kirchliche Arbeitsrecht gefunden, nämlich im Koalitionsvertrag der Ampel-Regierung aus dem Jahr 2021. Dort heißt es: „Gemeinsam mit den Kirchen prüfen wir, inwiefern das kirchliche Arbeitsrecht dem staatlichen Arbeitsrecht angeglichen werden kann. Verkündungsnahe[2] Tätigkeiten bleiben ausgenommen.“

Die Aufnahme des kirchlichen Arbeitsrechts in diesen Abschnitt „Mitbestimmung“ könnte nahelegen, dass es ausschließlich um die Mitbestimmung geht und dort eine Prüfung einer möglichen Angleichung erfolgen soll, also primär zwischen der (katholischen) Mitarbeitervertretungsverordnung (MAVO) und dem (evangelischen) Mitarbeitervertretungsgesetz (MVG.EKD) einerseits und dem Betriebsverfassungsgesetz (BetrVG) andererseits. Hier könnten sicher verschiedene Angleichungen erfolgen: Die kirchlichen Mitbestimmungsrechte, deren eigenständige Berechtigung verfassungsrechtlich garantiert ist, haben hinsichtlich des Schutzniveaus Luft nach oben. Das gilt auch für die Mitbestimmung auf

[2] Gemeint sind offenkundig „verkündigungsnahe“ Tätigkeiten.

anderen Ebenen, etwa bei der Unternehmensmitbestimmung. Auch hier besteht grundsätzlicher Anpassungsbedarf – eine solche Unternehmensmitbestimmung ist auch im kirchlichen Raum dringend geboten. Da sie in den nachfolgenden Zeilen des Koalitionsvertrags noch angesprochen ist, könnte man den kirchlichen Bereich hier durchaus als miterfasst ansehen.

Die Ampel ist den Kirchen dabei durchaus wohlgesonnen. Sie hält die Kirchen und Religionsgemeinschaften für einen „wichtigen Teil unseres Gemeinwesens", sie „leisten einen wertvollen Beitrag für das Zusammenleben und die Wertevermittlung in der Gesellschaft. Wir schätzen und achten ihr Wirken."[3] Die im Koalitionsvertrag im Anschluss in Aussicht gestellte Ablösung der Staatsleistung schmälert dieses Wohlwollen keinesfalls. Hier geht die Koalition endlich einen alten Verfassungsauftrag an, der in dieser neuen politischen Konstellation hoffentlich erfüllt werden wird. Doch der Befund ist deutlich: In der Politik verfestigt sich der Wunsch, zu Änderungen im kirchlichen Arbeitsrecht zu kommen.

3. Vier Thesen

Vor dem Hintergrund dieser aktuellen politischen Entwicklungen auf bundesstaatlicher Ebene, lassen sich nun vier Thesen bzw. Leitgedanken entwickeln, die die Frage der Reformperspektiven zum kirchlichen Arbeitsrecht betreffen.

3.1 Rechte, keine Privilegien als Ausgangsthese

Die Systematik der Rechtsordnung gewährt kein Privilegienbündel. Sie gewährt Rechte. Das prägt auch die Frage nach den Besonderheiten im Arbeitsrecht. Und das muss insbesondere die Diskussion um Reformerwartungen im Hinblick auf das kirchliche Arbeitsrecht prägen.

Verfassungsrechtliche Grundlage für die Anwendung des staatlichen Arbeitsrechts auf Arbeitsverhältnisse der Kirchen und anderer Religionsgemeinschaften ist die Entscheidung des Parlamentarischen Rats, über Art. 140 GG die für die Begründung und Gestaltung von Dienstverhält-

[3] Koalitionsvertrag zwischen SPD, Bündnis 90/Die Grünen und FDP, https://www.bundesregierung.de/breg-de/aktuelles/koalitionsvertrag-2021-1990800 (Zugriff: 31.03.2023), 111.

nissen maßgebliche Bestimmung der Weimarer Reichsverfassung in die heutige Verfassungswirklichkeit zu überführen. Art. 137 Abs. 3 S. 1 und 2 WRV sind damit vollgültiges Verfassungsrecht. Dort heißt es: „Jede Religionsgesellschaft ordnet und verwaltet ihre Angelegenheiten selbständig innerhalb der Schranken des für alle geltenden Gesetzes. Sie verleiht ihre Ämter ohne Mitwirkung des Staates oder der bürgerlichen Gemeinde." Aus dieser Vorschrift, deren genauer Inhalt im Einzelnen unklar ist und Anlass für vielerlei Streit gibt, wird ein doppelter Schluss gezogen: Zum einen ist es den Religionsgemeinschaften eröffnet, ein System des öffentlich-rechtlichen Dienstverhältnisses zu schaffen. Zum anderen können sie aber auch, in gleicher Weise verfassungsrechtlich garantiert, die Freiheit in Anspruch nehmen, Dienst- und Arbeitsverhältnisse privatrechtlich zu gestalten.

Da über Art. 140 GG die Norm des Art. 137 Abs. 3 WRV vollgültiges Verfassungsrecht ist, steht sie in dieser Konsequenz auch in ihrer Wertigkeit mit dem restlichen Verfassungsrecht auf einer Stufe. Die Weimarer Kirchenartikel weisen gemeinsam mit Art. 140 GG einen eigenständigen Regelungsgehalt auf, der über denjenigen des Art. 4 Abs. 1, 2 GG hinausgeht. Individuelle Freiheitsverbürgung trifft insofern auf institutionelle Garantien zugunsten der Kirchen und Religionsgemeinschaften, selbst wenn auch Art. 4 GG korporative Züge aufweist.

Bei allen Unsicherheiten in Einzelfragen wird unstreitig davon ausgegangen, dass Art. 137 Abs. 3 S. 1 WRV den Kirchen und Religionsgemeinschaften die Eigenständigkeit einer kirchlichen Dienstverfassung zusichert. Jede Religionsgemeinschaft kann infolgedessen ihre Ämter und Dienste ohne Mitwirkung des Staats oder der bürgerlichen Gemeinde verleihen und organisieren. Sie können ihre geistlichen Amtsträger, aber auch diejenigen, die für andere Aufgaben in der Gemeinschaft zuständig sind, als kirchliche Beamte tätig werden lassen. Religionsgemeinschaften besitzen insofern eine Dienstherrenfähigkeit. Das folgt schon aus Art. 137 Abs. 5 WRV.

Umgekehrt sind Kirchen nicht gezwungen, alle ihre Beschäftigungsverhältnisse durch die Einrichtung von Beamtenverhältnissen zu regeln. Vielmehr steht es den Kirchen und (jedenfalls) den als Körperschaften organisierten Religionsgemeinschaften verfassungsrechtlich frei, in gleicher Weise wie jeder andere Arbeitgeber auf der Grundlage der jedermann offenstehenden Privatautonomie Arbeitsverhältnisse im Sinne von § 611a BGB zu begründen und zu regeln. Dieses auch zugunsten der Option „Privatautonomie" ausübbare Wahlrecht ist Bestandteil des in Art. 137

Abs. 3 S. 1 WRV verfassungsrechtlich gewährleisteten Selbstbestimmungsrechts.

Mit den Worten des Bundesverfassungsgerichts heißt das: „Die Kirchen sind dabei nicht darauf beschränkt, für den kirchlichen Dienst besondere Gestaltungsformen zu entwickeln; sie können sich auch der jedermann offenstehenden Privatautonomie bedienen, um ein Dienstverhältnis zu begründen und zu regeln. Die im Selbstbestimmungsrecht der Kirchen enthaltene Ordnungsbefugnis gilt nicht nur für die kirchliche Ämterorganisation, sondern allgemein für die Ordnung des kirchlichen Dienstes. ‚Ordnen' und ‚Verwalten' im Sinne des Art. 137 Abs. 3 Satz 1 WRV meint das Recht der Kirchen, alle eigenen Angelegenheiten gemäß den spezifischen kirchlichen Ordnungsgesichtspunkten, d. h. auf der Grundlage des kirchlichen Selbstverständnisses, rechtlich gestalten zu können. Darunter fällt auch die rechtliche Vorsorge für die Wahrnehmung kirchlicher Dienste durch den Abschluß entsprechender Arbeitsverträge."[4] Andere Ansätze, die etwa das kirchliche Dienstrecht als „weder Arbeitsrecht noch öffentliches Recht, sondern Kirchenrecht" ansahen, haben sich demgegenüber nicht durchgesetzt.[5]

Im Ergebnis kann also festgehalten werden: Wenn die Kirchen sich entscheiden, das staatliche Arbeitsrecht auf der Grundlage des Abschlusses eines Arbeitsvertrags anzuwenden, gilt das staatliche Arbeitsrecht. Diesen Grundsatz muss man als Ausgangspunkt aller Reformüberlegungen präsent haben. Auf diese Weise wird jede Abweichung begründungsbedürftig. Soweit und weil sie sich aber für die Anwendung des zivilrechtlichen Ordnungssystems entschieden haben, folgt daraus als weitere Konsequenz: „Bedienen sich die Kirchen wie jedermann der Privatautonomie zur Begründung von Arbeitsverhältnissen, so findet auf diese das staatliche Arbeitsrecht Anwendung. Das ist die schlichte Folge einer Rechtswahl."[6] Kirchliches Arbeitsrecht ist somit weniger „Kirchliches Arbeitsrecht" als vielmehr „Arbeitsrecht in der Kirche".

Im Ergebnis heißt das: Werden Arbeitsverhältnisse in einer Religionsgemeinschaft geschlossen, beruhen sie auf einem Arbeitsvertrag, der auf der Grundlage der Vertragsfreiheit abgeschlossen wird und für den die Regelungen des weltlichen Arbeitsrechts gelten. Doch wird umgekehrt

---

4 BVerfG, 4.6.1985 – 2 BvR 1703/83, BVerfGE 70, 138 (165).

5 W. *Kalisch*, Grund- und Einzelfragen des kirchlichen Dienstrechts, in: ZevKR 2 (1952/53), 24–63 (32).

6 BVerfG, 4.6.1985 – 2 BvR 1703/83, BVerfGE 70, 138 (165).

mit Abschluss derartiger Verträge die verfassungsrechtlich geschützte Eigenart des kirchlichen Diensts, das spezifisch Kirchliche, das kirchliche Proprium, nicht in Frage gestellt. Die Verfassungsgarantie des Selbstbestimmungsrechts bleibt für die Gestaltung dieser Arbeitsverhältnisse wesentlich. Die Kirchen geben, infolge des Abschlusses privatrechtlicher Arbeitsverträge, ihre aus Art. 140 GG, 137 WRV folgenden verfassungsrechtlichen Rechte nicht auf. Sie gelten auch in diesem Fall.

Wie aber lassen sich dann Abweichungen vom allgemein geltenden, üblichen Arbeitsrecht, die ja bekannt sind (etwa im Loyalitätsrecht), rechtstechnisch noch begründen? Das ist im Ergebnis nur durch ein verfassungsrechtlich bekanntes Vorgehen möglich: Da die Religionsgemeinschaften Träger verfassungsrechtlich abgesicherter Rechte sind, können sie diese in Anspruch nehmen und ihre Beachtung einfordern. Das können Beschäftigte ihrerseits jedoch auch und auch andere Arbeitgeber wie etwa Gewerkschaften. Wenn zwei Grundrechtsträger aufeinandertreffen, müssen die Interessen im Sinne der Methodik der praktischen Konkordanz miteinander abgewogen und in einen Ausgleich gebracht werden. Die Erforderlichkeit der Herstellung eines solchen Ausgleichs zwischen verschiedenen Verfassungsrechtsträgern betrifft alle Bereiche des kirchlichen Arbeitsrechts, und das muss bei allen Reformerwägungen präsent sein.

Damit aber wird deutlich, dass es im Arbeitsrecht und bei den geltend gemachten Rechten der Kirchen nicht um „Privilegien“ geht – es sei denn, man würde von der Verfassung gewährte Rechte als „Privilegien“ bezeichnen. Doch entscheidend bleibt, dass auch nach Abschluss eines privatrechtlichen Arbeitsvertrags die mittelbar wirkenden Grundrechte in Kraft bleiben. Beide Vertragsparteien können auf ihre Rechte verweisen. Der Begriff der Privilegien führt daher in die Irre.

3.2 Reformperspektiven im Individualarbeitsrecht

Reformperspektiven zeigen sich zwingend nur im Individualarbeitsrecht. Hier besteht zwischen kirchlichem und weltlichem Arbeitsrecht ein Spannungsverhältnis, das aufgelöst werden muss, konkret im Diskriminierungsrecht. Dabei ist es aber gleich, ob die Kirchen reformieren. Die Rechtsordnung reformiert letztlich von sich aus das kirchliche Individualarbeitsrecht. Es ist allenfalls (aber immerhin!) eine Frage der inneren Glaubwürdigkeit, selber aktiv zu werden und seine rechtlichen Rahmenbedingungen für den Abschluss und die Durchführung von Arbeitsverhältnissen entsprechend zu gestalten.

Während viele Teile des staatlichen Arbeitsrechts letztlich ohne Besonderheiten auch in kirchlichen Arbeitsverhältnissen gelten – etwa das Arbeitsschutzrecht, das Weisungsrecht, das Entgeltfortzahlungsrecht –, ist ein Bereich in besonderer Weise Gegenstand zahlreicher Diskussionen: das Diskriminierungsrecht. In ihm verbinden sich unterschiedliche Diskussionen, die lange Zeit separat geführt wurden, inzwischen aber unter das Label „Allgemeines Gleichbehandlungsgesetz" gefasst werden können. Gemeint ist die Frage der Kirchenmitgliedschaft als Tätigkeitsvoraussetzung (primär für die evangelische Kirche problematisch), die Loyalitätsanforderungen an die Mitarbeitenden hinsichtlich der privaten Lebensführung (primär für die katholische Seite relevant) und das Recht, eine Kündigung bei Kirchenaustritt oder bei Verstoß gegen die besonderen Loyalitätsanforderungen auszusprechen.

Lange Zeit galt für die drei angesprochenen Bereiche, dass die säkulare Rechtsordnung die kirchlicherseits formulierten Standards akzeptierte. In dem erforderlichen Abwägungsprozess zwischen den beiden betroffenen Rechtssphären – die verfassungsrechtlich geschützten Rechtsgüter der Kirche auf der einen, diejenigen der Arbeitnehmer auf der anderen Seite – überwog in der Rechtsprechung meist ohne weitere kritische Prüfung der kirchliche Teil. Als Beispiel diene die Kündigung wegen einer kirchenrechtswidrigen zweiten Heirat. Der katholische Arbeitgeber kündigte wegen eines Verstoßes gegen kirchliches Eherecht. Die hiergegen erhobene Kündigungsschutzklage hatte regelmäßig keinen Erfolg. Denn in der erforderlichen, nach § 626 BGB vorzunehmenden Abwägung der beiderseits betroffenen Interessen unterstellten die Gerichte häufig – und meist allzu unkritisch – das Überwiegen der kirchlichen Interessen gegenüber denjenigen des einzelnen Beschäftigten. Das geschah ohne weitere Differenzierung, um welche Tätigkeit es ging, welche weiteren Bedingungen galten und wie die Hintergründe des Falls waren.

Es bedurfte eines Weckrufs des Europäischen Gerichtshofs für Menschenrechte, der vor gut zehn Jahren in den Entscheidungen *Schüth* und *Siebenhaar* daran erinnerte, dass die Interessen *aller* in dem Streit betroffenen Parteien ausreichend zu berücksichtigen und gegeneinander abzuwägen sind. Ging es damals im Wesentlichen um den Vorwurf eines Abwägungsdefizits, wurde die Rechtsprechung des EuGH und in der Folge dann auch des Bundesarbeitsgerichts deutlicher und ging weiter.

Es kann hier nicht darum gehen, die zahlreichen Urteile nachzuzeichnen. Es muss genügen, den Status quo zu benennen: Die Rechtsprechung akzeptiert keine Stellung der Kirchen mehr, die stärker wäre, als die Verfassung und das europäische Diskriminierungsrecht ihnen in gleicher Weise einräumt wie anderen Rechtsträgern. Die Kirchen können zwar, auch nach Art. 17 AEUV, auf ihre besondere Rolle und ihren aus der Verfassung herzuleitenden Schutz verweisen. Aber das können die jeweiligen Arbeitnehmer in gleicher Weise. Der Verfassungsschutz zugunsten der Kirchen ist keiner, der von vornherein über denjenigen anderer Träger von verfassungsrechtlich geschützten Rechten hinausginge. Im Beispielsfall kann sich der zum wiederholten Mal verheiratete Arbeitnehmer auf die Schutzwirkungen des Art. 6 GG (zugunsten von Ehe und Familie) stützen. Diese sind mit den Schutzinteressen der Kirche abzuwägen.

Was folgt daraus konkret? Das lässt sich am Fall *Egenberger* beispielhaft illustrieren. Dieser hat viele Gerichte beschäftigt, er ist auch noch nicht abgeschlossen, weil er derzeit in Form einer Verfassungsbeschwerde beim Bundesverfassungsgericht anhängig ist. Im Kern ging es – losgelöst von allen verfassungs- und vor allem auch europarechtlichen Fragestellungen – darum, ob, und wenn ja für welche Stellen die Kirchen die Kirchenmitgliedschaft als Einstellungsvoraussetzung verlangen dürfen.

Um es verkürzt zu sagen: „Früher" hätten und haben die Gerichte die Entscheidungen der Kirchen mitgetragen. Die evangelische Kirche durfte unterschiedslos an ihrem Grundsatz festhalten, dass die Kirchenmitgliedschaft immer und bei jeder Stelle verlangt werden kann; und vergleichbar konnte die katholische Kirche ihre Anforderungen an den privaten Lebenswandel weitgehend unterschiedslos formulieren. Rechtlich gingen die Gerichte dabei davon aus, dass bei der vorzunehmenden Abwägung das Recht der Kirche, gestützt auf Art. 140 GG, 137 WRV, im Regelfall stärker zu gewichten war als das der Beschäftigten.

Diesen nahezu automatischen Vorrang nehmen die kirchlichen Vorstellungen nun nicht mehr ein. Das ist die Kernaussage aller entsprechenden Entscheidungen aus Erfurt, Karlsruhe und Luxemburg in den vergangenen zehn Jahren. Auch wenn das Diskriminierungsrecht in § 9 Abs. 1 und § 9 Abs. 2 AGG Ausnahmen für die Kirchen und Religionsgemeinschaften formuliert hat, müssen diese Ausnahmen, so der inzwischen vorherrschende Tenor, eng gezogen werden. Hier haben die europäischen Normen eine Linie vorgegeben, die die Gerichte nun ausgefüllt haben und dabei letztlich nur das einfordern, was nach deutschem Recht in der Grundanlage ohnehin schon vorhanden war. Die Vorstellung, die Kirchen hätten hier einen großen Freiraum, war schon immer fraglich. Sie müssen sich in genau denselben Abwägungsprozess begeben wie alle Rechtsträger. Das heißt nicht, dass nun keinerlei besondere Anforderungen mehr gestellt werden dürfen. Diese sollten aber nicht undifferenziert und ohne Rücksicht auf die betroffenen Beschäftigten aufgestellt werden. Hier gibt also die Rechtsordnung mittlerweile wieder klare Leitlinien vor, ein Tätigwerden der Kirchen, so wünschenswert es wäre, erübrigt sich letztlich: Halten sie starr an ihren bisherigen Katalogen fest, werden diese durch die Spruchpraxis der Gerichte ohnehin aufgehoben.

Sollten die Kirchen, statt selbst Reformen vorzunehmen, sich im Gegenteil gegen diese Veränderung stemmen und beispielsweise weiter an einer Verfassungsbeschwerde wie im Fall Egenberger festhalten? Das wäre kaum erfolgversprechend, denn die Linien der Rechtsprechung sind mittlerweile sehr klar konturiert. Mag diese Rechtsprechung auch dogmatische Schwächen haben und im Einzelfall zu einem unbefriedigenden, auch fehlerhaften Abwägungsergebnis kommen, ist sie im Kern richtig. Denn es ist nicht überzeugend, dass ein Grundrechtsträger a priori Vorrang hat. Es muss abgewogen werden. Das gilt auch, wenn kirchliches Sonderrecht betroffen ist.

Die Kirchen müssen sich darüber klar werden, für welche Stellen diskriminierungsfest die Religionszugehörigkeit oder bestimmte Loyalitätsvoraussetzungen verlangt werden können. Das kann nicht mehr unterschiedslos und undifferenziert erfolgen. Vielmehr muss sogar umgekehrt die Vorgehensweise restriktiv sein. Die bisherigen Fortentwicklungen in der katholischen Grundordnung[7] und der evangelischen Loyalitätsrichtlinie sind insofern zu zaghaft. Der diskriminierungsrechtliche Grundsatz lautet: Man darf grundsätzlich nicht anhand der Religion unterscheiden. Daher muss bei jeder Stelle im Mittelpunkt stehen: Ist gerade für diese konkrete Tätigkeit die Religion bzw. verlangte private Lebensführung wirklich erforderlich? Oder nicht? Da hierüber am Ende von einem staatlichen Gericht entschieden wird, muss dieses die Entscheidung dann auch nachvollziehen können.

Bei der Beantwortung der Frage, ob für eine Stelle eine Kirchenzugehörigkeit verlangt oder für eine bestimmte Position gesteigerte Anforderungen an die private Lebensführung gestellt werden dürfen, sind nach der mittlerweile als gefestigt anzusehenden Rechtsprechung, vor allem des EuGH, aber auch des Bundesarbeitsgerichts, verkürzt gesprochen drei Leitfragen relevant: Ist die Kirchenmitgliedschaft, ist das Verlangen einer bestimmten privaten Lebensführung wesentlich, rechtmäßig und gerechtfertigt? Das Wesentlichkeitskriterium ist gegeben, wenn die Zuge-

[7] S. Erläuterung in Anm. 1.

hörigkeit zur Religion aufgrund der Bedeutung der betreffenden beruflichen Tätigkeit für die Ausübung des Rechts dieser Kirche auf Autonomie notwendig erscheinen muss. Rechtmäßig ist sie, wenn das Verlangen nach Kirchenmitgliedschaft nicht zur Verfolgung eines sachfremden Ziels ohne Bezug zu dem grundlegenden Ethos der Kirche oder zur Ausübung des Rechts dieser Kirche auf Autonomie dient. Und gerechtfertigt ist das Verlangen nach Kirchenmitgliedschaft, wenn die Einhaltung der genannten Diskriminierungskriterien durch ein innerstaatliches Gericht überprüfbar ist und darüber hinaus die jeweilige Kirche im Licht der tatsächlichen Umstände des Einzelfalls darlegen kann, dass die geltend gemachte Gefahr der Beeinträchtigung ihres Ethos oder ihres Rechts auf Autonomie wahrscheinlich und erheblich ist, sodass sich eine solche Anforderung tatsächlich als notwendig erweist.

Weil sich arbeitsrechtlich das Diskriminierungsverbot nicht an die Kirche als Ganze, sondern an den einzelnen Arbeitgeber richtet, muss dieser für jede Stelle, die er zu besetzen hat, prüfen, ob eine Kirchenmitgliedschaft zwingend erforderlich ist, um seine auch von der Verfassung geschützte Autonomie zu wahren. Konkrete Kriterien und eine nachvollziehbare Begründung für den jeweiligen Fall zu entwickeln, stellt aber eine Herausforderung dar. Daher ist es richtig, wenn die Kirchen und ihre Diakonie sowie Caritas vermittels einer Loyalitäts-Richtlinie, einer Grundordnung oder ähnlicher Texte oder Leitlinien diese Kriterien und Begründungen typisierend zur Verfügung zu stellen, die dann auch vor Gericht eingebracht werden können. Je konsistenter diese Leitlinien sind und vor allem, je einheitlicher sie angewandt werden, eine umso stärkere Wirkung werden sie entfalten können.

Was heißt das konkret? Kann etwa eine Gemeinde oder eine diakonische Arbeitgeberin, die eine besondere Frömmigkeitsprägung aufweist, für ihren Bereich bestimmen, dass dort insgesamt ausschließlich evangelische Menschen tätig werden dürfen, weil ihr Frömmigkeitsstil das verlange? Die Antwort ist: nein. Das ergibt sich aus dem zuvor Dargestellten unmittelbar. Und das gilt auch dann, wenn diese Arbeitgeberin darauf verweist, dass in ihrer Landeskirche andere Gemeinden ihre Stellen diverser besetzt. Denn das jeweilige Diskriminierungsverbot richtet sich eben nicht an „die“ Kirche, sondern an den einzelnen Arbeitgeber.

Kirchenmitgliedschaft und bestimmte Loyalitätsanforderungen sollten und dürfen daher, so das Fazit zu der Gestaltung des individuellen Arbeitsrechts, nur noch für wenige Berufe und Bereiche verlangt werden. Die evangelische Loyalitätsrichtlinie etwa muss daher dringend an die

Wirklichkeit angepasst werden – und zwar an die tatsächlichen Befunde wie auch an die rechtlichen Vorgaben. Das bedeutet, dass der Grundsatz, die Kirchenmitgliedschaft von allen Mitarbeitenden zu verlangen, nicht mehr aufrechterhalten werden kann. Er muss abgelöst werden. Die Mitgliedschaft von Beschäftigten kann damit durchaus noch das Evangelische einer Einrichtung prägen, aber daran allein kann man diese Prägung nicht (mehr) festmachen. Eine Idee gerade für die evangelische Seite könnte darin liegen, dass die Loyalitätsrichtlinie einen bestimmten Rahmen vorgibt, der erläutert, für welche Stellen warum bestimmte Anforderungen gelten, abgestuft nach der jeweiligen Stelle, nicht undifferenziert. Denn je undifferenzierter das geschieht, umso weniger wird das ein entscheidendes Gericht überzeugen. Doch anders als die Grundordnungsreform steht eine solche der Loyalitätsrichtlinie noch aus.

Auch die schlichte Nichtanwendung der alten Grundordnung in der katholischen Kirche vor der Reform im November 2022 war nicht der überzeugende Weg. Vielmehr muss sie – „semper reformanda" – grundlegend überarbeitet und dahingehend neu justiert werden, welche Verhaltenspflichten die Kirche ihren Beschäftigten auferlegt.[8] Genau das hat die Reform im November 2022 dann auch vollzogen, indem sie zahlreiche Neuerungen gerade im Hinblick auf die private Lebensführung eingeführt hat.

Verschiedene Entscheidungen von Landesarbeitsgerichten aus der jüngeren Zeit zeigen auf, dass die Instanzrechtsprechung die Zeichen der Zeit erkannt hat. Sie urteilt schon längst entsprechend, ohne auf Karlsruhe zu warten. Das muss sie auch. Und das sollte Antrieb für jede Kirche sein zu handeln, um Reformprozesse selber steuern zu können und nicht erzwungenen Reformen ausgeliefert zu sein. Diese Entscheidungen, etwa zu einer Kündigung wegen des Kirchenaustritts eines Kochs in einer evangelischen Kindertagesstätte, machen deutlich, dass die Kündigung wegen des Kirchenaustritts von den Instanzgerichten nicht mehr in gleicher Weise wie früher als ein „jedenfalls greifender" Kündigungsgrund anerkannt wird. Ob das auch vom BAG so gesehen wird, ist zwar noch offen. Doch fügen sich alle diese Entscheidungen in die sich wandelnde Rechtsprechung deutscher und europäischer Gerichte ein. Deutlich wird, dass die kirchlichen Dienstgeber:innen sowohl bei der Einstellung als auch bei der Kündigung deutlich stärker darlegen müssen, warum sie eine bestimmte Entscheidung treffen.

---

[8] Vgl. den Hinweis in Anm. 1.

Beiden Kirchen ist daher zu einer Anpassung zu raten, aber nicht zu einer Abschaffung ihrer Rechtstexte – denn solche Richtlinien und Vorgaben behalten einen eigenständigen Wert. Sie dienen der Orientierung, prägen das Miteinander in den Einrichtungen und stellen dar, was binnenkirchlich gelten soll, wenn es um vertragliche (Neben-)Pflichten geht.

Es widerspricht nicht kirchlichen Anliegen, die Belange der Beschäftigten stärker in den Vordergrund zu rücken, wie es die Rechtsprechung auf der Grundlage europäischer Normen tut. Die Verfassungsbeschwerde im Fall *Egenberger* beispielsweise sollte daher zurückgezogen werden – schon deshalb, weil aufgrund des schon stattfindenden Wandlungsprozesses bei der zugrundeliegenden Frage bereits so viel Veränderung stattgefunden hat. Die Kirchen sollten sich darauf konzentrieren herauszuarbeiten, wo wirklich ein höheres Maß an Pflichtenbindung, ein stärkeres Achten auf das Vorliegen einer Kirchenmitgliedschaft geboten ist. Das täte der binnenkirchlichen Kultur sehr gut.

3.3 Im Kollektiven Arbeitsrecht: Mitarbeitervertretungsrecht

Beim kollektiven Arbeitsrecht ist zu differenzieren: Auf der einen Seite steht die Herausnahme der Kirchen aus dem Anwendungsbereich des Betriebsverfassungsgesetzes (BetrVG). Auf der anderen Seite steht der Dritte Weg als Alternative zum Tarifsystem. Bei beiden Teilbereichen stellt sich jedoch die gleiche Frage: Was bedeutet eine Neubestimmung im Staat-Kirche-Verhältnis für das kirchliche Arbeitsrecht – Ablösung und Neugestaltung oder sind die beiden Bereiche beizubehalten?

Hier wird die These vertreten, dass das Mitarbeitervertretungsrecht zwar an verschiedenen Stellen einer Weiterentwicklung bedarf, es jedoch seine eigene Berechtigung hat. Es steht nicht in einem unauflösbaren Spannungsverhältnis zum weltlichen Betriebsverfassungsrecht. Eine große, ablösende Reform ist nicht geboten.

Wendet man sich zunächst dem Mitarbeitervertretungsrecht als Pendant des Betriebsverfassungsrechts zu, ist die Ausgangslage einfachgesetzlich angelegt. §§ 130, 118 Abs. 2 BetrVG führen zu einem Ausschluss aus dem Anwendungsbereich dieses Gesetzes. Das gilt für die verfassten Kirchen, da sie als Körperschaft des öffentlichen Rechts firmieren.

Geschichtlich geht die Herausnahme auf die Anfänge der Bundesrepublik zurück. Dies unterscheidet die Zeit nach 1945 wesentlich von der Weimarer Republik: Das Betriebsrätegesetz von 1920 galt nämlich unterschiedslos „für alle Betriebe, Geschäfte und Verwaltungen des öffentlichen und privaten Rechts". Die Kirchen genossen zwar einen – schwachen – Tendenzschutz, waren aber ausdrücklich nicht aus dem Gesetz ausgenommen. Letztlich bestand damals ein Konsens darüber, dass Kirchen dann, wenn sie sich des Arbeitsrechts bedienten, konsequenterweise auch ohne Einschränkung an die staatlichen Gesetze gebunden waren.

Das änderte sich aufgrund einer deutlich nachzuzeichnenden Einflussnahme der Kirchen auf die Gesetzgebung in der Bundesrepublik. Der Vorsitzende des Rats der EKD wie der Vorsitzende der Fuldaer Bischofskonferenz bemühten sich erfolgreich um die Herausnahme der Kirchen aus dem Anwendungsbereich des Betriebsverfassungsgesetzes. Weil jede Dienstleistung in der Kirche und in kirchlichen Einrichtungen anders geartet sei als die in einem wirtschaftlichen Betrieb, müssten die Kirchen von dem Gesetz ausgenommen werden. Das ist bis heute der Fall.

Wenn nach Sonderrechten der Kirchen gefragt und das kirchliche Arbeitsrecht geprüft wird, wird nach dem zuvor Gesagten auch die Herausnahme der Kirchen aus dem Anwendungsbereich des BetrVG auffallen. Könnte dies einfachgesetzlich verändert und die Kirchen in das BetrVG mit einbezogen werden?

Das Bundesverfassungsgericht hat insofern einen klaren Hinweis gegeben, der auch heute noch gelten dürfte. Es hat deutlich herausgestellt, dass die Freistellung der Kirchen von den staatlichen Mitbestimmungsgesetzen verfassungsrechtlich geboten ist. Das BetrVG nehme insofern durch die Ausnahmeregelung in § 118 Abs. 2 BetrVG lediglich Rücksicht auf das verfassungsrechtlich Gebotene. Selbst Befürworter einer Überführung der kirchlichen in die weltliche Mitbestimmung konzedieren daher mittlerweile ganz überwiegend, die Herausnahme sei nicht verfassungswidrig.

Diskussionen über die Verfassungsgemäßheit eines kirchlichen Mitarbeitervertretungsrechts werden heute kaum noch geführt. MAVO und MVG sind vom Grundsatz her anerkannt und werden in ihrem Kern jedenfalls in der juristischen Diskussion kaum noch in Frage gestellt.

Die Herausnahme fußt allerdings auf der Grundannahme, dass die Kirchen umgekehrt jedenfalls verpflichtet sind, eine angemessene und effektive Mitbestimmungsregel für ihre Arbeitnehmer einzuführen. Wenn davon ausgegangen wird, hierbei handele es sich lediglich um eine staatliche Erwartung, „weil es an einer rechtlich erzwingbaren Verpflichtung der Kirchen fehlt"[9], erscheint dies zu schwach. Man muss es vielmehr

---

[9] *W. Dütz*, Aktuelle kollektivrechtliche Fragen des kirchlichen Dienstes, Essener Gespräche 18 (1984), 67–112; 71f.

umgekehrt formulieren: Weil die Kirchen als „verpflichtet anzusehen sind, kirchengesetzlich eine Regelung des Rechts ihrer Arbeitnehmer auf Beteiligung und Mitbestimmung in den Betrieben und Verwaltungen zu schaffen"[10] und weil das Sozialstaatsprinzip des Grundgesetzes und die Grundrechte grundsätzlich Mitwirkungsmöglichkeiten der Arbeitnehmer in allen, das heißt auch in kirchlichen Einrichtungen garantieren, dürfen die Kirchen ihre Einrichtungen nicht frei von jeglicher Mitbestimmung betreiben. Damit ist jedoch lediglich festgelegt, dass überhaupt Mitbestimmung erfolgen muss. Frei hingegen ist die Art und Weise der Ausgestaltung, die mit den weltlichen Vorgaben nicht identisch sein muss.

Verfassungsrechtlich ist die Situation in Bezug auf die Neubestimmung des Staat-Kirche-Verhältnisses mit Blick auf das kollektive Arbeitsrecht derzeit ruhig. Eine Ablösung fordert kaum jemand. Das könnte durch die jetzige Ampelkoalition anders werden. Generell scheint das kirchliche Mitbestimmungsrecht als eine eigenständige, passgenaue Normstruktur seine Berechtigung zu haben – ähnlich wie das Personalvertretungsrecht für öffentliche Betriebe. Das heißt nicht, dass die Kirchen nicht immer weiter daran arbeiten müssen, dieses Recht auch weiterzuentwickeln und nachzujustieren – etwa im Hinblick auf eine Weiterentwicklung des Teilhabegedankens mit dem Ziel eines Lückenschlusses gegenüber anderen Beteiligungsgesetzen, gerade bei der längst überfälligen Einführung einer Unternehmensmitbestimmung. Aber auch in einem sich reformierenden Staat-Kirche-Verhältnis ist kein zwingender Grund ersichtlich, das kirchliche Mitbestimmungsrecht aufzugeben.

3.4 Im Kollektiven Arbeitsrecht: Dritter Weg

Ein letzter Blick gilt dem Dritten Weg als dem Verfahren der Setzung kollektiver Arbeitsrechtsregelungen, die kein Tarifvertrag sind, aber in vergleichbarer Weise wirken sollen. Kennzeichen dieses Verfahrens ist, dass nicht Arbeitgeber und Gewerkschaften die Regeln aushandeln, sondern Vertreter der Arbeitgeber und Arbeitnehmer unmittelbar, die in paritätisch zusammengesetzten Kommissionen über die kollektiven Regeln zum Lohn, zum Urlaub etc. verhandeln. Was bedeutet eine mögliche Neubestimmung im Staat-Kirche-Verhältnis für diesen Weg? Ist er über-

---

[10] *R. Smend*, Rechtsgutachten des Kirchenrechtlichen Instituts der Evangelischen Kirche in Deutschland vom 18.9.1951, betreffend kirchliche Autonomie und weltliches Betriebsverfassungsrecht (nv), 3.

holt und durch einen Tarifweg zu ersetzen? Schon oft wurde der Untergang des Dritten Wegs prophezeit, der keine Zukunft habe. Bisher war dies immer eine Fehleinschätzung. Doch wie hängt der Dritte Weg mit dem Bedarf nach „semper reformanda" zusammen?

Bei der gedanklichen Überprüfung des Dritten Wegs auf ein Bedürfnis nach „semper reformanda" bzw. ein möglicherweise bestehendes Spannungsverhältnis von weltlichem und kirchlichem Arbeitsrecht zueinander bieten sich drei Schritte an, die sich an Modalverben festmachen lassen: müssen – können – sollen.

Die erste Frage ist dahingehend zu stellen, ob man den Dritten Weg reformieren oder verlassen muss, weil die staatliche Rechtsordnung dies verlangt. Denn es ist in keiner Weise eine Pflicht zu erkennen, dass die Kirchen ihren Dritten Weg aufgeben müssten. Bekanntermaßen war dies das Ziel der Gewerkschaft ver.di, welches zu den Entscheidungen des BAG vom November 2012 und anschließend des BVerfG geführt hat.[11] Diese Entscheidungen bilden den „status quo" ab. Die Aussage war unmissverständlich: Der kirchliche Dritte Weg ist nach diesen Entscheidungen verfassungsrechtlich akzeptiert, die Kirchen haben den Freiraum, unter den dort beschriebenen Voraussetzungen diesen Weg der kollektiven Arbeitsrechtsetzung zu begehen. Bei einem gewissen Anpassungsbedarf muss er nicht aufgegeben werden.

Die zweite Perspektive betrifft das Können: Kann der Gesetzgeber tätig werden, so wie es im Koalitionsvertrag der Ampel möglicherweise erkennbar ist? Das ist ebenso zu beantworten wie die vorhergehende Frage nach dem „Müssen". Die Entscheidungen aus Erfurt und Karlsruhe lassen erkennen, dass die Gerichte den Dritten Weg und seine Berechtigung an Art. 9 Abs. 3 sowie an Art. 140 GG / Art. 137 WRV festmachen. Daran etwas zu ändern, erscheint illusorisch. Welche verfassungsändernde Mehrheit sollte es hierfür geben? Der einfache Gesetzgeber kann nichts ändern, weil er dazu in die Verfassung und die verfassungsrechtlichen Gewährleistungen eingreifen müsste; das aber ist ihm verwehrt.

Man stelle sich vor, der Gesetzgeber würde ein Arbeitskampfgesetz erlassen oder den Dritten Weg untersagen. Abgesehen davon, dass es in Deutschland noch nie ein derartiges Gesetz gegeben hat, da noch kein Gesetzgeber je dazu die Kraft hatte: Ein solches Gesetz müsste den Verfassungsvorgaben der Art. 9 Abs. 3 / Art. 140 GG standhalten. Diese

[11] BAG, 20.11.2012 – 1 AZR 179/11 u. 1 AZR 611/11, BAGE 143, 354–406 u. BAGE 144, 1–35; BVerfG, 15.07.2015 – 2 BvR 2292/13, BVerfGE 140, 42–65.

aber hat das BVerfG 2014 noch einmal sehr klar skizziert und den Kirchen ihren verfassungsrechtlichen Raum verbrieft.[12] Der verfassungsändernde Gesetzgeber müsste die Verfassungsnormen, die zugunsten der Kirche im Grundgesetz enthalten sind, verändern. Das wird er nicht tun. Der einfache Gesetzgeber hat also keine Kompetenz, der verfassungsändernde Gesetzgeber hat keine Kraft, den Dritten Weg als Ganzes zu untersagen.

Eine andere Frage ist, ob möglicherweise auch hier ein Druck zur Veränderung von der europäischen Seite her zu erwarten ist. Manche Entscheidungen, etwa zum Streikrecht für Beamte, könnten das erahnen lassen. Das muss beobachtet werden.

Damit kommt man zum dritten Modalverb: sollen. Sollen die Kirchen von sich aus das kollektive Arbeitsrechtsetzungsverfahren verändern – weg vom Dritten, hin zum Zweiten Weg? Die Argumente sind letztlich ausgetauscht. Was spricht für, was gegen den Dritten Weg? Gut ist, dass die Phase des Glaubenskampfes überwunden ist. Gut ist, dass man überwiegend sieht, dass die Ergebnisse auf dem Dritten Weg eher besser als gleichwertig sind. Nicht gut ist die weitgehende Funktionslosigkeit der innerkirchlichen Gewerkschaften. Nicht gut ist, dass die Akzeptanz zu gering sein könnte.

Und obwohl die Argumente ausgetauscht sind, gibt es immer wieder neue Ideen. So hat die Präsidentin der Caritas, Eva Maria Welskop-Deffaa, wieder in die Diskussion eingebracht, das Streikrecht in den Dritten Weg einzuführen bzw. zu implementieren. Also beides zu verfolgen: den Dritten Weg begehen, aber zugleich auch den klassischen kirchlichen Stellungnahmen zugunsten des Streiks und Arbeitskampfs Rechnung zu tragen, die diese Maßnahmen als wichtiges Instrument im Arbeitsleben benennen, zugleich aber für die Kirchen ausschließen.

Das ist ein interessanter Vorschlag – wenn man das von der Rechtsprechung akzeptierte Recht der Kirchen zur eigenständigen Gestaltung ernst nimmt, könnten sie dieser Idee nahetreten. Damit würde man einen weitgehenden Reformvorschlag verfolgen. Die immer wieder vorgetragene Vorstellung, der Arbeitskampf vertrage sich mit dem kirchlichen Sendungsauftrag nicht, erscheint nicht überzeugend. „Der Dienst am Nächsten darf nicht unterbrochen werden“ – das ist schon deshalb nicht weiterführend, weil es zu pauschal ist. Auch im Arbeitskampf wird der Dienst am Nächsten immer gewahrt – die Vorhaltung entsprechender

[12] BVerfG, 22.10.2014 – 2 BvR 661/12, BVerfGE 137, 273–345.

„Notdienste" gehören zu jedem rechtmäßigen Arbeitskampf. Doch es scheitert an der Umsetzung einer solchen Forderung: Wie sollte ein Kampf in den Dritten Weg implementiert werden, selbst wenn man es wollte? Nur ein Beispiel: Ein Arbeitskampf ist nur zulässig, wenn ein Tarifvertrag das Ziel ist. Genau das ist aber im Dritten Weg nicht der Fall. Hier wird kein Tarifvertrag angestrebt. Allein das macht es schwierig, den Dritten Weg mit dem Arbeitskampf zu verknüpfen.

4. Fazit

In den verschiedenen Bereichen des Arbeitsrechts werden unterschiedliche Reformstadien und Reformerforderlichkeiten sichtbar. Groß sind die Bedürfnisse nach einer Veränderung im Individualarbeitsrecht, vor allem im Loyalitätsrecht. Die Änderung der Grundordnung[13] hat im katholischen Bereich viel verändert. Hier wird die evangelische Seite nachziehen müssen. Eine Reform im kollektiven Arbeitsrecht ist im Mitarbeitervertretungsrecht nur punktuell, nicht strukturell geboten. Bei der kollektiven Arbeitsrechtsetzung besteht vermutlich am meisten Veränderungspotential.

---

[13] S. Anm. 1.

Bevor niemand mehr am Tisch sitzt: Viele Gründe für eine Reform der Kirche, auch beim Arbeitsrecht

Manfred Kollig SSCC

Die Reformperspektiven der Kirche betreffen auch das Arbeitsrecht. Die Gründe für dessen Reform liegen größtenteils außerhalb des Arbeitsrechts. Dieses ist vielmehr eine der Plattformen, auf denen sich bewähren und bewahrheiten muss, dass wir als Katholische Kirche Sakrament sind und die Zeichen der Zeit verstanden haben.

1. „Der Tisch im Zentrum" als Paradigma

Der Tisch spielt im kirchlichen Leben zu allen Zeiten eine zentrale Rolle. In der Bibel bleibt er weitgehend dem Kult vorbehalten. Im Alltag setzten sich die Menschen auf den Boden und stellten auch die Speisen auf die Erde. Nur reiche Menschen konnten sich Tische leisten.

Im Laufe der Geschichte wurde dann in vielen Kulturen der Tisch zu einem Alltagsgegenstand, behielt aber auch in der Liturgie seinen Platz. In der Katholischen Kirche wird von dem Tisch des Wortes (Ambo) und dem Tisch des Brotes (Altar) gesprochen. In unserer Gesellschaft haben sich aus unterschiedlichen Anlässen runde und eckige Tische etabliert. Sich an einen Tisch setzen, sich um einen Tisch versammeln oder den Tisch für eine Zusammenkunft bereiten: In diesen und ähnlichen Formulierungen wird der Tisch in einen eher positiven Zusammenhang gestellt, gleichsam als Ort, an dem sich Gutes ereignen kann.

Das Gemälde von Ben Willikens „Abendmahl" setzt ein starkes Fragezeichen hinter die im Kult wie im Alltag positiven Aspekte des Tisches. Willikens erhebt auf den ersten Blick nicht den Anspruch, auf das „letzte" Abendmahl Jesu einzugehen. Gleichzeitig gestaltet er den Raum so, dass er an das „Letzte Abendmahl" von Leonardo da Vinci erinnert, wenn dieser Raum auch anders wirkt: Keine bunten Farben, sondern nur Weiß- und Grautöne; keine Personen; statt warmem Holz kalter Edelstahl, aus denen die Füße des Tisches und die Rahmen der Türen gestaltet werden. Der Raum, in dem Gott einmal geglaubt und Jesus Christus als Sakrament gefeiert wurde, ist menschenleer wie der Tempel in Jerusalem zu dem Zeitpunkt, als das Volk Israel ins Exil gehen musste. Und doch steht der Tisch im Zentrum dieses Bildes gleichsam als Einladung und Mahnung an den Menschen, der es betrachtet: Der Altar wie der runde Tisch können ihren Sinn nur erfüllen, wenn Menschen sich an ihm treffen.

2. Zur Grundproblematik

Die Grundproblematik des bisherigen kirchlichen Arbeitsrechts zeigt sich in vielen Aspekten, von denen hier nur einige erwähnt seien: Vom einzelnen Menschen wurde zu viel erwartet. Die Institution hielt sich, wenn es um die Gestaltung und Profilierung der Einrichtungen ging, eher zurück. Beispielsweise wurde das Profil katholischer Schulen in den 1980er Jahren häufiger anhand der Qualität von Theateraufführungen und Konzerten, an Notendurchschnitten im Abitur und der Präsentation von herausragenden beruflichen Karrieren von Ehemaligen belegt als am spezifisch christlichen Profil, das sich in der Pädagogik, in der Beurteilung von Leistung und im sozialen Verhalten von Schülerinnen und Schülern bewährt und bewahrheitet. Das Profil der von der Katholischen Kirche getragenen Einrichtungen wurde zu sehr von der Lebensführung der Mitarbeiter:innen abhängig gemacht. Der Dienstgeber wurde zu wenig in die Pflicht genommen, seinerseits zum Profil und zur Qualität der Dienste beizutragen. Die Schwierigkeit, das Profil der kirchlichen Einrichtungen, wie beispielsweise der Kindertagesstätten und Schulen, Krankenhäuser, Altenheime und Beratungsstellen zu beschreiben, rührt u. a. von dieser irrigen Grundannahme, der persönliche Lebensstil des einzelnen Menschen, der darin arbeitet, profiliere die kirchliche Einrichtung. Zudem wurde das dienstliche Verhalten – pädagogisches Handeln, Umgang mit Patient:innen und Führungsstil der Leitungskräfte etc. – nicht selten nachlässig evaluiert und blieb im Falle von Missständen oft folgenlos.

Zudem haben die bisherigen Grundordnungen des kirchlichen Dienstes das Vertrauensverhältnis zwischen Dienstgeber:innen und Dienstnehmer:innen negativ beeinflusst. Dies führte zu Angst vor dem Verlust des Arbeitsplatzes und damit verbunden zur Verheimlichung von Lebenssituationen, die nicht den Idealen der katholischen Morallehre entsprachen. Honorierung von Leistung, Beförderungen und berufliche Aufstiegschancen wurden teilweise weniger von Kompetenz und Leistung her begründet, sondern stärker aufgrund der persönlichen Lebensweise gewährt oder versagt.

Ein weiterer Aspekt der Grundproblematik: Dienstgeber und -nehmer:innen sind in ihren Grundannahmen nicht stringent. Sie springen in ihrer Argumentation zwischen Familienmodell und einem normalen Arbeitsverhältnis, ohne beide Ansätze konstruktiv zu integrieren. Einerseits wird der Eindruck erweckt, man sei eine große Familie, in der alle sich kennen und umarmen. Andererseits stellen Dienstverträge und Arbeitsplatzbeschreibungen Anforderungen, die wie in jedem Dienst- und Arbeitsverhältnis zu erfüllen sind. Doch ist das Familienmodell teilweise so stark verankert, dass man mancherorts den Eindruck gewinnen kann, dass schon die Forderung nach Leistung und die Evaluation der Dienste bereits mit der Christlichkeit nicht zu vereinbaren seien. Jedoch muss m. E. die Anforderung, christlich miteinander umzugehen und Leistung zu fordern und diese auch überprüfen zu können, miteinander vereinbar sein. Kirchlichkeit darf nicht zu einem Synonym für Bequemlichkeit werden. Das Pfarrbüro ist kein Wohnzimmer und die Ordinariate und Generalvikariate sind nicht die gemütliche Stube, in der man gut abgesichert tut, was einem gefällt.

3. Die Lösungsansätze

Es war deshalb an der Zeit, das kirchliche Arbeitsrecht zu reformieren, was mit der Verabschiedung der neuen Grundordnung[1] durch die Deutschen Bischöfe im Rahmen der Vollversammlung des Verbandsrats der Diözesen Deutschlands im Herbst 2022 geschehen ist. Dass diese Grundordnung reformiert wurde, ist eines der positiven Ergebnisse des Synodalen Weges, dessen Debatten die Reform der Grundordnung maßgeblich beeinflusst haben. Zugleich ist die Reform der Grundordnung der Beweis, dass sich der Austausch zwischen Dienstgebern und Dienstnehmer:innen über das neue Arbeitsrecht bewährt und zu einem guten Ergebnis geführt hat. Die neue Grundordnung beschreibt eine neue kirchliche Organisationskultur. Sie gewährleistet, dass Beschäftigte im kirchlichen Dienst keine arbeitsrechtlichen Sanktionen wegen ihrer sexuellen Orientierung oder ihres „Beziehungsstatus" mehr fürchten müssen. In der Vergangenheit haben Menschen deswegen ihre Arbeitsplätze verloren oder waren aus Angst da-

[1] Gesetz zur Änderung der „Grundordnung des kirchlichen Dienstes im Rahmen kirchlicher Arbeitsverhältnisse", Anlage zum Amtsblatt des Erzbistums Berlin, Nr. 1/2023.

vor gezwungen, ihr Privatleben zu verheimlichen. Das war belastend und erniedrigend. Die Kirche hat dadurch wertvolle Beschäftigte verloren, ohne dass für die kirchliche Beziehungsmoral dadurch etwas gewonnen worden wäre. Ohnehin ist das Arbeitsrecht kein geeignetes Mittel, um kirchliche Beziehungsmoral durchzusetzen. Arbeitsrechtliche Sanktionen etwa beim Eingehen einer zivilen gleichgeschlechtlichen Ehe oder einer zivilen Wiederheirat gibt es jetzt nicht mehr. Mit der neuen Grundordnung kommt die Kirche ihrem eigenen Anspruch, ein angstfreier Raum zu sein, näher. Das christliche Profil kirchlicher Einrichtungen sollte nicht einseitig von der privaten Lebensführung ihrer Beschäftigten abhängig gemacht werden. Für das christliche Profil ihrer Einrichtungen ist die Kirche in ihrer Gesamtheit verantwortlich. Die Mitarbeitenden ihrerseits erkennen mit dem Eingehen des Arbeitsverhältnisses an, dass sie die Ziele und Werte der kirchlichen Einrichtung sowie die zu deren Erfüllung notwendigen Maßnahmen kennen und akzeptieren.

Die Motivation für die Lösungsansätze sind die Menschen, die etwas erwarten von den kirchlichen Einrichtungen, so z. B. von der Bildungsarbeit in Kindertagesstätten und Schulen und von der außerschulischen Kinder- und Jugendarbeit. Sie müssen wissen, was sie von den kirchlichen Trägern verbindlich einfordern können. Es ist somit konsequent, dass das neue kirchliche Arbeitsrecht den Dienstgeber in die Pflicht nimmt, für das christliche Profil der Einrichtung zu sorgen. Dazu gehören auch entsprechende Fortbildungsmaßnahmen für die Mitarbeiter:innen auf allen Ebenen, die deren dienstliches Verhalten gemäß dem Profil der Einrichtung prägen und sicherstellen sollen, sowie die Evaluierung des dienstlichen Handelns im Rahmen von Qualitätsüberprüfungen.

Die neue Grundordnung ist kein moraltheologisches Papier. Sie ermöglicht die Sendung, verhindert Diskriminierung und Sanktionen sowie Strukturen von Angst in Bezug auf die persönliche Lebensform. Sie hat gleichzeitig auch einen disziplinarischen Charakter, wenn es um den Dienst geht, um die Sendung, den Auftrag und die damit verbundene Leistung.

4. Sakramentalität der Kirche und kirchliches Arbeitsrecht

Es mag im Kontext dieses Sammelbands befremden, wenn das kirchliche Arbeitsrecht mit der Sakramentalität der Kirche in Verbindung gebracht wird. Naheliegender ist es, das Arbeitsrecht mit der Würde des Menschen und den Menschenrechten zu korrelieren. Dies würde ausreichen, um jede Form von Diskriminierung oder Benachteiligung aus dem Arbeitsrecht zu entfernen. Warum sollte man durch den Hinweis auf die Sakramentalität von Kirche im Kontext der Begründung des kirchlichen Arbeitsrechts über jene Gründe hinausgehen, die sich in den allgemeinen Menschenrechten finden lassen?

Die Kirche hat den Auftrag, Sakrament zu sein. Das bedeutet, sie ist gesandt, durch ihre Mitglieder in Pfarreien und Einrichtungen die Menschen, die kirchliche Dienste in Anspruch nehmen, etwas von Jesus Christus erfahren zu lassen. Das heißt, sie spüren zu lassen, wie dieser Jesus von Nazareth heute an konkreten Orten den Kindern und Jugendlichen, den Kranken und Sterbenden, den Traurigen und Obdachlosen, kurzum dem konkreten Menschen in seiner aktuellen Situation begegnen würde. Dieser Aspekt kommt seit den Jahrzehnten, die ich persönlich überschauen kann, zu kurz. Vielleicht aber war er schon in den letzten Jahrhunderten nicht prägend in der Kirche präsent.

In diesem Sinne ist die gemeinsame Entwicklung des Leitbilds einer Einrichtung in Trägerschaft der Katholischen Kirche der Dreh- und Angelpunkt, wenn es um die Anwendung des Artikels 140 des Grundgesetzes für die Bundesrepublik Deutschland in Verbindung mit Art. 136–141 der Weimarer Reichsverfassung auf die arbeitsrechtliche Ordnung geht. Maßgebend ist die gemeinsame Suche nach der Antwort, wie der Geist, aus dem Jesus Christus heute in den Einrichtungen wirken will, den Dienst aller Beteiligten prägen kann.

Die neue Grundordnung betont die gemeinsame Sorge, diesen Sendungsauftrag gut zu erfüllen. Exemplarisch sei der Artikel 6 Absatz 4 herausgegriffen. In ihm werden die Personen in den Blick genommen, die „das katholische Profil der Einrichtung prägen, mitverantworten und nach außen repräsentieren." Ihnen „kommt eine besondere Verantwortung zu. Sie müssen daher katholisch sein." Es wäre zu kurz gedacht, würde man das katholische Profil letztendlich an der Kirche als Amtskirche festmachen. Im Sinne der o. g. Sakramentalität geht es nicht um die Selbstdarstellung der Kirche, sondern um die Darstellung Jesu Christi in den kirchlichen Einrichtungen. Mag theoretisch zwischen diesen Aspekten kein Unterschied liegen, so zeigt die Praxis, dass zwischen der Selbstdarstellung der Kirche – sei es die verfasste Kirche oder seien es kirchliche Verbände als Träger:innen von Einrichtungen – und der Darstellung Jesu Christi hier und da ein garstiger Graben liegen kann.

Das kirchliche Arbeitsrecht und der sogenannte Dritte Weg fordern und fördern, dass Vertreter:innen der Dienstgeber und Dienstnehmer an einem Tisch sitzen, sich gemeinsam der Themen annehmen, die Sache klären, Argumente austauschen und zu Entscheidungen kommen. Auch hierfür mögen die Menschenrechte genügend Grundlage bieten. Doch an diesem Punkt lohnt es sich, auf die Menschenwürde als Grundlage für den gemeinsamen Tisch zu schauen. Bereits im 5. Jahrhundert hat der damalige Papst Leo der Große in seiner Predigt zu Weihnachten, die er der Würde des Christen und jedes Menschen widmete, gesagt: „Christ, erkenne deine Würde. Du bist der göttlichen Natur teilhaftig geworden, kehre nicht zu der alten Erbärmlichkeit zurück und lebe nicht unter deiner Würde."

Leo der Große blickt in seiner Predigt nicht nur auf die Getauften, sondern auch auf die Menschen, die nicht zum christlichen Glauben gefunden haben. Die Sprache mag „altertümlich" wirken. Der Inhalt ist und bleibt aktuell, gerade dort, wo der Anteil der katholischen bzw. christlichen Dienstnehmer:innen gering ist. „Lasst uns froh sein: Heute ist unser Retter geboren, Traurigkeit hat keinen Raum am Geburtstag des Lebens, das uns die Angst vor dem Sterben genommen hat und uns die Freude über die verheißene Ewigkeit bringt. Niemand wird von der Fröhlichkeit ausgeschlossen, alle haben den einen Grund zur Freude gemeinsam: Denn unser Herr, der Sünde und Tod vernichtet hat, fand keinen, der von Schuld frei war. Deshalb kam er, um alle zu befreien. Der Heilige jubele, weil ihm die Siegespalme winkt. Der Sünder freue sich, weil er zur Versöhnung eingeladen ist. Der Heide atme auf; denn er ist zum Leben gerufen."[2]

Was deutlich wird: Die Würde ist kein Gnadenerweis der Kirche, sondern ein Geschenk Gottes, der in der Einfachheit eines Menschen ohne Insignien der Macht in die Welt kommt. Dieses Geschenk wird allen Menschen angeboten. Das zu zeigen – innerhalb der Dienstgemeinschaft und den Menschen, denen der Dienst gilt –, ist der Auftrag. Alle sind nicht nur zu einer Kultur der Fehlerfreundlichkeit, sondern zur Versöhnung eingeladen und zum Leben – in dieser Zeit und in die Ewigkeit hinein – gerufen.

Die Versammlung von Dienstgeber- und Dienstnehmer:innen, um miteinander Situationen zu besprechen, Probleme gemeinsam zu lösen und im Einvernehmen die je eigenen Themen und Anliegen zu vertreten

---

[2] Die Feier des Stundengebetes in den katholischen Bistümern des deutschen Sprachgebietes. Lektionar für Advent und Weihnachtszeit, Jahresreihe I., Lesehore zum 25. Dezember, Freiburg i. Br. 1978.

und dafür um Verständnis und Einsicht zu werben, ist ein wesentliches Ziel des Dritten Weges. Ohne in anderen Arbeitskontexten den Wert von Gewerkschaften zu bestreiten, zeichnet sich der Dritte Weg gerade dadurch aus, dass die Mitarbeiter:innen ohne Zwischeninstanz mit den Vertreter:innen der Dienstgeberseite verhandeln. Auch werden die Fortbildung der Mitarbeitervertretung und deren Arbeit durch den Dienstgeber finanziert. Alle Mitarbeiter:innen werden gleichermaßen vertreten. Diese Vertretung hängt nicht von der Mitgliedschaft in einer Gewerkschaft ab, für die ca. 1 % des Lohns zu zahlen ist. Der Dritte Weg sollte auch mit Blick auf die Menschen, die im Rahmen von Kindertagesstätten, Schulen, Krankenhäusern, Pflegeeinrichtungen und Beratungsstellen Dienste in Anspruch nehmen, beibehalten werden. Er ermöglicht, die Interessen aller Beteiligten, das heißt der der Menschen, die unsere Dienste in Anspruch nehmen, der Dienstnehmer:innen und der Dienstgeber möglichst zusammen zu denken und Probleme so zu lösen, damit nicht eine Seite – z. B. im Streikfall derjenige, der sich auf einen Dienst verlässt – einseitig geschädigt wird. Dass dies ein hoher Wert ist, haben gerade in den letzten Jahre Streiks bei der Deutschen Bahn ebenso gezeigt wie wegen Arbeitsniederlegung kurzfristig geschlossene Kindertagesstätten und auf Notdienste beschränkte Krankeneinrichtungen.

5. Zukunftsperspektiven

Die aktuellen Themen, die sich aufgrund der Verteuerung der Lebenshaltung bei gleichzeitig für deutsche Verhältnisse hoher Inflationsrate ergeben, machen deutlich: Krisen, wie sie aufgrund von Covid-19 oder des russischen Angriffskriegs auf die Ukraine entstehen, werden weniger vorhersehbar und erzeugen Nöte, wie wir sie in den letzten 60 Jahren nicht erlebt haben. Der gemeinsame Blick auf solche Situationen, die Unterstützung der Menschen, die besonders getroffen werden, und der Versuch, Probleme systemisch zu lösen, fördern Solidarität und verhindern Neiddebatten. Dass Dienstgeber- und Dienstnehmervertreter:innen gemeinsam darüber entscheiden, wie mit der von der Bundesregierung ermöglichten steuerfreien Unterstützungspauschale in Höhe von bis zu 3.000 € umgegangen wird oder wie Steuereinnahmen aus der Energiepauschale eingesetzt werden, ist für die Qualität einer Dienstgemeinschaft wichtig. Themen dieser Art werden in naher und mittlerer Zukunft häufiger auf der Tagesordnung stehen und bedürfen neuer Lösungsansätze, die gemeinsam zu suchen und zu vertreten sind.

Das Thema Arbeitsrecht hat auch weltkirchliche Dimensionen. Die neue Grundordnung hat die institutionelle Verantwortung gestärkt und macht die persönliche Lebensform nicht mehr für das Profil einer kirchlichen Einrichtung verantwortlich, wenngleich von ihr selbstverständlich auch die Glaubwürdigkeit einer Einrichtung abhängt; und dies nicht nur bei dem Lebensthema Sexualität, sondern auch bei den Lebensthemen Macht und Besitz. Für die Katholische Kirche in Deutschland wurde damit den (Erz-)Diözesen, den Pfarreien und den kirchlichen Verbänden ein Rahmen gesetzt, in dem sie, sofern sie die Grundordnung für ihren Zuständigkeitsbereich in Kraft setzen, handeln. Die Grundordnung will jede Form von Diskriminierung am Arbeitsplatz, von angstbesetzten Strukturen und unwürdigen Heimlichkeiten verhindern. Gewiss kann dieses Arbeitsrecht nicht auf Arbeitsverhältnisse in der gesamten Kirche übertragen werden. Gleichzeitig können kirchliche Hilfswerke, die durch die Förderung von Projekten auch Dienst- und Arbeitsverhältnisse unterstützen, dies nicht unabhängig von der Frage tun: Wie wird in diesen Verhältnissen sichergestellt, dass nicht Menschen aufgrund ihres Geschlechts, ihrer ethnischen Zugehörigkeit oder sexuellen Identität diskriminiert werden? Man mag z. B. zur Frage der sexuellen Identität innerhalb der Weltkirche zu unterschiedlichen Überzeugungen kommen. Diskriminierung muss aber generell und weltweit ausgeschlossen werden. Wo dies nicht zugesagt wird, kann m. E. keine Unterstützung gegeben werden.

Dass die Kirche sich erneuern muss, zeigt nicht zuletzt die hohe Zahl an Kirchenaustritten. Es wäre zu kurz gedacht, würde man dafür allein die mangelnde Reformbereitschaft der Kirche verantwortlich machen. Die Gründe sind vielfältig. Eine Kirche, die sich mehr darauf beschränkt, Sakramente zu spenden, als Sakrament zu sein, ist sicher auch ein Grund, führt dies doch schleichend zu einer Entfremdung und zum eigentlichen Bedeutungsverlust.

Wenn Dienstnehmer:innen aus der Kirche austreten, ist dies im Regelfall ein Ausdruck dafür, dass sie dieser Kirche absprechen, umkehren und sich erneuern zu wollen bzw. zu können. Wer in dieser Kirche arbeiten will und ihr gleichzeitig ein solches Zeugnis ausstellt, wird nicht zu einer Reform der Kirche beitragen können. Er entsolidarisiert sich. Mit diesem Statement weiterhin in dieser Kirche zu arbeiten, sieht die Grundordnung nicht vor und ist m. E. unter Berücksichtigung des o. g. Anspruchs der Dienstgemeinschaft auch nicht zu vereinbaren.

Bleibt der Tisch leer? Die neue Grundordnung hat mit Blick auf die Dienstgemeinschaft der Kirche dazu beigetragen, dass die Vertreter:innen der Dienstgeber und der Dienstnehmer weiter an einem Tisch sitzen. Bleibt zu hoffen, dass die Kirche auch dann, wenn es um andere Themen geht, für den gemeinsamen Tisch sorgt. Diese Kirche bilden alle Getauften. Jede und jeder Getaufte hat die Freiheit, vom Tisch aufzustehen und zu gehen. Das gilt nicht nur für den Tisch, an dem sich Vertreter:innen einer kirchlichen Dienstgemeinschaft treffen. Es gilt auch für Tische, an denen sich der Synodalausschuss und andere kirchliche Gremien, wie z. B. Pfarreiräte und Kirchenvorstände, diözesane Vermögens- und Verwaltungsräte oder Kuratorien von Einrichtungen versammeln. Nur wenn der jeweilige Tisch gut besetzt ist, lassen sich Themen besprechen, Sachverhalte klären, Beziehungen verbessern und können auch Entscheidungen getroffen werden.

Von dem Staatsbankett anlässlich des 40-jährigen Bestehens der DDR gibt es ein Foto, auf dem Erich Honecker zu sehen ist, der allein am Tisch sitzt. Alle anderen Gäste hatten bereits den Saal verlassen. An einem leeren Tisch lässt sich nichts feiern, nichts besprechen, nichts vereinbaren und somit nichts reformieren; auch die Kirche nicht. Die Reform des kirchlichen Arbeitsrechts kann exemplarischen Charakter haben. Solche Reformprozesse und Reformen sichern, dass möglichst viele Menschen an einem Tisch sitzen, mag er eckig oder rund sein.

Von der Überzeugungs- zur biblisch geprägten Handlungsgemeinschaft: Caritas ist mehr als nur kirchliches Arbeitsrecht

Ulrike Kostka

1. Kirche auf dem Weg zur Minderheit bei gleichzeitigem Wachstum von kirchlich-sozialen Einrichtungen

Bis heute sind in Deutschland kirchliche Organisationen und Träger weithin geschätzte Akteure im Bildungs-, Gesundheits- und Sozialbereich.[1] Doch der Einfluss der Kirchen geht zurück. Viele Menschen sind nicht mehr kirchlich gebunden oder verlassen die Kirchen. Parallel dazu steht das kirchliche Arbeitsrecht, das auch für die Caritas bindend ist, öffentlich, politisch und innerkirchlich unter Druck.

Dies zeigt sich insbesondere in der Aktion #OutinChurch, mit der sich mehr als 100 kirchliche Mitarbeiter*innen als queer geoutet haben. Ihr äußerst mutiger Schritt war ein wichtiger Anstoß zur Veränderung der Grundordnung des kirchlichen Dienstes der katholischen Kirche, die im November 2022 erfolgte. Das Privatleben der kirchlichen Mitarbeiter*innen (mit Ausnahme der Kleriker und Ordensleute) ist zukünftig nicht mehr Angelegenheit des Arbeitsgebers. Hingegen wurde das Gewicht weg von der persönlichen Lebensführung hin auf das kirchliche Profil der Einrichtungen und Dienste verlagert, für das die Organisationen und ihre Leitungskräfte zu sorgen haben. Daraus ergeben sich diverse Herausforderungen für die Gestaltung und Leitung der kirchlichen Organisationen. Gleichzeitig müssen die Einrichtungen mit der Krise der Kirche und den damit verbundenen immer weiter steigenden Austrittszahlen und geringen Taufquoten umgehen.

Ein gegenläufiger Trend zur Kirchenentwicklung ist das Wachstum kirchlich-sozialer Einrichtungen. Dies liegt an der starken Nachfrage nach sozialen und gesundheitlichen Leistungen. Die Mitarbeiterzahlen der verbandlichen Caritas, die aus über 6.000 rechtlich selbstständigen

---

[1] Die folgenden Ausführungen basieren auf eigenen Vorarbeiten. Die Bezüge werden nicht einzeln kenntlich gemacht.

Rechtsträgern besteht, sind in den letzten Jahren auf über 700.000 Personen gestiegen,

In Ostdeutschland und Berlin ist die Akzentverschiebung, die mit der neuen Grundordnung einhergeht, bereits seit vielen Jahren gelebte Realität. In den neuen Bundesländern und in Berlin wäre es seit vielen Jahrzehnten gar nicht möglich gewesen, kirchlich-soziale Einrichtungen zu betreiben, wenn nicht auch nichtchristliche Mitarbeiterinnen und Mitarbeiter für die Einrichtungen hätten gewonnen werden können. Deshalb bietet sich diese Region besonders als Reflexionshintergrund für eine zukünftige Entwicklung der Caritas und des Profils kirchlicher Dienste und Einrichtungen an.

Aufgrund der gesellschaftlichen und kirchlichen Realität gibt es im Erzbistum Berlin seit vielen Jahren und heute mittlerweile in der ganzen Bundesrepublik in vielen sozialen Einrichtungen und Diensten der katholischen Kirche gemischte Teams, wo Christ*innen und Nichtchrist*innen zusammenarbeiten. Neben der unterschiedlichen weltanschaulichen Prägung finden sich auch in den Einrichtungen zunehmend Menschen mit ganz unterschiedlichem kulturellem und ethnischem Hintergrund.

Die katholische Kirche hat sich in den letzten Jahren im Rahmen der Deutschen Bischofskonferenz aktiv mit der Situation von kirchlich-sozialen Einrichtungen unter Pluralitätsbedingungen auseinandergesetzt. Die Deutsche Bischofskonferenz hat 2014 eine Schrift veröffentlicht, die die Mitwirkung von nichtchristlichen Mitarbeiterinnen und Mitarbeitern in caritativen Einrichtungen begrüßt und dafür Rahmenbedingungen formuliert. Sie trägt die Überschrift „Das katholische Profil caritativer Dienste und Einrichtungen in der pluralen Gesellschaft“[2].

Im Folgenden sollen die Erfahrungen aus dem Erzbistum Berlin in kirchlich-sozialen Einrichtungen reflektiert werden und Impulse für die Weiterentwicklung des katholischen Profils der Einrichtungen vor dem Hintergrund des kirchlichen Arbeitsrechtes und der kirchlichen Entwicklung formuliert werden. In einem ersten Schritt wird der diakonische Auftrag als Basis für die Dienstgemeinschaft begründet. In einem zweiten Schritt werden Erfahrungen aus dem Erzbistum Berlin reflektiert. Im dritten Schritt wird erörtert, wie weit individuelle Identität und Organisationsidentität Berührungspunkte zeigen müssen und welche Maßnah-

[2] *Sekretariat der Deutschen Bischofskonferenz*, Das katholische Profil caritativer Dienste und Einrichtungen in der pluralen Gesellschaft (Die Deutschen Bischöfe 98), Bonn 2014.

men dafür zielführend sein können. In einem vierten Schritt werden Perspektiven für eine Kirche und ihre Caritas als biblisch geprägte Handlungsgemeinschaft mit heterogenen Mitarbeiterinnen und Mitarbeitern formuliert. Dabei soll auch die Frage diskutiert werden, ob die Kirche in der zunehmenden Minderheitssituation auch kirchlich-soziale Einrichtungen abgegeben sollte. Im fünften Schritt erfolgt vor diesem Hintergrund eine Reflexion aktueller Fragen des kirchlichen Arbeitsrechtes. Anschließend erfolgt ein Fazit.

2. Diakonischer Auftrag als Basis der Dienstgemeinschaft

Der diakonische Auftrag der caritativen Einrichtungen bildet die Grundlage der Dienstgemeinschaft. Die Geschichte des Begriffs Dienstgemeinschaft ist komplex und soll hier nicht weiter ausgeführt werden. Zentral im Begriff der Dienstgemeinschaft ist der Begriff Dienst, im Griechischen: Diakonia. Diakonia bedeutet im Neuen Testament zunächst Dienst bzw. Amt. In der ursprünglichen sprachlichen Bedeutung bedeutet *diakonia, diakoneõ „bei Tisch aufwarten.* Von daher ist der erweiterte Sinn abgeleitet: *für den Lebensunterhalt sorgen* und schließlich ganz allgemein *dienen*".[3] Die Wortgruppe *diakonia* wird im Neuen Testament „zum zentralen Ausdruck für die christl. Grundhaltung, die sich an Jesu Wort und Verhalten orientiert."[4] Sie dienen der Bezeichnung der Funktionen: „nämlich des karitativen Einsatzes, der Wortverkündigung und der Führungsaufgaben." In der Weiterentwicklung des Begriffes wird „Diakonia bzw. Caritas" zu den zentralen Begriffen für die Sorge für den Nächsten und für die Armen.

Obwohl die Wortgruppe *diakonia, diakoneõ* fast ausschließlich im Neuen Testament verwendet wird, ist die Sorge für den Nächsten ein durchgängiges Thema der biblischen Texte des Alten und Neuen Testamentes. Die Sorge und Liebe für den Nächsten hat nach biblischem Verständnis ihren Ausgangspunkt in der Zuwendung und Liebe Gottes zu den Menschen. Ihren Anfangspunkt hat sie im Schöpfungsakt (Gen 2). Der Gott der Bibel ist ein Gott der Gerechtigkeit, der mit seinem Volk mitleidet und für Befreiung steht. Gleichzeitig stellt er Israel vor die Ver-

---

[3] *A. Weiser*, Art. „Diakoneo", in: Exegetisches Wörterbuch zum Neuen Testament (1), Stuttgart [2]1992, 726.

[4] Ebd., 727.

pflichtung, selbst für Gerechtigkeit einzutreten. Daraus folgt auch die Verpflichtung, sich für Schwache und Fremde einzusetzen. Die Sorge für Schwache und Benachteiligte ist in den biblischen Texten nicht nur auf das Individuum ausgerichtet, sondern beinhaltet auch die Kritik an den sozialen Strukturen und fordert gerechte Verhältnisse ein. Gleichwohl bleiben zeitgeschichtliche Rollenverhältnisse in den biblischen Texten durchaus erhalten.

Gott selbst ist derjenige, der diakonisch handelt – aus Liebe. Er befähigt den Menschen zum diakonischen Handeln und damit zur Gottes- und Nächstenliebe. Die neutestamentlichen Texte sind davon geprägt, dass Jesus seine Reich-Gottes-Botschaft verkündet und insbesondere in den Heilungen sichtbar macht. Menschen, deren Leben eingeschränkt und bedroht war, erhalten durch die Begegnung mit ihm eine neue Lebensperspektive, werden zum selbstständigen Handeln wieder befähigt. Er beauftragt die Jünger*innen Kranke zu heilen und das Evangelium zu verkünden. Diakonia, Liturgie und Verkündigung sind für die urchristlichen Gemeinden untrennbar.

Bis heute gilt der diakonische Auftrag als einer der Grunddienste der Kirche. In der Schrift der DBK „Das katholische Profil caritativer Dienste und Einrichtungen in der pluralen Gesellschaft“ heißt es: „Kirchlich caritative Arbeit findet Ausdruck sowohl in vielfältigen Formen ehrenamtlichen Engagements als auch in professionellen Strukturen mit hauptamtlichen Mitarbeitenden. Beide Formen sind Zeugnisse für den Dienst der Kirche an den Menschen.“[5] Caritatives Engagement findet im kirchlichen Raum in ganz vielfältiger Weise statt: durch Einzelpersonen, Gruppen, Gemeinden, Verbände, caritative Organisationen, pastorale, katechetische und caritativ engagierte ehrenamtliche und berufliche Mitarbeiterinnen und Mitarbeiter und Leitungspersonen. Jedes Engagement hat seinen eigenen Stellenwert und bedarf der Wertschätzung und Akzeptanz. Der Hauptfokus der folgenden Ausführungen richtet sich auf Einrichtungen, die Dienste unter dem Dach der verbandlichen Caritas und ihrer Mitglieder anbieten.

Einen Meilenstein in der Begründung des diakonischen Auftrages setzte Papst Benedikt XVI. mit seiner Enzyklika „Deus Caritas est“[6]. Da-

---

[5] *Sekretariat der Deutschen Bischofskonferenz*, Profil (s. Anm. 2), 9.

[6] *Sekretariat der Deutschen Bischofskonferenz* (Hrsg.), Enzyklika „Deus caritas est“ von Papst Benedikt XVI. an die Bischöfe, an die Priester und Diakone, an die gottgeweihten Personen und an alle Christgläubigen über die christliche Liebe (Verlautbarungen des Apostolischen Stuhls Nr. 171), Bonn 2006.

rin führt der Papst aus: „Die in der Gottesliebe verankerte Nächstenliebe ist zunächst ein Auftrag an jeden einzelnen Gläubigen, aber sie ist ebenfalls ein Auftrag an die gesamte kirchliche Gemeinschaft". (Nr. 20) Weiter heißt es: „Die Kirche kann den Liebesdienst so wenig ausfallen lassen wie Sakrament und Wort" (Nr. 22) und: „Die karitativen Organisationen der Kirche stellen dagegen ihr opus proprium dar, eine ihr ureigenste Aufgabe, in der sie nicht mitwirkend zur Seite steht, sondern als unmittelbar verantwortlich selbst handelt und das tut, was ihrem Wesen entspricht." (Nr. 29) Caritative Organisationen sind also in ihrer ganzen Vielfalt Kirche und handeln als Kirche. Sie tragen zur Entwicklung von Kirche bei, weil sie besonders nahe bei den Menschen sind und mit ihnen Freude und Angst, Hoffnung und Trauer teilen (Gaudium et spes 1).

Eine ganz besondere Aussage wird von Papst Benedikt XVI. in Nr. 31 getroffen: „Der Christ weiß, wann es Zeit ist, von Gott zu sprechen, und wann es recht ist, von ihm zu schweigen und nur einfach die Liebe reden zu lassen." (Nr. 31) Weiter heißt es: „Wer im Namen der Kirche karitativ wirkt, wird niemals dem anderen den Glauben der Kirche aufzudrängen versuchen. Er weiß, dass die Liebe in ihrer Reinheit und Absichtslosigkeit das beste Zeugnis für den Gott ist, dem wir glauben und der uns zur Liebe treibt." (Nr. 31). Caritatives Wirken ist also Zeugnis für Liebe Gottes und wirkt nur in diesem Sinn „missionarisch", denn „(b)eim caritativen Engagement stehen die Not und ihre Beseitigung im Mittelpunkt, nicht die Vermittlung des katholischen Glaubens."[7]

Zugleich ist das diakonische Engagement eine zutiefst ökumenische Aufgabe, die Christinnen und Christen und alle Kirchen miteinander verbindet. So schreibt Papst Johannes Paul II. in der Enzyklika „Ut unum sint" (1995), dass durch die Zusammenarbeit der Christen auch im sozialen Bereich „die Verbundenheit, in der sie schon untereinander vereinigt sind, lebendig zum Ausdruck" (40) kommt. Caritatives Wirken steht für die Einheit der Christen und Konfessionen.

Der diakonische Auftrag ist die Sendung aller Christ*innen. Durch die Taufe als Gabe des Heiligen Geistes sind sie Teil der Gemeinschaft ihrer Kirche geworden. Deshalb stehen sie in einer besonderen Verantwortung für die Diakonia. Gleichwohl sind nach christlichem Verständnis alle Menschen von Gott geschaffen und geliebt. Damit sind sie auch zur Nächstenliebe befähigt, selbst wenn sie nicht religiös sind. Die Menschwerdung Gottes hat sich nicht exklusiv für Christ*innen ereig-

---

[7] *Sekretariat der Deutschen Bischofskonferenz*, Profil (s. Anm. 2), 13.

net, sondern für alle Menschen. Insofern findet die Inkarnation Gottes in jedem Menschen statt, auch wenn er dies für sich nicht so erkennt oder bezeichnet. Jeder Mensch ist damit gemäß dem christlichen Menschenbild auch grundsätzlich fähig, Not zu lindern und Solidarität auszuüben. Insofern können auch Menschen ohne Religionszugehörigkeit an dem diakonischen Auftrag partizipieren. Die Enzyklika „Deus Caritas est" spricht vom „Imperativ der Nächstenliebe, [der] vom Schöpfer in die Natur des Menschen selbst eingeschrieben ist." (Nr. 31). Die deutschen Bischöfe akzentuieren: „Basis einer Zusammenarbeit von Christen und Nichtchristen im Dienst der Menschen ist eine gemeinsame Kultur des Helfens, die im Menschen tief verwurzelt ist."[8] Diese gemeinsame Kultur des Helfens setzt natürlich voraus, dass sie in caritativen Organisationen auch zur Sprache kommt und dass alle Mitarbeiterinnen und Mitarbeiter sowie Leitungskräfte den diakonischen Auftrag und die damit verbundenen Werte kennen und mittragen. Dies ist eine besondere Herausforderung in einer Region, die stark nicht religiös geprägt ist.

3. Erfahrungen aus dem Erzbistum Berlin

In Ostdeutschland waren die Kirchen seit vielen Jahrzehnten in der Diaspora tätig und von einer Mehrheit von religionslosen Menschen umgeben. Das Erzbistum Berlin besteht aus drei Regionen: Berlin, Brandenburg und Vorpommern. In Berlin betrug die Zahl der nichtchristlich geprägten Menschen schon seit vielen Jahrzehnten über 70 Prozent. Rund 9 Prozent der Berliner*innen und Berliner sind katholisch, 16 Prozent evangelisch. Damit sind nur ein Viertel der Berliner*innen noch Christ*innen, 2007 waren es noch über 30 Prozent. Jedes fünfte katholische Kirchenmitglied ist in Berlin eine Person mit Migrationshintergrund. In Brandenburg beträgt der Katholikenanteil ca. 3 bis 4 Prozent, in Vorpommern teilweise nur 2 Prozent mit abnehmender Tendenz, die nur im Grenzgebiet zu Polen durchbrochen ist, da Pol*innen mit katholischer Konfession in das Grenzgebiet ziehen.

Das Erzbistum ist durch seine Ost- und Westgeschichte geprägt. In Berlin gab es traditionell für die Diasporasituation immer schon recht viele katholisch-soziale Einrichtungen aufgrund der großen Armutssituation, die bereits vor 100 Jahren auftrat, und der Präsenz vieler Ordens-

[8] Ebd., 23.

gemeinschaften und Kongregationen in der damaligen Hauptstadt. Eine Reihe von Ordensgemeinschaften gründeten auch soziale Einrichtungen in Vorpommern und Brandenburg – insbesondere Einrichtungen für Waisenkinder.

In der DDR durfte die Kirche nur wenige Bildungseinrichtung betreiben und die Ordensgemeinschaften betreuten deshalb vor allem viele Menschen mit Behinderung in ihren Einrichtungen. Diese Einrichtungen waren auch bei DDR-Kaderpersonen, die Angehörige mit Behinderung hatten, sehr beliebt ebenso wie kirchliche Krankenhäuser aufgrund der Qualität der Betreuung. Die Caritas entwickelte sich in der DDR vorwiegend als Pfarrcaritas. Es konnten nur einzelne Beratungsstellen betrieben werden. In Westberlin gab es einen Diözesancaritasverband sowie einen Stadtcaritasverband mit vielen Diensten und Einrichtungen. Viele korporative Mitglieder, insbesondere Ordensträger, und Fachverbände gründeten Dienste und Einrichtungen.

Nach der Wende wurden in den Regionen Vorpommern und Brandenburg sowie in Berlin-Ost eigene regionale Caritasverbände gegründet und eine Reihe von stationären Einrichtungen geschaffen (insbesondere in Berlin). Im Jahr 2005 fusionierten alle regionalen Caritasverbände unter das Dach des Diözesancaritasverbandes. Der Caritasverband für das Erzbistum Berlin e. V. ist Träger- und Spitzenverband und ist als Spitzenverband der Freien Wohlfahrtspflege in drei Bundesländern tätig. Beim Caritasverband und seinen Tochtergesellschaften sind ca. 5000 Mitarbeiterinnen und Mitarbeiter angestellt und bei den korporativen Mitgliedern ca. 7000 Personen. Mehrere tausend Menschen engagieren sich ehrenamtlich unter dem Dach der Caritas und bei ihren Mitgliedern. Die korporativen Mitglieder und Fachverbände sind vorwiegend in Berlin tätig, der Caritasverband in allen drei Regionen des Erzbistums.

Beim Caritasverband mit ca. 750 Mitarbeiterinnen und Mitarbeitern liegt der Anteil der Christinnen und Christen bei insgesamt ca. 50 Prozent, 30 Prozent davon sind katholisch und ca. 20 Prozent evangelisch. Über die Konfessionszugehörigkeiten bei den korporativen Mitgliedern und Fachverbänden liegen keine Zahlen vor. In den Einrichtungen der Kranken- und Altenhilfe beträgt der Anteil der nichtchristlichen Mitarbeiterinnen und Mitarbeiter teilweise über 70 Prozent.

Die Konfessionszugehörigkeit ist jedoch nur eine Aussage zur Kirchenbindung. Es gibt beim Caritasverband und seinen Mitgliedern zahlreiche Mitarbeiter*innen, die in der DDR groß geworden sind oder in Westberlin, die nicht getauft sind, aber eine relativ hohe Kirchen- und

Caritasbindung haben. Viele Mitarbeiterinnen und Mitarbeiter arbeiten schon sehr lange bei der Caritas oder ihren Mitgliedern und sind christlich geprägt, ohne einer der beiden Kirchen anzugehören. Beim Caritasverband arbeiten auch muslimische und jüdische Mitarbeiter*innen.

Bei den katholischen Mitarbeiterinnen und Mitarbeiter sind ganz unterschiedliche kirchliche Prägungen zu beobachten. Sie reichen von einer Sozialisation in Pfarrgemeinden in der DDR, im rheinischen Katholizismus bis im Katholizismus Westberlins. Viele katholische Mitarbeiterinnen und Mitarbeiter stammen aus Polen, einige aus Italien und Spanien. Insgesamt arbeiten in den Einrichtungen und Diensten der Caritas und ihrer Mitglieder Menschen aus den unterschiedlichsten Nationen. Es gibt Katholik*innen, die stark kirchlich geprägt sind, andere sind zwar getäuft, aber nicht kirchlich sozialisiert. Im Kirchenverhältnis gibt es eine große Spanne von einer engen Bindung bis zu einem distanzierten Verhältnis. Viele Kolleg*innen ringen sehr mit der aktuellen Situation der Kirche und ihrem Reformstau.

Bei den Caritasmitarbeiterinnen und -mitarbeitern ist festzustellen, dass viele die spirituellen Angebote des Caritasverbandes sehr gerne nutzen. Dazu gehören z. B. Exerzitien, Pilgern, Wertworkshops, Führungsfortbildungen „Christlich Führen“ und Oasentage. Dies gilt insbesondere auch für nichtchristlichen Mitarbeiter*innen. Viele haben sich bewusst für die Arbeit in einer kirchlich-caritativen Organisation entschieden.

Für die Mitarbeiter*innen, die Gemeinden vor Ort sowie die Öffentlichkeit und Politik stellt die verlässliche und fachliche Präsenz der Caritas an den Standorten ein wichtiges Gut dar. In den letzten Jahren ist auch in Vorpommern und Brandenburg ein Abbau von Vorurteilen und Skepsis gegenüber kirchlichen Diensten zu beobachten. Die Distanz zu kirchlichen Diensten war vielerorts durch die Diasporasituation und die DDR-Geschichte geprägt. Die Qualität der fachlichen Arbeit der Caritasdienste sowie der Einsatz der Kirche und ihrer Orte kirchlichen Lebens in der Flüchtlingssituation hat die Akzeptanz der Kirche bei externen Akteuren merklich erhöht. Vor zehn Jahren wäre es z. B. kaum denkbar gewesen, dass die Caritas die betriebliche Sozialarbeit für Behörden übernimmt.

Bei den Mitarbeiter*innen in den Caritasdiensten und -einrichtungen war bereits vor Jahren und schon im Unterschied zu manchen Caritasorganisationen in Westdeutschland zu spüren, dass die Angst, den Loyalitätsobliegenheiten für kirchliche Mitarbeitende nicht zu genügen, nicht so verbreitet war. Im Umgang mit der kirchlichen Grundordnung galt in den kirchlich-sozialen Trägern im Erzbistum Berlin ein bewusster, aber pragmatischer Umgang und die Einzelfallbetrachtung. Gleichwohl ist es auch hier vorgekommen, dass nichtchristliche Mitarbeiterinnen und Mitarbeiter die Sorge haben, den Ansprüchen der kirchlich-caritativen Organisation nicht zu genügen. Das gilt auch für kirchlich gebundene Mitarbeiter, die ein distanziertes Verhältnis zur Kirche haben.

Eine wichtige Frage für nichtchristliche Mitarbeiterinnen und Mitarbeiter ist, ob ihr Engagement in der Caritas gewollt und gewünscht ist. Bei christlichen und nichtchristlichen Mitarbeiterinnen und Mitarbeitern zeigt sich, dass angstfreie Räume zur Diskussion über Werte, kirchliche Grundhaltungen und Erfahrungen sehr entscheidend sind.

Nachdem über viele Jahre der Caritasverband einen hauptamtlichen Caritaspfarrer (Caritasrektor) hatte, wurde nach dessen Ausscheiden diese Funktion in eine Stabsstelle „Spiritualität, Seelsorge, Ethik" überführt, wo einer Seelsorgerin Prozesse und Angebote für Spiritualität, Seelsorge und Ethik initiiert und durchführt und diese auch mit den Einrichtungen, Diensten und Mitgliedern gemeinsam entwickelt. Ziel ist dabei, z. B. Leitungskräfte zu diesen Themen stärker zu qualifizieren und weiterzubilden. Durch die Stabsstelle, die eng mit dem Caritasarbeitsbereich „Caritas im pastoralem Raum" zusammenarbeitet, besteht ein breit gefächertes Angebot für ehrenamtliche und berufliche Mitarbeiterinnen und Mitarbeiter sowie Leitungskräfte und für Engagierte aus Caritas und Pastoral. Durch eine dezidierte sozialethische Qualifizierung und Auseinandersetzung sollen Mitarbeiterinnen und Mitarbeiter befähigt werden, theologisch-ethische Perspektiven in ihre tägliche Arbeit und Praxis zu integrieren und zugrunde zu legen – unabhängig von ihrem persönlichen weltanschaulichen Horizont. Teams werden befähigt, Formen der Alltagsspiritualität zu entwickeln. Die theologische und kirchliche Profilierung ist ein zentrales Ziel im Rahmen des strategischen Prozesses und gehört damit ebenso zum Zielkanon wie sozialpolitische, fachliche und wirtschaftliche Ziele des Caritasverbandes.

Gleichzeitig zeigt sich auch, dass es für die Caritas wichtig ist, dass die Bistumsleitung und die verantwortlichen Gremien die Arbeit und die Mitarbeite*innen der Caritasorganisationen schätzen.

Klassischerweise wurden die Anforderungen an Mitarbeiter*innen kirchlicher Einrichtungen entsprechend der kirchlichen Grundordnung als Loyalitätspflichten bzw. Loyalitätsanforderungen bezeichnet. In der Praxis zeigt sich, dass der Begriff Loyalität nur bedingt hilfreich ist. Gerade für jüngere Generationen ist dieser Begriff wenig verständlich und identitätsstiftend. Deshalb wird in der Praxis und neuerdings auch in der reformierten kirchlichen Grundordnung von der Akzeptanz der kirchlichen Ziele bzw. auch von der Caritasidentität gesprochen. In der Praxis kommt es darauf an, diese Ziele und das kirchliche Selbstverständnis aktiv in Bewerbungsgesprächen zu formulieren und mit Bewerber*innen daraufhin in ein Gespräch zu kommen, was sie damit verbinden und auch nach dem Erfahrungshintergrund zu fragen. Relativ oft ergibt sich, dass nichtchristliche Bewerberinnen und Bewerber durchaus Berührungspunkte mit Kirche und Religion in ihrer Biografie hatten. Hingegen ist der Taufschein nicht immer eine automatische Garantie, dass eine Person christlich geprägt ist.

Es ist Aufgabe der Organisation, den kirchlichen Auftrag zu vermitteln, zu erklären und konkret zu machen. Im Caritasverband für das Erzbistum Berlin arbeiten alle neuen Mitarbeiterinnen und Mitarbeiter an diesem Thema im Rahmen eines gemeinsamen Einführungstages und kommen ins Gespräch, was sie damit verbinden. In verschiedenen Veranstaltungen wird mit den Teams aus den Arbeitsfeldern regelmäßig reflektiert, was der christliche Auftrag in einem bestimmten Kontext wie etwa der Wohnungshilfe bedeutet.

Deshalb ist es für einen Caritasverband und seine Mitglieder auch besonders entscheidend, die Aspekte seiner spezifischen Identität zu entfalten und zu vermitteln. Dazu zählt für den Caritasverband auch die Aufgabe, die eigene Geschichte und die Bistumstradition präsent zu halten sowie an zentrale Figuren und Personen zu erinnern sowie persönliche Erfahrungen der Begegnung mit dem Bistum, dem Erzbischof und weiteren Identifikationspersonen und -orten zu ermöglichen.

Auffällig ist, dass auch nichtchristliche Mitarbeiterinnen und Mitarbeiter häufig nach dem christlichen Profil der Caritas fragen und den Anspruch haben, dass dieser von der Caritasorganisation erläutert wird. Kirchlich sehr engagierte Personen werden teilweise auch gefragt, warum sie sich in der Kirche engagieren und warum sie glauben.

In der Praxis hat sich außerdem erwiesen, dass Krisensituationen dazu beitragen, das Bewusstsein für die kirchliche Sendung zu stärken. So haben Mitarbeiterinnen und Mitarbeiter der Caritas und aus Gemeinden gemeinsam mit vielen Ehrenamtlichen Notübernachtungen für geflüchtete Menschen über Nacht eingerichtet, etwa als der Ukrainekrieg begann. Dies hat viele Mitarbeiterinnen und Mitarbeiter sowie Gemeinden sehr konkret in Berührung gebracht mit der Sendung der Caritas. Solche Ereignisse tragen dazu bei, dass für viele „offensichtlich“ wird, warum Caritas ein Grunddienst der Kirche ist.

Was dies bedeutet, muss aber von den Leitungskräften der Caritas ausgelegt und vorgelebt werden. Damit verbunden ist auch eine bestimmte Erwartung an die Führungs- und Umgangskultur. Für Mitarbeiter*innen es eine doppelte Enttäuschung, wenn kirchlich geprägte Leitungskräfte gegen zentrale Werte der Caritas der Kirche verstoßen. Deshalb ist es entscheidend, dass bei Personen, die Leitungsverantwortung inne haben, Konsequenzen gezogen werden, wenn sie gegen Führungsprinzipien der Caritas verstoßen. Insgesamt ist darauf zu achten, dass kirchliche Bindung kein einzig ausschlaggebender Punkt für die Anstellung oder Auswahl als Leitungskraft ist, sondern Fachlichkeit und persönliche Kompetenzen damit einhergehen. Gleichzeitig müssen ausreichend Leitungsstellen mit kirchlich geprägten Personen besetzt werden.

4. Individuelle Identität und Organisationsidentität

Bis vor wenigen Jahren war es üblich, die kirchliche Identität einer Caritaseinrichtung vor allem an äußeren Faktoren wie der räumlichen Gestaltung und der Präsenz christlicher Symbole sowie an der Konfession der Mitarbeiterinnen und Mitarbeiter festzumachen. Beide Faktoren sind wichtig, aber nicht hinreichend. Selbst Einrichtungen mit einer Leitung und Mitarbeiterteams, die vollständig kirchlich sozialisiert sind, können antikirchlich und antichristlich handeln, wie die zahlreichen Missbrauchsfälle in der Kirche zeigen. Kirchlichkeit und Christlichkeit sind nicht an der Identität des einzelnen Mitarbeiters allein festzumachen, sondern müssen durch die Caritasorganisation und ihre Leitungskräfte als Ganzes gelebt werden. Deshalb ist eine rein defizitorientierte Haltung, die nur Mitarbeitende wertschätzt, die getauft sind, sehr problematisch. Denn eine einladende und nicht defizitorientierte Haltung der Organisation, der Leitung und des Bistums schafft Identifikation und Bindung.

Gleichwohl stehen die Caritasorganisationen vor der Herausforderung, dass die Säkularisierung weiter voranschreitet und die Gruppe der klassisch kirchlich sozialisierten Personen abnimmt. Dies bedeutet nicht im Umkehrschluss, dass weniger Interesse an der kirchlichen Sendung besteht. Die Zielgruppe ist nur heterogener und die Prägungen der Menschen sind vielfältiger. Es ist auffällig, dass nichtchristliche und christliche Mitarbeiterinnen und Mitarbeiter es sehr begrüßen, wenn sich Kirche sozial engagiert und sozialpolitisch positioniert. Es besteht eine Erwartungshaltung, dass Kirche ihre Wert- und Glaubenshaltungen zeigt und sich nicht nur auf interne Dinge beschränkt und um Strukturfragen kümmert.

Die Kirche und ihre Caritas sollte von den Menschen ausgehen, wie sie sind. Sie kann sie nur annehmen in ihrer Ist-Situation und versuchen, mit ihnen die biblische Botschaft zu entdecken und zu entfalten. Für kirchlich geprägte Personen bedeutet es eine besondere Chance, in heterogenen Teams zu arbeiten, da sie sich ihrer Identität mehr bewusst werden können. Für nichtchristlich geprägte Personen ohne eigenen religiösen Hintergrund ergibt sich die Möglichkeit, auf engagierte Christinnen und Christen zu treffen.

Heterogene Teams sind in der Caritas Alltag. Die Mitarbeiterinnen und Mitarbeiter und Leitungskräfte können ihre eigene Haltung und Identität durch die Zusammenarbeit mit den anderen Teamkollegen weiterentwickeln bzw. auch stärken. Entscheidend ist, dass Teams überhaupt die Gelegenheit haben, sich mit solchen Fragen auseinanderzusetzen. Die Caritasorganisation ist verpflichtet, Räume und Möglichkeiten zu schaffen, wo sich Mitarbeiterinnen und Mitarbeiter sowie Leitungskräfte mit solchen Fragen auseinandersetzen können und wo sie auch Erfahrungen sammeln können mit den christlichen Grundlagen und biblischen Texten. Deshalb ist es auch wichtig, Liturgie und Verkündigung in der Caritas zu realisieren und Andockmöglichkeiten für Menschen unterschiedlicher Prägung zu schaffen, z. B. durch Segnungen und andere Formen der „niederschwelligen Begegnung“ mit christlichen Werten und dem Glauben. Dazu ist Grundbedingung, dass Leitungskräfte zu ihrem Glauben stehen und auch davon erzählen, ebenso von ihren Kirchenerfahrungen. Spiritualität, Seelsorge und Ethik brauchen Ressourcen und Zeit. Häufig sind ethische Fragen ein Einstieg für die Beschäftigung mit weiteren Sinnfragen. Mitarbeitende brauchen dafür unterschiedliche Ansprechpartner/innen mit unterschiedlichen Profilen, weil sie selbst unterschiedlich geprägt sind. Kirchliche Sprache ist oft nicht verständlich und muss übersetzt werden. Im Caritasverband werden gute Erfahrungen mit Einführungen in kirchliche Sprache und Begriffe gemacht, teilweise werden diese sogar von Gemeinden nachgefragt.

Nachfolgende Generationen haben wesentlich weniger Bindungen zu Kirche und Religion. Sicherlich müssen von den Caritasorganisationen dafür neue Instrumente gefunden werden. Die Inkarnation Gottes findet in jedem Menschen statt. Deshalb sollte bei dem einzelnen angesetzt werden und der einzelne mit weniger religiöser Erfahrung nicht defizitär betrachtet werden. Gleichwohl ist auch wichtig, junge Christinnen und

Christen für Sozial- und Gesundheitsberufe zu gewinnen und gezielt auf sie zuzugehen. Häufig mache ich im Rahmen meiner Lehrtätigkeit an der Universität Münster die Erfahrung mit christlich geprägten Studierenden, dass sie gar nicht wissen, dass sie in der Kirche für die unterschiedlichen Berufe gebraucht werden und welche Berufsmöglichkeiten es gibt. Ebenso hat gerade die katholische Kirche mit einem schwierigen Ruf als Arbeitgeber zu kämpfen. Deshalb geht die Caritas mit einer Vielfalt an Angeboten auf junge Menschen zu, um sie für soziale Themen zu interessieren und sie zum Engagement in der Caritas einzuladen.

5. Perspektiven für eine biblisch geprägte Handlungs- und Identitätsgemeinschaft

Das christliche Profil von Einrichtungen und Diensten müssen diese sich immer wieder erarbeiten. Es ist nicht in Stein gemeißelt und hängt von Personen, Bewusstsein und Strukturen ab. Das christliche Profil muss auch immer wieder gedeutet werden, denn die Rahmenbedingungen für Kirche in der Gesellschaft ändern sich permanent.

Grundsätzlich bleibt die Tatsache bestehen, dass die Kirche auch durch ihr soziales Engagement ihren biblischen Auftrag umsetzt und in die verschiedensten Milieus hinwirkt und damit in Berührung kommt. Jeder Mensch ist zur Nächstenliebe fähig. Jeder Getaufte und Gefirmte ist durch die Gabe des Heiligen Geistes dadurch befähigt. Dies bedeutet, dass unter dem Dach der Kirche Christinnen und Christen, aber auch Nichtchristen an der Verwirklichung einer Kultur der Liebe und Solidarität mitwirken können und damit letztendlich am Reich Gottes mitwirken in je unterschiedlicher Weise. Die Kirche und ihre Caritas braucht mehr inkarnatorisches Zutrauen, dass Gott also in jedem Menschen wirkt und somit auch katholisch nicht perfekte Menschen mit seinen Charismen ausstattet.

Menschen, die an dem Werk der Kirche mitarbeiten wollen, brauchen und verdienen Wertschätzung. Caritas ist ein guter Berührungsort mit Kirche, Christentum und Glauben und trägt damit einen missionarischen Sinn in sich. Mitarbeiter*innen sowie Leitungskräfte müssen daran gestärkt werden, dass sie einen wichtigen Dienst leisten, dazu aber nicht erst einen frommen Mantel umlegen müssen. Sie brauchen gute Zugänge zu Seelsorge, Spiritualität und Ethik. Christliches Profil braucht Qualität und Qualifikation. Man muss lernen, wie das Evangelium in die Organisation und seine Entscheidungsprozesse kommen kann und dafür müssen Kirche und ihre Caritas auch investieren.

Eine große Chance besteht in dem Ansatz, Caritasorganisationen als biblisch geprägte Handlungs- und Identitätsgemeinschaften zu gestalten. Die biblischen Texte bieten so viele Anknüpfungspunkte für Menschen christlicher und nichtchristlicher Prägung – auf der Wert, Sinn- und Glaubensebene. Sie sind das narrative Potential der Caritas und sollten viel stärker in den Blick genommen werden. Genauso zählen dazu prägende Figuren der Kirchengeschichte und der eigenen Bistumsgeschichte, wie z. B. der selige Dompropst Bernhard Lichtenberg, der gegen die Judenverfolgung eintrat. Auch der ökumenische Blick erschließt große Horizonte, wie z. B. an Dietrich Bonhoeffer deutlich wird.

Erfahrungen aus der Caritasarbeit, wo ein Stück Himmel erfahrbar wird, sollten noch mehr ausgesprochen und erzählt werden. Caritasorganisationen sollten angstfreie Räume schaffen, wo Menschen sich trauen, über ihre Erfahrungen und Zweifel zu sprechen – auch schwierige Erfahrungen mit Kirche und Glauben. Zu einer biblischen Handlungs- und Identitätsgemeinschaft gehört auch, dass Begegnung und Freude seinen Platz haben. Deshalb zählt auch gutes Feiern dazu.

Nichtchristliche Mitarbeiterinnen und Mitarbeiter haben ein großes Potential und sind ein Gewinn für Caritaseinrichtungen. Sie sollten nicht als Secondhand-Mitarbeiter gesehen werden, sondern als ein wichtiger Bestandteil. Denn sie bringen wichtige Erfahrungen und Kompetenzen mit.

Problematisch ist die Position, die Kirche solle vermehrt Caritaseinrichtungen schließen, wenn sie zu wenige christliche Mitarbeiter findet. Sicherlich kann man sich im Einzelfall die Frage stellen, aber zunächst muss geschaut werden, was für das christliche Profil getan wurde. Caritaseinrichtungen sind Kirche mitten unter den Menschen und wenn Kirche sich hier zurückzieht, besteht die Gefahr, dass sie sich auf sich selbst zurückzieht.

Inkarnatorisches Zutrauen bedeutet auch, dass Kirche und ihre Caritas immer wieder danach fragen sollten, was ihr Auftrag heute und in Zukunft heißt. Im Neuen Testament steht nicht, zieht euch zurück, sondern im Gegenteil, dass wir hinaus gehen sollen, die Kranken heilen und das Evangelium verkünden sollen!

6. Caritasidentität und aktuelle Herausforderungen des kirchlichen Arbeitsrechtes

Neben der Reflexion des eigenen Auftrags ist die Plausibilität des kirchlichen Arbeitsrechtes eine der Grundfragen, die die Kirche zu bearbeiten hat. Insbesondere im politischen Raum, aber auch von Gewerkschaften wird die Rechtmäßigkeit des kirchlichen Arbeitsrechtes immer wieder in Frage gestellt. Kritisiert worden ist insbesondere das fehlende Streikrecht und die Diskriminierung von Menschen, deren Lebensführung als nicht vereinbar mit dem kirchlichen Dienst betrachtet wurde. Hier wurde im letzten Jahr ein großer Fortschritt durch die Reform der kirchlichen Grundordnung erreicht.

Menschen in gleichgeschlechtlichen Beziehungen oder bei Wiederheirat müssen jetzt nicht mehr um ihren Arbeitsplatz fürchten. Dieser Schritt war mehr als überfällig. Die Praxis, dass Mitarbeiter*innen und Leitungskräfte ihre privaten Lebensumstände verbergen mussten oder deshalb gekündigt wurden, ist untragbar und eine schwere ethische Verfehlung gewesen. Hier muss die Kirche und auch die Caritas einen konsequenten Aufarbeitungsprozess beginnen. Gleichzeitig bedeutet eine normative Änderung nicht gleich eine Veränderung der Kultur.

In allen Caritasorganisationen müssen Reflexionen erfolgen, dass Menschen sich unabhängig von ihrer Lebenssituation und mit ihrer persönlichen Identität angenommen und wertgeschätzt fühlen. Ich bin dankbar, in einem Verband arbeiten zu dürfen, wo die Grundordnung in diesen Fragen bereits seit vielen Jahren nicht angewendet wurde und mir Mitarbeiter*innen schon wenige Tage, nachdem ich die Leitung als Caritasdirektorin übernommen habe, von ihren gleichgeschlechtlichen Partner*innen erzählt haben. Ich habe eine Kultur der Vielfalt vorgefunden und gleichzeitig immer wieder erlebt, dass Menschen trotzdem sich auch Fragen dazu gestellt haben und Sorgen hatten. Deshalb war es ein wichtiges Zeichen, dass wir nach der Diskussion um die Segnungsgottesdienste für homosexuelle Menschen als Vorstand ein Statement zur Vielfalt gegeben haben und die ganze Caritas im Erzbistum mit Regenbogenflaggen beflaggt wurde. Mit der Änderung der Grundordnung wurde ein erster Schritt im Hinblick auf Vielfalt gegangen, der auch sich auch noch in der Änderung der kirchlichen Lehre niederschlagen muss.

Ein zweites Thema des kirchlichen Arbeitsrechtes war in den letzten zwei Jahren die Ablehnung der Allgemeinverbindlichkeitserklärung des Pflegetarifes, der u. a. von ver.di initiiert wurde. Die Ablehnung durch die Arbeitsrechtliche Kommission hat der Caritas sehr viel Kritik eingebracht. Sie wurde sehr schlecht kommuniziert. Die Ablehnung war aber richtig. Hier wäre ein Mindesttarif eingeführt worden, den sich viele in der Caritas nicht als allgemeinverbindlichen Tarif hätten vorstellen können. Er hätte zwar bei Pflegenden in einer sehr schlechten Vergütungssituation zu einer Verbesserung geführt, aber gleichzeitig hätte er ein Niveau festgeschrieben, das absolut nicht mit den Richtlinien für Arbeitsverträge in den Einrichtungen des Deutschen Caritasverbandes, den Caritas-AVR, in der Vergütungshöhe vergleichbar gewesen wäre. Die Forderung der Caritas im Erzbistum Berlin ist: Wenn es einen allgemeinverbindlichen Tarif geben soll, dann muss das hohe Niveau der Caritas-AVR die Leitlinie sein. Es fehlten auch Vergütungsbestandteile in dem Pflegetarif, die eigentlich zu einem Volltarif gehören. Damit ist die Überzeugung verbunden, dass Pflege keinen Mindesttarif verdient, sondern einen Tarif auf hohem Niveau. Leider wurden die Argumente zu spät und nicht gut kommuniziert.

Ein weiterer Kritikpunkt ist das fehlende Streikrecht. Dieses kennt das kirchliche Arbeitsrecht nicht. Es orientiert sich am Konsensprinzip und enthält ein hohes Maß an Mitbestimmung durch die Mitarbeitervertretungen in den Einrichtungen und in den Arbeitsrechtlichen Kommissionen. Dienstgeber und Dienstnehmer sind gemeinsam caritativ tätig im Dienst der Kirche. Deswegen müssen beide Seiten, auch gemeinsame Lösungen für die Tarifbildung finden. In der Debatte wird außerdem zu wenig betont: Zum Streik gehören auch Aussperrungen. Die Caritas kann sich aber nicht vorstellen, im sozialen und pflegerischen Bereich auszusperren. Deswegen ist das Konsensprinzip ein sehr guter und effizienter Weg.

Die Mitarbeitervertretungen leisten hervorragende Arbeit. Natürlich sollte sich die Mitbestimmung im Dritten Weg weiterentwickeln, um ein starkes System zu bleiben und nicht statisch zu werden. Denkbar wäre eine organhafte Mitbestimmung in den Aufsichtsräten. Im Caritasverband für das Erzbistum Berlin werden in dieser Hinsicht Möglichkeiten genutzt, soweit es das Vereinsrecht zulässt. Ver.di hätte übrigens das Recht, in unseren Arbeitsrechtlichen Kommissionen mitzuwirken und damit auch auf deren Entscheidungen einzuwirken, lehnt dieses jedoch ab.

Über die Weiterentwicklung des kirchlichen Arbeitsrechtes muss auch in Zukunft diskutiert werden. Schwierig ist jedoch eine pauschale Kritik am kirchlichen Arbeitsrecht, die interessengeleitet ist, ohne dass die dahinterstehenden Interessen transparent gemacht werden. Zudem wird zu wenig berücksichtigt, dass die Caritas-AVR eines der erfolgreichsten

Vergütungssysteme mit über 98 % Tarifabdeckung im Gesundheits- und Sozialwesen ist.

Die Caritasidentität begründet sich nicht allein im kirchlichen Arbeitsrecht. Caritas wäre auch im zweiten Weg, also im Betriebsverfassungsrecht, vorstellbar. Der eigentliche Auftrag der Caritas begründet sich im Dienst der Nächstenliebe. Diesen immer wieder neu zu deuten und umzusetzen unter den jeweiligen Rahmenbedingungen, bleibt eine permanente Aufgabe der Caritasorganisationen.

7. Fazit

Wie viele der Mitarbeitenden formell Kirchenmitglieder sind, sagt schon lange nichts mehr darüber aus, ob eine kirchlich-soziale Einrichtung ein christliches Profil hat. Ein solches Profil muss immer wieder neu erarbeitet und gestaltet werden mit den jeweiligen Leitungskräften und Mitarbeiter*innen einer caritativen Organisation. Caritasorganisationen bietet für die Kirche eine große Chance – zum einen mit ihrer Wirkung in der Gesellschaft, für den einzelnen Hilfesuchenden, aber auch als kirchliche Ausstrahlungsorte. Um so wirken zu können, brauchen die Organisationen ein entsprechendes Bewusstsein und Ressourcen, mit denen das Profil gestaltet werden kann. Gleichzeitig sind sie durch ihren sozialen Auftrag per se im Auftrag des Evangeliums und der Kirche tätig. Sie brauchen dazu auch die Wertschätzung von Pfarreien, pastoralen Mitarbeitenden, Ordinariaten und Bistumsleitungen. Ein defizitorientierter Blick auf die Caritas verkennt die Chancen, die die Organisationen als pastorale Orte bieten und welchen Beitrag sie für die Verkündigung und das kirchliche Zeugnis leisten. Gleichzeitig müssen sich Caritasorganisationen aufgrund der heterogenen Mitarbeiterschaft immer wieder neu reflektieren, wie sie ihren Auftrag vermitteln können.

Ist mit der katholischen Kirche noch soziale Infrastruktur zu machen?

Veronika Julia Gräwe

1. Problemanzeigen

„Kann man denn Suppenküchen gegen Missbrauch aufrechnen?", fragte Christiane Florin bei Anne Will.[1] Lässt sich das systemische Versagen der katholischen Kirche[2], das sich in zahlreichen Fällen sexualisierter Gewalt zeigt, gegen das karitative Engagement der Kirche etwa in Suppenküchen aufwiegen? Während ersteres mit weiteren Aspekten wie der Diskriminierung von FLINTA[3] und LSBTIQ*[4] Personen für das negative Image der katholischen Kirche in Medien und Öffentlichkeit steht, steht letzteres für ein positives Bild von Kirche: Die Kirche, die sich in zahlreichen Einrichtungen um wohnungslose, kranke, behinderte oder geflüchtete Menschen sowie Kinder und Jugendliche sorgt.

---

[1] www.daserste.ndr.de/annewill/videos/Kann-man-denn-Suppenkuechen-gegen-Missbrauch-aufrechnen,annewill7322.html (Zugriff: 29.12.2022).

[2] Im Verhältnis von Staat und Kirche gibt es Parallelen zwischen den beiden großen Kirchen. Die evangelische Kirche ist mit eingeschlossen, wenn im Folgenden von den Kirchen im Plural die Rede ist. Der Beitrag fokussiert sich auf die römisch-katholische Kirche, diese wird im Folgenden mit „der Kirche" im Singular und als „katholische Kirche" bezeichnet.

[3] Das Akronym FLINTA steht für Frauen, Lesben, inter*, nichtbinäre, trans* und agender Personen. Der Begriff agender wird von Personen genutzt, die kein Geschlecht haben. Vgl. *R. Soden*, Von Schubladen, Menschen und Schnabeltieren. Und warum G*tt Fan von Vielfalt ist, in: Anzeiger für die Seelsorge. Zeitschrift für Pastoral und Gemeindepraxis (2023), 32–36, 35.

[4] Das Akronym LSBTIQ* steht für lesbische, schwule, bisexuelle, trans*, inter* und queere Personen. Im Englischen ersetzt „G" für gay das „S" in LSBTIQ*. Der Asterisk markiert den Einschluss weiterer nicht-heterosexueller Orientierungen und nicht-cisgeschlechtlicher Identitäten. Als cis werden Personen bezeichnet, die sich mit dem ihnen bei der Geburt zugeschriebenen Geschlecht identifizieren. Vgl. *TransInterQueer e. V.*, Trans* Inter* Queer ABC, 4, www.transinterqueer.org/wp-content/uploads/2021/11/TrIQinfo-ABC.pdf (Zugriff: 24.02.2023). Wo ich mich auf Studien beziehe, die nur bestimmte sexuelle Orientierungen oder geschlechtliche Identitäten berücksichtigen, werde ich die entsprechenden Akronyme benutzen.

Aber sind die sozialen Dienstleistungen in der Waagschale tatsächlich das Gegengewicht? Anders als historisch ist soziale Infrastruktur heute zumeist staatlich (mit)finanziert und etwa in der Kinder- und Jugendhilfe oder der Behindertenhilfe über die Sozialgesetzbücher mit Rechtsansprüchen der Nutzer*innen hinterlegt. Abstriche zugunsten der sexualmoralischen oder weltanschaulichen Vorstellungen des Leistungserbringers scheinen den Nutzer*innen damit nicht mehr zumutbar zu sein, sind allerdings nach wie vor Realität.

Mit Blick auf die katholische Kirche soll zunächst der Kontrast zwischen staatlichen Gleichstellungsmaßnahmen und der kirchlichen Sexualmoral sowie die nach wie vor prägende Rolle kirchlicher Träger skizziert werden. In einem zweiten Schritt soll dann anhand der Kinder- und Jugendhilfe[5] sowie der Behindertenhilfe[6] die bevorzugte Stellung christlicher Wohlfahrtsakteur*innen in einer pluralen Gesellschaft problematisiert werden. Im Anschluss sollen ausgehend von einer innerkirchlichen Diversität Perspektiven für soziale Infrastruktur in einer pluralen Gesellschaft formuliert werden.

2. Gesellschaftspolitische Gleichstellungsmaßnahmen im Kontrast zur Sexualmoral der katholischen Kirche

Der Gesetzgeber hat in den letzten Jahren die Gleichstellung von LSBTIQ* Personen und ihren Schutz vor Diskriminierung vorangetrieben. Neben der Ehe für alle zu nennen sind hier u. a. die Dritte Option beim Geschlechtseintrag, das Verbot von nicht medizinisch indizierten Genitaloperationen bei inter*[7] Kindern[8] sowie das Verbot von Konver-

---

[5] Ich verwende in diesem Beitrag den Begriff stationäre Kinder- und Jugendhilfe anstelle stigmatisierender Begriffe wie „Heimerziehung" oder „Kinderheim".

[6] Ich nutze in dem Beitrag den Begriff Behindertenhilfe. Häufig werden Einrichtungen für Menschen mit Behinderung als exkludierende Sondereinrichtungen dem Anspruch der UN-Behindertenrechtskonvention nicht gerecht. Vgl. *J. Rath*, „Nichts ohne uns über uns!" Weihnachten als Paradebeispiel der Inklusion, in: A. Lelle/C. Naglmeier-Rembeck/F. Spies (Hrsg.), Weihnachten kann erst werden, wenn. Wie die Nacht wieder heilig wird, München [1]2022, 142–149, 144. Das Wort „hilfe" in „Behindertenhilfe" ist damit ambivalent.

[7] Ich werde in diesem Beitrag die Begriffe inter* und trans* nutzen. Inter* und trans* sind Sammelbegriffe, bei denen der Asterisk eine Vielzahl möglicher Endungen wie etwa intergeschlechtlich oder intersexuell beziehungsweise transident, transgender oder transsexuell markiert. Die in der Medizin oft genutzten Begriffe intersexuell und

sionstherapien[9]. Anders sieht es in der katholischen Kirche als – trotz sinkender Mitgliedszahlen – gesellschaftlich prägender Akteurin aus. Bei der Vierten Synodalversammlung im September 2022 erreichte das Grundlagenpapier des Forums IV „Leben in gelingenden Beziehungen – Liebe leben in Sexualität und Partnerschaft" des Synodalen Weges nicht die notwendige Zwei-Drittel-Mehrheit der Bischöfe. Das Grundlagenpapier verurteilt u. a. Konversionstherapien und positioniert sich kritisch, wo kirchliche Sexualmoral sexualisierte Gewalt systemisch bedingt hat.[10] Das sogenannte Gender-Dokument der vatikanischen Bildungskongregation von 2019 ruft gar zu Operationen auf, die inter* Kinder einem binären Geschlechtersystem unterwerfen sollen.[11]

3. Soziale Infrastruktur in konfessioneller Hand

Trotz sinkender Mitgliedzahlen – und im Falle der katholischen Kirche einer von weiten Teilen der Bevölkerung und der eigenen Gläubigen nicht mehr geteilten Sexualmoral – sind die beiden großen christlichen Kirchen in Deutschland nach dem Staat die größten Arbeitgeberinnen.[12] Regional oder in bestimmten Bereichen ist soziale Infrastruktur[13] sogar zu großen Teilen in konfessioneller Trägerschaft. Beispielsweise hat die katholische Kirche in Trier ein Monopol auf Krankenhäuser und Kindertagesstätten.[14]

---

transsexuell werden von den so Fremdbezeichneten häufig als pathologisierend abgelehnt. Vgl. *TransInterQueer e. V.*, ABC (s. Anm. 4), 5–10.

[8] Vgl. Gesetz zum Schutz von Kindern mit Varianten der Geschlechtsentwicklung, 2021.

[9] Vgl. www.bundesgesundheitsministerium.de/presse/pressemitteilungen/2020/2-quartal/beschluss-verbot-konversionstherapien.html (Zugriff: 23.02.2023).

[10] Vgl. www.synodalerweg.de/fileadmin/Synodalerweg/Dokumente_Reden_Beitraege/SV-IV/SV-IV_Synodalforum-IV-Grundtext-Lesung2.pdf (Zugriff: 23.02.2023).

[11] Vgl. *Kongregation für das katholische Bildungswesen*, „Als Mann und Frau schuf er sie". Für einen Weg des Dialogs zur Gender-Frage im Bildungswesen, 2019, 24, www.vatican.va/roman_curia/congregations/ccatheduc/documents/rc_con_ccatheduc_doc_20190202_maschio-e-femmina_ge.pdf (Zugriff: 23.02.2023).

[12] Vgl. www.gesundheit-soziales-bildung.verdi.de/mein-arbeitsplatz/kirchliche-betriebe (Zugriff: 23.02.2023).

[13] Der Begriff Infrastruktur bezeichnet staatliche und private Einrichtungen der Daseinsvorsorge und der wirtschaftlichen Entwicklung. Zur sozialen Infrastruktur zählen u. a. Krankenhäuser und Schulen. Vgl. www.bpb.de/kurz-knapp/lexika/lexikon-der-wirtschaft/19727/infrastruktur (Zugriff: 23.02.2023).

[14] Vgl. Thomas Schüller in *B. Lehnhoff/F. Breitmeier*, Umstrittene Sonderrolle – Wohin

Deutschlandweit wird ein erheblicher Anteil der sozialen Dienstleistungen für Menschen mit kognitiver Behinderung von der Caritas und der Diakonie erbracht.[15] Circa ein Drittel der Krankenhäuser in Deutschland sind in konfessioneller Hand.[16] Und in der stationären Kinder- und Jugendhilfe, wo die Zielgruppe als eher kirchenfern gilt,[17] entfielen 2018 19 % aller stationären Plätze auf die Caritas und 25 % auf die Diakonie.[18]

Problematisch wird die Dominanz kirchlicher Träger, wenn Nutzer*innen gezwungen sind auf kirchliche Angebote zurückzugreifen, auch wenn sie selbst ein nicht-kirchliches Angebot bevorzugen würden oder dieses für sie aus unterschiedlichen Gründen passender wäre. Dies kann LSBTIQ* Personen betreffen, aber auch Personen nicht-christlicher Religionszugehörigkeit oder ohne Religionszugehörigkeit sowie Personen, die in kirchlichen Kontexten sexualisierte Gewalt überlebt haben und diese daher nicht mehr nutzen wollen. Auch die Ausübung sozialer Berufe bei einem nicht-kirchlichen Träger ist für Arbeitnehmer*innen, wo kirchliche Träger dominieren, erschwert.

4. Konfessionelle Angebote für Kinder und Jugendliche als Teil staatlich (mit)finanzierter sozialer Infrastruktur

In den folgenden beiden Abschnitten sollen Probleme und Chancen skizziert werden, die damit einhergehen, wenn sich soziale Infrastruktur für Kinder und Jugendliche in konfessioneller Trägerschaft befindet. Zunächst soll hier auf Risikofaktoren eingegangen werden, die sich aus der

---

entwickelt sich das Staat-Kirche-Verhältnis? (22.05.2022), www.ndr.de/nachrichten/info/Umstrittene-Sonderrolle-Wohin-entwickelt-sich-Staat-Kirche-Verhaeltnis,audio1134050.html (Zugriff: 24.02.2023).

[15] Vgl. *R. Jelinek-Menke*, Religion und Disability. Behinderung und Befähigung in religiösen Kontexten. Eine religionswissenschaftliche Untersuchung, Bielefeld 2021, 36f.

[16] Vgl. *E. Schäfer*, Konfessionelle Krankenhäuser, 2021, www.fowid.de/meldung/konfessionelle-krankenhaeuser (Zugriff: 23.02.2023).

[17] Vgl. *M. Lechner*, Religionssensible Erziehung – eine passende Antwort auf die „neue religiöse Situation" und eine angemessene Aufgabe für (katholische) Einrichtungen und Dienste der Erziehungshilfe, in: M. Lechner/N. Dörnhoff/S. Hiller (Hrsg.), Religionssensible Erziehung in der Jugendhilfe. Benachteiligte Kinder und Jugendliche in ihrer religiösen Entwicklung fördern, Freiburg i. Br. 2014, 55–65, 61.

[18] Vgl. *A. Tabel*, Empirische Standortbestimmung der Heimerziehung. Fachwissenschaftliche Analyse von Daten der amtlichen Kinder- und Jugendhilfestatistik, Frankfurt a. M. 2020, 22, www.igfh.de/sites/default/files/2020-07/Expertise_Statistik_Tabel_2020.pdf (Zugriff: 23.02.2023).

katholischen Sexualmoral im Hinblick auf die Prävention sexualisierter Gewalt und eine LSBTIQ* inklusive soziale Infrastruktur ergeben. Anschließend sollen am Beispiel der stationären Kinder- und Jugendhilfe der Mehrwert konfessioneller Einrichtungen und Fragen der Religionsfreiheit diskutiert werden.

Die Aufarbeitung sexualisierter Gewalt in der katholischen Kirche hat gezeigt, dass Kinder und Jugendliche in Schulen, Internaten oder der stationären Kinder- und Jugendhilfe (sexualisierter) Gewalt ausgesetzt waren. Teilweise wurde bereits auffälligen oder vorbestraften Priestern der Zugang zu besonders sensiblen Kontexten wie Kinder- und Jugendhilfeeinrichtungen ermöglicht. Dabei gab es Mitwissende, die um die Taten wussten, aber nicht eingriffen. In der stationären Kinder- und Jugendhilfe ist davon auszugehen, dass hier auch Ordensschwestern zu den Mitwissenden zählten. Erklärungsmodelle gehen hier von systemischen katholischen Ursachen für das Nichtmelden der Taten durch die Schwestern aus. Zu diesen Ursachen zählen Schwierigkeiten der Schwestern über Sexualität zu sprechen sowie die unterlegene Position von Frauen in der sexistischen Institution katholische Kirche.[19] Angesichts der Fälle aus der stationären Kinder- und Jugendhilfe ist ein undifferenziertes positives Image des karitativen Engagements zumindest für die Vergangenheit so nicht aufrechtzuerhalten. Im Gegenteil gerade die konfessionelle Prägung begünstigte systemisch die sexualisierte Gewalt an Kindern und Jugendlichen.

Auch mit Blick auf sexuelle und geschlechtliche Vielfalt können katholische und andere religiöse sexualmoralische Vorstellungen eine negative Wirkung entfalten. Zu nennen ist hier sowohl die Diskriminierung junger LSBTIQ* Personen in Form eines Nichtmitgedacht-Werdens als auch aktiv religiös geförderte LSBTIQ*-Feindlichkeit.

Nach einer Studie des Deutschen Jugendinstitutes fehlt es Fachkräften wie beispielsweise Lehrer*innen, Erzieher*innen oder Therapeut*innen an dem Bewusstsein, es immer auch mit jungen LSBTIQ* Personen zu tun zu haben. Angebote seien dann zumeist an den Bedürfnissen von heterosexuellen und cisgeschlechtlichen jungen Menschen ausgerichtet.[20]

---

[19] Vgl. *B. Frings* et al., Macht und sexueller Missbrauch in der katholischen Kirche. Betroffene, Beschuldigte und Vertuscher im Bistum Münster seit 1945, Freiburg i. Br. 2022, 53, 97–98, 344, 353, 397–398, 405, 454–455.

[20] Vgl. *C. Krell/K. Oldemeier*, Coming-out – und dann …?! Coming-out-Verläufe und Diskriminierungserfahrungen von lesbischen, schwulen, bisexuellen, trans* und queeren Jugendlichen und jungen Erwachsenen in Deutschland, München 2017, 217.

In besagter Studie stellte „Religiöse Gemeinde/Gruppe“ den Bereich dar, in dem sich Jugendliche und junge Erwachsene am wenigsten outen wollten.[21]

Religion kann sich in unterschiedlichen Feldern auf die Arbeit mit jungen LSBTIQ* Personen auswirken:

- Menschen mit Jugendhilfeerfahrung berichten, dass die Religion von Fachkräften in Wohngruppen neben anderen Faktoren den Umgang mit (gleichgeschlechtlichen) Beziehungen beeinflussen kann.[22]
- Internationale Studien zeigen, dass Religion für junge LGBQ Erwachsene zum Risikofaktor für Suizidgedanken oder Suizidversuchen werden kann. Dies bedeutet, dass Angebote von religiösen Organisationen zur Suizidprävention und im Bereich psychische Gesundheit gerade bei der besonders suizidgefährdeten Gruppe junger LGBQ Personen möglicherweise nicht hilfreich sind.[23]
- Für Kanada hat die Erziehungswissenschaftlerin Tonya Callaghan gezeigt, wie LGBTQ Schüler*innen an katholischen Schulen einer religiös begründeten Homofeindlichkeit ausgesetzt sein können.[24]

5. Religion und Spiritualität in der stationären Kinder- und Jugendhilfe

Ist konfessionelle soziale Infrastruktur für Kinder und Jugendliche damit noch zeitgemäß? Dies soll nun im Folgenden für den Bereich der stationären Kinder- und Jugendhilfe diskutiert werden. Dabei gilt es neben sexueller und geschlechtlicher Vielfalt auch eine religiös plurale Gesellschaft in den Blick zu nehmen. Der Bereich der stationären Kinder- und Jugendhilfe ist hier ein besonders sensibler Bereich: Anders als bei Schulen, wo Eltern in der Regel zwischen einer staatlichen oder einer privaten und hier einer konfessionell gebundenen Schule wählen können, geht es in der stationären Kinder- und Jugendhilfe in den seltensten Fällen darum

---

[21] Vgl. ebd., 94–95, 160–161.

[22] Vgl. *Regionalgruppe Stuttgart*, Überlegungen zu Beziehungen in der Wohngruppe aus dem Careleaver-Wochenende vom 04.-06.02.2022, www.careleaver.de/wp-content/uploads/2022/04/Ueberlegungen_Beziehungen.pdf (Zugriff: 24.02.2023).

[23] Vgl. *M. C. Lytle* et al., Association of Religiosity With Sexual Minority Suicide Ideation and Attempt, in: Am J Prev Med 54 (2018), 644–651.

[24] Vgl. *T. D. Callaghan*, Homophobia in the Hallways. Heterosexism and Transphobia in Canadian Catholic Schools, Toronto 2018, 195–209.

für den jungen Menschen eine auch religiös passende Einrichtung auszuwählen.

Religiöse oder spirituelle Angebote können die Resilienz von Kindern und Jugendlichen stärken oder diesen schaden.[25] Unterschiedliche Publikationen der letzten Jahre beschäftigen sich mit der Frage, wie Religiosität und Spiritualität in der stationären Kinder- und Jugendhilfe die Resilienz der Betreuten stärken können. Diskutiert wird dabei, wie Mitarbeitende entsprechend qualifiziert werden können, um die religiöse und spirituelle Entwicklung der Kinder und Jugendliche zu begleiten. Der Qualifizierung der Mitarbeitenden kommt eine besondere Bedeutung zu, da Studien zeigen, dass Mitarbeitende sich kaum als kompetent erleben, Themen wie Religion und Spiritualität mit Kindern und Jugendlichen zu bearbeiten.[26] Mit Verweis auf die UN-Kinderrechtskonvention plädiert Martin Baierl in seinem „Praxishandbuch Rituale für die Kinder- und Jugendhilfe“ dafür, dass Kinder- und Jugendhilfe auch die spirituelle Entwicklung der Betreuten zu fördern habe.[27]

Eine protektive Wirkung wird Religion und Spiritualität u. a. dann zugeschrieben, wenn sie Kindern und Jugendlichen positive Gemeinschaftserfahrungen ermöglichen, zu der Erfahrung von Sinn führen oder bei der Bewältigung schwieriger Lebensereignisse helfen.[28] Zum Risikofaktor können Religion und Spiritualität dann werden, wenn Zwang ausgeübt wird. Hierunter kann bereits ein erzwungenes Tischgebet fallen.[29] Auch argumentiert Baierl, dass in der Kinder- und Jugendhilfe keine Ablehnung der Gleichstellung von Mädchen und Jungen sowie von gleichgeschlechtlichen Beziehungen durch Mitarbeitende aus religiösen Gründen erfolgen dürfe. Geschehe dies dennoch, müsse dem wie anderen gefährdenden Aspekten begegnet werden.[30]

---

[25] Vgl. *M. Baierl*, Praxishandbuch Rituale für die Kinder- und Jugendhilfe. Spiritualität als Resilienzfaktor erleben, Göttingen [1]2020, 26–49; *H. Lütkemeier*, Religiosität und Spiritualität als protektive Faktoren in der Heimerziehung? Untersuchung zur Resilienzstärkung in Einrichtungen der stationären Jugendhilfe, in: UJ 66 (2013), 8–18.

[26] Vgl. *M. Baierl*, Praxishandbuch (s. Anm. 25); vgl. *M. Lechner/N. Dörnhoff/S. Hiller* (Hrsg.), Religionssensible Erziehung in der Jugendhilfe. Benachteiligte Kinder und Jugendliche in ihrer religiösen Entwicklung fördern, Freiburg i. Br. 2014; vgl. *H. Lütkemeier*, Religiosität (s. Anm. 25).

[27] Vgl. *M. Baierl*, Praxishandbuch (s. Anm. 25), 11.

[28] Vgl. *H. Lütkemeier*, Religiosität (s. Anm. 25), 9, 12–13.

[29] Vgl. *M. Baierl*, Praxishandbuch (s. Anm. 25), 33, 38–39, 122.

[30] Vgl. ebd., 65f.

Auch wenn religiöse und spirituelle Angebote selbst in kirchlichen Kinder- und Jugendhilfeeinrichtungen keine Selbstverständlichkeit sind,[31] können konfessionelle Träger hier durchaus Angebote machen, von denen Kinder und Jugendliche profitieren können. In der Literatur wird darauf verwiesen, dass heute weder in konfessionellen noch in nicht-konfessionellen Einrichtungen der stationären Kinder- und Jugendhilfe eine weltanschauliche Homogenität der Bewohner*innen existiere. Dementsprechend gelte es in konfessionellen und nicht-konfessionellen Einrichtungen dieser Pluralität gerecht zu werden und Kinder und Jugendliche auch in ihrer religiösen Entwicklung zu fördern. Konfessionelle Einrichtungen müssten sich dafür von dem historischen Ansatz verabschieden, Kinder und Jugendliche in eine bestimmte Konfession hinein zu sozialisieren.[32] Weiterhin gelte es in diesen Einrichtungen christliche Feste so zu feiern, dass sie für Kinder und Jugendliche anderer Religionen und ohne Religion anschlussfähig werden.[33]

Das Gesetz über die religiöse Kindererziehung sieht in § 5 vor, dass Jugendliche ab Vollendung ihres vierzehnten Lebensjahres selbst über ihre Religionszugehörigkeit entscheiden können sowie bereits mit Vollendung des zwölften Lebensjahres nicht mehr gegen ihren Willen in einer anderen als ihrer bisherigen Religion erzogen werden dürfen.[34] Dies wird in der stationären Kinder- und Jugendhilfe nicht immer umgesetzt. So kommt eine Studie, in der 2011 Daten in konfessionellen und nicht-konfessionellen Kinder- und Jugendhilfeeinrichtungen in Nordrhein-Westfalen erhoben wurden, zu folgenden Befunden: Die Religionsausübung muslimischer Kinder und Jugendlicher wird teilweise auf das eigene Zimmer beschränkt. Ein kleiner Teil der Einrichtungen verfügt über Kapellen oder sichtbar angebrachte Kreuze. Es gibt Gottesdienstbesuche, die für zumeist jüngere Kinder verpflichtend sind.[35]

Angesichts der religiösen Pluralität der Bewohner*innen kann die Dominanz christlicher Einrichtungen auch im Rückgriff auf das Konzept *christian privilege*[36] problematisiert werden. *Christian privilege* be-

---

[31] Vgl. ebd., 27.

[32] Vgl. *M. Lechner*, Religionssensible Erziehung (s. Anm. 17), 60f.

[33] Vgl. *M. Baierl*, Praxishandbuch (s. Anm. 25), 138f.

[34] Vgl. Gesetz über die religiöse Kindererziehung, § 5.

[35] Vgl. *H. Lütkemeier*, Religiosität (s. Anm. 25), 12–15.

[36] Das Konzept *christian privilege* knüpft im US-amerikanischen Raum an Konzepte wie *male privilege* und *white privilege* an. Vgl. *C. Clark* et al., Diversity Initiatives in Higher Education: It's Not Just „Secret Santa“ in December: Addressing Educational

schreibt Privilegien von Christ*innen in christlich geprägten Gesellschaften. Zu diesen Privilegien zählt etwa, dass christliche und staatliche Feiertage häufig identisch sind oder es für christliche Personen wesentlich mehr für sie passende Angebote gibt.[37] *Christian privilege* in Deutschland umfasst, dass christliche Kinder und Jugendliche bei einer Aufnahme in die stationäre Kinder- und Jugendhilfe eine höhere Wahrscheinlichkeit haben, sich in einem für sie auch religiös passenden Kontext wiederzufinden als Kinder und Jugendliche anderer Religionszugehörigkeiten.

6. Konfessionelle Angebote der Behindertenhilfe als Teil staatlich (mit)finanzierter sozialer Infrastruktur

Im folgenden Abschnitt soll nun die Bereitstellung sozialer Infrastruktur für Menschen mit Behinderung durch kirchliche Träger diskutiert werden. Dabei sollen die Themenfelder sexualisierte Gewalt, sexuelle Selbstbestimmung und Religionsfreiheit berücksichtigt werden.

Auch an Menschen mit Behinderung verübten Priester in kirchlichen Einrichtungen sexualisierte Gewalt. Die Befunde gleichen dabei denen aus der stationären Kinder- und Jugendhilfe: Bereits auffällige Priester wurden in Einrichtungen der Behindertenhilfe versetzt, wo es teilweise zu erneuten Vorwürfen sexualisierter Gewalt kam.[38] Diese Fälle offenbaren eine ableistische Haltung, welche die besondere Schutzbedürftigkeit von Menschen mit Behinderung missachtet. Obwohl Frauen mit Behinderung statistisch gesehen zwei- bis dreimal häufiger als Frauen im Bevölkerungsdurchschnitt von sexualisierter Gewalt betroffen

---

and Workplace Climate Issues Linked to Christian Privilege, in: Multicultural Education 10 (2002), 52–57; vgl. *W. J. Blumenfeld*, Christian Privilege and the Promotion of „Secular" and Not-So „Secular" Mainline Christianity in Public Schooling and in the Larger Society, in: Equity & Excellence in Education 39 (2006), 195–210.

[37] Vgl. *L. Markowitz/L. Puchner*, Structural Ignorance of Christian Privilege, in: International Journal of Qualitative Studies in Education 31 (2018), 877–894, 878f.

[38] Vgl. *M. Westpfahl* et al., Sexueller Missbrauch Minderjähriger und erwachsener Schutzbefohlener durch Kleriker sowie hauptamtliche Bedienstete im Bereich der Erzdiözese München und Freising von 1945 bis 2019 – Verantwortlichkeiten, systemische Ursachen, Konsequenzen und Empfehlungen, 2022, 816–820, 1054–1055, www.westpfahl-spilker.de/wp-content/uploads/2022/01/WSW-Gutachten-Erzdioezese-Muenchen-und-Freising-vom-20.-Januar-2022.pdf (Zugriff: 24.02.2023). Vgl. *B. Frings* et al., Macht (s. Anm. 19), 189f.

sind,[39] ist die sexualisierte Gewalt an behinderten Frauen in katholischen Einrichtungen noch kaum erforscht. Auch kritisieren kirchliche Aufarbeitungsdiskurse kaum einen Ableismus kirchlicher Prägung sowie die Aufrechterhaltung von Sonderräumen teilweise in Form von totalen Institutionen[40], die einen besonderen Risikofaktor für Gewalt darstellen.[41]

Die katholische Sexualmoral kann außerdem normierend auf die sexuelle Selbstbestimmung und das Beziehungsleben von Menschen mit Behinderung einwirken, wie Ramona Jelinek-Menke in ihrer Dissertation „Religion und Disability"[42] zeigt. So kommt es vor, dass in katholischen Einrichtungen Beziehungen eingeschränkt werden, die nicht der katholischen Sexualmoral entsprechen und sich die katholische Sexualmoral tabuisierend auf das Thema Sexualität auswirkt.[43]

Religion kann Menschen mit Behinderung auch befähigen.[44] Wo Religionsgemeinschaften gesellschaftlich an Einfluss verlieren und ihre Förderung durch öffentliche Gelder keine Selbstverständlichkeit mehr ist, kann die Konzeptionalisierung von Religionsgemeinschaften als Orten der Inklusion auch den Zweck verfolgen, den eigenen *status quo* zu erhalten.[45] Entsprechende Konzeptionalisierung sind dementsprechend differenziert zu betrachten.

In kirchlichen Einrichtungen der Behindertenhilfe kommt es ebenfalls zu Einschränkungen der Religionsfreiheit, wenn etwa religiöse Homoge-

---

[39] Vgl. *M. Schröttle* et al., Lebenssituation und Belastungen von Frauen mit Beeinträchtigungen und Behinderungen in Deutschland. Kurzfassung, Bielefeld 2012, 19, 24.

[40] Der Begriff der „totalen Institution" wurde vor allem durch die Arbeiten des amerikanischen Soziologen Erving Goffman bekannt. Goffman definiert totale Institutionen als Orte, an denen Menschen ein von der Außenwelt abgeschnittenes Leben führen. Vgl. *E. Goffman*, Asyle. Über die soziale Situation psychiatrischer Patienten und anderer Insassen, Berlin [22]2020, 11f. Der Begriff wird auch in der Behindertenrechtsbewegung genutzt, um Sondereinrichtungen für Menschen mit Behinderung zu kritisieren. Beispiele für totale Institutionen in der Behindertenhilfe sind Träger, die auf einem Gelände beispielsweise Wohnheim und Werkstatt bündeln, womit sich im Alltag für die Nutzer*innen kaum Möglichkeiten ergeben, sich außerhalb dieser Institutionen zu bewegen. Vgl. *R. Krauthausen*, #Teamwallraff und die Konsequenzen, www.raul.de/allgemein/wallraff-lebenshilfe-und-die-konsequenzen (Zugriff: 20.02.2023).

[41] Vgl. *J. Rath*, Weihnachten (s. Anm. 6).

[42] Vgl. *R. Jelinek-Menke*, Religion und Disability (s. Anm. 15).

[43] Vgl. ebd., 236–239.

[44] Vgl. ebd., 132f.

[45] Vgl. ebd., 330f.

nität gefördert und religiöse Heterogenität verhindert wird.[46] Wenn keine alternativen nicht-christlichen Einrichtungen zur Verfügung stehen und Leistungen erbracht werden, auf welche die Nutzer*innen einen Rechtsanspruch haben, scheint diese Einschränkung der Religionsfreiheit rechtlich so nicht legitimierbar.

7. Katholische Diversität

Wenn soziale Infrastruktur von kirchlichen Trägern erbracht wird, kann dies für die Nutzer*innen also wie gezeigt negative Effekte haben, die auch auf die katholische Sexualmoral zurückzuführen sind. Zugleich wird die katholische Sexualmoral aber nicht nur von weiten Teilen der Bevölkerung nicht mehr geteilt, sondern auch von weiten Teilen der eigenen Gläubigen und kirchlichen Mitarbeitenden. So outeten sich im Zuge von #OutInChurch Personen, die hauptamtlich in katholischen Einrichtungen der sozialen Infrastruktur tätig sind.[47] Katholische Verbände, die Einrichtungen der sozialen Infrastruktur betreiben, solidarisierten sich mit #OutInChurch, darunter diverse Caritasverbände sowie der Sozialdienst katholischer Frauen und der Sozialdienst katholischer Männer.[48] Und anders als trans- und interfeindliche lehramtliche Dokumente sind katholische Träger längst inklusiver. So positioniert sich etwa die Frauenhauskoordinierung, in der auch die Caritas und der Sozialdienst katholischer Frauen Mitglied sind, dafür, trans*, inter* und cis Frauen Schutz in Frauenhäusern zu gewähren.[49] Dies war nicht immer so, viel mehr haben katholische Verbände wie die Caritas hier eine Entwicklung durchlaufen[50] oder durchlaufen diese noch. Im Hinblick auf die katholische Sexualmoral kann also in der Praxis von einer (entstehenden) Diversität ausgegangen werden.

---

46 Vgl. ebd., 240f.

47 Vgl. www.outinchurch.de/das-sind-wir (Zugriff: 24.02.2023).

48 Vgl. www.outinchurch.de/unterstuetzen (Zugriff: 02.01.2023).

49 Vgl. www.frauenhauskoordinierung.de/fileadmin/redakteure/Publikationen/Stellungnahmen/2022-09-08_FHK_PositionierungGewaltschutzTransInterNicht-Binaer.pdf (Zugriff: 24.02.2023). Vgl. www.frauenhauskoordinierung.de/ueber-uns (Zugriff: 30.03.2023).

50 Vgl. *M. Schüßler*, Den Käfig der Stereotype auseinandernehmen: queersensible Pastoraltheologie der Weltkirche, in: J. Ehebrecht-Zumsande et al. (Hrsg.), Out in Church. Für eine Kirche ohne Angst, München [1]2022, 136–143, 136.

8. Die katholische Kirche als Anbieterin sozialer Infrastruktur – Perspektiven

Zusammenfassend lässt sich festhalten, dass die katholische Kirche im Bereich der sozialen Infrastruktur nach wie vor eine nicht unproblematische Größe ist. Folgende Punkte erscheinen mir perspektivisch in einer pluralen Gesellschaft für eine staatlich (mit)finanzierte soziale Infrastruktur in kirchlicher Trägerschaft wichtig:

- Präventions- und Schutzkonzepte, die den systemischen katholischen Risikofaktoren begegnen, müssen vorhanden sein.
- Auch katholische Einrichtungen müssen, wenn sich ihre Angebote nicht ausschließlich an eine katholische heterosexuelle, cisgeschlechtliche und monogam lebende Zielgruppe richten, entsprechende Diversitätsmaßnahmen implementieren. Nur davon auszugehen, man richte sich schon an „alle" und es werde niemand ausgeschlossen, reicht nicht. Damit LSBTIQ* Personen oder Personen anderer Religionszugehörigkeit und ohne Religionszugehörigkeit gleichermaßen von Angeboten sozialer Infrastruktur profitieren können und nicht ungewollte negative Auswirkungen auftreten, braucht es Wissen um die spezifischen Bedarfe dieser Nutzer*innen. LSBTIQ* Mitarbeitende und nicht-christliche Mitarbeitende, die hier Erfahrungswissen mitbringen, können dabei eine Ressource sein. Die neue Grundordnung des kirchlichen Dienstes schafft hier wichtige Voraussetzungen.[51]
- Nutzer*innen sozialer Infrastruktur sollen ihre Religion ausüben können, keinem Zwang in religiösen Angelegenheiten unterliegen sowie gegebenenfalls in ihrer religiösen und spirituellen Entwicklung gefördert werden. Wird die Religionsausübung in Einrichtungen eingeschränkt, sollte der Staat hier Kriterien vorgeben, die für alle Religionsgemeinschaften gleichermaßen gelten. Dies gilt besonders, wenn nicht vergleichbare soziale Infrastruktur in nicht-kirchlicher Trägerschaft in angemessenem Umfang zur Verfügung steht.
- Der Staat sollte sich um die einer pluralen Gesellschaft angemessene Trägervielfalt bemühen. Monopole kirchlicher Träger und *christian privilege* sollten durch geeignete Maßnahmen aufgebrochen werden. Der Zugang zu einem bestimmten sozialen Beruf sollte nicht von der Kirchenzugehörigkeit oder dem Teilen bestimmter weltanschaulicher Positionen abhängen.

---

[51] Vgl. *Verband der Diözesen Deutschlands*, Grundordnung des kirchlichen Dienstes.

- Der Vertrauensvorschuss des Staates den Kirchen gegenüber gehört auf den Prüfstand. Verflechtungen zwischen Staat, Justiz und Kirche, die in der Vergangenheit Strafverfolgungen behinderten,[52] sollten schon im Sinne der Prävention aufgearbeitet werden.

Soziale Infrastruktur in katholischer Trägerschaft kann dann in einer demokratischen und pluralen Gesellschaft gelingen, wenn Staat und Kirche dafür Sorge tragen, dass diese gesellschaftlicher Diversität gerecht wird.

---

[52] Vgl. *B. Frings* et al., Macht (s. Anm. 19), 140, 178–179.

Unheilige Allianz oder sinnvolle Kooperation? Anmerkungen zur aktuellen Debatte um die Kölner Hochschule für Katholische Theologie

Claudia Lücking-Michel

1. Staat und Kirche: Unvermischt und ungetrennt

Der rechtliche Status der christlichen Kirchen sowie das Verhältnis und die Kooperation zwischen Staat und den beiden großen Kirchen sind in Deutschland vielfältig und in besonderer Weise geregelt. Wesentliche Fragen werden beantwortet in Konkordaten, sprich völkerrechtlich verbindlichen Verträgen; im Fall der katholischen Kirche zwischen dem Heiligen Stuhl auf der einen und verschiedenen staatlichen Völkerrechtssubjekten auf der anderen Seite. Auf dem Gebiet der Bunderepublik Deutschland gilt immer noch das Reichskonkordat von 1933, daneben gelten weiterhin Konkordate zwischen dem Vatikan und Vorgänger-Staaten wie etwa Preußen, Baden oder Bayern bzw. zusätzlich eine Reihe von Länderkonkordaten, die immer wieder nach Bedarf aktualisiert, ergänzt oder neu gefasst wurden. Dieser Status quo ist historisch bedingt und in der jetzigen Form weltweit einzigartig. Erklärtes Ziel war und ist es, das Zusammenleben und -wirken beider Seiten, sprich die Kooperation zwischen Staat und Kirche so zu ordnen, dass unter Wahrung der jeweiligen Eigenständigkeit ein Ausgleich der Interessen, vor allem aber eine möglichst fruchtbare Zusammenarbeit zum Wohl der Menschen ermöglicht wird.

Zentrale Fragen, die geregelt werden, sind etwa die Finanzierung, Wahl und Bestimmung des Spitzenpersonals wie der einzelnen Diözesanbischöfe, aber auch der Status des konfessionellen Religionsunterrichts im Rahmen staatlicher Schulen und der dazu notwendigen Ausbildung von zu verbeamtenden Religionslehrer*innen. Daneben gibt es eine ganze Reihe von Sonderregelungen, die den Sonder-Status der Kirchen als einer Körperschaft des öffentlichen Rechts betreffen oder Auswirkungen auf Maßnahmen und Organisationen haben, die einer staatlichen bzw. gesetzlichen Anerkennung bedürfen (z. B. in Blick auf die kirchlichen Begabtenförderungswerke, die Rolle der Katholischen oder Evangelischen Zentralstelle für Entwicklungszusammenarbeit oder die Aufnahme in die Reihe der staatlich anerkannten Personal-Dienstleister nach dem sog. Entwicklungshelfergesetz (EHFG)). Viele praktische Fragen sind sehr konkret geregelt, etwa der Einzug der Kirchensteuern durch die Finanzämter für die Kirchen, oder die Ausgestaltung der Militär- und Anstaltsseelsorge. Konkordate schützen und fördern die zentralen Bereiche der Kooperation von Staat und Kirche bzw. sind Grundlage für weitergehende Formate der Zusammenarbeit – und dies schon seit vielen Jahrzehnten und mit wechselnden Vertragspartnern auf der staatlichen Seite.

Über all die Jahre gibt es damit sehr unterschiedliche Erfahrungen. Aber in der Regel und der Mehrheit der Fälle scheint diese Art der vertraglichen Kooperation für beide Seiten von Vorteil gewesen zu sein, sonst hätte sich das Ganze wohl kaum bis heute gehalten. An einem konkreten, aktuellen Beispiel zeigen sich in der öffentlichen Debatte allerdings sehr harte Verwerfungen. Man reibt sich die Augen und fragt, wer hier eigentlich welche Interessen vertritt und wofür kämpft. Es geht um die grundsätzliche Frage nach dem Status, der Einrichtung und dem Unterhalt von Theologischen Fakultäten im Allgemeinen bzw. dem Vorgehen der Verantwortlichen im Erzbistum Köln im Fall der jetzt „Kölner Hochschule für Katholische Theologie“ genannten neuen Hochschule in Köln im Besonderen.

2. Reflektierter Selbstbezug als Voraussetzung für einen pluralen, subsidiären Dialog

Zunächst einige Anmerkungen zu den grundsätzlichen Fragen: In der Bundesrepublik Deutschland gab es die längste Zeit einen faktischen Konsens, dass ein säkularer Staat von Voraussetzungen lebt, die er selbst nicht schaffen kann (Böckenförde Diktum).[1] Der Staat kann auf die Frage nach den die Gesellschaft leitenden Sinn- und Wertezusammenhängen nicht selbst überzeugende Antworten geben bzw. wenn er versucht, sie zu geben, zerstört er die Bedingung der Möglichkeit, Wertehaltungen über plurale Begründungen einzuführen, gefährdet die notwendigen Freiheitsvoraussetzungen und läuft in die Gefahr einer staatlichen Bevormundung.

---

[1] „Der freiheitliche, säkularisierte Staat lebt von Voraussetzungen, die er selbst nicht garantieren kann.“ *E.-W. Böckenförde*, Die Entstehung des Staates als Vorgang der Säkularisation (1967), in: ders., Staat, Gesellschaft, Freiheit. Studien zur Staatstheorie und zum Verfassungsrecht, Frankfurt a. M. 1976, 42–64, hier: 60.

Die staatliche Gemeinschaft braucht verschiedene, konkurrierende Wertegemeinschaften, die in plausibilisierbarer Weise ihre Motivation, Inspiration und ihre Überzeugungen so weitergeben, dass ihre jeweiligen Anhänger*innen, sich über das eigene Interesse hinaus lebensförderlich für die Gesellschaft, die Menschen und ihre Bedarfe in einem Staat engagieren. Dabei geht es nicht etwa um eine bestimmte Wertegemeinschaft. Solange sie sich auf dem Boden des Grundgesetzes bewegen, hat die Gesellschaft vielmehr gerade ein Interesse, an einer gesunden Konkurrenz im Sinne einer wertegebundenen, pluralen Subsidiarität für Vielfalt und hohe Qualität.

So ist eine Förderung von gesellschaftlich und kulturell relevanten, unterschiedlichen Gruppen, die je auf ihre Weise bei der Entwicklung von verantworteten Lebenskonzepten und der Stärkung sozial gebundener Persönlichkeiten mitwirken, durchaus im gesellschaftlichen Interesse. Um die Gefahr jedes und erst Recht eines einzelnen Fundamentalismus zu vermeiden und auch Modelle und Antworten zu finden, die dem 21. Jahrhundert angemessen sind, spielt Intellektualität und wissenschaftliche Diskursfähigkeit im Kontext dieser wertgebundenen Überzeugungen eine zunehmend wichtige Rolle. Es geht dabei um eine demokratisch jeweils neu zu legitimierende Offenheit; es geht darum, Konkurrenz zu akzeptieren und intellektuell redlich Auseinandersetzungen führen zu können. Wer hier „mitspielen" will, von dem wird zu Recht Reflexions- und Sprechfähigkeit erwartet. Beides sind intellektuelle Bedingungen der Möglichkeit für eine freiheitliche Dialogfähigkeit mit anderen Wertegemeinschaften. Ebenso wie Reflexions- und Sprechfähigkeit eine entscheidende Voraussetzung für den kritischen Diskurs mit Kritikern sind, die diese Rolle und Aufgabe allen oder zumindest einzelnen der agierenden Wertegemeinschaften grundsätzlich absprechen, wie dies – nicht nur, aber immer häufiger – gerade in Blick auf die christlichen Kirchen geschieht. Dazu ist es nicht nur hilfreich, sondern geradezu eine Bedingung der Möglichkeit, wenn sich die zentralen Verantwortlichen und das wesentliche Führungspersonal zur Vorbereitung auf ihre Aufgabe den Anforderungen und Herausforderungen eines wissenschaftlichen Studiums stellen müssen. Im Fall der katholischen Kirche gilt das damit vor allem für alle Kleriker[2] mit ihrer per definitionem herausgehobenen Funktion in der Kirche.

---

[2] Es ist nur konsequent, dass laut Codex (CIC 1983, § 378,5) alle Bischöfe einen Doktor-Abschluss haben müssen oder eine gleichwertige Ausbildung.

Durch vertragliche Regelungen und die Bindung der staatlichen Anerkennung an klare gesetzliche Vorgaben und wissenschaftliche Standards tut der Staat deshalb gut daran, seine Förderung an bestimmte Forderungen zu knüpfen, die sonst vielleicht von den verschiedenen Wertegemeinschaften nicht unbedingt eingehalten würden. Daher ist es aus staatlicher Sicht eine zwingende Voraussetzung für staatliche Akzeptanz und Förderung, dass die jeweiligen Wertegemeinschaften bereit sind, einen Raum der Freiheit anzubieten und offen zu halten, in dem der Prozess des argumentativen Ringens in geistiger Offenheit geführt werden kann und die Bereitschaft zur Innovation gefördert wird. Die konfessionellen bzw. religionsspezifischen Theologien werden damit jeweils in wissenschaftliche Rationalität, weltliche Diskursfähigkeit und akademische Freiheit eingebunden. Gemeinsames Verständnis sollte sein, dass dafür die Entfaltung der eigenen Intellektualität im Kontext wertgebundener Überzeugungen zwingend notwendig ist.

3. Theologie als wissenschaftliche Disziplin – Bedingung der Möglichkeit für kirchlich verantwortete Zeitgenossenschaft

An dieser Stelle lohnt es sich, einen Schritt zurückzutreten und aus gesellschaftlicher Perspektive die jüngsten Entwicklungen in einen zeitgeschichtlichen Zusammenhang zu setzen, bevor sie dann kritisch zu erörtern sind.

Bleiben wir bei der zweiten Hälfte des 20. Jahrhunderts in Deutschland. Man kann sicher sagen, dass die katholische und die evangelische Kirche in der frühen Bundesrepublik nach den desaströsen Erfahrungen mit dem Nationalsozialismus, den furchtbaren Auswirkungen des Zweiten Weltkriegs und den Erschütterungen über die Shoa eine stabilisierende Rolle gespielt haben. Diese Rolle der Kirchen wurde in der Bonner Republik und in Adenauers Deutschland der 1950er Jahre kaum hinterfragt. Doch die Vereinbarkeit von christlichem Glauben und wissenschaftlicher Vernunft war und wurde schnell wieder Gegenstand kritischer Nachfragen. Immer wieder hatten Christ*innen sich auseinanderzusetzen mit dem Verdacht, durch ihre Glaubensüberzeugungen loyal gegenüber Bindungen sein zu müssen, die der Vernunft und der Radikalität damit verbundenen Fragens entgegenstehen.

Gehen wir im Eilschritt voran in das Jahr 2010 und das seitdem vergangene Jahrzehnt, so gab es in dieser Zeit berechtigte Kritik an Auftreten und Handeln vor allem der katholischen Kirche. Schuldig, intransparent, scheinheilig und selbstverantwortlich für einen existenzbedrohenden Vertrauensverlust – so lauteten und lauten die Vorwürfe. Die Frage steht im Raum, ob der nach wie vor geltende staatliche Förderrahmen in dieser Situation Missstände künstlich länger aufrechterhalten hat und der Staat durch Kontrolle und Regelungen nicht viel früher und grundsätzlicher Auswüchse hätte verhindern können und müssen.

Auf der Ebene der Grundlagen und mit Blick auf die nötige Fortschreibung der eigenen theologischen Erkenntnisse bleibt eine Prämisse zu wenig beachtet, die gerade die Texte des II. Vatikanums der Kirche selbst ins Pflichtenheft geschrieben haben: Der aus dem Glauben geforderte Dienst an der modernen Welt hat zur Voraussetzung, die Wirklichkeit menschlichen Lebens wahr- und ernst zu nehmen. Dieser Dienst und die solidarische Verantwortung allen Menschen gegenüber verbietet Ignoranz gegen sich verändernde Lebensbedingungen und fordert die konstruktive Auseinandersetzung mit den Zeichen der Zeit und der Kultur, in der wir leben.

Auch aus Sicht der Kirchen gilt also: Interdisziplinarität sowie Dialog- und Sprechfähigkeit sind wichtig. Eine Bedingung der Möglichkeit dafür ist, entsprechend ausgebildetes Personal und die Kompetenz, mit anderen Wissenschaften im Diskurs „mitzuhalten." Der Bonner Staatsrechtler Wolfgang Isensee hält fest: „Wer Kinder zur Erstkommunion führt, wer in der Pastoral Jugendliche und Erwachsene anspricht, wer vor allem als Kleriker eine der mit immer mehr Verantwortung ausgestatteten Leitungsfunktionen wahrnehmen (muss), die nach wie vor ausschließlich Priestern vorbehalten sind, der sollte nicht nur sehr gut in der jeweils eigenen Theologie ausgebildet werden, sondern auch im Diskurs einer Universität."[3]

Nur eine Verortung der Theologie im Reigen der anderen Fakultäten sichert ein plurales, wissenschaftlich fundiertes Ausbildungsangebot. Nur so wird man auf hohem Niveau mit abweichenden Weltbildern, Überzeugungen und verschiedenen Forschungsdisziplinen konfrontiert. Hier gibt es Rahmenbedingungen, die gute Voraussetzungen schaffen, um vor einseitiger, fundamentalistischer oder doktrinärer Ausbildung und Verengung bewahrt zu bleiben. Für die Kirchen ist der geltende Status der Theologischen Fakultäten als vollwertige Fakultäten an den staat-

[3] Zit. nach *D. Engels/K. F. Gärditz*, Aufbruch ins akademische Sektierertum? Das Bistum Köln auf konkordatswidrigen Abwegen, in: FAZ (04.08.2022), 6.

lich anerkannten Voll-Universitäten daher eine bewahrenswerte Chance. Umgekehrt gilt aber auch folgende, immer weniger selbstverständliche Feststellung, dass theologische Fakultäten Ausdruck eines institutionellen Respekts vor der Theologie als vollwertiger Wissenschaft sind.[4]

4. Religiöse Pluralisierung braucht Weiterentwicklung von Theologie und Religionswissenschaft. Zum Positionspapier des Wissenschaftsrats

Auch der Wissenschaftsrat hat die Bedeutung von theologischen Fakultäten an staatlichen Universitäten hervorgehoben. Gerade angesichts der wachsenden Pluralität religiöser Zugehörigkeiten in Deutschland und des steigenden Bedarfs an wissenschaftlicher Expertise in Fragen der Religion stellt dies neue Anforderungen an die Organisation und Leistungsfähigkeit der damit befassten Wissenschaften. Der Wissenschaftsrat empfahl in seiner vielbeachteten Erklärung bereits 2010[5] deshalb, das theologische und religionswissenschaftliche Feld im deutschen Wissenschaftssystem weiterzuentwickeln.

Die dazu notwendigen strukturellen Anpassungen insbesondere der christlichen Theologien und der Ausbau der übrigen Fächer sollten dabei innerhalb des staatlichen Hochschulsystems erfolgen. Das betrifft jenseits der Katholischen und Evangelischen Fakultäten, auf die gleich noch weiter einzugehen sein wird, vor allem auch den Aufbau Islamischer Studien an deutschen Universitäten. Ganz klar formuliert der Wissenschaftsrat, dass dies der beste Weg sei, die wissenschaftliche Qualität von Forschung und Lehre zu sichern, das Gespräch mit den anderen Formen wissenschaftlicher Weltauslegung zu intensivieren und auch eine verlässliche theologische Basis für den nun immer wichtiger werdenden interreligiösen Dialog zu schaffen.

Zu den Empfehlungen im Einzelnen gehörte deshalb: Die christlichen Theologien sollten eine stärkere Profilbildung der eigenen Fakultäten anstreben und sich intensiver als bislang an fakultätsübergreifenden interdisziplinären Forschungsprojekten beteiligen. Besonders zu beachten sei außerdem, dass Religionslehrer*innen angesichts der zunehmenden,

---

[4] Ebd., 6.

[5] *Wissenschaftsrat*, Empfehlungen zur Weiterentwicklung von Theologien und religionsbezogenen Wissenschaften an deutschen Hochschulen, (29.01.2010), https://www.bmbf.de/bmbf/shareddocs/downloads/files/wissenschaftsratempfehlung2010.pdf?__blob=publicationFile&v=1 (Zugriff: 25.03.2023).

neuen Pluralität der religiösen Bekenntnisse wachsender fachlicher Kompetenzen bedürfen. Sehr konkret: Um diesen steigenden Anforderungen gerecht zu werden, sollten laut Wissenschaftsrat theologische Institute, die für Gymnasien beziehungsweise Sekundarstufen I und II ausbilden, über eine angemessene fachliche Ausstattung von mindestens fünf Professuren verfügen.[6] Da es sich bei der Habilitation um eine rein akademische Angelegenheit handelt, richtete der Wissenschaftsrat die dringende Bitte insbesondere an die katholische Kirche, sich aus den Habilitationsverfahren zurückzuziehen. Bei Berufungen sollten sich die Kirchen um ein rasches und für alle Beteiligten verlässliches und transparentes Verfahren der kirchlichen Beteiligung kümmern. Selbstverständlich musste der Wissenschaftsrat aber über die bereits etablierten christlichen Theologien hinausdenken.

Für die Judaistik/Jüdischen Studien sowie für die Religionswissenschaft empfahl der Wissenschaftsrat die institutionelle Ausgliederung aus den christlichen theologischen Fakultäten. Ihre fachliche Weiterentwicklung sollte durch den Auf- und Ausbau von eigenen Instituten sichergestellt werden, die auch personell vier bis fünf Schwerpunkte des jeweiligen Fachs abdecken. Dies seien institutionelle Voraussetzungen für die eigenständige fachliche Weiterentwicklung und die Ausbildung des wissenschaftlichen Nachwuchses.[7]

Islamische Studien waren bis dahin noch überhaupt nicht an deutschen Hochschulen angekommen. Dieser Zustand wurde der Bedeutung der größten nichtchristlichen Glaubensgemeinschaft in Deutschland offenkundig nicht gerecht. Daher empfahl der Wissenschaftsrat, über die Einrichtung von Einzelprofessuren mit islamisch-religionspädagogischer Ausrichtung hinaus, künftig an zwei bis drei Standorten im staatlichen Hochschulsystem größere, autonome Organisationseinheiten für Islamische Studien zu etablieren.[8] Neben Lehrkräften für den islamischen Religionsunterricht sollten dort auch islamische Religionsgelehrte, Fachpersonal für Sozial- und Gemeindearbeit sowie insbesondere der wissenschaftliche Nachwuchs für Islamische Studien ausgebildet werden. Im Hinblick auf die institutionellen Erfordernisse, die sich aus dem verfassungsrechtlich garantierten Selbstbestimmungs- und Mitwirkungsrecht der Religionsgemeinschaften ergeben, schlug der Wissenschaftsrat vor,

---

[6] Ebd., 7.
[7] Ebd., 7.
[8] Ebd., 74–78.

an den entsprechenden Hochschulen theologisch kompetente Beiräte für Islamische Studien einzurichten. Sie sollten an der Einrichtung, Änderung und Aufhebung von theologischen Studiengängen sowie bei der Einstellung des wissenschaftlichen Personals beteiligt werden. Die Mitwirkung bei Berufungen erstreckt sich dabei nicht auf die wissenschaftliche und pädagogische Qualifikation der Kandidaten und Kandidatinnen, sondern allein auf die Frage, ob aus religiösen Gründen Einwände gegen die von der Universität ausgewählten Personen geltend gemacht werden können. Im Rat sollten muslimische Verbände und Religionsgelehrte sowie muslimische Persönlichkeiten des öffentlichen Lebens vertreten sein.

Im Papier des Wissenschaftsrats wurde auch deutlich, dass der Ausbau religionsbezogener Wissenschaften und der Aufbau von Islamischen Studien natürlich zusätzliche finanzielle Ressourcen erfordern. Dies alles wie auch der koordinierte Umbau der christlichen Theologien kann nur dann gelingen, wenn über die Grenzen der Bundesländer sowie der Bistümer und Landeskirchen hinweg ein Prozess intensiver gegenseitiger Information und Koordination stattfindet. Der Wissenschaftsrat hielt es deshalb für wünschenswert, dass dieser Prozess in seiner Anfangsphase durch gezielte Fördermaßnahmen des Bundes unterstützt wird.[9]

5. Theologie an wissenschaftlichen Fakultäten: eine Win-Win-Situation

Theologische Fakultäten an staatlichen Universitäten stellen also für beide Seiten, für Staat und Kirche, einen Gewinn dar. Dies wurde bereits in früheren Zeiten so gesehen: Im Kontext universitärer intellektueller Auseinandersetzungen war es schon den preußischen Verhandlungsführern wichtig, am staatlich-kirchlichen Arrangement festzuhalten.[10] Preußen hat die Theologischen Fakultäten gefördert, da es keine kurzsichtigen, begrenzten und nicht wirklich umfassend ausgebildeten Geistlichen wollte; man sah im Falle kirchlicher Hochschulen ansonsten die Gefahr engstirniger Fundamentalisten auf sich zukommen.

Das gilt bis heute, wie auch der Bonner Staatsrechtler Wolfgang Isensee festhält, der betont, dass die Ausbildung des Priesternachwuchses an einer staatlichen Universität „ein auch heute noch bestehendes Interesse

---

[9] Ebd., 8.

[10] Vgl. das Konkordat des Hl. Stuhls mit dem Freistaat Preußen von 1929, vor allem Art. 12. Das Land NRW ist Rechtsnachfolger Preußens für die sog. Rheinprovinz.

des Staates“ sei, weil hier die kirchliche Theologie an der Freiheit der Wissenschaft am wirksamsten teilhabe und sich im Kreis der übrigen Wissenschaften behaupten müsse.[11]

Mit den Vereinbarungen zum Status der Katholisch-Theologischen Fakultäten in den verschiedenen Konkordaten hat sich ihrerseits auch die katholische Kirche aus berechtigtem Eigeninteresse verpflichtet, bei der Ausbildung ihrer eigenen Geistlichen wissenschaftliche Mindestanforderungen einzuhalten und das Studium an bestimmten Katholisch-Theologischen Fakultäten vorzuschreiben. Die aktuell geltenden Konkordate liefern so eine ganze Reihe konkretisierender Vereinbarungen, insbesondere bei den verschiedenen „res mixtae“, bei denen Staat und Religionsgemeinschaften zusammenarbeiten müssen, wie etwa bei der Einrichtung, Ausgestaltung und personellen Besetzung theologischer Fakultäten.

Auf dieser Grundlage wird eine akademisch qualifizierte Ausbildung der katholischen Priester durch den Schutz des Status und der vollständigen Finanzierung der entsprechenden Katholisch-Theologischen Fakultäten gewährleistet. Das gilt weiterhin, obwohl auf diese Weise zur Zeit in der Bundesrepublik weit über den Bedarf hinaus Kapazitäten an Studienplätzen in Katholischer Theologie vorgehalten werden. Unter normalen Steuerungsbedingungen wären die Finanz- und Personalressourcen staatlicher Universitäten bzw. der Wissenschaftsministerien angesichts der andauernden unzureichenden Auslastung schon lange für andere Disziplinen umgewidmet worden.

6. Zur Aktuellen Debatte um die „Kölner Hochschule für Katholische Theologie“

Theologie als wissenschaftliche Disziplin an einer staatlichen Universität ist also aus mehreren Gründen ein ureigenes Anliegen der Kirchen: Es wird durch den Ort der Universität für die Priesteramtsanwärter und die Theolog*innen eine Einübung in Pluralismus geboten, es besteht – das ist besonders relevant für die Lehrenden und Forschenden – die Chance auf interdisziplinären Austausch und schließlich erhält die katholische Kirche mit den aktuell geltenden Konkordatsregelungen eine

[11] S. www.katholisch.de/artikel/40262-staatsrechtler-isensee-woelki-hochschule-verletzt-konkordat (Zugriff: 25.03.2023).

hochwertige Ausbildung ihrer zukünftigen Kleriker und ihres Führungspersonals frei Haus finanziert.

Der Einwand, dass die kirchlichen Verantwortlichen Bedenken hätten, da mit dieser Konstruktion unverhältnismäßig große Eingriffsrechte der staatlichen Seite verbunden seien, wäre nur dann berechtigt, wenn etwa kircheneigene und theologisch wichtige Inhalte nicht mehr gewährleistet werden könnten. Diese Bedenken entbehren aber offensichtlich jeder Grundlage, denn die Eingriffsmöglichkeiten bestehen ja gerade umgekehrt seitens der Kirche, z. B. durch die geltenden Nihil-Obstat Regelungen für neu zu berufene Professor*innen und die anderen weitgehenden Vetorechte der kirchlichen Seite, z. B. den möglichen Entzug der Lehrbefugnis als ultima ratio oder auch die Herstellung von Einvernehmen bei Studien- und Prüfungsordnungen in Katholischer Theologie. Eine von konservativen Kirchenführern geäußerte Sorge, dieses sorgsam ausgehandelte Regelwerk könne ja jederzeit durch die politische Neuausrichtung einer Regierung umgestoßen werden, entbehrt aktuell jeder konkreten Grundlage, da erst einmal die nötigen politischen Mehrheiten benötigt würden und aufgrund der bestehenden Verträge Änderungen dann auch noch entsprechende Vorlaufzeit bräuchten. Umgekehrt wird man realistischerweise damit rechnen müssen, dass die katholische Kirche angesichts der Entwicklung ihrer Mitgliederzahlen, des rasanten Vertrauensverlustes, den sie sich weitgehend selbst zuzuschreiben hat, und des damit verbundenen Relevanzrückgangs nicht davon ausgehen kann, dass der Status ihrer Fakultäten unhinterfragt immer so weitergefördert wird. Ob es aber deshalb sinnvoll ist, den Ast, auf dem man sitzt, schon einmal „vorsorglich“ selbst abzusägen? Sollte die Geltung von Konkordaten und damit die nötige „Vorlaufzeit“ durch rasante Entwicklungen und politische „Umstürze“ irgendwann von jetzt auf gleich nicht mehr zu gewährleisten sein, wären wir wohl in gesellschaftlichen Verhältnissen, in denen noch ganz andere Grundsatzfragen für die Zukunft der Kirche zur Debatte stünden.

Vor diesem Hintergrund erscheint die Entscheidung des Kardinals und Erzbischofs von Köln, an einer „Kölner Hochschule für Katholische Theologie“ den eigenen Nachwuchs, vor allem die Priesteramtskandidaten ausbilden zu lassen, nicht nur als ein finanzielles Desaster, sondern auch als strategische Fehlplanung und inhaltliche Provokation. Auf dem Gebiet des Erzbistums Köln wird damit nicht nur eine weitere Vollfakultät gefördert, hier wird gleich eine ganze Hochschule neu eröffnet bzw. genauer, mit der Übernahme von den Steyler Missionaren in die Trägerschaft des Erzbistums Köln, selbst übernommen. Dafür wurde eine schon bestehende Hochschulzulassung auf einen neuen Standort, einen neuen Namen und ein neues Konzept übertragen. Was zunächst als zeitlich befristete „Rettungsaktion" für die „Philosophisch Theologisch Hochschule" in Sankt Augustin daherkam, muss nun nach verschiedenen Wandlungen hinsichtlich der Zielgruppe, der vorgesehenen Leitungsgremien, inklusive von Kardinal Woelki selbst als ihr Großkanzler eher als „Tarnmanöver" verstanden werden. Da die Neuzulassung einer privaten Hochschule an bestimmte Standards und Auflagen geknüpft ist und die Anerkennung des Wissenschaftsrates bräuchte, kann man hier wohl sagen, dass das Erzbistum in diesem Fall sich ein Hochschulrecht quasi erschlichen, jedenfalls nicht mit offenen Karten gespielt hat. Es bleibt der Eindruck, dass der Kardinal versucht auszuweichen, um hier eine eigene „Kaderschmiede" aufzubauen – nach eigenen Interessen, unter eigenen Bedingungen und ohne Qualitätskontrolle, was wissenschaftliche Standards und Rechtsfragen angeht. Allerdings müssen die diözesanen Priesteramtskandidaten gemäß geltender konkordatärer Absprachen ausdrücklich an der nahe gelegenen Universität in Bonn studieren.[12]

Dem Angebot des Staates, katholische Fakultäten vorzuhalten und zu finanzieren, steht auf der anderen Seite die Zustimmung der Kirche gegenüber, keine Konkurrenz zwischen staatlich-katholischen theologischen Fakultäten und kircheneigenen Seminaren zuzulassen. Um Rechte gegenüber dem Land zu erlangen, hat sich die Kirche reziprok ja auch freiwillig selbst gebunden. Die Anerkennungsvoraussetzungen schützen so vor konkurrierenden Lehrangeboten, die kein gleichwertiges wissenschaftliches Niveau bieten und wie hier im Fall der Kölner kirchlichen Hochschulen dem Konkordat widersprechen. Das Land NRW wird umgekehrt der eigenen bestehenden Fakultät nicht dadurch in den Rücken fallen, dass es konkordatswidrig eine konkurrierende Hochschule mit eigenen Mitteln fördert, anerkennt oder wie im Fall der Kölner Hochschule eine bestehende Anerkennung nicht widerruft.

7. Quo vadis? – Wozu das Ganze?

Verwundert reiben sich daher die Beobachter*innen nicht nur angesichts der explodierenden Kosten (die jeder, der rechnen kann, hätte absehen können), sondern auch wegen des offensichtlich fehlenden Bedarfs die

---

[12] Ebd.

Augen. Die Wissenschaftskommission der Deutschen Bischofskonferenz, der Kardinal Woelki selbst vorsitzt, diskutiert gerade mit steigender Dringlichkeit, welche der vielen Fakultäten und (kirchlichen) Hochschulen mit einem Vollstudium Theologie im Angebot in Zukunft überhaupt noch gebraucht werden. Und konkret vor Ort findet die Ausbildung der Theolog:innen, vor allem der Priesteramtskandidaten, an der Katholischen Fakultät in Bonn statt. Hierfür gibt es eine rechtliche Grundlage im oben erwähnten Preußenkonkordat, das Land NRW ist der Rechtsnachfolger. Die Finanzierung und der Status der Bonner Fakultät ist jedenfalls von Seiten der Landesregierung durch geltendes Konkordat gesichert und nicht in Frage gestellt worden. Damit dies so bleibt, ist es aber notwendig, dass auch von kirchlicher Seite die geltenden Vertragsbedingungen eingehalten werden und dies heißt vor allem, dass die Priesteramtskandidaten des Erzbistums Köln auch weiterhin in Bonn ausgebildet werden.[13] Dabei ist diese Bedingung noch nicht einmal an eine bestimmte (Mindest-)zahl geknüpft, was ja sinnvoll und nachvollziehbar wäre. Ein klares Votum des Hochschulrats der Universität Bonn und des Rektors der Universität zugunsten der Katholisch-Theologischen Fakultät in Bonn kommen hinzu, was vor dem Hintergrund der selbst verschuldeten Glaubwürdigkeitskrise der katholischen Kirche nicht unbedingt selbstverständlich ist. Aufgrund eines entsprechend kritischen Briefes des Wissenschaftsministeriums gab es zuletzt immerhin ein formales Rückrudern des Erzbischofs und die öffentliche Ansage, dass „seine" Priesteramtskandidaten nun doch weiterhin in Bonn studieren sollen. Damit haben wir die pikante Situation, dass das Wissenschaftsministerium gegenüber dem Erzbischof auf Einhaltung der Konkordatsbestimmungen drängen muss. Tritt damit ein, was Kritiker befürchten, nämlich eine übergriffige Einmischung etwa der Landesregierung in kircheneigene Angelegenheiten? Dem ist zu entgegen, dass es hier um ein Konkordat geht, an dem der Kardinal im konkreten Punkt ja eigentlich selbst für sein Erzbistum und auf lange Sicht für die Kirche in Deutschland insgesamt höchstes Interesse haben müsste. Der Staat hat jedenfalls offensichtlich ein Interesse daran, dass das Konkordat weiterhin in Kraft bleibt. Er kann nicht zusehen, dass es nur noch einen einseitig doktrinären Kontext gibt, in dem man sich den Herausforderungen eines interdisziplinären, wissenschaftlichen Diskurses meint nicht stellen zu müssen. Die katholische Kirche

[13] www.die-tagespost.de/kirche/aktuell/josef-isensee-koelner-hochschule-im-widerspruch-zum-konkordat-art-230547 (Zugriff: 25.03.2023).

sollte genau das gleiche Anliegen haben. Doch diese Art kritischer Diskursfähigkeit der zukünftigen Theolog:innen wird offenkundig vom Kardinal nicht nur nicht gewünscht, sondern sogar aktiv verhindert, allen anderslautenden öffentlichen Behauptungen zum Trotz. Dass die staatskirchenrechtlichen Rahmenbedingungen nun das Erzbistum zwingen, sich an Vorgaben und Erwartungen zu halten, die in früheren Zeiten von weniger autoritären Vorgängern im kirchlichen Amt und einer breiten Fachwelt dringend gewollt waren, erscheint als eine besondere Pointe.

Ecclesia semper reformanda? Im Fall der Hochschule hilft der gesetzliche Rahmen, die Verantwortlichen im Erzbistum Köln an die eigene Reformfähigkeit zu erinnern und ein vorschnelles Abgleiten in fundamentalistische Verengung zu verhindern. „Doch sollte sich das Erzbistum Köln gegenläufig ausgerechnet auf dem Höhepunkt seines öffentlichen Ansehensverlustes“, dessen Ende noch gar nicht absehbar ist, für eine Theologieausbildung „und für den Rückzug seiner Priesterausbildung in abgeschotteten Exklaven“ entscheiden, würde es ohne Not mit der Tradition brechen und den Weg in ein nicht nur akademisches Sektierertum wagen“,[14] das aller Kritik und Anfragen vermeintlich aus dem Weg gehen will, aber damit umso mehr neue Anlässe für begründetet Kritik produziert. Auf Dauer kann man die katholische Kirche nicht gegen ihren eigenen Willen im wissenschaftlichen Diskursmodell halten. Aber die fachliche Qualifikation, Kritik- und Differenzierungsfähigkeit so lange wie möglich aufrechtzuerhalten, bis dann hoffentlich einsichtigere kirchliche Entscheidungsträger und tatsächlich am Wohl ihrer Kirche Verantwortliche erkannt haben, was hier auf dem Spiel steht, ja was hier gespielt und was verhindert werden muss, dafür gibt es gute Chancen.

[14] Zit. nach *D. Engels/K. F. Gärditz*, Aufbruch (s. Anm. 3), 6.

IV. Semper Reformanda – Krise und Reform in der katholischen Kirche

Jenseits von Fremdblockade und Selbstbanalisierung? Warum eigentlich keine Zukunftsaussichten für den konziliaren Katholizismus in Deutschland bestehen

Hermann-Josef Große Kracht

Dass die katholische Kirche in Deutschland auf dem Krankenbett liegt, dass es ihr denkbar schlecht geht und dass täglich mehr die Hoffnung schwindet, sie könne sich noch einmal berappeln – all dies ist offensichtlich. Die Menschen wenden sich in Scharen von ihr ab. Die Standesämter kollabieren unter dem Andrang unzähliger Menschen, die lieber heute als morgen ihren Kirchenaustritt dokumentieren wollen. Und längst sind es auch die Treuesten der Treuen, die über Jahrzehnte besonders Engagierten, die entnervt und in Massen von dannen ziehen.

Die – sich selbst und anderen lange Zeit immer wieder eingeredete – Hoffnung, die katholische Kirche würde sich zwar nur sehr langsam, früher oder später aber doch wenigstens zu einigen der überfälligen Reformen durchringen, bricht gegenwärtig zusammen. Die Zahl derer, die das immer noch für möglich halten, schrumpft dramatisch. Und auch das Argument, man könne nicht aufgeben und die Kirche den unverbesserlichen reaktionären Kräften überlassen, die doch nur darauf warten, dass die modernen, liberalen und aufgeschlossenen Katholikinnen und Katholiken resignieren und ihnen das Feld überlassen, zieht immer weniger. Irgendwann verlieren auch die letzten Durchhalteparolen ihre Kraft.

Längst haben sich Groll und Wut, Ärger, Verzweiflung und Verdruss aufgestaut, und zwar in einem so enormen Ausmaß, dass kaum noch jemand glaubt, die katholische Kirche in Deutschland könne dies noch lange aushalten. Wie man den Druck ‚rauslassen' kann, weiß aber niemand. Sicher scheint nur zu sein, dass ‚Rom' bis auf Weiteres nicht bereit ist, nennenswerte Ventile zu öffnen. Die mit dem Amtsantritt von Papst Franziskus aufgelebte Hoffnung, nach der bleiernen Zeit seiner beiden Vorgänger würde nun endlich etwas passieren – und zwar nicht nur atmosphärisch, sondern auch substanziell, hat sich als illusorisch erwiesen. Spätestens nach der Amazonas-Synode 2019, an die sich gerade auch in Deutschland viele Hoffnungen geknüpft hatten, scheint klar zu sein: Die ersehnten Reformen wird es nicht geben. Die Strategie: ‚Hoffnung auf

Reformen aus Rom' ist in der Sackgasse gelandet, genau da, wo es keinen Zentimeter weitergeht.

Was also könnte getan werden, wenn die deutschen Katholiken in den brennenden Fragen der Kirchenreform kein Selbstbestimmungsrecht haben und den Lehren und Weisungen aus Rom ,in kindlich-gläubiger Anhänglichkeit' Folge leisten müssen – und dies wohl auch wollen, denn schließlich plädiert niemand für eine wie auch immer geartete ,Los von Rom'-Strategie. Die immer wieder neu aufgelegten synodalen Prozesse haben ihren Charme verloren. Auch die Hoffnung, dass von ihnen wenn schon keine Reformen, so doch wenigstens neue Zusammengehörigkeitsgefühle und Glaubensaufbrüche der deutschen Katholiken auf Augenhöhe und in gegenseitiger Wertschätzung ausgehen, ist mittlerweile arg enttäuscht worden. Die Fronten zwischen – verzweifelten – liberalen Modernisierern und – verhärteten – konservativen Verteidigern des angeblich einzig wahren Katholischen verfestigen sich kontinuierlich. Eine Perspektive des gemeinsamen Aufbruchs und des kirchlichen Neuanfangs ist vom ,Synodalen Weg', so wird man wohl konstatieren müssen, nicht mehr zu erwarten.

Zu erwarten ist eher, dass die seit den 1970er-Jahren schleichende Erosion der katholischen Kirche nun eine rasende wird. Es dürfte nicht mehr lange dauern, bis die Bevölkerungsmehrheiten der Republik ihr Denken und Fühlen, ihre Ängste und Hoffnungen, aber auch ihr soziales, politisches und kulturelles Zusammenleben komplett säkular, ohne erkennbare Impulse und Gehalte des christlichen Glaubens einrichten und dabei einigermaßen glücklich sind und nichts Kirchliches vermissen. Sonntägliche Gottesdienste und Gemeindeleben werden ebenso wenig nachgefragt wie konfessioneller Religionsunterricht, katholische Verbände oder kirchliche Sakramente, auch wenn man sich in seinem Bedürfnis nach romantischen Hochzeitsevents durchaus gerne von Ambiente, Location und Inventar der Kirche verzaubern lässt, von der schönen Kapelle, vom feierlich gewandeten Priester und seinen salbungsvollen Worten, der volltönenden Orgel und den schönen alten Liedern. Da ist die Service-Qualität der Kirche unschlagbar; besser jedenfalls als die des säkularen Standesamtes; und auch säkulare Beerdigungen mit einem bestellten Trauerredner bieten oft nur eine reduzierte Trost- und Ergriffenheitsbilanz. Etwas religiöser Zuspruch wird durchaus noch gerne genommen; dennoch dürfte für die liberalen Milieus der Bundesrepublik längst gelten: Es geht auch ohne Kirche und institutionalisiertes Christentum, und zwar recht gut.

Wahrscheinlich deshalb begegnet heute kaum noch jemand der Kirche in der Haltung kämpferischer Militanz. Die Zeiten, in denen sich Teile der Politik und der Publizistik im Namen von Freiheit und Emanzipation kämpferisch in Bischofskritik und Kirchenhäme ergingen, sind vorbei. Eher herrschen Gleichgültigkeit und Desinteresse an einer Kirche, die man nicht mehr braucht und von der man nichts mehr erwartet, die aber auch nicht wirklich stört und verärgert. Mitunter wird zwar bedauert, dass sie sich gegenwärtig selbst zu ruinieren scheint, denn schließlich gehört sie ja zu unserer Geschichte und Kultur, und man möchte sie gerne unter Artenschutz stellen und sie zumindest noch museal behalten. Außerdem sind Caritas und Diakonie, kirchliche Hilfswerke und kirchliches Sozialengagement wichtig und unverzichtbar, wenn es um Arme und Kranke, um Notleidende und Geflüchtete geht, die man ja nicht einfach vergessen darf, auch wenn man das entschiedene Ja der Kirchen zu einer offenen Willkommenskultur für naiv, moralisierend und allzu undifferenziert hält. Diese verbliebene Grundsympathie für die Kirche in ihrem Sozialengagement gilt aber nicht für zentrale kirchliche Glaubensüberzeugungen, an die ja – wenn man entsprechenden Umfragen trauen darf – auch die Gläubigen selbst immer weniger glauben. Ihnen scheint es ebenso wie dem kirchlichen Amtspersonal eher um Gemeinschaft und Geselligkeit, um Begegnung und Zusammensein, um die behagliche ‚Theologie der Rostbratwurst' auf dem Pfarrgemeindefest als um die – als hart und sperrig, jedenfalls als kaum vermittelbar empfundene – Theologie des Reiches Gottes, des Jüngsten Gerichts, der Vergebung der Sünden und der Auferweckung der Toten zu gehen.

1. Noch immer Privilegien?

Nun darf in der liberalen Gesellschaft jeder Mensch an das glauben, was ihm beliebt, ob es nun die eigene Person und die Familie, das Vaterland, die von göttlichen Kräften durchwaltete Natur oder auch eine der vielen konkreten Gottesvorstellungen ist, die auf dem Markt der religiösen Möglichkeiten angeboten werden. Hier darf sich jeder frei bedienen, mit Gleichgesinnten religiöse Vereine gründen und diese durch Spenden, Mitgliedsbeiträge u. ä. finanzieren; vorausgesetzt natürlich, dass solche Religionsvereine das geltende Verfassungsrecht beachten und nicht mit dem Gesetz in Konflikt geraten.

Dass es dagegen für bestimmte Religionsgemeinschaften auch heute noch geschichtlich entstandene Sonderrechte geben sollte, wird nicht mehr eingesehen. Die noch immer nicht ‚abgelösten' Staatsleistungen erzeugen nur noch unverständliches Kopfschütteln. Dass sich die christlichen Großkirchen, anstatt sich endlich als freie Religionsvereine zu organisieren, ihre Mitgliedsbeiträge selbst einzutreiben und durch ihre besondere Servicequalität auf dem Markt der Familienfeiern und der religiösen Events vielleicht auch noch gutes Geld zu verdienen, noch immer über Kirchensteuereinnahmen finanzieren und dafür den Staat zur Hilfe nehmen, wird immer weniger akzeptiert.

Die bisherigen Privilegien der beiden Großkirchen stehen heute mehr denn je zur Disposition. Und nur wenige befürchten, dass Staat und Kirche durch eine deutlich striktere Trennung ernsthaft Schaden erleiden könnten. Im Gegenteil: Einzig eine klare Trennung scheint den modernen verfassungsrechtlichen Standards einer auf dem Grundrecht der Religionsfreiheit aufruhenden säkularen Demokratie gerecht werden zu können; dies scheint jedenfalls die klare Mehrheitsmeinung zu sein. Allerdings ist hier Vorsicht geboten. Seit der Zeit der Kulturkämpfe des 19. Jahrhunderts hat die politische Moderne nämlich gelernt, dass abstrakte Trennungsmodelle in der Theorie zwar gut klingen, für eine politisch kluge und auch freiheitsrechtlich gut begründete Verhältnisbestimmung von Republik und Religionen aber nicht unbedingt zu empfehlen sind. Denn ein aneinander desinteressiertes Nebeneinander von Religionen und Republik ignoriert die wechselseitigen Lernmöglichkeiten, die sich aus einer lebendigen, auch institutionell verankerten Begegnungs- und Konfliktgeschichte ergeben. Der säkulare Staat und seine liberalen Eliten verbauen sich damit die Chance zu lernen, dass religiöse Akteure nicht einfach in festen vormodernen Weltvorstellungen leben und sich am liebsten nur abschotten wollen, sondern sich vielfach mit der Welt der politischen Moderne auseinandersetzen, an der Entfaltung und Weiterentwicklung ihrer religiösen Traditionen arbeiten und für die Aufgaben des Gemeinwesens in vielerlei Hinsicht elementare Beiträge leisten und leisten wollen, auf die auch eine moderne, auf der Trennung von Staat und Religion beruhende Gesellschaft nicht einfach verzichten kann. Und die religiösen Akteure und ihre Gemeinschaften empfinden sich in strikten Trennungsmodellen allzu schnell ausgegrenzt und haben kaum institutionelle Chancen, sich selbstbestimmt und mit einem öffentlichen Vertrauensvorschuss in die gemeinwohlrelevanten Aufgaben von Staat und Gesellschaft einzubringen – und hier zu lernen, dass die vermeintlich so gottlose Welt der Moderne mit ihren vom Glauben abgefallenen Menschen vielleicht doch nicht so verdorben ist, wie man ‚rein religiös' denken könnte.

Vor diesem Hintergrund spricht vieles dafür, dass nicht eine strikte Trennung zwischen Kirche und Staat, die beide Seiten unberührt, gleichsam unangetastet lässt – und sie damit von mühsamen, aber allemal wertvollen Lernprozessen fernhält –, sondern eine vielfältig institutionalisierte Konflikt-, Austausch- und Begegnungspraxis das der politischen Moderne angemessene Modell der Verhältnisbestimmung von Religionen und Republik sein könnte. Die zumeist wenig geschätzte bundesrepublikanische Tradition der bestenfalls ‚hinkenden', jedenfalls sehr unsauberen Trennung von Kirche und Staat hat sich ja durchaus bewährt und genießt zwar nicht in der Theorie, wohl aber im politischen Alltag auf beiden Seiten eine hohe Wertschätzung. Zudem hindert sie den Staat daran, sich von einem freiheitsrechtlichen Verfassungsstaat zu einem kulturellen Weltanschauungsstaat zurückzuentwickeln, der alle seine Bürgerinnen und Bürger auf eine liberale Leitkultur verpflichten will und sie damit in ihren religiösen Selbstbestimmungsrechten zumindest latent einschränkt. Sie hindert aber auch die Kirchen daran, den bequemen und theologisch scheinbar so sauberen Weg des Ausstiegs aus den vermeintlich korrumpierenden staatlichen Einbindungen zu nehmen und auf fundamentalistische Abwege zu geraten.

Gerade die modernen Reformkatholiken, die dafür kämpfen, dass die Kirche ihre Ängste vor der modernen Welt überwindet und ihnen endlich ermöglicht, bürgerlich-liberale Freiheitssubjekte ebenso wie gläubige Kirchenmitglieder zu sein, sollten sich dafür starkmachen, dass das Hinkende und Unsaubere an der deutschen Variante der Verhältnisbestimmung von Religionen und Republik nicht beseitigt, sondern weiterhin gepflegt wird.

2. Rechtskatholizismus im Aufwind?

Mit einem strikten Trennungsmodell hat dagegen der Rechtskatholizismus keine Probleme. Im Gegenteil. Eine solche Trennung wird hier schon lange gewünscht. Hier sehnt man sich danach, dass der in den modernen Verfassungsstaat integrierte und entsprechend ‚kompromittierte' Gremien-, Verwaltungs- und Verbändekatholizismus gründlich entstaatlicht wird, damit man auf die Erwartungen von Politik und Ministerien keine

Rücksicht mehr nehmen muss und endlich ungehindert katholisch sein darf. Man will schließlich freudig und entschieden vor sich hin glauben; und dazu kann eine klare Trennung vom Staat und seinen Institutionen nur hilfreich sein.

Der reaktionäre Flügel findet nichts schöner, als selbstbewusst seine Glaubensgewissheit zu zelebrieren. Er legt eine glaubensstolze Arroganz an den Tag, die ernsthaft meint, es sei die besonders fromme Berufung des guten Katholiken, auch die unverständlichsten dogmatischen Aussagen offensiv zu glauben, weil die Kirche dies nun einmal so verlange und gerade in dieser blinden Glaubensunterwerfung das Heil des Menschen liege. Abschottung, Integralismus und möglichst scharfe Trennung von der verkommenen Welt der Gegenwart werden hier zu elementaren Glaubensbestandteilen. Der Bruch mit sämtlichen Plausibilitäten der Moderne wird zum eigentlichen Kennzeichen des ‚wahrhaft Katholischen', wobei man nicht etwa die katholische Tradition als ganze, sondern nur die pianische Epoche der Kirchengeschichte, also die Zeit von 1846 bis 1958, von Pius IX. bis Pius XII., zum Maßstab nimmt und diese unhistorisch sakralisiert. Nur die autoritären Rechtskatholiken sind dann wirklich katholisch, während die liberalen Mehrheitskatholiken nicht die Kirche, sondern nur ihre eigenen bürgerlichen Identitäten lieben und sich das Kirchliche für ihre privaten Religionsbedürfnisse zurechtmachen wollen. Ihre Freiheitsrechte, die sie unbedingt auch in der Kirche durchsetzen wollen, seien ihnen allemal wichtiger als Offenbarung und Tradition, Priesteramt und Sakramente. Die autoritären Rechtskatholiken leben dagegen im selbstsicheren Bewusstsein, dass der seit je illegitimen Moderne, diesem frechen Aufstand des in seine eigene Autonomie verliebten Menschen gegen Gott und Natur, gegen Transzendenz und Tradition, bald die Luft ausgehen wird. In den globalen Phänomenen wiedererstarkender Frömmigkeit sehen sie die Sterbestunde des säkularen Projekts der Moderne eingeläutet, sodass sie eigentlich nur abzuwarten brauchen, bis ihnen die sinn- und transzendenzentleerten Gesellschaften des Westens in ihrer Sehnsucht nach göttlicher Religion wie reife Früchte vor die Füße fallen.

Diese Erwartungen sind religionssoziologisch ziemlich unaufgeklärt und theologisch nicht zu akzeptieren. Dem liberalen Staat muss es aber egal sein, wenn dereinst der reaktionäre Rechtskatholizismus in der politischen Öffentlichkeit eine kulturelle Hegemonie erreichen sollte, wenn er also der Gesellschaft gegenüber glaubwürdig mit dem Anspruch auftreten kann, nur er wüsste und könnte ultimativ festlegen, was ‚wahrhaft katholisch' ist. In der Bundesrepublik ist dieser Rechtskatholizismus – anders als etwa in den USA – noch relativ schwach. Dass er mit der Erosion des Mehrheitskatholizismus stärker wird, ist aber zu erwarten; zumindest dann, wenn er weiterhin reiche Financiers und Sympathisanten findet und sich auch in Zukunft auf die Unterstützung durch relevante Teile des Vatikans verlassen kann. Eine liberale Gesellschaft, die die Privilegien der Großkirchen konsequent abbaut und allen Religionsvereinen gleiche Freiheits- und Entfaltungschancen bietet, sofern sie sich entsprechend finanzieren können, hätte einem solchen Vormarsch reaktionärer Kirchlichkeit aus eigenen Bordmitteln nichts entgegenzusetzen. Es bliebe dann wahrscheinlich achselzuckend bei einem leicht gruselnden Schauder über das, was in der modernen Welt auf dem Feld des Religiösen noch immer an antimodernistischem Eifer möglich ist.

3. Ein Flügel fehlt

Wer sich den bundesdeutschen Gegenwartskatholizismus anschaut, wird den Eindruck gewinnen, dass sich hier in der Tat zwei Richtungen gegenüberstehen: die liberalen Reformkatholiken und die reaktionären Autoritätskatholiken. Beide liefern sich heftige Gefechte und werden keine Freunde mehr. In den innerkatholischen Selbstverständigungsdebatten fehlt dagegen heute vollständig der politisch progressive Flügel des Linkskatholizismus, der für das 20. Jahrhundert eine veritable Erfolgsgeschichte vorweisen kann. Er hatte schon in den Zeiten der Weimarer Republik und der frühen Bundesrepublik durchaus eine wahrnehmbare Rolle gespielt und in Kirche, Politik und Gesellschaft deutliche Spuren hinterlassen, auch wenn er von den kirchlichen Hierarchien regelmäßig ausgegrenzt und kleingehalten wurde. Mit den Aufbrüchen der Konzilszeit erlebte er dann einen mächtigen Aufschwung. Als in der Kirche endlich ‚die Fenster zur Welt' geöffnet wurden, als man begann, sich freudig und angstfrei der modernen Welt und ihren Problemen zuzuwenden und „Freude und Hoffnung, Trauer und Angst der Menschen von heute, besonders der Armen und Bedrängten aller Art" (GS 1) in den Blick zu nehmen, als man sich nicht nur in Lateinamerika, sondern auch in Europa vielerorts auf das Programm einer Kirche der Armen verpflichtete und die biblische Option Gottes für die Armen, die Marginalisierten und Unterdrückten dieser Welt wiederentdeckte, da erlebte die katholische Kirche in Deutschland eine zuvor nicht gekannte Aufbruchstimmung, eine

Vitalität und Strahlkraft, eine öffentliche Präsenz und Wertschätzung, die ihr viele nicht mehr zugetraut hätten.

Dieser Aufbruch erfasste Priester und Laien, Ordensleute und Religionslehrer, ganze Kirchengemeinden und Verbände. Die Kirchen waren gut besucht und wichtige Begegnungsorte, wenn auch nicht ohne Streit und Konflikt. Das Gemeindeleben pulsierte, nicht zuletzt deshalb, weil hier nun theologisch und politisch höchst unterschiedliche Vorstellungen aufeinanderprallten. Überall in den Kirchen entstanden Dritte-Welt-Gruppen und Umweltinitiativen zur Bewahrung der Schöpfung; und der politische Erfolg der Grünen seit den 1980er-Jahren wäre ohne die breite Unterstützung durch die kritischen Leute aus der katholischen Kirche nicht möglich gewesen. Kirchliche Akademien blühten auf und der Religionsunterricht in den Schulen war für viele Schülerinnen und Schüler das spannendste Angebot auf dem Lehrplan, anregungsreich und gefragt wie nie. Die theologischen Fakultäten quollen über mit tausenden von jungen Menschen, die sich begeistert auf das Studium der Theologie stürzten. Theologische Fachverlage machten glänzende Geschäfte, vor allem mit Literatur zur Befreiungstheologie. Und die Katholikentage dieser Zeit waren echte Kulminationspunkte der politischen, moralischen und intellektuellen Selbstverständigung der damaligen Bundesrepublik, über die breit berichtet wurde und die niemand verpassen wollte.

Katholische Kirche und katholische Theologie genossen in den 1970er- und 1980er-Jahren – den scharfen Säkularisierungs- und Entkirchlichungstendenzen dieser Zeit zum Trotz – ein hohes öffentliches Ansehen, und zwar nicht nur für ihr nachhaltiges politisches Engagement für die Armen und Schwachen, in der Entwicklungspolitik, in der Friedens- und Umweltbewegung, sondern auch für ihre Teilhabe an den politisch-moralischen Grundsatzdebatten, in denen sich die moderne Gesellschaft darüber zu verständigen versucht, wie sie es mit den Armen und Benachteiligten in ihrer Mitte hält, was sie unter Gerechtigkeit und Solidarität versteht, wie sie mit ihrer Vergangenheit aus Krieg, Nationalsozialismus und Shoah umgehen will, wie sie sich ihrer globalen Verantwortung zu stellen gedenkt und wie sie ihren Glauben an die unantastbare Würde jedes einzelnen Menschen lebendig halten kann. Bei all diesen Fragen war damals selbstverständlich klar, dass hier auch die Theologinnen und Theologen, die Bischöfe und die kirchlichen Verbände mitreden müssen und dass ohne sie eine wichtige und unersetzbare Stimme fehlen würde.

Diesen progressiven linkskatholischen Flügel gibt es heute nicht mehr. Wenn man ordentlich sucht, ist er vielleicht in kümmerlichen Restbeständen noch irgendwo auffindbar; er spielt aber weder kirchlich noch politisch eine erwähnenswerte Rolle. Dem modernen Reformkatholizismus scheint dieses Fehlen nicht weiter aufzufallen. Wenn er es überhaupt bemerkt, ist die Antwort eher eine distanzierte Gleichgültigkeit, schließlich hat man mit den politischen Ambitionen der Linkskatholiken, vor allem mit ihrer Kritik an der Privatisierung und Verbürgerlichung des Christentums, ihrer Kritik an Entmythologisierung und Entpolitisierung der biblischen Botschaft nur wenig am Hut. Viele der konkreten politischen Anliegen, die der Linkskatholizismus formuliert, sind ihm zwar sympathisch und werden durchaus unterstützt. Dennoch geht es dem liberalen Katholizismus in Kirche, Theologie und Politik nicht um linkskatholische Programme, sondern um die längst überfällige Anerkennung der fundamentalen Bürgerrechte in der Kirche, um gleiche Rechte und Pflichten für Frauen und Männer, um die Abschaffung des Zwangszölibats und die Öffnung der Priesterweihe für Frauen. Wenn endlich auch qualifizierte Frauen Diakoninnen und Priesterinnen und eines Tages vielleicht auch Bischöfinnen werden dürfen, wenn die Freiheits- und Gleichheitsrechte endlich auch in der Kirche auf allen Ebenen gelten, dann sind Diskriminierung, Ausgrenzung und Machtungleichgewicht, Dialogverweigerungen und Diskussionsverbote in der Kirche endlich überwunden, und dann wird, so glaubt man hier ernsthaft, auch kirchlich alles gut. Wenn sich die römischen Blockaden lösen, so die Erwartung, dann wird die Kirche von einer neuen Blüte erfasst und überall wird einträchtiges Gemeindeleben gedeihen. Dann können in einer unverkrampften Gemeinschaftsatmosphäre schöne Gottesdienste ‚auf Augenhöhe' gefeiert werden, dann kann es schöne Gemeindefeste, schöne Freizeiten, schöne kulturelle, soziale und religiöse Bildungs- und Begegnungsangebote geben, in denen man seine emotionalen Bedürfnisse nach religiöser Wellness schön ausleben kann – und dann blüht die Kirche wieder auf.

4. Was ist eigentlich die Botschaft?

Fragt man in kirchlichen Gesprächskreisen danach, was denn eigentlich die Botschaft des christlichen Glaubens ist, von der man sich so angesprochen fühlt, in der man so überzeugt lebt und die man so gerne weitergeben möchte, dann entsteht mitunter ein verdächtiges, zumindest kurzzeitiges Schweigen. Zumeist wird dann aber rasch auf die Nächstenliebe verwiesen, auf den liebenden Gott, an den man glaubt, auf den Gott, der alles vergibt und verzeiht und aus dessen alles ertragender, alles auffangender Liebe man niemals herausfallen kann.

Unter den modernen, zumeist gut situierten und den Mittel- und Oberschichten angehörenden Reformkatholiken findet man nur selten ein theologisches Unbehagen über die eigenen Milieus und Mentalitäten. Und kaum jemand scheint den theologischen Verdacht zu hegen, dass die Botschaft der Nächstenliebe, das freudige ‚Gott liebt uns und wir sind nett zueinander', vielleicht doch nicht ganz genügen könnte. Dass sich die Nächstenliebe nicht in einem ‚Wir achten aufeinander und helfen uns gerne, wir denken auch an andere und spenden fleißig' erschöpft, sondern – wie schon Papst Pius XI. einschärfte – immer auch eine politische Nächstenliebe zu sein hat, die sich in Unrechtsverhältnisse einmischt, sich mit den Mächtigen anlegt und dabei auch in Kauf nehmen muss, auf Feindseligkeit zu treffen, unter Druck zu geraten, marginalisiert und ausgegrenzt, womöglich auch an Leib und Leben bedroht zu werden, wird unter liberalen Reformkatholiken zumeist nur wenig besprochen. Zur Geschichte der Kirche und ihrer besonders treuen Anhänger gehört aber seit jeher die Erfahrung des Martyriums, nicht die von religiöser Behaglichkeit.

Noch stiller wird es in kirchlichen Gesprächskreisen, wenn man weiter fragt, ob denn – über die Nächstenliebe hinaus – noch Anderes und vielleicht Wichtigeres – zur Botschaft Jesu gehört; und wenn man darauf hinweist, dass das Evangelium nicht einfach nur eine Frohe Botschaft für alle in gleicher Weise ist. Zwar singt man gerne: „… in göttlichem Erbarmen, liebt Christus alle gleich, die Reichen und die Armen beruft er in sein Reich" (Gotteslob 281,2); das Neue Testament spricht aber eine andere Sprache. Die Bergpredigt Jesu ist nämlich sehr klar eine Frohbotschaft für die Armen, und nur für die Armen. Sie ist zudem in gleicher Radikalität eine Drohbotschaft für die Reichen: „Weh euch, die ihr jetzt reich seid, denn ihr habt keinen Trost mehr zu erwarten" (Lk 5,24). Denen, die jetzt arm sind, und nur ihnen, wird das Reich Gottes zugesagt; denen, die jetzt hungern, dass sie satt werden, und denen, die jetzt weinen, dass sie lachen werden – und man kann schon darüber streiten, ob die ergänzenden Formulierungen im Matthäus-Evangelium, die die Seligpreisungen über die wirklich Armen und Hungernden hinaus auch auf diejenigen ausweiten, die ‚arm sind vor Gott' und ‚nach Gerechtigkeit hungern und dürsten', nicht bereits eine verharmlosende Abschwächung des Evangelisten darstellen, der selbst nicht arm war, sich aber doch gerne in den Kreis der Seliggepriesenen einbezogen wissen wollte.

Schon das Magnifikat, der Lobpreis Mariens, nachdem sie vom Engel des Herrn erfahren hatte, vom Heiligen Geist den Sohn Gottes, den lang ersehnten Messias empfangen zu haben, ist in seiner umstürzenden Botschaft eindeutig. Dieses Lied lässt kein Deuteln zu und erklärt in freudiger Erwartung, dass mit der Ankunft des Gottessohnes die Mächtigen vom Thron gestürzt und die Niedrigen erhöht werden, dass die Hungernden reich beschenkt und die Wohlhabenden leer ausgehen werden (vgl. Lk 1,52f.). Dass Jesus von Nazareth in seiner Botschaft und Lebenspraxis eine radikale Option für die Armen formuliert hat und diese auch von seinen treuen Anhängern erwartete, dass die Bergpredigt den baldigen Umsturz der gesellschaftlichen Verhältnisse durch den Gott Jesu, den Gott Abrahams, Isaaks und Jakobs erhofft, und dass Jesus und seine Jünger im radikalen Geist dieser Naherwartung lebten, wird in kirchlichen Gesprächskreisen ebenfalls wenig besprochen. Dass Jesus sich ganz und gar in der Dynamik des angebrochenen Gottesreiches bewegte, dass er an die Auferweckung der Erschlagenen und Ermordeten durch das rettende Eingreifen Gottes glaubte und – wie schon der Prophet Jesaja – einen neuen Himmel und eine neue Erde erwartete, in der Gott alle Tränen trocknet, in der der Tod nicht mehr ist, keine Trauer, keine Klage, keine Mühsal, in der stattdessen universaler Friede herrscht, der Wolf beim Lamm wohnt und das Kind am Schlupfloch der Natter spielt (vgl. Jes 11,6–8; Offb 21,1–4); all dies hört man in den Gottesdiensten der liberalen Katholiken eher selten. Und ernsthaft darüber gepredigt wird noch seltener, schließlich fühlt man sich, wenn es um diese Motive geht, doch irgendwie peinlich berührt. Auferstehung der Toten, Jüngstes Gericht, neuer Himmel und neue Erde, Kind am Schlupfloch der Natter? All diese Dinge sollte man, so meint man hier, doch lieber gründlich entmythologisieren und irgendwie uminterpretieren zu Bildern für die innerliche Erlösung im Herzen des Gläubigen, der die Liebe Gottes angenommen hat und sich so ‚wie in einem neuen Himmel und auf einer neuen Erde' fühlt, während die alte Welt hier unverändert ihr Unwesen treiben kann. Andernfalls würde man sich doch bis auf die Knochen lächerlich machen. Und unrealistisch will man ja auf keinen Fall sein. Dass ‚Realismus' aber Kumpanei mit der Macht der Mächtigen, mit der Brutalität und Gewalt, der Gleichgültigkeit und Empathielosigkeit dieser Welt bedeutet, nimmt man nicht weiter zur Kenntnis. Und dass man sich als Christ dem rettenden und befreienden Gott Jesu Christi und seiner Handlungsmacht verpflichten und ihm, nicht aber dieser Welt glauben will, gerät unter einem solchen Realismus ebenfalls nicht in den Blick.

Die radikalen Protest-, Umsturz- und Hoffnungsgeschichten der Bibel sind im liberalen Katholizismus der Gegenwart aufgegeben worden; und sie werden dort auch nicht vermisst. Im Bemühen, aufgeklärt und vernünftig zu sein, verrät man die unbedingten Rechts- und Gerechtigkeitsansprüche der Ermordeten, der Armen und Unterdrückten, derjenigen, die unter die erbarmungslosen Räder von Macht und Gewalt geraten sind – und damit verrät man, auch wenn man es nicht hören will, wohl auch den Gott Jesu Christi und seine Verheißungen. In der Frage ‚Reich Gottes' oder ‚diese Welt' hat man jedenfalls eine klare Option getroffen.

Dass aber nicht die seichte Rede von der alles verzeihenden Liebe Gottes, sondern gerade die dramatischen Bilder, Hoffnungen und Sehnsüchte des Apokalyptikers aus Nazareth noch etwas Elementares und Unverzichtbares für die Zukunft von Mensch und Gesellschaft, von Moral und Gerechtigkeit, von Freiheit und Würde austragen, dass sie eine rettende Kraft und ein die Banalitäten einer falschen Welt aufsprengendes Potenzial haben können, haben noch die Altvorderen der Kritischen Theorie gewusst. So waren Theodor W. Adorno und Max Horkheimer, die jüdischen Atheisten, dramatisch verzweifelt darüber, dass es den rettenden Gott ihrer Väter, den eine Welt von Auschwitz und Hiroshima dringender braucht als jede andere zuvor, einfach nicht gibt. Und auch Jürgen Habermas, der philosophisch deutlich spröder und jeder schwärmerischen Emphase abhold ist, ruft angesichts der Gefahr einer „entgleisende[n] Modernisierung der Gesellschaft im Ganzen"[1] nach religiösem Support für unsere Überzeugungen von universaler Gerechtigkeit und einer unantastbaren Menschenwürde jedes Einzelnen. Er warnt davor, sich „von der Artikulationskraft religiöser Sprachen"[2] abzuschneiden und erinnert daran, dass auch säkulare Bürger „in den normativen Wahrheitsgehalten einer religiösen Äußerung eigene, manchmal verschüttete Intuitionen wiedererkennen" können.[3] Denn auch diejenigen, die sich sicher sind, dass es keinen im Tode rettenden Gott gibt und die Erschlagenen wirklich erschlagen sind und bleiben, empfinden Habermas zufolge „den ohnmächtigen Impuls, am Unveränderlichen doch noch etwas zu

---

[1] *J. Habermas*, Zwischen Naturalismus und Religion. Philosophische Aufsätze, Frankfurt a. M. 2005, 111.

[2] *J. Habermas*, Glauben und Wissen. Friedenspreisrede 2002, in: ders., Zeitdiagnosen. Zwölf Essays, Frankfurt a. M. 2003, 249–262, 257.

[3] *J. Habermas*, Zwischen Naturalismus und Religion (s. Anm. 1), 137.

ändern"; und sie „scheinen in solchen Augenblicken zu glauben, einander mehr schuldig zu sein und selbst mehr nötig zu haben, als ihnen von der religiösen Tradition in Übersetzung zugänglich ist"[4].

5. Nur noch bürgerliche Religion?

Wenn man ehrlich ist, muss man konstatieren, dass sich der deutsche Mehrheitskatholizismus nicht sonderlich darum bemüht, die semantischen Hoffnungs- und Widerstandspotenziale der eschatologischen Glaubenstradition des Jesus von Nazareth zu hegen und zu pflegen, sie in ihrer kritischen und ermutigenden, in ihrer irritierenden und aufrüttelnden, in ihrer sperrigen und widerständigen Kraft zu entfalten und in die öffentlichen Debatten einzubringen. Dass die real existierende Welt da draußen, statt dass man mit ihr gemeinsame Sache macht, auf eine Artikulation dieser Glaubenspotenziale heute mehr denn je angewiesen sein könnte, scheint man sich in den liberalen katholischen Milieus nicht vorstellen zu können.

Stattdessen versucht man es mit einer Aneinanderreihung von theologischen Banalitäten und Nettigkeiten, die niemanden irritieren, aber auch niemanden wirklich trösten und ermutigen. Wie soll sich denn jemand fühlen, der schwere Schuld auf sich geladen hat, wenn man ihm vom allzeit liebenden Gott erzählt, der einfach alles vergibt – und dies dann noch hinter dem Rücken des Opfers, das dabei gar nicht erst gefragt wird. Ein solcher Gott wäre zynisch gegenüber dem Opfer und nicht rettend für den Täter. Rettend wäre er nur, wenn man ihm zutraut, dass er das unschuldige Opfer von den Toten erweckt und ihm Leben in Fülle gewährt, sodass es dem Täter dann am Tag des Jüngsten Gerichts selbst verzeihen kann.

Dass die katholischen Reformchristen in Deutschland kaum noch öffentlich von der Auferstehung der Toten, vom Jüngsten Gericht und vom Reich Gottes sprechen, wenigstens stammeln, sondern sich in synodalen Prozessen verrennen, in denen sie nur noch Themen traktieren, die ‚draußen in der Welt' niemanden interessieren, ist deshalb nicht nur der römischen Fremdblockade anzulasten. Es liegt auch an ihnen selbst, an der nicht eingestandenen Selbstbanalisierung ihrer Botschaft, die sich nicht mehr traut, die sperrigen und widerständigen – vielleicht aber gerade da-

[4] *J. Habermas,* Glauben und Wissen (s. Anm. 2), 258f.

durch wertvollen – Gehalte der biblischen Gottestradition öffentlich und nachdrücklich zu artikulieren. Und diese sind natürlich nicht, wie bei den Restaurationskatholiken, Amtspriestertum, Weihrauch, Zölibat, tridentinische Messe und Jungfrauengeburt, sondern eben genau jene semantischen Gehalte, von denen unsere Überzeugungen von der unantastbaren Menschenwürde und der letztgültigen Überlegenheit des Rechts gegenüber dem Unrecht leben – und aus denen sich die Empörung über eine Realität speist, in der am Ende immer der Tod über das Leben, die Gewalt über die Sanftmut und der Hass über die Liebe triumphieren.

In Sachen theologischer Selbstbanalisierung muss es unter den deutschen Katholiken in den letzten Jahrzehnten einen dramatischen Schub gegeben haben. Während man heute, wenn überhaupt, nur noch mit ironischer Brechung vom Jüngsten Gericht und der Auferweckung der Toten sprechen mag und diese Themen bei den synodalen Prozessen völlig außen vor sind, sah das vor 50 Jahren noch anders aus. Damals, als in der Bundesrepublik die Würzburger Synode zur Umsetzung der Beschlüsse des II. Vatikanums tagte, deren Anliegen von Rom ebenfalls nicht akzeptiert wurden, hatte man sich noch auf ein großes, gemeinsam verantwortetes ‚Bekenntnis zum Glauben in dieser Zeit' verständigt und unter der Überschrift ‚Unsere Hoffnung' ausführlich über den Gott Jesu Christi, die Auferweckung der Toten, das Jüngste Gericht und das Reich Gottes gehandelt. Die Frage nach dem Leben der Toten zu vergessen oder zu verdrängen, sei – so erklärten die deutschen Katholiken damals – „zutiefst inhuman", da dies dazu führe, „uns der Sinnlosigkeit dieser Leiden widerspruchslos zu ergeben". Und sie ergänzten: „Wenn wir uns zu lange der Sinnlosigkeit des Todes und der Gleichgültigkeit gegenüber den Toten unterwerfen, werden wir am Ende auch für die Lebenden nur noch banale Versprechen parat haben."[5] Zum Motiv vom Jüngsten Gericht heißt es in diesem Dokument, es spreche davon, „daß nicht nur die Liebe, sondern auch die Gerechtigkeit stärker ist als der Tod" und dass mit diesem „die Herrschaft der Herren und die Knechtschaft der Knechte keineswegs besiegelt ist".[6] Und zu den Hoffnungsbildern des Reiches Gottes, des neuen Himmels und der neuen Erde erklärten die deutschen Katholiken damals, dass sie von uns „eine gesellschaftskritische Freiheit

[5] Beschluss: Unsere Hoffnung. Ein Bekenntnis zum Glauben in dieser Zeit. Beschluss der Vollversammlung der Gemeinsamen Synode der Bistümer in der Bundesrepublik Deutschland. Offizielle Gesamtausgabe (1), Freiburg i. Br. 1976, 71–111, 91.
[6] Ebd., 92.

und Verantwortung" fordern, die „ihre privaten und nachbarschaftlichen Grenzen" verlassen muss, denn „das Reich Gottes ist nicht indifferent gegenüber den Welthandelspreisen".[7]

Mit der Verabschiedung des Synodendokuments ‚Unsere Hoffnung' hatte der politische Linksflügel des deutschen Katholizismus eine Sternstunde erlebt, denn der Hauptverfasser dieses Textes war eine der Galionsfiguren der gesellschaftskritischen Aufbrüche der katholischen Theologie der Konzilszeit, der Münsteraner Fundamentaltheologe Johann Baptist Metz. Er gilt als der Begründer der Neuen Politischen Theologie, die sich energisch gegen geschichts- und gesellschaftsvergessene Theologien idealistischer Provenienz, gegen bürgerliche Religion, gegen die theologischen Programme von Privatisierung, Verinnerlichung und vorschneller Entmythologisierung richtete und damit für wichtige Neuaufbrüche im kirchlichen Leben der Bundesrepublik sorgte.

6. Keine Hoffnung in Sicht

Besteht heute noch eine Aussicht darauf, dass der progressive politische Flügel des deutschen Katholizismus mit seiner Kritik an bürgerlicher Religion, an Privatisierung und Verinnerlichung des Glaubens, an Entpolitisierung und Verharmlosung des Neuen Testaments eine Renaissance erfährt, nachdem er unter den Pontifikaten von Johannes Paul II. und Benedikt XVI. systematisch und mit allen Mitteln, über Lehrverbote, bischöfliche Personalpolitik, lehramtliche Anweisungen etc., ausgetrocknet und aus der Kirche vertrieben wurde?

Die Chancen sind gering, obwohl er heute sicher noch notwendiger wäre als vor 50 Jahren. Die linken Aufbruchskatholiken der Konzilszeit haben zwar ihren Glauben nicht verloren, sie engagieren sich heute aber notgedrungen in politischen und sozialen Bewegungen außerhalb der katholischen Kirche; allein schon deshalb, weil es diese innerhalb der Kirche nicht mehr gibt. Zudem geraten sie an ihre Altersgrenzen, und eine neue Generation konnte nicht nachwachsen. Politisches Engagement für Arme und Geflüchtete, für Klima und Umwelt, für regionale und globale Gerechtigkeit, für Geflüchtete und Vertriebene findet heute zwar nach wie vor auch unter Christen statt, und zwar in hohen Maßen; allerdings ist es weitgehend – trotz rühmlicher Ausnahmen – ausgewandert aus ei-

[7] Ebd., 96f.

ner Kirche, die diesen Verlust niemals öffentlich bedauerte und ihren Linkskatholiken nie eine Träne nachweinte. Und auch unter den liberalen Reformkatholiken dürften viele froh sein, dass sie in ihren Gemeinden und Veranstaltungen nun endlich frei sind vom nervigen Polit-Aktivismus derer, die sich früher partout nicht mit bürgerlicher Religion zufriedengeben wollten.

Eine realistische Hoffnung auf einen Neuaufbruch des deutschen Katholizismus scheint es also kaum zu geben. Der reaktionäre Flügel fährt in antimodernistischer Glaubensgewissheit ungebremst vor die Wand und findet sich auch noch gut dabei. Der liberale Mehrheitsflügel fährt sich fest in seiner Fixierung auf den römischen Reformstau – und kreist dabei nur noch um sich selbst; und der linke Flügel der deutschen Katholiken wird nichts retten können, weil es ihn schlicht nicht mehr gibt.

Der Untergang der katholischen Kirche wäre für die Bundesrepublik aber wohl doch eine Katastrophe, auch wenn dies in den liberalen Milieus kaum so gesehen wird. Diese selbst dürften in der Tat auch gut ohne die Kirche auskommen. Anders sieht es dagegen für die Zukurzgekommenen, für die Armen und Schwachen aus, und zwar nicht nur in nationaler, sondern gerade auch in globaler Perspektive. Ohne eine starke, gesellschaftlich geschätzte, finanziell gut und unabhängig ausgestattete und ihre ‚gesellschaftskritische Freiheit und Verantwortung' offensiv ausübende katholische Kirche werden sie noch stärker unter die Räder geraten als ohnehin schon. Und wenn die öffentliche Relevanz und das politische Gewicht der katholischen Kirche in Deutschland eine kritische Schwelle unterschreiten, wird man wohl sagen müssen: Dann Gnade ihnen Gott.

Wider die Hoffnungshypnose

Christiane Florin

Hoffnung ist eine Droge mit unberechenbarer Wirkung. Sie sediert oder euphorisiert, der Blick wird je nach Dosis glasig oder glühend. Religion macht süchtig nach diesem Stoff. Vielleicht ist es auch umgekehrt. Auf dem Synodalen Weg wird auf Schritt und Tritt mit Hoffnung gedealt. Vor allem dann, wenn die Nachvornedrängenden nicht vom Fleck kommen.

„Unsere Hoffnung – ein Bekenntnis zum Glauben dieser Zeit", hieß der zentrale Text der Würzburger Synode. „Gaudium et Spes" ist eines der wichtigsten Dokumente des Zweiten Vatikanischen Konzils überschrieben. Freude plus Hoffnung – gleich zwei Drogen zum Preis von einer. Katholizismus ist süchtig nach Hoffnung.

Hoffnung ist ein reformkatholisches Hochwertwort, ganz gleich, wie gestreckt, gepanscht und betagt die Ware auch sein mag. Zur Not hilft Hypnose. Ähnlich wie die Wörter „Weg, unterwegs, gemeinsam, miteinander" verliert der Stoff, aus dem die Reformträume sind, nicht an Wert. Wer wie der Kirchenrechtler Norbert Lüdecke oder auch die Autorin dieses Textes die Hoffnungshypnose verweigert, wer in dieser Hinsicht clean bleibt, gilt als zynisch, verbiestert, verbissen. Mag sein, dass das, was sie schreiben, sachlich stimmt. Aber mit denen, die so schreiben, kann etwas nicht stimmen.

Das Hochwertwort vermittelt das Hochgefühl, guten Gewissens auf Hoffnungsverweigerer herabblicken zu dürfen. Die nette Schwester der Pathologisierung ist das Mitleid: Weil der Synodale Weg auch ein spirituelller Prozess sein soll, werden hoffnungslose Fälle beim geistlichen Impuls namens „EinHalt" ins Gebet eingeschlossen. Wer vor der Hoffnungspflicht noch immer nicht kapituliert, bekommt den Römerbrief zu hören: „Wider alle Hoffnung ist er auf Hoffnung hin zum Glauben gekommen". Christsein heißt high sein heißt frei sein.

Wer kann zu dieser Droge schon nein sagen? Ich, Christiane F., vielleicht sogar, weil ich das Buch meiner Namensschwester vom Bahnhof Zoo als Jugendliche in den 1980ern gelesen habe. Solides Handwerk ziehe ich der Sucht nach dem Hochgefühl vor. Handwerk meint im Fall des Synodalen Weges Kopfarbeit bzw. Kopfzerbrechen über zwei Fragen:

1. Wie lässt sich in ein monarchisches System das kleine Senfkorn Demokratie einpflanzen? 2. Wie sieht der Boden aus, über den der Weg führt?

Die Droge Hoffnung liegt gerade im kirchlichen Umfeld schnell griffbereit, um grundlegende Versäumnisse vergessen zu machen. Was diese beiden Fragen anbetrifft, blieben Chancen ungenutzt. Gesetzt den Fall, man hätte Expertinnen und Experten zu Rate gezogen, die sich über Frage 1 ohne co-klerikale Abhängigkeitserfahrung Gedanken machen, wäre wohl etwas Anderes herausgekommen als das, was in den Statuten des Synodalen Weges festgeschrieben wurde. Bischofsstimmen zählen mehr als die der anderen Synodalen. Wer so etwas festlegt, zertrampelt schon am Ausgangspunkt demokratische Grundgedanken und muss fortan auf ein Wunder hoffen.

Der Synodale Weg wurde eingeschlagen, um Machtverhältnisse zum Thema zu machen und diese Verhältnisse zu verändern. Denn Machtmissbrauch nennt die MHG-Studie als einen der begünstigenden Faktoren für sexualisierte Gewalt.

Bei der Pressekonferenz zu dieser Studie im September 2018 in Fulda gaben sich der damalige Vorsitzende der Bischofskonferenz Reinhard Marx und der DBK-Missbrauchsbeauftragte Stephan Ackermann erschüttert. Allerdings vermittelten beide den Eindruck, die dort präsentierten Ergebnisse hätten mit ihnen und den anderen Amtsbrüdern nichts zu tun. Jene Hierarchen, die den massenhaften Missbrauch vertuscht hatten, waren anscheinend entweder auf dem Mars oder im Grab, jedenfalls nicht unter den in Fulda vollversammelten Bischöfen. Erst ganz am Schluss bekam die Inszenierung einen Kratzer. Die letzte Frage – von mir gestellt – lautete: „Eine Frage noch zur persönlichen Verantwortung. Hier sind jetzt über 60 Bischöfe versammelt, gibt es einen oder zwei, die im Zuge ihrer Beratungen gesagt hätten: Ich habe so viel persönliche Schuld auf mich geladen, ich kann eigentlich diese Verantwortung des Amtes nicht mehr tragen?“ Die Antwort fiel knapp und gepanzert aus: „Nein“, sagte Reinhard Marx.

Bildlich gesprochen, lagen die Bischöfe im Herbst 2018 moralisch im Straßengraben. Die Studie nannte keine Namen, aber die Reaktion des Vorsitzenden zeigte deutlich: Die Täter hinter den Tätern, die Vertuscher, diejenigen, die eiskalt die Betroffenen abserviert hatten, waren eben nicht in weiter Ferne, sondern mitten unter den in Fulda Vollversammelten.

Doch die Lai*innen und Laien in Gestalt des Zentralkomitees der deutschen Katholiken (ZdK) waren sofort gewillt, den hochwürdigsten Herren aufzuhelfen. Sie zogen die Bischöfe aus dem Graben auf den synodal genannten Weg. Der damalige ZdK-Präsident Thomas Sternberg erklärte vor Journalist*innen im Juli 2019: „Ich glaube, das ist eine riesige Arbeit, verlorengegangenes Vertrauen zurückzugewinnen. Aber wir brauchen diese Vertrauensrückgewinnung in einem innerkirchlichen Prozess zunächst, um dann umso glaubwürdiger das zu tun, wofür wir da sind: uns gesellschaftlich einbringen und Zeugnis zu geben von der Hoffnung, aus der wir leben." In einer gemeinsamen Videobotschaft verkündeten Sternberg und Marx am Beginn des Weges im Dezember 2019: „Glaubwürdigkeit ist absolut notwendig und die wollen wir wiedergewinnen durch unsere selbstkritische Arbeit."

Beim Aufhelfen aus dem Graben blieb es nicht. Die Lai*innen zogen die Bischöfe nach oben – um ihnen zu folgen. Diese katholische Kulturtechnik wurde nicht „den Bischöfen hinterherlaufen" genannt, sondern „Gespräch auf Augenhöhe", symbolisch sichtbar im gemeinsamen Einzug in den Gottesdienst und in der alphabetischen Sitzordnung im Synodal-Plenum.

Anstelle der gängigen Hoffnungshypnose wäre vor dem Start solides politikwissenschaftliches Handwerk wichtig gewesen, um den systemisch gegebenen Augenhöhenunterschied wenigstens zu verkleinern. Stattdessen wurde die Status-Differenz in den Statuten des Synodalen Weges festgeschrieben: Sowohl die Bestimmungen, wie das Plenum zusammengesetzt ist, als auch die Regelungen zur Beschlussfassung privilegieren die Bischöfe. Im Plenum sind sie zu 100 – in Worten einhundert – Prozent vertreten. Erz-, Weih- und vorsilbenlose Bischöfen haben von den 230 Synodal-Stimmen fast 70, fürs Kirchenvolk – immerhin 21 Millionen – bleibt der Rest.

Anstatt offen zu sagen, dass der hohe Klerus überrepräsentiert ist und übergeordnet bleibt, setzte die Weg-Werbung auf allerlei Slogans mit den Wörtern „gemeinsam" und „miteinander". Die besondere Verfasstheit der römisch-katholischen Institution als Bischofskirche wird durch diese Besetzungspolitik eher betoniert als erschüttert. Dass der Erzbischof von Köln nach der ersten Versammlung kundtat, er fühle sich wie in einem „protestantischen Kirchenparlament", ist kein Beleg dafür, dass man es tatsächlich mit einem Parlament zu tun hat. Solche Aussprüche erhöhen die Dankbarkeit der Synodalen gegenüber jenen, die sich nicht fürstlich beklagen. Diese Bischöfe genießen ihre Privilegien still, anstatt sie abzuschaffen. Unter dem Beton gedeiht aber kein demokratisches Pflänzchen.

Das ZdK stimmte einem weiteren handwerklichen Fehler zu: Damit ein Beschluss gefasst werden kann, genügt nicht eine Zwei-Drittel-Mehrheit des Plenums; auch zwei Drittel der Bischöfe müssen zustimmen. Der hohe Klerus hat also eine eigene Mehrheit, dadurch zählt eine Bischofsstimme mehr als die von nicht-bischöflichen Synodalen. Der Klerikalismus-Kritik der MGH-Studie folgte eine Wegeverkehrsordnung nach dem Motto: Wir wollen mehr Klerikalismus wagen.

Auf meine recht früh gestellte Frage, warum dieses Mehrheits-Privileg gewährt wurde, bekam ich verschiedene Antworten. Die gängigste: Mit einer Zwei-Drittel-Mehrheit der Bischöfe bekämen Beschlüsse des Synodalen Weges erst die notwendige Autorität. Eine andere, klerikal-psychologisierende Antwort: Es sei für den hohen Klerus ohnehin schon demütigend, wenn Laien auch abstimmen dürften, die eigene Mehrheit entschädige für diese Zumutung.

Dass Menschen, die sich mit Politik und Verfassungsrecht auskennen, angesichts dieser betonierten Machtverhältnisse behaupten, Bischof und Lai*innen seien „auf Augenhöhe", kann ich mir nur mit dem eingangs beschriebenen glasigen Blick erklären. Wer die skizzierten formalen Grundlagen nüchtern analysiert, sieht Lai*innen, die keine andere Wahl zu haben glauben, als zu den Bischöfen bittend aufzuschauen. Auf der Vollversammlung des Zentralkomitees wurde dieser Punkt zwar kontrovers diskutiert, immer wieder die Tradition eines selbstbewussten deutschen Laienkatholizismus beschworen, aber das Statut ist klerikal geprägt.

Kurz vor Weihnachten 2022 gab einer der Hoffnungsträger des Reformlagers, der damalige Bischof von Osnabrück Franz-Josef Bode, dem Deutschlandfunk ein Interview.[1] Ich fragte ihn nach der bischöflichen Mehrheit und der Augenhöhe: „Sie haben vorhin gesagt, der Synodale Weg sei ein Gespräch auf Augenhöhe. Ist das so, wenn Bischöfe eine eigene Mehrheit haben und Beschlüsse kippen können, die die Mehrheit der Synodalen gefasst hat?" Bode antwortete: „Es ist auf Augenhöhe soweit wie eben möglich. Natürlich gibt es eine Prärogative der Bischöfe, wenn ich das sagen darf, aus ihrem Amt, aus ihrem Dienst eben an der Einheit."

Ein Vorrecht der Bischöfe ist demnach „natürlich", unvermeidlich. Auf die Frage, ob die Bischöfe sich diese Zwei-Drittel-Mehrheit ausgedacht haben, antwortet Bode: „Wir haben das damals mit dem ZdK gemeinsam besprochen, weil letztlich – wir haben immer noch eine hierarchische Kirche – die Bischöfe das entscheiden müssen und dafür geradestehen müssen, und deshalb ist das eingeführt. Wir wollen natürlich

[1] *F.-J. Bode*, Franziskus bleibt hinter den Erwartungen zurück (25.12.2022), www.deutschlandfunk.de/franz-josef-hermann-bode-bischof-osnabrueck-100.html (Zugriff: 01.03.2023).

möglichst zu Ergebnissen kommen, die von allen breit getragen werden. Deswegen ist die Zweidrittelmehrheit eingeführt worden. Ich denke, nur so würde man das nach Rom geben können. Durch die Entscheidung der Bischöfe wird es überhaupt erst nach Rom hingegeben."

Aus dieser umständlichen Antwort geht trotz des Zauberwortes „gemeinsam" hervor, dass die Bischöfe diese Bedingung gestellt haben. Ohne das Privileg der eigenen Mehrheit hätten sie sich nicht auf den Synodalen Weg eingelassen. Für diese Idee mussten sie sich nicht den Kopf zerbrechen, Männer mit der Mütze denken „natürlich" so. Aus ihrem klerikalen Selbstverständnis heraus genießen sie kein Vorrecht, sondern haben das Recht auf eine Stimme mit doppeltem Gewicht.

Allen Bekenntnissen der „Erschütterung" zum Trotz: Die Machtverhältnisse wurden nicht erschüttert. Wer wie die Bischöfe glaubt, Bedingungen stellen zu können, fühlt sich moralisch nicht im Straßengraben. Die Lai*innen haben sich mit ihrer Zustimmung zu den Statuten auf diese Machtverhältnisveränderungsabsichtserklärung bei gleichzeitiger bischöflicher Verhaltensstarre eingelassen. Wieder spielte die Droge eine Rolle: Die Hoffnung ruht auf Bischöfen wie Bätzing, Marx und Bode, sie sollen Veränderungen wollen und dafür ihre Amtsbrüder gewinnen. Gelingt das, sind sie die Guten. Gelingt es nicht, werden sie für ihren guten Willen belobigt.

Die Unterscheidung in Hoffnungsträger und Hoffnungskiller mit Bischofsmütze führt zu unmoralischen Deals, man muss taktieren. Das Thema Missbrauch, das den Anstoß gab für den Synodalen Weg, stirbt dabei zuerst. Die Bischöfe blieben in den Synodalversammlungen von Schuldzuweisungen weitgehend verschont. Erst spät – nach gut einem Jahr Wegstrecke – durften Missbrauchsbetroffene auf einer Versammlung Statements abgeben. Im Januar 2022 bescheinigte das Missbrauchsgutachten für das Erzbistum München dem amtierenden Erzbischof Reinhard Marx Ignoranz gegenüber den Missbrauchsopfern, Wenige Tage später, als die nächste Versammlung in Frankfurt tagte, war dieses Ergebnis den Synodalen kein Wort mehr wert. Marx hatte kurz vorher in einem Interview mit der „Süddeutschen Zeitung" erklärt, er könne sich ein Ende der Zölibatspflicht vorstellen. Damit war er der Reformhoffnung gerecht geworden, damit zählt er zu den Guten.

Dass Franz-Josef Bode bei der Synodalversammlung im Herbst 2022 auf das Zwischengutachten seines Bistums angesprochen wurde – es attestiert ihm Täterschutz –, ist ebenfalls nicht überliefert. Wer Reformen verspricht, hat von den Synodalen keine Konfrontation in Sachen Vertuschung und Verantwortung zu fürchten.

Wer institutionelle Reformen ablehnt, aber ebenso wenig. Das Synodale Plenum ist nicht dadurch aufgefallen, dass es zum Beispiel Rainer Maria Woelki wegen der Instrumentalisierung des Kölner Betroffenenbeirats zur Rede gestellt hätte. Der Machtmissbrauch auf offener Bühne wird zu „Kölner Wirren" verharmlost. Substanzielle, bohrende Fragen zu seinem Umgang mit sexualisierter Gewalt hat der Kardinal von den Synodalen nicht zu befürchten. Das Thema Missbrauch wird Betroffenen überlassen, sie bleiben im synodalen Miteinander die Anderen, als seien sie allein dafür zuständig, Rechenschaft zu fordern. Falls mir ein in dieser Hinsicht stürmischer Frankfurter Aufklärungsgeist entgangen sein sollte, lasse ich mich gern korrigieren.

Das Thema Missbrauch braucht den kritischen Rückblick, der aber stört die gefühlte synodale Vorwärtsbewegung. Sexueller Missbrauch ist zudem nicht sexy. Mögen Bischöfe noch so sehr durch Gutachten und journalistische Recherchen belastet sein – sie werden gebraucht und geschont. Auf diesen hohen moralischen Preis haben sich die Synodalen geeinigt, ohne ihn ausdrücklich zu nennen.

Bei der vierten Vollversammlung im November 2022 geschah das, was solide Handwerker*innen vorhergesehen haben: Bischöfe nutzten das Privileg ihrer eigenen Mehrheit, um Veränderungen zu verhindern. Konkret: Mehr als ein Drittel – 38,9 Prozent – stimmte gegen den Grundlagentext zur Sexualmoral. Man muss nicht Politologin sein, um zu wissen, dass Sperrminoritäten ein wichtiges Machtmittel sind. Das Dagegen ist schneller organisiert als das Dafür. Die Satzung des Synodalen Weges verlangt zudem nicht, dass nur abstimmen darf, wer mitdiskutiert hat. Die Stimmabgabe ist nicht einmal davon abhängig, ob man überhaupt weiß, wofür oder wogegen man votiert. Insofern haben sich die Bischöfe satzungsgerecht korrekt verhalten. Die Empörung der Befürworter*innen des Grundlagentextes darüber, dass niemand von den Gegnern sich vorher an der Debatte beteiligt hatte, ist verständlich, aber naiv angesichts der Machtverhältnisse, die sie selbst bestätigt haben.

Die Hoffnung auf die Wunderwirkung von Gespräch, Dialog und Miteinander war trügerisch. Auch hier wäre es besser gewesen, handwerkliche Sorgfalt walten zu lassen als süßliche Dialograuchzeichen in alle Richtungen zu senden.

Damit ist die eingangs genannte Frage 2 angesprochen: Auf welchem Grund und Boden verläuft der Synodale Weg? Handwerklich solide wäre eine Bodenanalyse vor Betreten gewesen.

Die Erzählung vor dem Start ging so: Es gibt in der römisch-katholischen Kirche Konservative und Progressive, die streiten über fast alle

Themen, aber im Großen und Ganzen kann man noch miteinander reden. Hauptsache, man bleibt im Gespräch. Reinhard Marx sagte bei der Pressekonferenz zum Synodalen Weg in Bonn am 5. Juli 2019: „Ein synodaler Weg bedeutet, dass auch viel miteinander in guter Weise gerungen wird. Synode ist keine Parteitagsveranstaltung, kein einfaches parlamentarisches Verfahren. Es bedeutet Austausch, kontroversen Austausch, aber doch in einem Horizont der Evangelisierung.“ Später ergänzte er: „Synodalität bedeutet: Der Andere könnte auch Recht haben“.

Argumentieren, begründen, abwägen, wertschätzen – so geht Diskurs, so geht Respekt, könnte man meinen. Aber eine professionelle Bodenanalyse hätte schon vor Beginn des Weges schwer zu entsorgende römisch-katholische Altlasten zu Tage gefördert. Debatten um Macht, Gleichberechtigung und Sexualität werden schon seit Jahren auf vergiftetem Terroir ausgetragen. Wer Kritik an lehramtlichen Positionen sät, erntet nicht bloß Widerspruch, sondern Hass und Diffamierung.

Nicht nur in meinem Postfach sammeln sich Mails, deren Inhalt mit dem Wort „rechtsautoritär“ freundlich umschrieben ist. „Klerikalfaschistisch“ charakterisiert exakter den Lobpreis von Ordnung und Unterordnung, durchsetzt mit Auslöschungswünschen und Vernichtungsfantasien. Der Andere, so die Grundhaltung der Schreibenden, ist nicht nur im Unrecht, der Andere soll gefälligst verschwinden.

Viele bekommen derartige Post seit Jahren: Theologinnen und Theologen, auch Bischöfe, die dem Reformlager zugerechnet werden. Auch ein Reinhard Marx weiß aus eigener Erfahrung, dass sich da keine „besorgten Konservativen“ melden. Dennoch hat er vor Beginn des Synodalen Weges die Hoffnung genährt, da gebe es etwas, worüber man im Gespräch bleiben könne.

Die hasskatholische Minderheit hat schon allein dadurch Macht, dass sie von der bischöflichen Mehrheit weder klar benannt noch gebannt wird. Sie wird mindestens geduldet, und von bestimmten römischen Kreisen, von rechtschristlichen Bewegungen weltweit und von einzelnen Bischöfen und Weihbischöfen in Deutschland unterstützt.

Die hasskatholische Minderheit gewinnt zusätzliche Macht, wenn sie spürt, dass die Synodalen über ihre Stöckchen springen. Schreien die Rechtsgläubigen, im Sitzungskatholizismus fehle der Glaube, legen ZdK-Mitglieder Glaubenszeugnisse ab, anstatt zu entgegnen: „Verschont uns mit eurer Übergriffigkeit!“

Auf dem Synodalen Weg haben sich Verharmlosung und vorauseilender Gehorsam gegenüber den Klerikalfaschisten gerächt. Der Giftanteil im Boden ist höher denn je. Konservative Kritik gibt es kaum noch, Hetze hat das Terrain erobert. Medien wie kath.net und die „Tagespost" bieten dafür ideale Wachstumsbedingungen. Menschenfeindliche Positionen werden als „Andersdenken" heroisiert. Widerspruch zu den Papieren des Synodalen Weges reicht nicht, das rechtsgläubige Milieu wähnt sich im Widerstand gegen eine „Diktatur des Zeitgeistes". Die „Tagespost" veröffentlichte am 29. September 2022 ein „Exklusivinterview", das der einschlägig bekannte Publizist Martin Lohmann mit Kurienkardinal Kurt Koch geführt hatte. Auf die Frage Lohmanns, ob sich die Lehre der Kirche durch neue Offenbarungsquellen – „das Gefühl der Gläubigen", den „Zeitgeist" – ändern könne, antwortet Koch: „Es irritiert mich, dass neben den Offenbarungsquellen von Schrift und Tradition noch neue Quellen angenommen werden; und es erschreckt mich, dass dies – wieder – in Deutschland geschieht. Denn diese Erscheinung hat es bereits während der nationalsozialistischen Diktatur gegeben, als die so genannten ‚Deutschen Christen' Gottes neue Offenbarung in Blut und Boden und im Aufstieg Hitlers gesehen haben."[2]

Damit stellt Koch eine Gemeinsamkeit her zwischen dem Synodalen Weg und den hitlertreuen „Deutschen Christen". Der DBK-Vorsitzende Georg Bätzing verlangte eine Distanzierung von diesen Äußerungen, die Koch aber verweigerte. Irgendwann ist es zu spät, rote Linien zu ziehen. Die hetzende und aufgehetzte kirchliche Teilöffentlichkeit lässt sich derzeit nicht mehr einhegen. Bei einer genauen Bodenanalyse vor vier Jahren wäre zum Beispiel erkennbar gewesen, dass die Gleichsetzung zwischen Synodalem Weg und NS-Diktatur System hat und keine verirrte Einzelmeinung ist.

Rudolf Voderholzer schlug schon im Advent 2019, also zum Start des Synodalen Weges, in seiner Predigt einen ähnlichen Ton an.[3] Er fühle sich an die Situation des Jahres 1937 erinnert, sagte der Bischof von Regensburg. Den Brief, den Papst Franziskus einige Monate zuvor nach Deutschland geschickt hatte, verglich Voderholzer mit der Enzyklika

---

[2] www.die-tagespost.de/kirche/aktuell/die-wahrheit-macht-frei-nicht-die-freiheit-wahr-art-232532 (Zugriff: 01.03.2023).

[3] Auf der Homepage des Bistums Regensburg ist nur noch eine Zusammenfassung der Predigt in der Adventsvesper vom 30. November 2019: www.bistum-regensburg.de/news/synodaler-weg-muss-gemeinsames-hoeren-auf-das-evangelium-sein-bischof-rudolf-voderholzer-eroeffnet-die-adventszeit-7139/ (Zugriff: 01.03.2023). Der vollständige Predigttext ist hier nachzulesen: www.de.catholicnewsagency.com/article/im-wortlaut-die-adventsvesper-predigt-von-bischof-rudolf-voderholzer-0732 (Zugriff: 01.03.2023).

„Mit brennender Sorge" von 1937. Zuvor hatte der Nuntius in Deutschland, Nikola Eterović, diese Verbindung gezogen. Eterović wies zwar auf Unterschiede hin und lobte die Beziehungen zwischen der Kirche und der Bundesrepublik. Diese seien so gut, dass „kein Eingreifen des Heiligen Stuhls nötig" sei. Dennoch hätte allein der Hinweis auf die Nazi-Zeit schon damals Widerspruch ernten müssen. Voderholzer und Eterović diskreditierten damit die Absicht, theologische und institutionelle Fragen zu diskutieren und darüber abzustimmen. Sorglos ebnen die brennend-besorgten Kleriker den Wesensunterschied zwischen Demokratie und Diktatur ein. Dass ein Bischof den Regensburger Amtsbruder deshalb schon 2019 öffentlich zurechtgewiesen hätte, ist nicht überliefert

Wie soll eine kontroverse Debatte mit jenen möglich sein, die Debatte als Verfahren des Erkenntnisgewinns verächtlich machen? Konnte jemand ernsthaft glauben, diese „Widerständigen" ließen sich zähmen oder im Diskurs überzeugen? Bei der Abstimmung im November 2022 zeigte sich der systemische Zynismus: Jene, die das Verfahren verachten, nutzen genussvoll die Sperrminorität, die ihnen genau dieses Verfahren bietet.

Das rechtsautoritäre katholische Lager ist machtbewusst, kampagnenfähig und hemmungslos. Da hilft keine Hoffnung auf Entgiftung, kein Beten für die Läuterung der Hass-Post-Versender*innen. Schon gar nicht hilft der weit verbreitete seelsorgerliche Schlichtersound: „Müssen wir nicht jene lieben, die uns nicht lieben?" Geboten wäre, die personellen und finanziellen Netzwerke aufzudecken, ohne Angst davor, bei den Recherchen bekannte und große Namen zu finden. Diese Recherche hätte unbedingt zur intellektuellen Vorbereitung des Synodalen Weges gehört, aber sie blieb aus.

Eine Verfassung, die mit dem Schlechtesten rechnet, ist eine gute Verfassung. Systeme von Checks and Balances entstehen aus der Erfahrung, dass Menschen Macht missbraucht haben, und aus der Ahnung, dass sie damit nicht aufhören. Eine Verfassung, die auf den guten Willen der Bischöfe vertraut, ist fahrlässig. Der Machtmissbrauch geht weiter.

Hoffentlich irre ich mich.

Legitimität
Ein blinder Fleck in kirchlichen Rechtfertigungsordnungen?

Georg Essen

1. Begriffsklärungen: Legalität – Legimitation – Legitimität

Wer im Zusammenhang mit sozialen Ordnungsgebilden von „Gewalt“, „Macht“ und „Herrschaft“ spricht, betritt vermintes Gelände; die ideologieanfällige Ambivalenz diesbezüglicher Semantiken ist hinlänglich bekannt. Immerhin geht es bei ihnen um die Herrschaft von Menschen über Menschen, um Macht, die die einen über die anderen ausüben, und um Gewalt, die die einen den anderen antun. Wenn man vorab und vorgängig weiterer Klärungen unterstellt, dass es in sozialen Ordnungsbilden „Gewalt“, „Macht“ und „Herrschaft“ einerseits faktisch gibt und andererseits auch geben muss, leuchtet ein, dass der Verzicht auf den Gebrauch dieser Begriffe nicht weiterhilft, sondern, im Gegenteil, der Verschleierung, Tabuisierung und Rationalisierung Vorschub leistet. Wer sich einen auch nur oberflächlichen Einblick verschafft über die Rechts- und Doktrinalsprache der römisch-katholischen Kirche, stößt in durchgängig allen Normtexten, in denen es um Leitung, Entscheidung, Lehre und Verkündigung geht, auf genau diese Begriffe. Da ist beispielsweise von einer „Kirchengewalt“ die Rede, die sich in einander zugeordneter Weise in „Weihegewalt“ und „Jurisdiktionsgewalt“ unterscheidet.[1] Auch in der Form von Gesetzen und Verwaltungsanordnungen üben die Inhaber dieser Gewalten Leitungs- oder Lehrbefehle aus. Inhaber dieser Gewalten sind hierzu befugt, weil ihnen in Akten der Herrschaftsverleihung, die wiederum von dazu befugten Herrschaftssubjekten vollzogen werden, entsprechende Vollmachten verliehen werden. Die Vollmacht verleiht ihnen das Recht zu legitimer Ausübung ihrer Macht, die im Rahmen der Rechtsordnung unter Umständen das Recht auf Gehorsamserzwingung mit einschließt.

---

[1] Vgl. zum Beispiel can. 331 CIC, wo von der höchsten, vollen, unmittelbaren und universalen „Gewalt“, „potestas“ die Rede ist, über die der Papst kraft seines Amtes verfüge, oder can. 381 § 1 CIC, wo von der ordentlichen, eigenberechtigten und unmittelbaren diözesanbischöflichen „Gewalt“, „potestas“, die Rede ist.

Welche Taktik also verfolgen Vertreter der Amtskirche, wenn sie demgegenüber beharrlich von „Dienst“ sprechen, um, was offensichtlich ist, zentrale Grundbegriffe der kirchlichen Rechtssprache zu vermeiden? Und welchen Zweck verfolgt ein Amtsinhaber, der von „geistlichen“ Prozessen in Kontexten spricht, in denen Machtfragen verhandelt und in denen schlussendlich Entscheidungen gefällt werden? Steckt etwas anderes dahinter als der Versuch, reale Herrschaftsverhältnisse verschleiern und den Gebrauch von Macht kaschieren zu wollen? Natürlich kann man hier auf die Idee kommen, hinter dieser Redeweise verberge sich der regressiv-aggressive Gestus des Autoritären. Oder es fällt einem Nietzsche ein: Wer sich selbst erniedrigt, will erhöht werden. Aber aus systemischer Sicht liegt – das Verdruckste und Verschämte ist ja mit den Händen zu greifen – die Vermutung nahe, dass sich hinter diesen Äußerungen eine gewisse Rollenunsicherheit verbergen könnte. Es ist, als ob jemanden, der nicht souverän dazu stehen kann, legitimer Inhaber von Herrschaftsgewalt zu sein, der Verdacht beschleicht, dass seinem Gebrauch legaler und legitimierter Macht das nötige Einverständnis derer fehlen könnte, die seinen Befehlen zu folgen hätten. Er sieht, in Anlehnung an Max Weber formuliert, dass ihm unter Umständen die Chance auf erwartbaren Gehorsam genommen ist. Es könnte ihn das Gefühl beschleichen, dass die Machtunterworfenen ihm entgleiten.

So ein Verhalten wäre eigentlich und auf den ersten Blick sehr erstaunlich, weil innerhalb der kirchlichen Rechtsordnung ein Bischof seiner rechtlich begründeten Legitimation zur Ausübung seiner legal abgesicherten Lehr- und Leitungsgewalt sicher sein kann; kirchliche Rechtsordnungen sind hier selbstreferentiell wasserdicht.[2] Und dennoch wird man den Verdacht nicht los, dass so ein Amtsträger, der die besagten Begriffe rhetorisch versteckt und stattdessen von einem „Dienst“ redet, in Wirklichkeit ein Getriebener ist. Analoge und nicht minder ideologieanfällige Vermeidungsstrategien liegen vor, wenn ignoriert wird, dass die römisch-katholische Kirche als Glaubensgemeinschaft eine Rechtsgemeinschaft ist, oder wenn sie als „Communio“ bezeichnet wird und dabei unter den Tisch fallen soll, dass sie kraft ihrer Verfassungsordnung eine streng hierarchisch strukturierte absolute Monarchie ist. Ich halte im Übrigen auch die jüngst noch einmal zur Anwendung gekommene Begründungsformel des römischen Lehramts – die Kirche verfüge „weder

---

[2] Vgl. Zweites Vatikanisches Konzil, Dekret über das Hirtenamt der Bischöfe in der Kirche „Christus Dominus“, 11, 1f.; vgl. cann. 375, 381 § 1 CIC.

über die Vollmacht, Verbindungen von Personen gleichen Geschlechts […] zu segnen, noch kann sie über diese Vollmacht verfügen." – für einen solchen Fall einer semantisch erschlichenen Verschleierung der Tatsache, dass mit dem Verbot von solchen Segnungen selbstredend hier von legitimierter Vollmacht Gebrauch gemacht wird.[3]

Derartigen Überlegungen möchte ich im Folgenden nachgehen und werde dies im Blick auf einen Begriff tun, der aus dem Staats- und Verfassungsrecht vertraut ist: Legitimität. Auch wenn Definitionsvorschläge den Schein des bloß Stipulativen an sich haben und sie naturgemäß sprachspielabhängig verwendet werden, möchte ich den Begriff „Legitimität", hierin einem Vorschlag von Udo di Fabio folgend, von den Begriffen „Legalität" und „Legitimation" abgrenzen. Aber der Distinktionsgewinn dieser Begriffsklärung leuchtet ein. Legalität bezeichnet die Rechtmäßigkeit einer Handlung im Sinne ihrer Übereinstimmung mit dem Gesetz. Legitimation wiederum zielt, jedenfalls in einem staatsrechtlichen Geltungsbereich, auf die durch Rechtsakte wie beispielsweise Wahl oder Ernennung gerechtfertigte Verleihung von Vollmachten zur Ausübung von Herrschaft. Was aber meint, im Unterschied dazu, Legitimität? Legitimität ist, so der von di Fabio eingebrachte Vorschlag, ein metarechtlicher Begriff, der „soziale Wirklichkeit beschreibt oder analytisch zugänglich macht".[4] Ihm zugeordnet sind Semantiken wie Anerkennung, Akzeptanz und Zustimmung und also Grundhaltungen, mit denen ein Einverständnis darüber eingeholt werden soll, dass der Geltungsanspruch, der von Normen, Recht und Gesetzen erhoben wird, richtig, wahrhaftig und auch rechtmäßig ist.[5] Es genügt ganz offensichtlich nicht, die Machtfrage rechtlich geklärt und die Geltungskraft von Herrschaft legitimatorisch gut begründet zu haben. Es ist evident, dass der souveräne Inhaber von Macht wenig souverän ist, wenn die Bereitschaft zur Unterwerfung unter seine Befehle und Gesetze allein auf Ge-

---

[3] www.press.vatican.va/content/salastampa/it/bollettino/pubblico/2021/03/15/0157/00330.html#ted (Zugriff: 21.03.2023).

[4] *U. Di Fabio*, Herrschaft und Gesellschaft (Beiträge zu normativen Grundlagen der Gesellschaft 1), Tübingen 2019, 42. Zu den weiteren Hintergründen vgl. vor allem *R. Forst*, Normativität und Macht. Zur Analyse sozialer Rechtfertigungsordnungen, Berlin 2015; *ders.*, Kritik der Rechtfertigungsverhältnisse. Perspektiven einer kritischen Theorie der Politik, Berlin 2011. Vgl. ferner den jüngst erschienenen Aufsatzband *ders./G. Klaus* (Hrsg.), Normative Ordnungen, Berlin 2021. Zu den verfassungsrechtlichen Voraussetzungen, die im Hintergrund meiner Überlegungen stehen, vgl. *G. Essen*, Fragile Souveränität. Eine Politische Theologie, Tübingen 2023 (im Druck).

[5] Vgl. *U. Di Fabio*, Herrschaft (s. Anm. 4), 42.

waltandrohung beruhen sollte. Souverän ist, wer sich der Legitimität seiner Herrschaft sicher und gewiss sein darf!

Zwar begründet das Zusammenspiel von Legalität und Legitimation eine Geltungsqualität, mit der die Einhaltung von Normativität durch die zwangsweise Herstellung von Gehorsam zu Wege gebracht werden kann. Aber die Antwort, dass Recht Geltung beanspruchen und durchgesetzt werden darf, sofern und weil es von einer gesetzgebenden Gewalt, die hierzu legitimatorisch befugt ist, korrekt erlassen wurde, verlangt offenkundig nach Differenzierungen. Einerseits kann die Frage im Raum stehen, ob das Recht faktisch akzeptiert wird. Andererseits kann die Frage nach der Anerkennungs- und Zustimmungswürdigkeit des Rechts aufgeworfen werden. Ersteres eröffnet einen rechtssoziologischen, das Zweite einen geltungstheoretischen Problemhorizont. Tauchen diese Fragen auf, ist der Begriff der Legitimität bereits im Spiel, und zwar in der doppelten Hinsicht, dass nämlich im Rückgriff auf Legitimität die Geltung des Rechts sowohl deskriptiv als auch normativ gedacht werden soll.[6]

Natürlich stellt auch das Recht selbst eine Legitimitätsressource dar. Legitimität wird durch institutionell erwartbare Verfahrenssicherung begründet sowie durch Rechtsklarheit und Rechtssicherheit. Aber hinter diesen Instrumenten, zu denen etwa auch Verfahren von Gewaltenteilung, die Befristung von Herrschaft oder Grundrechtsgewährleistung gehören, steht ja bereits das Bemühen der Machthaber um Anerkennung und Zustimmung. Entscheidend ist allerdings – und für das Thema meines Beitrages von zentraler Bedeutung –, dass Legitimität nicht selbstbezüglich von den Machthabern erzeugt und selbstreferentiell sichergestellt werden kann. Von Niklas Luhmann können wir lernen, dass sich soziale Ordnungsbildungen jedweder Art über Kommunikation organisieren und verlaufen.[7] Legitimität gehört in besonderer Weise zur gesellschaftlichen Kommunikationsform des Rechts, weil sie ein „soziales Phänomen" ist.[8] Als ein solches ist Legitimität wahrzunehmen, weil mit ihr eine auf Anerkennung beruhende Bindungswirkung verbunden ist, die hinsichtlich ihrer Geltungskraft von anderer Art ist, als dies für das Recht in Anspruch genommen werden kann. Legitimitätsquellen verweisen zurück auf Normativitätsordnungen, deren Geltungssinn in sozialen

[6] Vgl. *J. Hahn*, Grundlegung der Kirchenrechtssoziologie. Zur Realität des Rechts in der römisch-katholischen Kirche, Wiesbaden 2019, 147–149.

[7] Vgl. N. *Luhmann*, Die Gesellschaft der Gesellschaft, Frankfurt a. M. 1997, 93.

[8] *U. Di Fabio*, Herrschaft (s. Anm. 4), 38.

Interaktionsbeziehungen aufgesucht werden muss, in denen durch Modi von Einverständnis und Zustimmung die Akzeptanz von Rechtsverhältnissen erzeugt wird.[9] Das bedeutet freilich nicht, um das an dieser Stelle lauernde Missverständnis sogleich auszuräumen, dass vorrechtlichen Normativitätsinstanzen kein unter Umständen sogar unbedingter Verpflichtungscharakter innewohnt. Das wird schlagartig deutlich, wenn wir uns klar machen, dass klassischerweise Moral, Tradition oder Religion als Legitimitätsordnungen in Anspruch genommen wurden und werden. Festzuhalten ist allein, dass wir es hier mit Rechtfertigungsordnungen zu tun haben, die normativ anspruchsvoller und komplexer sind als die dem Recht immanente Logik des zwingenden Befehls. Auch leuchtet ein, dass das Recht selbst nur in sehr eingeschränkter Weise eine Legitimitätsquelle darstellt. Das wird anhand eines Beispiels aus jüngster Zeit sehr deutlich. Das sogenannte Gercke-Gutachten zur Aufarbeitung sexuellen Missbrauchs und seiner Vertuschung im Erzbistum Köln beschreibt und interpretiert die Zuschreibungen von Schuld, Verantwortung und Versagen ausschließlich in Rechtskategorien und urteilt allein am Maßstab der Justiziabilität der Pflichtverletzungen.[10] Dass nach der Veröffentlichung des Gutachtens die Kritik am Kölner Erzbischof nicht verstummt ist, lässt sich in meinen Augen auch so erklären, dass es ihm offensichtlich nicht gelungen ist, seine Verantwortung im Modus des Rechts klarzustellen. Auf diesem Weg allein lassen sich offenbar Vertrauen und Glaubwürdigkeit nicht wiederherstellen. In den vielfältigen Formen von Protest, Kritik und Widerspruch, die sich teils in starken Ausdruckhandlungen aus dem Binnenraum der Kirche heraus Gehör verschaffen, artikuliert sich die Verweigerung von Legitimitätszuspruch.

Deutlich sollte sein, dass Legitimität eine soziale Handlungskategorie ist, die in Formen von Interaktion und Anerkennung kommunikativ wirksam wird. Auch für Legitimität gelten mithin zentrale Axiome über Kommunikation, die uns von Paul Watzlawick her vertraut sind: Man kann nicht nicht kommunizieren; jede Kommunikation hat einen Inhalts- und einen Beziehungsaspekt; Kommunikation ist immer Ursache und Wirkung.[11]

In der Konsequenz dieser Einsichten leuchtet ein, dass als Legitimitätsressource alles in Betracht kommen kann, was der Ausübung von

---

[9] Vgl. *R. Forst*, Kritik (s. Anm. 4).

[10] www.erzbistum-koeln.de/rat_und_hilfe/sexualisierte-gewalt/studien/unabhaengige-untersuchung (Zugriff: 21.03.2023).

[11] www.paulwatzlawick.de (Zugriff: 21.03.2023).

Herrschaft seitens der ihr Unterworfenen Anerkennung und Akzeptanz sowie Vertrauen und Glaubwürdigkeit zu verschaffen vermag. Geläufig sind uns, wie teilweise bereits angedeutet, in verfassungshistorischer Hinsicht die vorrechtlichen Normativitätsquellen von Ethik, Tradition, Geschichte, Kultur und Religion. Aber Legitimität wird auch durch Rituale, Symbole, Feste und also in allen Formen ästhetischer Inszenierung erzeugt, die in einer Gemeinschaft oder einer Gesellschaft resonanzfähig sind. Ihr Geltungssinn ist hingegen nicht abhängig vom Wohlwollen der Machtinhaber.

2. Das Zueinander von Legitimation und Legitimität in normativen Selbstbeschreibungen der römisch-katholischen Kirche

In gebotener Knappheit und deshalb auch nur in formaler Verdichtung möchte ich in einem ersten Schritt das Zueinander von Legitimation und Legitimität aufhellen, wie es dem Selbstverständnis der römisch-katholischen Kirche normativ entspricht.

Erstens. Als wahrheitsgebundene Überzeugungsgemeinschaft kennt die Kirche zwar die Rechtskategorie der formal legitimierten Autorität, aber sie sieht sich außerstande, jenen wahrheitsasketischen Formalcharakter des Rechts für sich zu akzeptieren, den Thomas Hobbes markant in der Sentenz zusammengefasst hatte: *auctoritas non veritas facit legem.* Der Geltungscharakter des kirchlichen Rechts findet seine Fundamentalverankerung in der von der Kirche als von Gott gegeben geglaubten Wahrheit. Mehr als nur ein Widerhall dieser Rechtsauffassung findet sich in zwei für die Kirche zentralen Rechtsbegründungsfiguren: *ius divinum positivum* und *ius divinum naturale* – Recht aus Offenbarung und Recht aus Natur.[12] Offenbarung und Natur fungieren hier ineins sowohl als formale Rechtsquellen, aus denen die kirchliche Rechtsordnung schöpft, als auch als materiale Wissensressourcen, aus denen der Gesetzgeber sein Wissen über jene Inhalte bezieht, die er kodifiziert. Dass sich das Lehramt als letztverbindliche Interpretin dieser Rechtsquellen begreift, hat zur Folge, dass seine Autorität sowohl inhaltlich sachbegründet als auch formal geltungs-

---

12 Zum Folgenden vgl. *J. Hahn*, Grundlegung (s. Anm. 6), 171–175; *N. Lüdecke*, Das Verständnis des kanonischen Rechts nach dem Codex Iuris Canonici von 1983, in: C. Grabenwarter/N. Lüdecke(Hrsg.), Standpunkte im Kirchen- und Staatskirchenrecht. Ergebnisse eines interdisziplinären Seminars (Forschungen zur Kirchenrechtswissenschaft 33), Würzburg 2002, 177–215.

begründet ist. Diesbezügliche Zuordnungslinien verlaufen freilich asymmetrisch, weil die normative Geltungsfundierung beider letztlich in dem Anspruch formaler Autorität gründet. Dass es sich so verhält, kommt auch dadurch zum Ausdruck, dass jedweder Autoritätsanspruch der Kirche in einer Wahrheit gründet, die das Lehramt selbst autoritativ und letztverbindlich erkennt, interpretiert und adressiert. Genauer: Es ist der Papst, der das das Offenbarungs- wie das Naturrecht umfassende *ius divinum* feststellt und verbindlich auslegt.[13]

Der Gottesbezug, der beiden auf Offenbarung und Natur rekurrierenden Rechtsbegründungsfiguren inhärent ist, verweist freilich darauf, dass letztlich Gott als Quelle aller Wahrheit die Quelle allen kirchlichen Rechts ist. Die damit verbundene Geltungslogik läuft darauf hinaus, dass in einem letztbegründenden Sinn Gott die *Legitimationsinstanz* aller in der Kirche existierenden Legitimationen ist. Gott verbürgt allerdings zugleich die *Legitimität* diesbezüglicher Geltungsansprüche. Anders formuliert: Gott ist Geltungsgrund von Normativitäten, denen deshalb Überzeugungskraft und Bindungswirkung innewohnen soll, weil sie als von Gott legitimiert gelten.

Zweitens. Von Gott her, der sowohl als Legitimations- wie auch als Legitimitätsgrund in Anspruch genommen wird, bezieht wiederum die Kirche sowohl ihre Legitimation wie ihre Legitimität. Dieser Zusammenhang wird in kirchlichen Selbstbeschreibungen in ein Narrativ gekleidet, das zugleich als Legitimationskette funktioniert.[14] Es lautet, kurz gefasst, dass der Herr Jesus Christi den Zwölferkreis der Apostel und in ihrer Mitte Petrus als deren Haupt bestellt habe. Dieses Apostelamt dauere in der Kirche, und zwar in Form der apostolischen Sukzession in den Bischöfen, fort. Der legitimitätsverschaffende Legitimationsgrund ist ein „Weihe" genannter Akt göttlicher Einsetzung in das Amt des Bischofs. Christus verleiht durch diese Legitimationskette hindurch jene *sacra potestas*, heilige Vollmacht, mit denen die Bischöfe das Volk Gottes leiten

[13] Vgl. zum Gesamtzusammenhang diesbezüglicher Rechtsbegründungsfiguren *N. Lüdecke/G. Bier*, Das römisch-katholische Kirchenrecht, Stuttgart 2021, 13–28.

[14] Die nachstehenden Ausführungen verstehen sich als Paraphrasierungen, die der Dogmatischen Konstitution über die Kirche, *Lumen gentium*, entnommen sind. Vgl. *P. Hünermann* (Hrsg.), Constitutio dogmatica de ecclesia. Dogmatische Konstitution über die Kirche „Lumen gentium", in: ders., Die Dokumente des Zweiten Vatikanischen Konzils. Konstitutionen, Dekrete, Erklärungen. Lateinisch-deutsche Studienausgabe (Herders Theologischer Kommentar zum Zweiten Vatikanischen Konzil 1), Freiburg i. Br. 2004, 73–192, hier: 103–130 passim (Lumen gentium 18–29).

und lenken. Weil sich die Legitimationskette von Christus über die Apostel auf die Bischöfe in stetiger Fortdauer übertragen habe, stehen die Bischöfe an Gottes Stelle der Herde vor und leiten sie mit der Vollmacht eines Hirten, eines Lehrers und eines Priesters.

Die souveränitätsrechtliche Figur „Legitimation durch Repräsentation“ wird kirchlicherseits sakramental gedacht, und zwar so, dass mit der Priesterweihe die Vollmacht verliehen wird, *in persona Christi capitis*, in der Person Christi des Hauptes zu handeln. Die Vollmachten des Heiligen, Lehrens und Leitens sind in legitimatorischer Hinsicht sakramental in der Priesterweihe begründet und gelangen in der Bischofsweihe zur Vollendung.

Gerade dieser letzte Hinweis belegt sehr deutlich, dass der Schlüsselbegriff des normativen Selbstverständnisses der Kirche der Legitimationsbegriff ist, um den alles kreist. Weil der Legitimationsgrund der in Jesus Christus offenbar gewordene Wille Gottes ist, fallen, dem normativen Selbstverständnis folgend, Legitimation und Legitimität zusammen. Beide gründen in derselben Quelle, die Gott selbst ist. Der Zuspruch an Legitimität, den die Kirche für sich in Anspruch nimmt, heißt in frommer Sprache das Wirken des Heiligen Geistes, dessen Beistand die Kirche so gewiss sein kann, dass sie irrtumsimmun ist und also unfehlbar um die Wahrheit, die Gott selbst ist, weiß. Im Grunde ist sie auf so etwas wie Legitimität im beschriebenen Sinne folglich gar nicht angewiesen, weil sie als geisterfüllte Sakralordnung aus der Wahrheit, die ihr kraft göttlicher Legitimation stets gewiss ist, nicht herausfallen kann. Aber in Fragen von Legitimitätsbeschaffung geht es nicht um die Feststellung, was Wahrheit ist, sondern um die Frage nach der Zustimmung zu ihr und die Bindung an sie.

3. Legitimität. Ein blinder Fleck in kirchlichen Rechtfertigungsordnungen

Dass die Geltungskraft der Legitimation kirchlicher Amtsvollmachten ineins die Legitimität der sie Innehabenden verbürgen soll, findet seinen Ausdruck in dem Befund, dass Fragen der Legitimitätsbeschaffung im Selbstverständnis der Kirche von nur untergeordneter Bedeutung sind. Die kirchliche Rechtsordnung kennt im Grunde genommen nur eine einzige Form der Adressierung von Legitimitätserwartungen. Und diese sind durch Akte des Gehorsams zu erfüllen, zu denen die katholischen Gläubigen sowohl moralisch als auch rechtlich verpflichtet sind. Denn der Gehorsam, mit dem die Normadressaten auf Leitungs- und Lehrbefehle zu reagieren haben, ist machtförmig strukturiert, weil sowohl der Leitungs- als auch der Lehrgehorsam als sanktionsbewehrte Rechtspflichten normiert und kodifiziert sind.[15] Zahllos sind in den doktrinalen und rechtlichen Normtexten teils auch strafbewehrte Ermahnungen zum Gehorsam zu lesen. Beredt sind die Semantiken, die sich in Auslegungen zur Bildwelt von Schafen, Hirten und Herden finden lassen, die in der Regel patriarchal, paternalistisch und autoritär getönt sind. Vielfach Verwendung findet auch die Redeweise vom „kindlichen Gehorsam". Sie entstammt einer Bildwelt, in der sich die Bischöfe als Väter begreifen. Auffallend ist, dass diese Redeweise zumeist im performativen Sprechakt der Entmündigung daherkommt.[16]

Wichtig ist der Hinweis darauf, dass die zur Rechtspflicht erhobene Tugendhaltung des Gehorsams das strukturleitende Grundverhältnis regiert, das das Miteinander von Klerikern und Laien konstitutiv durchherrscht. Die einzig legitime Antworthaltung der Gläubigen gegenüber einer vom Lehramt vorgelegten Lehre in Fragen des Glaubens und der Sitte ist, wenn auch in gestufter Weise, die der Geltungsqualität der Lehre entspricht, ist der Akt einer inneren Zustimmung, die „tatsächliche innere Anerkennung und die äußere Gefolgschaft". „Es geht um Zustimmung aus und als Gehorsam".[17] Dieser Gehorsam erhält seine Verpflichtungskraft freilich nicht im Rekurs auf den Inhalt der Glaubenslehre, sondern sie besteht in der Unterwerfung des eigenen Urteils unter die Autorität des Kirchenamtes; Maßstab des Gehorsams ist mithin die Anerkennung der kirchlichen Autorität.[18] Erst durch den Gehorsam wiederum sind die Gläubigen übrigens in die Legitimationskette mit einbezogen, von der gerade die Rede war: „Die Gläubigen aber müssen dem Bischof anhängen wie die Kirche Jesus Christus und wie Jesus Chris-

[15] Vgl. can. 212 § 1 CIC. S. u.

[16] Markantes Beispiel ist der lehramtlich normierte Gewissensbegriff. Über ihn heißt es, dass es nicht „angemessen" sei, „das persönliche Gewissen und die Vernunft dem moralischen Gesetz oder dem Lehramt entgegenzusetzen." Eine solche Form der katholischen Gewissensbindung ist gefordert, weil sich „so […] unter den Christen eine echte Haltung kindlicher Liebe zur Kirche entwickeln" könne. Die Bindung des Gewissens an die Wahrheit verlangt die Unterwerfung des Gewissens unter das Lehramt der römisch-katholischen Kirche. Vgl. KKK 2039f. Vgl. *G. Essen*, Erst das Gewissen, dann der Papst? Die Mühen der katholischen Kirche mit der Gewissensfreiheit, in: epd-Dokumentation 21 (2021), 12–17.

[17] *N. Lüdecke/G. Bier*, Kirchenrecht (s. Anm. 13), 85; vgl. ebd., 77–95.

[18] Vgl. ebd., 84, 86.

tus dem Vater, damit alles durch die Einheit zusammenstimme und überströme zum Ruhm Gottes".[19]

Die Folge dieses hierarchisch strukturierten Kommunikationsmusters besteht darin, dass die Amtskirche ein Selbstbild der Kirche imaginiert, in der Zweifel an der Anerkennungs*würdigkeit* ihrer Lehren und Rechtsordnung eigentlich gar nicht aufkommen und bestehen dürfen. Wo sie aber laut werden, erwecken sie einen Verdacht, der sprungbereit sanktionswürdig ist. Den Schutzraum der gewährten Sozialsphäre, in der in Prozessen von Interaktionen, von Deliberation und Partizipation das Werben um Legitimität und der Zuspruch an Legitimität ausgehandelt wird, gibt es im Rahmen der kirchlichen Rechtsordnung nicht. Formen von „Meinungs- und Meinungsäußerungsfreiheit stehen", so Judith Hahn, „in der Kirche nicht für sich, sondern immer in einer Beziehung zum Gehorsam, den Katholikinnen und Katholiken dem Kirchenamt und seiner Lehre schulden".[20]

Das Kirchenrecht kennt allein die Bestimmung, dass es den Gläubigen unbenommen sei, „ihre Anliegen, insbesondere die geistlichen, und ihre Wünsche den Hirten der Kirche zu eröffnen". Und es ist lediglich die Rede davon, dass die Gläubigen „entsprechend ihrem Wissen, ihrer Zuständigkeit und ihrer hervorragenden Stellung [...] das Recht und bisweilen sogar die Pflicht [haben], ihre Meinung in dem, was das Wohl der Kirche angeht, den geistlichen Hirten mitzuteilen und sie unter Wahrung der Unversehrtheit des Glaubens und der Sitten und der Ehrfurcht gegenüber den Hirten und unter Beachtung des allgemeinen Nutzens und der Würde der Personen den übrigen Gläubigen kundzutun".[21] Die Kautelen sind allesamt restriktiv auszulegen, denn dahinter steht klar ersichtlich der Versuch, derartige Willensbekundungen einzuhegen und zu domestizieren. Der Generalbass ist auch hier die Pflicht zum Gehorsam: „Was die geistlichen Hirten in Stellvertretung Christi als Lehrer des Glaubens erklären oder als Leiter der Kirche bestimmen, haben die Gläubigen im Bewusstsein ihrer eigenen Verantwortung in christlichem Gehorsam zu befolgen".[22] Die hier eingeflochtene Rede vom Verantwortungsbewusstsein darf freilich nicht darüber hinwegtäuschen, dass es ausdrücklich

---

[19] Zweites Vatikanisches Konzil, Dogmatische Konstitution über die Kirche Lumen gentium, 27.
[20] *J. Hahn*, Grundlegung (s. Anm. 6), 177; vgl. ebd., 176–178.
[21] Can. 212 §§ 2f. CIC.
[22] Can. 212 § 1 CIC. Für den weiteren rechtliche Referenzrahmen dieser Norm wäre etwa u. a. auf cann. 218, 386, 750–754 CIC i. V. m. can. 1371 CIC zu verweisen.

nicht um die Aufforderung geht, sich hier von seinem eigenen autonomen Gewissen in Anspruch nehmen zu lassen; die Autonomie des Gewissens ist der Kirche wesensfremd.[23] Die Verweigerung von Unterordnung" beziehungsweise des „religiösen Gehorsams" sind als „Straftaten gegen die kirchlichen Autoritäten" zu ahnden.[24] Klar ist darüber hinaus, dass exklusiv die „Hirten" selbst darüber wachen, ob an sie adressierte Willensbekundungen die Unversehrtheit von Glauben und Sitten tangieren. Die genannten Canones haben ohnehin allein asymmetrische und hierarchische Sprechakte im Blick, die stets die „Ehrfurcht" gegenüber den Hirten zu respektieren haben.[25]

Es lohnt sich, die kirchlichen Strategien im Umgang mit Legitimitätsproblemen anhand eines Modells zu analysieren, das von Max Weber stammt. Er hat den Vorschlag eingebracht, Legitimitätsvermutungen für Formen der Macht zu unterstellen, die charismatisch, traditional oder legal codiert sind.[26] Alle drei Aspekte treffen für die Kirche zu, verdeutlichen aber zugleich diesbezügliche Ambivalenzen. Dass, *erstens*, ein cha-

---

[23] Vgl. *G. Essen*, Gewissen (s. Anm. 16).

[24] Vgl. cann. 1370–1377 CIC.

[25] Eine Legitimität durch Repräsentation in dem Sinne, dass Laien, ausgestattet mit der Kompetenz-Kompetenz des Leitens und Lehrens, in Entscheidungsgremien mit Stimmrecht und also Entscheidungsbefugnissen vertreten sind, sieht die kirchliche Rechtsordnung nicht vor. Vgl. *J. Hahn*, Grundlegung (s. Anm. 6), 183–185. Man sage nicht, das Zweite Vatikanische Konzil habe doch in der Lehre vom *sensus fidei* oder in der vom gemeinsamen Priestertum aller Gläubigen Formen normiert, in denen sich die infragestehende Legitimitätsbeschaffung vollziehen könne. Die Lehre vom *sensus fidei* kann dies schon deshalb nicht leisten, weil sie durch die Forderung nach der Unterwerfung im Gehorsam unter die Autorität des Kirchenamts diejenigen, die sich auf ihren unfehlbaren Glaubenssinn berufen wollen, diszipliniert, einhegt und domestiziert. Das gemeinsame Priestertum aller Gläubigen eignet sich ebenfalls nicht dazu, weil die in ihm begründete Teilhabe an den drei Ämtern Christi lediglich eine Würde-, keineswegs jedoch eine Funktionsqualität bezeichnet, die mit kirchenamtlichen Vollmachten beispielsweise des Leitens und Entscheidens verbunden wäre. Vgl. (Lumen gentium 12, 10). Vgl. *G. Essen*, In guter Verfassung? Ein rechtssoziologisch-dogmatischer Versuch über Macht, Recht und Freiheit, in: D. Reisinger (Hrsg.), Gefährliche Theologien. Wenn theologische Ansätze Machtmissbrauch legitimieren, Regensburg 2021, 103–117. Vgl. ferner *T. Söding* (Hrsg.), Der Spürsinn des Gottesvolkes. Eine Diskussion mit der Internationalen Theologischen Kommission (QD 281), Freiburg i. Br. 2016; *G. Bier*, Wir sind Kirche. Der Glaubenssinn des Gottesvolkes in kirchenrechtlicher Sicht, in: D. M. Meier et al. (Hrsg.), Rezeption des Zweiten Vatikanischen Konzils in Theologie und Kirchenrecht heute. Festschrift für Klaus Lüdicke (Beihefte zum Münsterischen Kommentar 55), Essen 2008, 73–97.

[26] Vgl. *M. Weber*, Die drei reinen Typen der legitimen Herrschaft, in: ders., Wirtschaft und Gesellschaft. Die Wirtschaft und die gesellschaftlichen Ordnungen und Mächte.

rismatischer Herrscher sich Akzeptanz kraft seiner Ausstrahlung erwirbt, trifft in hohem Maße für die zu Priestern geweihten Amtsträger zu, die auf allen Ebenen ihrer kirchlichen Präsenz mit einer Sakral-Aura ausgestattet werden, die in Ehrenbezeugungen von Titeln und Anreden, im Sprachgestus des feierlich und autoritativ wirkenden Gebrauchs der ersten Person Plural, mit der der Papst von sich selbst spricht, in Kleiderordnungen oder auch in liturgischen Inszenierungen zum Ausdruck kommt.

Auch der Hinweis von Max Weber, dass, *zweitens*, in traditionalen Herrschaftsgebilden Legitimität durch die Anerkennung einer historisch überkommenen gemeinschaftsstiftenden Ordnung erzeugt werden soll, passt so gut zur römisch-katholischen Kirche, dass die Nennung von Stichworten genügen kann: Schrift und Tradition, apostolische Sukzession, apostolische Überlieferung. Freilich ist die Berufung auf Tradition eine zweischneidige Angelegenheit, weil die Aufdeckung ihrer Vielfalt, mit der der Möglichkeitssinn für Alternativen zum Status quo geschärft werden könnte, auch delegitimierende Effekte hervorrufen kann. Allerdings hat das Lehramt hier insofern wirksame Gegenmaßen getroffen, als es ihm allein obliegt, die Tradition autoritativ und letztverbindlich auszulegen und auf die Gegenwart zu applizieren.[27]

Die Kirche ist, *drittens*, als eine Form legaler Herrschaft organisiert, für die Weber zufolge kennzeichnend ist, dass sie ihre Legitimierung durch die Bindung an das Recht erzeugt. Allerdings ist dies, wie Judith Hahn hat aufzeigen können, der Schwachpunkt, der ein wenig ausführlicher beleuchtet zu werden verdient.[28] Rechtssicherheit und Rechtsklarheit sind hinsichtlich des kirchlichen Rechts nicht, vorsichtig formuliert, über jeden Zweifel erhaben. Man wird kaum sagen können, dass die in Demokratien geachteten Standards an Rechtstaatlichkeit – Grundrechtsschutz, Gewaltenteilung, rechtlich normierte und sanktionierbare Machtbegrenzung, strikte Verfahrensförmlichkeit in Gesetzgebungsprozessen – im Geltungsraum der Kirche gültig sind. Hahn weist, in Aufnahme von Argumenten, die die Kanonisten Georg Bier und Norbert Lüdecke vorgebracht haben, darauf hin, dass gerade auch die Legitimität der päpstlichen Macht zweifelhaft ist, sofern diese auf einer Bindung an

---

Nachlass. (Teilband 4: Herrschaft. Studienausgabe der Max Weber-Gesamtausgabe, Bd. I/22-4), Tübingen 2009, 217–225.

[27] Vgl. *G. Essen*, „Löscht den Geist nicht aus!" (1 Thess 5,19). Die Kirchengeschichte als rückwärtsgewandte Prophetie, in: ET Studies 10 (2019), 297–318.

[28] Vgl. *J. Hahn*, Grundlegung (s. Anm. 6), 175–182.

das Recht beruhen soll. Zwar sei der Papst dem Anspruch unterworfen, sein Amt unter Beachtung von Offenbarung und Kirche auszuüben, die ihn verpflichten. Auch dürfe er von der Gewalt, zu der er ermächtigt ist, nur so Gebrauch machen, wie es von seinem Amt her gefordert sei. Aber die Machtfülle des Papstes ist insofern nahezu einschränkungsfrei, als er als Inhaber der höchsten, vollen, unmittelbaren und universalen ordentlichen Gewalt, über die er jederzeit und allerorts frei verfügen kann, nicht an das Recht gebunden ist, das er erlassen hat. Die Verantwortung, die er als „oberster Hirte" gewiss fürsorglich zu tragen hat, ist gänzlich in die Innenwelt seines moralisch gebundenen und frommen Gewissens hineingenommen. Der Hinweis auf die Selbstbindung des Papstes an das Gottesrecht verficht nicht, weil in der bereits aufgedeckten hermeneutischen Selbstreferentialität der „Stellvertreter Christi" selbst die Interpretationshoheit über den Willen Gottes besitzt.

4. Souverän ist, wer sich seiner Herrschaft sicher und gewiss sein darf. Vom „gewissen ‚toten Punkt'" und seinen Perspektiven

Für den Legitimitätsbegriff lassen sich, das Vorstehende zusammenfassend, diese Aspekte herausstellen. Legitimität ist, *erstens*, ein metarechtlicher Begriff, der der Beschreibungsebene der sozialen Wirklichkeit zuzuordnen ist. Mit ihm werden die sozialen Interaktionsmuster identifiziert, mit denen die Herrschaftsunterworfenen die Anerkennung und Akzeptanz von Macht und Herrschaft gewähren oder entziehen. Es geht um Kommunikationsweisen, mit denen zwischen Herrschenden und Herrschaftsunterworfenen ausgehandelt wird, inwiefern die durchaus auch legale und legitime Ausübung von Macht auf einem Einverständnis letzterer beruht.

Entscheidend ist darüber hinaus und *zweitens*, dass Legitimität, eben weil Prozesse von Legitimitätsbeschaffung und Legitimitätsgewährung einen intersubjektiven und diskursiven Charakter haben, nicht selbstbezüglich von den Machthabern erzeugt und selbstreferentiell sicher-, prägnanter noch: hergestellt werden kann. Auch der Rekurs auf Prinzipien von Legalität und Legitimation allein erzeugt nicht jene Formen von Legitimität, mit denen im beschriebenen Sinne Anerkennung und Zuspruch adressiert wird.

Diese Einsichten haben zur Konsequenz, dass im Gesamt rechtlicher und doktrinaler normativer Ordnungen der römisch-katholischen Kirche für Rechtfertigungsordnungen zur Legitimitätsbeschaffung keine Freiräume gewährt werden beziehungsweise verbleiben. Dass Interaktionen über Legitimität in der Sphäre des Sozialen frei ausgehandelt werden und werden müssen, gäbe Anlass zu der Frage, wo in den normativen Ordnungen der Kirche selbst die Gewährung diesbezüglicher Freiheiten eröffnet und ermöglicht wird. Zu konstatieren ist jedoch, dass einschlägige Rechtsinstrumente des liberalen Rechtsstaates – unter anderem Grundrechtsschutz, der klassischerweise ein Abwehrrecht dem Staat gegenüber ist, Meinungsfreiheit sowie verlässliche Rechtssicherheit und -klarheit – in der kirchlichen Rechtsordnung gänzlich fehlen oder nur unzureichend kodifiziert sind. Legitimitätsverbürgende Modelle etwa die einer Beteiligung durch Repräsentation sind schwach bis gar nicht ausgebildet. Kraft der Exklusion von Laien von Entscheidungs- und Leitungsvollmachten sind Partizipationsprozesse auf bloße Beratung hin eingeschränkt. Deren Ergebnisse sind, um Beschlussgeltung zu erlangen, der episkopalen oder pontifikalen Entscheidungsvollmacht zu übergeben und bilden unter Umständen nicht mehr als ein Dispositiv, das amtskirchliche Entscheidungsorgane zu nichts verpflichtet. Der Übergang von der Beratungsebene, an der auch Laien beteiligt sein dürfen – so es die Amtskirche denn gestattet – zu der Entscheidungsebene, von der diese ausgeschlossen sind, weil hierzu Weihevollmacht erforderlich ist, gestaltet sich als ein intransparenter Vorgang. Wie zum Beispiel Papst oder Bischöfe mit synodalen Beratungsergebnissen verfahren, bleibt dem Gutdünken ihrer Willkür überlassen.[29] Ein solches Vorgehen aber ist heute weniger denn je geeignet, Legitimität durch Repräsentation und Verfahren herzustellen.

Die Ausarbeitung einer normativen Theorie der Legitimität, die Fragen der Anerkennungs- und Zustimmungswürdigkeit des Rechts zu klären und zu begründen hätte, müsste von einer Begründungsstruktur her entwickelt werden, die Legitimität als einen seinerzeit legitimen Ausdruck des autonomen Freiheitsbewusstseins von gemeinschaftlich und gesellschaftlich verfassten Subjekten begreift. Weil an dieser Stelle schon aus Platzgründen eine solche Legitimitätstheorie noch nicht einmal in

[29] Beispielhaft seien die vagen Veröffentlichungsbestimmungen in der Apostolischen Konstitution „Episcopalis communio" über die Bischofssynode von 2018 zu nennen. Dort heißt es in Art. 18 § 1 lediglich, dass das Schlussdokument der Versammlung dem Papst zu übergeben sei, „der über dessen Veröffentlichung entscheidet". www.vatican.va/content/francesco/de/apost_constitutions/documents/papa-francesco_costituzione-ap_20180915_episcopalis-communio.html (Zugriff: 21.03.2023).

Ansätzen ausgearbeitet werden kann, muss thesenhaft der Hinweis auf zwei Axiome genügen.[30] Das *erste* betrifft die Begründung und Legitimation von Ordnungen und Institutionen. Diese sind nach Kriterien aufzubauen, die durch die sittliche Vernunft selbst zu begründen und zu rechtfertigen sind. Denn die Freiheit ist der Ordnung vorgeordnet und jedwede Ordnung ist durch einen Akt der Freiheit zu begreifen. Folglich entstammen *legitime* Ordnungen einem Akt der Freiheit und sind eine durch Freiheit und in Freiheit gesetzte Ordnung. Das *zweite* betrifft die Begründung und Legitimation von Macht, von denen wiederum deren Legitimität abhängt. Autonomem Freiheitsbewusstsein entspricht, dass nicht der Anspruch der Freiheit, wohl aber der Anspruch der Macht der Legitimation, aber auch der Legitimität bedarf. Das Institut der Macht kann seinen Sinn allein darin haben, dass es die Bedingungen für das kommunikative Miteinander von Freiheiten schafft und sichert. Also ist die Freiheit der Grund der Macht und die Freiheit das zur Macht ursprünglich Ermächtigende. Allein die Herkunft der Macht aus der Freiheit schafft Freiheitsordnungen.

In der Konsequenz dieser Einsichten gilt, dass allein Rechtsordnungen den Anspruch auf Legitimität erheben können, die im Freiheitsbegriff geltungsfundiert sind. Und allein sie wiederum begründen legitime Ordnungen von Herrschaft und Macht. Damit ist das Urteil gefällt im Blick auf kirchliche Rechts- und Herrschaftsordnungen. Sie repräsentieren keine normativen Ordnungen, die über hinreichende Legitimität verfügen, wie sie menschlichem Freiheitsbewusstsein und dem ihm innewohnenden Streben nach Selbstbestimmung gemäß ist.

Die Gründe sind hinlänglich bekannt und gehen allesamt auf die Grundhaltung der verweigerten Autonomie zurück.[31] Der innertheologische Debattenstand wiederum läuft auf die zentrale Einsicht zu, dass Freiheit, als anthropologischer wie als das Verhältnis von Gott und Mensch betreffender theologischer Grundbegriff, durchaus in Anspruch genommen werden kann für die Grundlegung einer kirchlichen Verfassungsordnung und mit ihr einer kohärenten Ausdifferenzierung von Legalität, Legitimation und Legitimität. Denn die Ordnung der Kirche hat

---

[30] Zum Folgenden vgl. *H. Krings*, Staat und Freiheit, in: ders., System und Freiheit. Gesammelte Aufsätze (Praktische Philosophie 12), Freiburg i. Br. 1980, 185–208; ders., Freiheit und Macht, in: Philosophisches Jahrbuch 97 (1990), 1–14.

[31] Vgl. *S. Görtz/M. Striet* (Hrsg.), Nach dem Gesetz Gottes. Autonomie als christliches Prinzip (Katholizismus im Umbruch), Freiburg i. Br. 2014; *T. Pröpper*, Theologische Anthropologie I-II, Freiburg i. Br. 2011.

aus *intrinsisch* theologischen Gründen eine Ordnung der Freiheit zu sein! Wer an dieser Stelle, wie es insonderheit dem römischen Lehramt bis heute zu eigen ist, immer noch meint, Theonomie und Autonomie als Oppositionsbegriffe gegeneinander auszuspielen, hat erstens nichts, aber auch gar nichts begriffen vom Freiheitsdenken der Moderne und hat, zweitens, seinen Anspruch auf Legitimität verspielt. Nur eine Wahrheit macht frei (Joh 8, 32), die die Freiheit derer anerkennt und achtet, die sie für sich gewinnen will.

Es bedarf somit eine genuin theologische Begründung dafür, dass die innere Ordnung der Kirche eine Ordnung der Freiheit zu sein hat. Gibt es eine dogmatische Begründungsfiguren, um den für das katholische Amtsverständnis grundlegenden Begriff der *potestas*, der auf die mit einem Amt verbundene Rechtsgewalt zielt, freiheitstheoretisch zu reformulieren? Immerhin verstehen wir unter der *potestas ecclesiastica*, der Kirchengewalt, „die von Jesus Christus den Aposteln übertragene und von diesen, ihren Nachfolgern übermittelte Bevollmächtigung zur Verwirklichung der Sendung der Kirche“.[32] Wenn folglich das Zweite Vatikanum die apostolische Vollmacht als Teilhabe an der Vollmacht Christi begreift[33], ist die Ermächtigung zu dieser Amtsgewalt in der liebenden Freiheit Gottes beschlossen, der um der freilassenden Anerkennung menschlicher Freiheit willen Mensch wurde in Jesus Christus. Die Antwort auf die theologische Frage nach der Letztbegründung der Kirchengewalt ist folglich eine dialektische: Der Grund der Kirchengewalt ist die Freiheit Gottes. Die Freiheit Gottes ist das ursprünglich Ermächtigende apostolischer Vollmacht. Anders gewendet: Die Freiheit der Liebe Gottes, wie sie in der Gestalt Jesu für uns Menschen und zu unserem Heil offenbar geworden ist, ist der bleibende, dem kirchlichen Handeln schlechthin entzogene Grund aller Mächte und Gewalten, die es in dieser Kirche gibt.

Aus diesen Überlegungen lässt sich ein praktisches Grundgesetz erheben, dessen Befolgung über die legitimitätsverbürgende Glaubwürdigkeit allen kirchlichen Handelns entscheidet: Wie nämlich Gott selbst in der offenbarenden Zuwendung seiner Liebe die Menschen achtet und anerkennt, wird sich jede Glaubensvermittlung der Kirche daran messen lassen müssen, ihrem Inhalt ebenfalls dadurch zu entsprechen, dass sie die

---

[32] *W. Aymans*, Kirchengewalt, in: LThK3 6 (1997), 10f., hier: 10. Vgl. *G. Essen*, Nachholende Selbstmodernisierung? Katholische Kirche und politische Öffentlichkeit, in: Theologie der Gegenwart 56 (3/2013), 208–220.

[33] Vgl. Lumen gentium, 19 (s. Anm. 14).

Freiheit achtet und fördert, die sie für ihre Wahrheit gewinnen will. Dass der Inhalt des christlichen Glaubens und die Form seiner Mitteilung einander entsprechen, besagt ja nicht nur, dass die Teilhabe der Kirchengewalt an der Vollmacht Christi die Signatur der Freiheit trägt, sondern dass diese Freiheit selbst auch das Gericht über jede ihrem Inhalt nicht gemäße Gestalt ihrer Bezeugung ist.

Und damit bin ich bei meinen Schlussbemerkungen, die sich mit der Wahl der Überschrift für diesen Abschnitt bereits andeuten: Vom „gewissen ‚toten Punkt'" und seinen Perspektiven. Das Zitat stammt aus dem Rücktrittsersuchen von Kardinal Marx.[34] Die Metapher ist im Blick auf die derzeitige Kirchenkrise sehr sprechend gewählt. Lesen will ich, der angesichts der Krisenkirche ein katholischer Melancholiker ist, diese Metapher als einen „Punkt", von dem wir noch nicht wissen, ob er zum Kairos für allfällige Reformen in der Kirche werden kann. „Tot" ist der Punkt auch deshalb, weil Vielen in der Kirche diese als ein gefesselter Riese anmutet, der reformunfähig zu sein scheint. Der Grund hierfür liegt, gewiss nicht allein, aber unter anderem auch darin, dass die bestehende Verfassungs- und Rechtsordnung der Kirche wie auch ihr doktrinales Lehrgebäude von einer normativ gewollten Hermetik geprägt sind, die grundlegende Veränderung, wirkliche Innovation, zukunftsoffenen Ausbruch aus dem Festgezurrten und Fixierten unmöglich macht. Ansatzweise deutlich zu machen versucht habe ich dies unter der Überschrift der Selbstreferentialität von Legalitäts- und Legitimationsordnungen, denen Legitimität kirchenrechtsdogmatisch systemfremd ist. Weil diese Hermetik ebenso rigide wie perfekt strukturiert ist, kann es innerhalb der geltenden Normativitätsordnungen der Kirche Interaktionsformen von legal gewährter Legitimität nicht geben. Weil aber das Bedürfnis nach Legitimitätsprüfungen unveräußerlich zum Bewusstsein der Freiheit gehören, artikuliert sich ein solches Bedürfnis vielfach durch den Bruch oder die Missachtung beziehungsweise das Ignorieren des geltenden Rechts und in der Nichteinhaltung von Glaubenslehren. Und genau dies, will mir scheinen, beobachten wir derzeit an vielen Stellen in der Kirche und im Blick auf eine Vielzahl von Lehrentscheidungen. Es ist, als ob die Herde, von der in lehramtlichen Texten zumeist in autoritärer Absicht die Rede ist, eine inzwischen recht hartnäckige Herdenimmunität aus-

[34] „Wir sind – so mein Eindruck – an einem gewissen ‚toten Punkt', der aber auch, das ist meine österliche Hoffnung, zu einem ‚Wendepunkt' werden kann." www.erzbistum-muenchen.de/cms-media/media-55270120.PDF (Zugriff: 21.03.2023).

gebildet hat. Was heißt das? Ich meine, dass wir es hier mit Akten einer Verweigerung von Legitimitätszuspruch zu tun haben, mit denen Veränderungen in der Kirche eingefordert werden sollen, weil man sich in ihr nicht mehr heimisch fühlt. In Formen von verweigerter Legitimität artikuliert sich gläubige Obdachlosigkeit in der Kirche![35]

Rechtsbruch ist keine Lappalie und fortgesetzter Rechtsbruch wird auch dann nicht zum Kavaliersdelikt, wenn die Exekutive, wie es in der Kirche weithin der Fall ist, in der Durchsetzung geltenden Rechts notorisch ineffizient ist oder aber, wie es ebenfalls sehr häufig kirchlicherseits geschieht, Amtsinhaber das geltende Recht nicht anwenden. Aber wenn wir, wie ich hoffentlich habe deutlich machen können, davon ausgehen müssen, dass der kirchliche Gesetzgeber keine Gestaltungsräume eröffnet und schützt, in denen der Streit um das Nehmen und Geben von Legitimität legal ausgetragen werden kann, dann fällt es auf ihn selbst zurück, wenn das in diesen Konflikten sich artikulierende Freiheitsbewusstsein nur in einer Weise innerhalb der Kirche präsent sein kann, dass es mit dem geltenden kirchlichen Recht unausweichlich in Konflikt geraten muss. Die Amtskirche kann sich von dieser Verantwortung nicht freisprechen, da sie es ist, die diesen Umstand allererst herbeigeführt hat. Das Austragen von Legitimitätskonflikten in der Form einkalkulierter und bewusst herbeigeführter Rechtsbrüche ist gewiss ein Grenzfall. Dahinter steht die Hoffnung, dass in der Erschütterung des Legitimitätsglaubens selbst Reformpotentiale enthalten sind. Denn Zielpunkt derartiger Einsprüche von der Warte von Dissidenten aus ist der wunde Punkt jedweder Herrschaft: Souverän ist, wer sich seiner Herrschaft gewiss und sicher sein *darf*.

---

[35] *R. Laudage-Kleeberg*, Obdachlos katholisch. Auf dem Weg zu einer Kirche, die wieder ein Zuhause ist, München 2023.

„Semper Reformanda“ – einige Reflexionen über Religion und Politik

Ulrich K. Preuß

1. Das Problem

Der Ruf „semper reformanda ecclesia“ wird Martin Luther zugeschrieben. Obwohl es bereits vor Luther Reformbewegungen in der römisch-katholischen Kirche gegeben hat, klingt ein heute an sie gerichteter Appell zur Reform doch recht ungewöhnlich, ja vielleicht sogar ketzerisch. Das mag damit zusammenhängen, dass der Begriff der Reform jedenfalls im Zusammenhang der christlichen Kirchen sowohl die Glaubenslehre als auch die institutionelle Struktur der Kirche betrifft. Mögen institutionelle Reformen augenscheinlich leichter zu erreichen sein als Reformen der Glaubensdoktrin, so ist doch unverkennbar, dass auch hier die Empfindlichkeiten tiefer gehen als bei rein säkularen Institutionen.

Wie man hört, reagierte der Heilige Stuhl auf die mit diesem Aufruf eng verbundene Einrichtung eines Gesprächskreises zwischen Bischöfen und katholischen Laien unter der Bezeichnung „Synodaler Weg“ in der Bundesrepublik mit dem nicht nur spöttisch gemeinten Kommentar, dass Deutschland so etwas nicht benötige, es habe dort ja doch bereits vor mehr als vierhundert Jahren eine Reformation stattgefunden. Und tatsächlich stellt sich die Frage, wie das Motto „Semper Reformanda“ im Kontext der römisch-katholischen Kirche zu verstehen sein könnte.

Die Forderungen richten sich insbesondere auf die Gestalt der „heiligen Ordnung“ als episkopal verfasste Kirche, in der das Potential zum Machtmissbrauch als strukturell eingeschrieben erkannt wird. Dies wird im Rahmen des Synodalen Wegs innerhalb des Volkes Gottes verhandelt; bei den Befürwortern von grundlegenden Reformen zeichnet sich das Bild einer anders verfassten katholischen Kirche ab mit geteilten Leitungsstrukturen von Klerikern und Laien, mit der Öffnung von Weihe-Ämtern für Frauen, mit Verfahren der Wahl und Verantwortlichkeitsstrukturen. Es gibt auch darüber hinausgehend die Strategie, die Forderungen an die allgemeine politisch-gesellschaftliche Öffentlichkeit Deutschlands zu richten, mit dem Ziel, Druck auf die verantwortlichen Leitungsorgane der katholischen Kirche in Deutschland auszuüben, dass Strukturen von „good governance“ geschaffen werden: nicht-diskriminierende Mitgliedschaftsrechte für alle Kirchenmitglieder, klare Verantwortlichkeiten und Rechenschaftspflichten der Leitungsorgane gegenüber den Laien, öffentliches Handeln nach den Maßstäben zivilgesellschaftlicher Akteure in einer liberalen Demokratie.

Es wird ersichtlich, dass es hier um Fragen geht, die üblicherweise als genuin politische angesehen werden. So berechtigt diese andere Verfasstheit der katholischen Kirche im Sinne eines *aggiornamento* auch sein mag – hier soll es im Folgenden um einen anderen, vorgelagerten, gewissermaßen methodischen Aspekt gehen: Wie verhält sich das politische Feld zum religiösen Feld? Treffen hier in den Auseinandersetzungen der Kirche als Gemeinde des Volk Gottes zwei Sprachen aufeinander, die zunächst analytisch zu unterscheiden sind? Und wenn die Laien die Sprache der Politik bemühen: Verändert dies die Rolle von Laien?

2. Staat und Kirche als Ordnungen eigenen Rechts

Die Unterscheidung und Anerkennung zweier auch institutionell voneinander zu trennender Sphären zeigt sich bekanntlich zunächst und vor allem mit Blick auf die jeweiligen Rechtsordnungen. Soll das weltliche Recht des liberalen Verfassungsstaates, d. h. des Grundgesetzes, gelten oder das Binnenrecht der römisch-katholischen Kirche? Jenes ist vom Geist der Aufklärung durchdrungen, dem Selbstbewusstsein und der Selbstermächtigung des Individuums gegenüber einer seiner Verfügung unterliegenden Welt der Dinge; dieses gründet in dem Glauben an die Allmacht eines liebenden, aber auch strafenden Gottes, des Lenkers und Herrschers der Erdenbewohner, deren Selbstbewusstsein und Weltverständnis sich aus der Demut und dem Gehorsam gegenüber diesem Gott bildet.

Jene, die dem Aufruf „semper reformanda“ folgen, sind Bürgerinnen und Bürger des grundgesetzlich geordneten säkularen Gemeinwesens, Volk der Demokratie, und zugleich Gottesvolk. Keine dieser beiden Zugehörigkeiten kann einen Vorrang vor der jeweils anderen beanspruchen. Aber beide respektieren einander. Das Gottesvolk gehorcht dem vom Evangelisten Matthäus überlieferten Gebot: „So gebt dem Kaiser, was des Kaisers ist, und Gott, was Gottes ist!“.[1] Der Respekt des Volkes der

[1] Evangelium des Matthäus, Vers 22.

Demokratie für die Ordnungsideen des Gottesvolkes äußert sich im Grundgesetz in dessen Artikel 140 in Verbindung mit Artikel 137 Abs. 2 der Weimarer Reichsverfassung: „Jede Religionsgesellschaft ordnet und verwaltet ihre Angelegenheiten selbständig innerhalb der Schranken des für alle geltenden Gesetzes. Sie verleiht ihre Ämter ohne Mitwirkung des Staates oder der bürgerlichen Gemeinde".

Die grundlegende Bedeutung dieser Verfassungsnorm der Kirchenautonomie besteht darin, dass die Mitglieder der Kirchen – das Gottesvolk – im Gegensatz zu den Mitgliedern der säkularen Massenverbände nicht über den Verbandszweck mitgliedschaftlich verfügen können.[2] Nach insoweit übereinstimmendem lutherischem, reformiertem und katholischem Verständnis ist die Kirche das Geschöpf von Geist, Wort und Tat Gottes; sie „gründet als Volk Gottes ganz auf dem Wollen Gottes, nicht auf dem Wollen ihrer Glieder"[3]. Ihr Recht ist dadurch gekennzeichnet, dass es auf der Grundlage der Anerkennung Christi als des Hauptes der Kirche „heteronomes, nicht autonomes Recht ist, dass es nachfolgendes und nicht grundlegendes Recht ist" und insofern von dem in der Autonomie des Individuums gründenden (und durch die Garantiefunktion des modernen Staates für Freiheit, Frieden und Sicherheit gerechtfertigten) säkularen Recht grundlegend unterschieden ist.[4]

Wenn also gilt, dass das „Gottesvolk", d.h. die Kirchenmitglieder, nur jenes Maß der Mitwirkung an der Mitgestaltung der inneren Kirchenverhältnisse haben, welches die kircheninterne Ordnung zulässt, dann scheint es so, als sei „semper reformanda" lediglich ein Appell der religiös qualifizierten Verwalter der jeweiligen Heilsgüter der Kirche an sich selbst – angefangen von dem Papst über die Kardinäle und die Bischöfe bis zu den unteren Rängen der geistlichen Hierarchie. Wäre es so, dann würde kein Hauch von Demokratie je das „Gottesvolk", sprich: die Laien der kirchlichen Körperschaft berühren. Denn was immer deren Forderungen an die Hierarchen sein mögen, sie wären kraft ihrer diesseitigen Quelle illegitime, sprich: sündhafte Eingriffe in die Geltungskette von Geist, Wort und Tat Gottes, wie sie in der „heiligen" katholischen Kirche verkörpert sind.

---

[2] Vgl. ausführlich *U. K. Preuß*, Alternativ-Kommentar zum Grundgesetz, Art. 140 i. V. m. Art. 137 WRV, Neuwied [3]2001, Rn. 29ff.

[3] *K. Mörsdorf*, Art. „Kirche, römisch-katholisch", in: EvStL, [2]1975, Sp. 1133ff., Zitat Sp. 1136.

[4] *A. Folkers*, Der Rechtsbegriff des evangelischen Kirchenrechts im Lichte der Lehre vom dreifachen Amte Christi, in: ZevKR 32 (1987), 317ff.

Doch tatsächlich liegt ein solcher Eingriff nicht vor. Die Beziehung des grundgesetzlich verfassten Staates zu den christlichen Kirchen und anderen religiösen Denominationen schützt den Eigensinn jener religiösen Assoziationen gegen jegliche staatliche Intervention in deren geistliches „Proprium" – eine solche Intervention wäre das durch staatliche Norm geschaffene Recht der Kirchenmitglieder zur Mitgestaltung der inneren Ordnung ihrer Kirche. Die grundgesetzlich garantierte Kirchenautonomie schützt die Integrität des kirchlichen Binnenraumes gegen eine solche und jegliche andere externen Einwirkungen. Zu diesem kirchlichen Binnenraum gehört nicht nur die kirchliche Hierarchie, sondern auch das „Gottesvolk", die Laien. Die Beziehung zwischen diesen beiden Säulen der Kirche ist Teil der durch die kirchliche Autonomie geschützten kirchlichen Binnenordnung. Der Anspruch von Kirchenmitgliedern auf Mitwirkung daran, wie die kirchlichen Heilsgüter verwaltet, d. h. auf welche Weise Geist, Wort und Tat Christi auf Erden bewahrt und verbreitet werden, ist eine innerkirchliche Angelegenheit, die den Staat des Grundgesetzes nichts angeht. Wenn also das Kirchenvolk oder auch nur bestimmte Gruppen Forderungen stellen, die eine Änderung der kirchlichen Heilslehre erfordern, so liegt das außerhalb staatlicher Zuständigkeit. Das gilt jedenfalls, soweit sie die in Art. 79 Abs. 3 GG umschriebenen fundamentalen Verfassungsprinzipien in ihrer internen Ordnung achten. Selbst wenn sich jene Gruppen in Gestus und Sprache der Symbolik des säkularen demokratischen Verfassungsstaates bedienen, handelt es sich doch um eine rein innerkirchliche Angelegenheit, die im Geiste und nach den Regeln des jeweiligen Kirchenrechts zu bewältigen ist.

3. Der innergemeindliche Streit zwischen „Laienintellektualismus" und „Laientraditionalismus"

Doch damit sind die letzten Worte in der Causa „semper reformanda" noch keineswegs gesprochen. Sie geht, wie gesagt, den Staat der Bundesrepublik nichts an, wohl aber die bundesrepublikanische Gesellschaft; und ganz gewiss auch den Heiligen Stuhl.

a) Die berühmte Böckenförde'schen Aussage, nach der „der freiheitliche, säkularisierte Staat ... von Voraussetzungen (lebt), die er selbst nicht garantieren kann",[5] gilt zweifellos für die „Typen religiöser Vergemein-

[5] *E. W. Böckenförde*: Die Entstehung des Staates als Vorgang der Säkularisation, in:

schaftung“, wie Max Weber die Sphäre der religiösen Interessen, Überzeugungen und Praktiken einer Gesellschaft kennzeichnete.[6] Es ist auch heute noch von Belang, dass Weber diese Sphäre unter dem Oberbegriff der „gesellschaftlichen Ordnungen und Mächte“ untersuchte, denn analytisch hat die von ihm so genannte „religiöse Vergemeinschaftung“ denselben Status wie die „Marktvergesellschaftung“. Das folgt bei ihm aus der Annahme, dass das religiöse Gemeinschaftshandeln „nur von den subjektiven Erlebnissen, Vorstellungen, Zwecken der Einzelnen – vom ‚Sinn‘ – aus gewonnen werden kann“ und dieser „in seinem urwüchsigen Bestande, *diesseitig* ausgerichtet (ist)“.[7] Eine Säule jener diesseitigen Gestalt der Religion ist die Gemeinde, die – in Webers religionssoziologischer Perspektive – als „ein Produkt der Veralltäglichung“ der religiösen Botschaft fungiert.

Die Gemeinde sichert den „Fortbestand der Verkündigung und Gnadenspendung“ und dadurch auch die „*ökonomische* Existenz der Gnadenspendung und ihrer Verwalter“.[8] Die Empfänger jener Gnadenspenden und letztlich auch die Garanten der ökonomischen Existenz der Spender bilden als „Gottesvolk“ die materielle Grundlage der Gemeinde, welche deren Laienmitglieder in den nicht-religiösen Orten erarbeiten, die der Weber'schen „Marktvergesellschaftung“ unterfallen.[9] Zu den grundlegenden Erkenntnissen über die soziale Dimension des religiösen Lebens – in Webers Formulierung: der „*Gemeinde*religiosität“ – gehört dabei seine Beobachtung, „daß nun innerhalb der Gemeinde die Beziehung zwischen Priestern und Laien für die praktische Wirkung der Religiosität maßgebende Bedeutung gewinnt“[10]. Der „großen Machtstellung“ der Priester stehe mit wachsendem Organisationscharakter der Gemeinde die Notwendigkeit gegenüber, den Bedürfnissen der Laien Rechnung zu tragen. „Die drei im Kreise der Laien wirksamen Mächte ..., mit welchen das Priestertum sich auseinanderzusetzen hat, sind

---

ders., Staat, Gesellschaft, Freiheit. Studien zur Staatstheorie und zum Verfassungsrecht, Frankfurt a. M. 1976, 42–64 (60).

[6] *M. Weber*, Wirtschaft und Gesellschaft. Grundriss der Verstehenden Soziologie. Studienausgabe (hrsg. v. J. Winckelmann), Tübingen [5]1972, 245ff.

[7] Ebd., 245 (Hervorhebung i. O.).

[8] Ebd., 275f. (Hervorhebung i. O.).

[9] Vgl. das unvollendete Kap. VI des Zweiten Teils der ‚Wirtschaft und die gesellschaftlichen Ordnungen und Mächte‘, in: ebd., 382ff.

[10] Ebd., 278.

1. die Prophetie, – 2. der Laientraditionalismus, – 3. der Laienintellektualismus".[11]

Die mit der Idee eines „Synodalen Weges" verbundene innerkatholische Bewegung und deren Projekt einer „ecclesia semper reformanda" gehört zweifellos zu der Weber'schen Kategorie des „Laienintellektualismus", in Einzelfällen vielleicht ja sogar zur Prophetie. Deren Wirkungsmacht ist vordergründig eine rein binnenkirchliche. Wie oben im Zusammenhang mit der Erläuterung des Art. 140 GG in Verbindung mit Art. 137 Weimarer Reichsverfassung ausgeführt, hat jedenfalls der Staat und haben Rechtnormen der staatlichen Sphäre keinerlei normative Kraft im kirchlichen Binnenraum. Andererseits ist das „Gottesvolk" als das Laienelement der Gemeinde auf vielfache Weise in der staatlich geordneten Lebenssphäre verwurzelt. Haben sie hier den Status als Bürgerin und Bürger inne, der ihnen verschiedenartige Aktivrechte der Mitgestaltung ihres lokalen und staatlich-politischen Gemeinwesens garantiert, hat ihr religionsgemeindlicher Status als Empfänger der Gnadenspendung durch die Priester einen eher submissiven Charakter.

b) Nun ist zu beachten, dass Webers „Religionssoziologie" die Typen religiöser Vergemeinschaftung mit Blick auf die diesseitige „Beziehung Gottes zu Welt und Menschen"[12] analysierte. Die spirituelle Dimension dieser Beziehung konnte und sollte nicht Gegenstand einer soziologischen Untersuchung sein. In der nüchternen, bisweilen respektlos-analytischen Sprache Webers herrscht in der Kirche – im Gegensatz zur Sekte – eine „Ökonomie des Betriebes ..., in der Organisation sowohl wie der Art der Bedarfsdeckung den Bedingungen aller Alltagsgebilde angepasst: hierarchisch geordnete Amtskompetenzen, Instanzenzug, Reglement, Sporteln, Pfründe, Disziplinarordnung, Rationalisierung der Lehre und der Amtstätigkeit als ‚Beruf'".[13] Weber bezeichnete diese Organisation als eine „Heilsanstalt". Diese „Betriebslehre" des Gemeindelebens ist gewiss nicht die Sphäre, der der Anspruch „semper reformanda" zugehört. Andererseits betrifft aber wohl die Forderung „semper reformanda" auch nicht unmittelbar die Beziehung Gottes zu Welt und Menschen. Es geht ja um den Status des Volk Gottes in der Gemeinde, und dieser ist irgendwo zwischen „Heilsanstalt" und der „Ökonomie des Betriebes"

11 Ebd., 278.

12 Ebd., 319.

13 Ebd., Kap. IX Soziologie der Herrschaft, 6. Abschnitt Politische und hierokratische Herrschaft, 694.

angesiedelt. Und wo Forderungen dem Eigensinn der „Heilsanstalt“ sehr nahe kommen – zum Beispiel mit der Forderung, Frauen den Zugang zum Priesteramt zu öffnen – da ist die kirchliche Lehre betroffen, die unter dem erwähnten staatskirchenrechtlichen Regiment des Grundgesetzes zum Proprium der Kirche gehört, das möglicherweise nicht einmal der Bestimmung der Hierarchie des deutschen Zweiges der römisch-katholischen Weltkirche unterliegt.

c) Der Begriff des „Laienintellektualismus“ und seine Unterscheidung, ja Gegnerschaft zum „Laientraditionalismus“ öffnet möglicherweise den Weg zu einer neuen Wahrnehmung der Kategorie der Laien: wenn diese sich nicht mehr als die der Glaubensverwaltung der Priester anvertraute einheitliche Gemeinde der mehr oder weniger sündigen Gläubigen ansehen, sondern als eine mit einer umkämpften kirchlichen Reformagenda auftretende Gruppierung innerhalb der Gemeinde, dann bildet das Kirchenvolk nicht mehr eine homogene Gemeinde. Mit innerer Konsequenz bedeutet das, dass sich die Gemeinde mit sich selbst beschäftigen muss. Wie können wir die Beziehung der Gemeinschaftlichkeit des Glaubens zu dem Tatbestand verstehen, dass in der Gemeinde ein Dissens darüber besteht, wie der Glaube in der Gemeinde gelebt werden soll und kann?

Diese Veränderung des Erfahrungs- und Erlebnisraumes der Gemeinde ist nicht trivial. Denn nun werden nicht mehr nur die Beziehungen der Menschen zu Gott abgehandelt, sondern auch die der Gemeindemitglieder zueinander. Für den Dissens zwischen den Gläubigen gibt es keine theologische Sprache; denn diese ist ihrem Wesen nach autoritativ, gebunden an die *eine* Glaubenswahrheit, wie sie die Kirche im Namen Gottes durch ihre Priester verkündet. Die Gläubigen begegnen dem „Problem der Weltunvollkommenheit“[14], wie Max Weber das „Problem der Theodizee“ charakterisierte, für die ihre Priester, ihre Gemeinde, ja ihre Kirche insgesamt nur Antworten aus der Beziehung der Menschen zu Gott geben kann. Und wenn ich sage, dass es für die innergemeindlichen Dissense und Konflikte keine theologische Sprache gibt, so ist auch das nicht bloß metaphorisch, sondern wörtlich zu verstehen: Die Sprache der Kirche, d. h. die Sprache der Bibel, der Priester und der leitenden Amtsträger wird vom Klang der Nächstenliebe grundiert. Jeder Dissens, jeder Streit, jede Aggressivität findet im Beziehungsraum der Menschen zu Gott statt, unterliegt dem Gebot der Gottgefälligkeit und damit auch

[14] Ebd., Kap. IV Religionssoziologie, 314ff.

dem Vorbehalt der Sündhaftigkeit. Und so kann sich der innergemeindliche Streit zwischen „Laienintellektualismus“ und „Laientraditionalismus“, ja jeder innergemeindliche Dissens zum Streit darüber steigern, welche Seite die gottgefällige und welche die sündhafte ist. Die Erfahrung lehrt, dass es bei einer solchen Alternative keinen Kompromiss geben wird: Man kann nicht ein bisschen gottgefällig oder ein bisschen sündhaft handeln.

Natürlich lässt sich einwenden, dass jedenfalls unter gläubigen Christen, zumal unter den Mitgliedern einer lokalen christlichen Gemeinde jeder auch intensive Streit im Geiste der von Christus gepredigten Brüderlichkeit und Schwesterlichkeit beendet werden kann. Vielfach wird das auch der Fall sein. Doch es gibt innerkirchliche Auseinandersetzungen, in denen die eine Seite aufsteht und die berühmten Worte Martin Luthers vor dem Wormser Reichstag zitiert: „Hier stehe ich, ich kann nicht anders. Gott helfe mir, Amen.“ Nicht ganz zufällig erinnerte die eingangs erwähnte Reaktion des Heiligen Stuhls auf den in Deutschland eingeschlagenen *Synodalen Weg* an die von Martin Luther angestoßene Reformation.

Auf der Website des von der Deutschen Bischofskonferenz und dem Zentralkomitee der deutschen Katholiken (ZdK) getragenen *Synodalen Weges* heißt es u. a.:

> „Wir sehen, dass es für viele Menschen die Kirche selbst ist, die den Blick auf Gott verstellt und die Suche nach Ihm erschwert. Wir setzen auf die Kraft des Heiligen Geistes, die Kirche zu erneuern, sodass sie Jesus Christus als Licht der Welt wieder glaubwürdig bezeugen kann.“[15]

Es ist unklar, ob „semper reformanda“ als eine „religionspolitische Reformperspektive“[16] gelten kann, die allein auf „die Kraft des Heiligen Geistes“ vertrauen kann. Auch Religionspolitik ist zuvörderst Politik. Mag auch der Auftrag zur ständigen Reform der Kirche von der Kraft des Heiligen Geistes inspiriert und getragen sein – wenn er im Medium der Politik erfüllt werden soll, dann prägen diesseitige Formen der Gesellschaftsgestaltung den Weg zu diesem Ziel. Das bedeutet, dass Erfolg oder Misserfolg dieses Weges entscheidend von den (religions-)politischen Kräfteverhältnissen in dem Feld abhängen, in dem dieser Kampf ausgefochten wird. Um dessen Struktur und Dynamik zu verstehen, müssen wir uns vergegenwär-

---

[15] www.synodalerweg.de/was-ist-der-synodale-weg (Zugriff: 15.02.2023).

[16] So die Ankündigung des Programms der Tagung, aus der dieses Buch hervorgegangen ist.

tigen, dass dieser Kampf in der Sphäre des Symbolischen stattfindet – im Medium der Sprache als der elementarsten Form menschlicher Interaktion. Die Worte einer Rede – die Rede insgesamt – werden mit den methodischen Erkenntnismitteln der Philologie ermittelt. Doch versteht man Inhalt und Bedeutung einer Rede erst vollständig, wenn man weiß, wer unter welchen Umständen gegenüber welchem Adressaten diese Rede gehalten hat. Denn dadurch werden die Autoritäts- und Machtbeziehungen deutlich, die durch die Rede repräsentiert werden.

4. Kleiner Exkurs über die Sprache als symbolische Form

Dass Machtbeziehungen für die Analyse von Sprechakten bedeutsam sind, ist eine vor allem durch die sprachphilosophischen Forschungen von Ernst Cassirer zutage geförderte Erkenntnis. Bereits zu Beginn des 20. Jahrhunderts hatte er in der Abhandlung über „Substanzbegriff und Funktionsbegriff" die Bedeutung der Sprache für die Erkenntnis der Welt im mathematischen und naturwissenschaftlichen Denken untersucht. In seinem im Jahre 1925 erschienenen ersten Teil seines monumentalen Werkes über die „Philosophie der symbolischen Formen"[17] wendet er sich den geisteswissenschaftlichen Fragen der Erkenntnis zu. Dies erfordere den Übergang von der wissenschaftlichen *Erkenntnis* zum *Verstehen* der Welt. Jede Grundform des Verstehens müsse in ihrer eigentümlichen geistigen Form erfasst werden, und so charakterisiert er als das Erkenntnisziel seiner philosophischen Forschungen die Erschaffung einer Art ‚„Formenlehre" des Geistes'.[18] Damit meint er nichts weniger als eine Taxonomie der Welt der Bedeutung.

Wir erkennen einen Gegenstand erst, wenn wir seine Bedeutung, d. h. seinen geistigen Kontext begreifen. Erst die symbolischen Formen – die an Zeichen gebundenen Sinnsysteme wie Sprache, Kunst, Religion, Mythos, Recht – konstituieren eine Wirklichkeit, die unser Weltverständnis möglich macht. So ist Sprechen nicht lediglich eine der Beobachtung zugängliche Form des sinnlichen Ausdrucks, sondern *das* Medium für die Erkenntnis der Bedeutung der von uns wahrgenommenen Phänomene. Cassirer weist darauf hin, dass sich die in frühen Entwicklungsphasen der

[17] Drei Bände, Darmstadt 1954 u. 1964.

[18] *E. Cassirer,* Philosophie der symbolischen Formen. Erster Teil: Die Sprache. Darmstadt 1977, 5.

Menschheit herrschende „Anschauung der besonderen Kraft, die im einzelnen Wort und in der einzelnen magischen Formel enthalten ist, mehr und mehr zum Gedanken einer allgemeinen Potenz erhebt, die das Wort als solches, die die ‚Rede' als Ganzes besitzt".[19] Die „allgemeine Potenz" der Sprache wandelt sich und differenziert sich in den und mit den verschiedenen Kontexten und deren Bedeutungsfeldern. Sie konstituiert dort zugleich mit den je eigenen Strukturen der Wahrnehmung auch die Ordnungen, welche bestimmen, was und wie von wem zu wem geredet werden kann. Dies gilt auch heute in allen möglichen gesellschaftlichen Sinnbereichen. Florian Meinel hat dies für die Politik herausgestellt. So gibt es in der Bundesrepublik für die Rede von Amtsträgern regelrecht ein „Handbuch Öffentlich-rechtliches Äußerungsrecht", dessen im Buch selbst unausgesprochene analytische Prämisse erst kenntlich gemacht werden muss, nämlich: dass die „öffentliche Rede [von Amtsträgern] nicht unabhängig sein kann von den Regeln der Autorisierung ihrer Macht".[20] Für den Bereich der geistlichen Kommunikation gilt nichts anderes. Die einschlägigen Regeln für die Rede in der römisch-katholischen Kirche finden sich im Kodex des kanonischen Rechts (CIC – Codex Iuris Canonici).

5. Die Sprache von Semper Reformanda

Zurück zur „ecclesia semper reformanda" und zum Status der dort im Streitverhältnis ausgetauschten Reden und Redeweisen. Die Frage lautete: Welche Sprache spricht „semper reformanda" (hier verstanden als Inbegriff der innerkirchlichen religionspolitischen Reforminitiativen) in der Kirche? Anstelle der überkommenen und vertrauten Sprache aus der Beziehung der Gläubigen zu Gott, vermittelt durch den kirchlichen Stand der Priester, tritt ein neuer Sprech- und Sprachmodus in Erscheinung, der die oben formulierte Frage zum Gegenstand hat: Wer spricht unter welchen Umständen gegenüber welchem Adressaten?

Im Geiste von Emile Durkheim[21] und Max Weber, den beiden Begründern der Soziologie als Wissenschaft zu Beginn des 20. Jahrhunderts, die, wiewohl Zeitgenossen, unabhängig voneinander beide diese Grundlage

---

[19] Ebd., 57.

[20] *F. Meinel*, Wie spricht demokratische Herrschaft?, in: FAZ (17.02.2023), 12.

[21] *E. Durkheim*, Die elementaren Formen des religiösen Lebens, Frankfurt a. M. 1984 (Französische Erstauflage 1912).

jeweils mit einer „Religionssoziologie“ schufen, hat der französische Soziologe Pierre Bourdieu diese Tradition mit einem eigenen Ansatz zum Verständnis der Religion als soziale Erscheinung fortgesetzt. Zur Abgrenzung und Kennzeichnung spezifischer sozialer Sphären verwendet er den Begriff des *Feldes* („champ“). Dies ist eine Anleihe aus der theoretischen Physik, in der das Feld ein abstrakter Raum ist, der durch die Gesamtheit der ihm zugeordneten Elemente und Ereignisse gekennzeichnet ist. Für Bourdieu ist das Feld ein soziales Kraftfeld der Beziehungen von Abstoßung und Anziehung der darin existierenden Akteure.[22] So charakterisiert er die Konstituierung eines religiösen Feldes in der bereits vor allem von Max Weber und seiner Religionssoziologie bekannten abstrahierend-sachlichen Sprache als „das Ergebnis der Monopolisierung der Verwaltung von Heilsgütern durch ein *Korps von religiösen Spezialisten*, die als die ausschließlichen Inhaber der zur Produktion oder Reproduktion eines *organisierten Korpus* von geheimem, also seltenem Wissen notwendigen spezifischen Kompetenz gesellschaftliche Anerkennung geniessen. Insofern geht sie Hand in Hand mit der objektiven Enteignung derer, die davon ausgeschlossen sind und die solchermaßen als *Laien* bzw. *Profane* ihres *religiösen Kapitals* (als akkumulierter symbolischer Arbeit) beraubt sind und die Legitimität dieser Enteignung einzig aufgrund der Tatsache anerkennen, daß sie sie als solche verkennen.“[23]

Mit dem Feldbegriff verfeinert Bourdieu die Erklärung für das Verhalten der Akteure und des objektiven Geschehens der Interaktionen im Feld. Das Handeln der Akteure wird weder – in vulgär-marxistischer Deutung – als Ausdruck ihrer jeweiligen objektiven „Klassenlage“ noch – im Weber'schen Sinne individualistisch – als subjektiv-interessengeleitete Wahrnehmung der Chance auf Erwerb und Güterverfügung konzipiert. Die Objektivität des „Feldes“ konstituiert sich aus den Handlungen der verschiedenen Akteure – das Feld ist nicht ein realer Ort, vielmehr geschehen „das *Verhalten*, das Wahrnehmen und Fühlen, Denken und Handeln der Menschen ... so, *als ob* sie seinen ‚Kräften‘ gehorchten“.[24] Es findet hier eine „Verschränkung sozialer und mentaler Struk-

---

[22] Vgl. G. *Sapiro*, Art. „Champ“, in: dies. (Hrsg.), Dictionnaire International Bourdieu, Paris 2020, 126–129.

[23] *P. Bourdieu*, Das religiöse Feld. Texte zur Ökonomie des Heilsgeschehens. Konstanz 2000, 56f.

[24] *S. Eggers* et al. Vom Habitus zum Feld. Religion, Soziologie und die Spuren Max Webers bei Pierre Bourdieu, in: P. Bourdieu, Das religiöse Feld (s. Anm. 23), 131ff. (167).

turen“[25] statt, die insbesondere für das Konzept einer Religionssoziologie charakteristisch ist. Nach Bourdieus Konzeption kommt „das *genuine Interesse* der Kämpfe zum Vorschein ..., die sich im religiösen Feld abspielen, die *innere* ‚Anteilnahme‘ an einer Welt, deren Gestalt sich gleichzeitig nach der *äusseren* Teilhabe der *Stellung* in ihr, der ‚Verfügungsmacht‘ über sie, im *Verhältnis* zu allen anderen ‚Beteiligten‘ richtet“.[26]

6. Die revolutionäre Implikation von „semper reformanda“

Wer also spricht zu wem in welcher Sprache für das Projekt des „semper reformanda“? Offenkundig sprechen überwiegend nicht-organisierte, aber durch lebhaften geistigen Austausch verbundene Personen aus der Sphäre des katholischen „Laienintellektualismus“ zur kirchlichen Hierarchie – unter dem Beifall, z. T. auch der Kritik vieler anderer Laien. Dem Augenschein nach adressieren sie sich lediglich an die Hierarchen der deutschen Teilkirche, doch effektiv ist mindestens zu einem Teil auch die durch den Papst repräsentierte Gesamtkirche angesprochen. Denn einige ihrer Forderungen, ja eigentlich das Gebot des „semper reformanda“ selbst, könnten wohl nur von der Spitze der Hierarchie der Weltkirche, der päpstlichen Autorität, erfüllt werden. Die Bedeutung der Forderung einer „ecclesia semper reformanda“ liegt im Kern in der Idee, wonach es sich hier also um einen Aufruf des Kirchenvolks an die Hierarchen der römisch-katholischen Kirche handelt, die angesichts der Diagnose des geistlichen Machtmissbrauchs in Frage gestellten destruktiven Strukturverhältnisse grundlegend zu reformieren.

In der religionssoziologischen Sprache von Bourdieu, die, wie schon bei Max Weber, in Analogie zur Ökonomie der materiellen Güterwelt von der „Ökonomie des Heilsgeschehens“ spricht, werden die Laien durch das Verwaltungsmonopol des „Korps von religiösen Spezialisten“ über die Heilsgüter zu einer Klasse der „Enteigneten“. Doch diese Analogie zur Klassenspaltung der säkularen Welt ist allzu grobschlächtig. Es ist wenig plausibel, die Beziehung der Gläubigen zur kirchlichen Hierarchie mit dem Bild des unterdrückten Proletariats eines spirituellen Herrschaftssystems zu beschreiben. Materielle Güter können enteignet werden. Die Ausübung des religiösen Glaubens kann durch institutionelle

---

[25] Ebd., 140.

[26] Ebd., 168.

oder performative Mängel beeinträchtigt werden – das mag zu Enttäuschung, Verzweiflung oder gar zur Lossagung von der real gelebten Praxis des Glaubens führen. Aber den Glauben „enteignen“ könnte nur eine höchstpersönliche Entscheidung oder Katastrophe.

Zwei Herausforderungen sind es, die im Bezugsrahmen der katholischen Kirche neu, ja vielleicht auch „revolutionär“ sind: Zum einen ist es der mit „semper reformanda“ erhobene Anspruch aus der Laiensphäre, die im kirchlichen Alltag häufig ins Ritual abgleitende Glaubenspraxis zu hinterfragen, Zweifel anzumelden, Antworten zu fordern; es ist die Idee eines nicht nur im Glauben gehorsamen, sondern auch „aktiven Laien“. Zum anderen, und das ist vielleicht die wirklich „revolutionäre“ Implikation der Rede von der „ecclesia semper reformanda“, liegt eine Herausforderung darin, dass die Reformforderungen der Laien an die Hierarchie ein wenig den Geist und die Sprache eines Rufes nach Glaubens- und Gewissensfreiheit atmen. Denn hier wird nicht die Beziehung der Gläubigen zu Gott im Rahmen der klassischen hierarchischen Kommunikationsstruktur, die durch die auf das Sakrament der Weihe gegründete Autorität der Priester bestimmt ist, verhandelt. Sondern hier wird ein diesseitiger Diskurs über die angemessene Organisation des institutionellen Raumes, in dem die Gläubigen ihren Glauben praktizieren können, eröffnet. Um sich zu verständigen, müssen sie auf die weltliche Sprache der Politik zurückgreifen. Würde die Kirche sich darauf einlassen, dann läge darin eine neue Definition des Status der Laien. Diese wären nicht, wie Bourdieu annahm, als Enteignete anzusehen, sondern als legitime Diskurspartner in einem von der Kirche anerkannten Raum gleichberechtigten Sprechens aller Gläubigen – gleichviel ob geweiht oder nicht geweiht – und befänden sich damit jenseits des Schattens der kirchlichen Hierarchie. Gelänge dies, dann wäre damit bereits ein bedeutsamer Schritt hin zu einer *ecclesia reformata* getan.

Dogma, Recht und demokratische Prinzipien in der katholischen Kirche
Versuche über einen möglichen Zusammenhang

Michael Seewald

1. Einleitung: Thema und Gliederung

Kaiser Joseph II. löste 1781 alle Orden in den Habsburgischen Erblanden aus jener Gemeinschaft heraus, die heute gerne als „Weltkirche" bezeichnet wird – und zwar nicht nur organisatorisch hinsichtlich des *nexus quoad temporalia*, sondern auch mit Blick auf den „*nexus quoad spiritualia et disciplinaria interna*"[1], also geistlich und was Fragen der kirchlichen Leitung angeht. Der Kaiser wollte sich dadurch einen direkteren Reformzugriff auf den Klerus sichern (die meisten Kleriker jener Zeit waren Ordensmänner) und verhindern, dass Reformen durch Interventionen aus Rom vereitelt werden. Ein solches Vorgehen wäre, auch wenn der römische Interventionseifer gegenwärtig verstörende Züge annimmt, vonseiten eines religiös und weltanschaulich neutralen Staates undenkbar. Besteht aber nun das Proprium eines Staates, der sich mit keiner Religionsgemeinschaft bekenntnishaft identifiziert, darin, dass er in die Eigenlogik des Religiösen überhaupt nicht eingreift – auch dort nicht, wo diese Eigenlogik Rechte ignoriert, die der Staat seinen Bürgern gewährt, etwa was die Gleichberechtigung von Frauen und Männern angeht? Dies ist eine juristische Frage. Das Problem lässt sich auch aus politikwissenschaftlicher Sicht betrachten, sofern Recht das Resultat einer politischen Willensbildung darstellt und zumindest in gewissen Grenzen durch einen sich wandelnden Willen verändert werden kann. Die normativen Implikate des Verhältnisses von Religionspolitik und Kirchenreform sind jedoch auch Gegenstand der Theologie. Denn Religionsgemeinschaften stellen nicht nur das Objekt von Religionspolitik dar,

---

[1] Vgl. Aufhebung aller Verbindungen der Klöster mit ihren Ordensgeneralen in Rom und mit ausländischen Ordenshäusern (Verordnung vom 24. März 1781), in: H. Klueting (Hrsg.), Der Josephinismus. Ausgewählte Quellen zur Geschichte der theresianisch-josephinischen Reformen (AQDGNZ 12a), Darmstadt 1995, Nr. 90, 237–239, 238.

sondern sind selbst religionspolitische Akteure, die rezeptiv oder abweisend auf Entwicklungen reagieren, die sie in Politik, Recht und Gesellschaft vorfinden.

Die Behauptung, dass der rechtliche und politische Rahmen, der Religionsgemeinschaften gesetzt wird, Einfluss auf die Verfasstheit, auf Praktiken oder auf Verkündigungsgehalte dieser Gemeinschaften ausübt und dadurch Reformen anstößt oder hemmt, ist wenig originell. Religiöse Dynamik entsteht nicht nur dadurch, dass Religion sich auf Religion bezieht, sondern auch durch den Bezug von Religion auf Politik, von Religion auf Gesellschaft oder von Religion auf Recht. Interessant erscheint dabei die normative Frage, wie die katholische Kirche mit diesen Bezügen umgehen oder – konkreter gesprochen – wie sie sich demokratisch geprägte Vorstellungen guter Vergesellschaftung in Verantwortung vor ihrer eigenen Lehrtradition zu eigen machen könnte. Um diese Zusammenhänge geht es im Folgenden. Zunächst wird skizziert, inwiefern der aktuelle dogmatische Status quo, der sich dem 19. Jahrhundert verdankt, das Resultat eines Vorgangs darstellt, in dem die Theologie rechtstheoretische Vorstellungen zur Formulierung der katholischen Glaubenslehre übernommen hat (Kapitel 2). Danach gilt es zu fragen, wie eine Ekklesiologie im Anschluss an das Zweite Vatikanische Konzil beschaffen sein müsste, um Bezugnahmen auf sozial prägende Vergesellschaftungsideen nicht auf dem Stand des 19. Jahrhunderts einzufrieren (Kapitel 3). Was dies für die Gegenwart bedeutet, wird anhand der Frage dargestellt, welchen Ort die Demokratie als „way of life“ in der Kirche haben könnte (Kapitel 4). Ein kurzer Ausblick beschließt den Gedankengang (Kapitel 5).

2. Das Dogma: Glaubenslehre in Rechtsform

Walter Kasper betonte in seiner 1965 erschienenen und aufgrund ihrer begriffsgeschichtlichen Exaktheit immer noch lesenswerten Studie *Dogma unter dem Wort Gottes*, dass „die Lehre der Kirche und die dogmatische Lehre nicht identisch“[2] seien. Der Unterschied zwischen beiden ist nicht nur der zwischen Menge und Teilmenge – als sei „Lehre der Kirche“ der Oberbegriff und „dogmatische Lehre“ eine definierte, immer weiter anwachsende Teilmenge innerhalb der Lehre der Kirche. Die Dif-

[2] W. *Kasper*, Dogma unter dem Wort Gottes (GS 7), Freiburg i. Br. 2015, 43–150, 58.

ferenz zwischen der Lehre der Kirche im allgemeinen und der dogmatischen Lehre im speziellen Sinne ist vielmehr formaler Art. Dogmatisches Lehren bietet eine ganz bestimmte Form, um die Lehre der Kirche darzustellen. Diese Form ist ein Produkt der Moderne. Der Befund, dass „ein für das heutige Denken in der katholischen Kirche so zentraler Begriff wie Dogma erst seit dem 18. Jahrhundert in der katholischen Theologie und erst seit dem 19. Jahrhundert im offiziellen Sprachgebrauch der Kirche im heute üblichen Sinn verwendet wird“, sei laut Kasper nicht so zu verstehen, als handle es sich beim Dogmenbegriff „um eine erst spät erfolgte begriffliche Klärung eines bereits von Anfang an vorhandenen, mehr oder weniger implizit gegebenen Verständnisses einer Sache, die bereits vorher gelebt und praktiziert wurde und die man erst spät mit dem Begriff Dogma bezeichnete. Vielmehr verbergen sich hinter diesem vielschichtigen semasiologischen Befund eine Reihe von nicht unerheblichen Verschiebungen im sachlichen Verständnis dessen, was wir heute mit Dogma umschreiben.“[3] Der wichtigste Faktor, der zu diesen „Verschiebungen“ geführt hat, wird in der gegenwärtigen Theologie oft vernachlässigt, obwohl er bis heute nachwirkt: die Verrechtlichung der Glaubenslehre.

Wie diese Verrechtlichung gefasst wurde, lässt sich an der *Theologischen Erkenntnislehre* des Neuscholastikers Matthias Joseph Scheeben (1835–1888) exemplarisch nachvollziehen. Scheeben sah es als Proprium des katholischen Offenbarungsverständnisses, dass die „autoritative Übermittlung des Glaubensobjektes“ in Form einer „Promulgation des Glaubensgesetzes“ vonstattengehe; der Akt der Verkündigung umfasst für Scheeben daher drei Elemente: den Lehrvortrag, das Zeugnis für die Lehre und die Vorlage der „Glaubensvorschrift“, wodurch Vortrag und Zeugnis erst „geltend gemacht“[4] werden. Die dazu erforderliche, gesetzgeberische Autorität habe der Papst inne, dessen Gewalt in ihrer Relation zu Gott als dem eigentlichen Gesetzgeber zwar bloß stellvertretend sei, gegenüber der Kirche aber in voller Souveränität ausgeübt werde. Die päpstliche Gewalt müsse „als volle und souveräne Gewalt gelten, weil Gott resp. Christus, selbst unsichtbar, nur durch die Stellvertreter seine Gewalt ausübt“, weshalb die gesetzgebende Kraft des Papstes „eine allgemein und unappellabel [sic] bindende ist und so der Verkündigung

[3] Ebd., 68.
[4] *M. J. Scheeben*, Handbuch der Katholischen Dogmatik. Erstes Buch: Theologische Erkenntnislehre (GS 3), Freiburg i. Br. 1948, § 8.67.

des Wortes Gottes den Charakter einer allgemeinen und vollgültigen, authentischen und autoritativen Promulgation des von Gott selbst ausgegangenen Glaubensgesetzes gibt."[5] Der lehrende Papst ist diesem Verständnis zufolge nur ein Modus des gesetzgebenden Papstes, weil der Akt des Lehrens die Kompetenz zur Gesetzgebung voraussetzt. Aus der Festschreibung der päpstlichen *plena et suprema potestas iurisdictionis in universam ecclesiam* (vgl. DH 3064) resultiert daher in einem Rahmen, der die Vorlage der Glaubenslehre als unanfechtbaren Rechtsakt begreift, auch die Kompetenz des Papstes, unfehlbar zu lehren. Unfehlbarkeit ist im Sinne des Ersten Vatikanischen Konzils weder eine Eigenschaft des Papstes noch eine Qualität von Propositionen.[6] Daher kann der Begriff im strengen Sinne nicht substantivisch, sondern nur adverbial verwendet werden. Eine Lehre wird unfehlbar vorgelegt, indem der Papst sie unter Ausübung seiner sich auch auf Lehrfragen erstreckenden Souveränität als „irreformabel" (DH 3074) – ein Begriff aus der Rechtssprache – promulgiert und sie dadurch, eben weil es gegen diese Promulgation keine Einspruchsmöglichkeiten gibt, für den katholischen Glauben unhintergehbar festschreibt. In einer derart durch die Rezeption rechtlicher Denkfiguren geprägten Theologie wie der Neuscholastik, „die die absolute Irrefragibilität der päpstlichen Urteile" propagiert, denen äußere wie „innere Rechtskraft"[7] zukomme, haben päpstliche Sprüche als unhinterfragbar gewiss zu gelten.

Über die allgemeine Rechtsaffinität der katholischen Kirche weit hinausgehend, die bereits deutlich älter ist – *ecclesia vivit lege Romana*[8] –, machte sich die katholische Theologie des 19. Jahrhunderts den neuzeitlichen Souveränitätsdiskurs zu eigen, merkwürdigerweise zu einer Zeit, als es absolutistische Souveräne jener Art, wie der Papst es gemäß den Wünschen der Ultramontanen werden sollte, im politischen Bereich schon nicht mehr gab. „Die Verbindung der päpstlichen Unfehlbarkeit

---

[5] Ebd., § 8.73.

[6] Vgl. *F. A. Sullivan*, Magisterium. Teaching Authority in the Catholic Church, Mahwa (NJ) 1983, 80: „As I understand it, belief in the infallibility of the magisterium does not postulate the existence of a class of ‚infallible propositions' which would be intrinsically more perfect than other true propositions. Infallibility is correctly not predicated by the propositions as such but of the teaching authority in the exercise of its teaching function. [...] The matter is more properly expressed adverbially than adjectivally."

[7] *M. J. Scheeben*, Erkenntnislehre (s. Anm. 4), § 32.494.

[8] Zu diesem Diktum vgl. *N. Jansen*, Recht und gesellschaftliche Differenzierung. Fünf Studien zur Genese des Rechts und seiner Wissenschaft, Tübingen 2019, 50.

mit der Souveränität ist ein weiterer Hinweis dafür, daß die päpstliche Unfehlbarkeit für die ultramontane Theologie im wesentlichen eine verfassungspolitische Frage war: Es ging um Unabhängigkeit nach außen und klare Entscheidungskompetenz nach innen. Die Übernahme des absolutistischen Souveränitätsbegriffs hat die Unfehlbarkeitsfrage im 19. Jahrhundert wesentlich bestimmt."[9] Es ist paradox: In der Politischen Philosophie wird der neuzeitliche Souveränitätsbegriff nicht selten als Aneignung einer theologischen Denkfigur wahrgenommen, die den souveränen Staat (oder seinen Fürsten) zum „irdische[n] Gott"[10] erhoben habe. In der Neuscholastik des 19. Jahrhunderts fand jedoch ein Reimport dieser Idee aus dem Recht und der Politischen Philosophie in die katholische Theologie statt, die den Souveränitätsbegriff wiederum in die Ekklesiologie einbettete und auf den Papst hin zuspitzte. Was Matthias Joseph Scheeben in nüchtern elaborierter Form vorlegte, ließ sich in emotional aufgeladener Weise auch bei den Selbstinszenierungen Pius' IX. beobachten. Der Papst wusste das christologische Motiv der Simultaneität von zeitweiser Erniedrigung und endgültiger Herrschaft in einer Weise zu nutzen, die ihm als vermeintlich Bedrängtem die Unterstützung weiter Teile der katholischen Kirche sicherte. Vor deutschen Bischöfen, die ihn 1869 – also noch vor Verlust des Kirchenstaates – aufsuchten, sagte der Papst:

> „‚Ich bin arm und in Bethlehem, deswegen kommt man, um mir Geschenke darzubringen'. Diese Parallelisierung mit dem armen, ohnmächtigen Jesuskind scheint Pius geliebt zu haben, da er sie öfters verwendete. Hier rücken die Person Jesus, das *Corpus Christi mysticum* und der Papstleib eng zusammen. Die begriffliche Unschärfe der Körpersemantik ist gewollt. Ein klares Beispiel findet sich 1861 im Rückblick auf das bittere Jahr 1859/60: ‚Man hat da gesehen, dass die Einheit der katholischen Kirche nicht blos [sic] im Katechismus steht, sondern dass Millionen Katholiken in lebendiger, geistiger Einheit mit dem Oberhaupt der Kirche verbunden sind, wie die Glieder des Leibes mit dem Haupt'."[11]

---

[9] *H. J. Pottmeyer*, Unfehlbarkeit und Souveränität. Die päpstliche Unfehlbarkeit im System der ultramontanen Ekklesiologie des 19. Jahrhunderts (TTS 5), Mainz 1975, 353.

[10] *L. Siep*, Der Staat als irdischer Gott. Genese und Relevanz einer Hegelschen Idee, Tübingen 2015, 22.

[11] *J. Seiler*, Somatische Solidarität als Moment ultramontaner Kommunikation. Die Inszenierung der Körperlichkeit Pius' IX. in der Rottenburger Bistumszeitung, in: SZRK 101 (2007), 77–106, 99f.

Je mehr Pius IX. zum sichtbaren Souverän über die Kirche wurde, an dessen Amtsausübung der unsichtbare Christus seine Herrschaft gebunden hat, desto mehr verschwamm auch der Unterschied zwischen dem Römischen Pontifex und Christus. Die Kirche wurde von Pius IX. nicht nur als Leib Christi, sondern auch als korporativer Papstleib gedeutet. Hat die katholische Ekklesiologie damit einen hinsichtlich der Alleinstellung des Papstes nicht mehr steigerbaren Höhepunkt (bedeutender *kann* der Papst nicht mehr werden) und zugleich einen nicht mehr zu unterbietenden Endpunkt (relativiert werden *darf* der Papst nicht) erreicht? Konkreter gefragt: Gibt es in der Kirche überhaupt noch Raum für Vorstellungen guter Ordnung jenseits der päpstlichen Souveränität?

3. Menschliches und Göttliches in der „komplexen Wirklichkeit" der Kirche

In welchem Maße die katholische Kirche fähig ist, sich Ideen kreativ anzueignen, die nicht in ihrer Mitte entstanden sind, hängt davon ab, wie sie das normativ Unverhandelbare ihres Glaubens mit dem geschichtlich Variablen ihrer Glaubenslehre in Beziehung setzt. Diese Frage kann dogmatisch in verschiedenen Zusammenhängen erörtert werden: etwa, wo es um die Normativität der Offenbarung und das Fortschreiten der Tradition geht oder, wie in der Kirchenkonstitution des Zweiten Vatikanischen Konzils, um das Verhältnis des göttlichen und des menschlichen Elements in der Kirche. Eine Schlüsselstelle dazu findet sich im achten Paragraphen von *Lumen gentium*, wo die Idee entfaltet wird, dass es sich bei der Kirche um eine *realitas complexa* handle:

> „Die mit hierarchischen Organen ausgestattete Gesellschaft und der geheimnisvolle Leib Christi, die sichtbare Versammlung und die geistliche Gemeinschaft, die irdische Kirche und die mit himmlischen Gaben beschenkte Kirche sind nicht als zwei verschiedene Größen zu betrachten, sondern bilden eine einzige komplexe Wirklichkeit, die aus menschlichem und göttlichem Element zusammenwächst. Deshalb ist sie in einer nicht unbedeutenden Analogie dem Mysterium des fleischgewordenen Wortes ähnlich. Wie nämlich die angenommene Natur dem göttlichen Wort als lebendiges, ihm unlöslich geeintes Heilsorgan dient, so dient auf eine ganz ähnliche Weise das gesellschaftliche Gefüge der Kirche dem Geist Christi, der es belebt, zum Wachstum seines Leibes" (LG 8).

Was es bedeutet, von der Kirche als einer *realitas complexa* zu sprechen, wird im Licht des christologischen Vergleichs, den das Konzil heranzieht, deutlich. Der göttliche Logos hat, so die Formel des Chalcedonense, die menschliche Natur in einer Weise als Heilsorgan angenommen, dass beide Naturen, die göttliche wie die menschliche, „unvermischt" und „ungetrennt" (DH 302) zueinanderstehen. Würden göttliches und menschliches Element in der Kirche entweder getrennt oder vermischt, wäre die Kirche eine *realitas simplex*, was das Zweite Vaticanum ablehnt. Es wendet sich damit einerseits gegen ein Kirchenmodell, in dem das menschliche Element durch das Göttliche aufgesogen wird. Diese Gefahr besteht in christomonistischen Ansätzen, wie sie lehramtsoffiziell ab 1943 im Anschluss an die Enzyklika *Mystici corporis* entwickelt wurden, und in denen das sichtbare, menschliche Element lediglich eine Erscheinungsform des unsichtbaren, göttlichen Elementes darstellt.[12] Die Gefahr einer Verabsolutierung des Göttlichen durch Absorption des menschlichen Elementes findet sich aber auch in Ansätzen, die nach dem Zweiten Vatikanischen Konzil versuchten, die Legitimationslogik der Ekklesiologie innertrinitarisch umzustellen und vom Heiligen Geist statt von Christus her zu denken. Diese Versuche gehen das Risiko ein, in einem „subkutane[n] Pneumatomonismus"[13] zu enden, der – da er die Personalität des Geistes als „[e]ine Person in vielen Personen"[14] versteht – den Eigenstand menschlicher Personalität in das Personsein des Geistes hinein auflöst. Das Konzil wendet sich andererseits aber auch gegen ein Modell, bei dem Göttliches und Menschliches feinsäuberlich getrennt nebeneinanderstehen. Eine solche Ekklesiologie würde zwar das menschliche Element in seinem Eigenstand bewahren, geht jedoch davon aus, dass das Göttliche in der Kirche genau identifiziert und vom Menschlichen trennscharf abgehoben werden kann. *Lumen gentium* lässt sich stattdessen so interpretieren: Das göttliche und das menschliche Element sind zwar unvermischt in dem Sinne, dass das Göttliche das Menschliche nicht absorbiert, aber sie bleiben derart ungetrennt, dass

[12] Die Verhältnisbestimmung von Sichtbarem und Unsichtbarem zeigt sich etwa an der Rolle des Papsttums im Rahmen einer christomonistischen Ekklesiologie: „Iesu Christi persona a Summo geritur Pontifice" (DH 3805).

[13] *M. Remenyi*, Von der Leib-Christi-Ekklesiologie zur sakramentalen Ekklesiologie. Historische Entwicklungslinien und hermeneutische Problemüberhänge, in: M. Remenyi/S. Wendel (Hrsg.), Die Kirche als Leib Christi. Geltung und Grenze einer umstrittenen Metapher (Quaestiones disputatae 288), Freiburg i. Br. 2017, 32–70, 60.

[14] So der Buchtitel von *H. Mühlen*, Una mystica persona. Die Kirche als das Mysterium der Identität des Heiligen Geistes in Christus und den Christen: Eine Person in vielen Personen, Paderborn ^{2}1967.

das Göttliche in der Kirche nicht epistemisch herauspräpariert, idolatrisch ausgestellt und zeitresistent konserviert werden kann.

Was folgt daraus für die Fähigkeit der Kirche, sich Vorstellungen guter Vergesellschaftung, die von außen an sie herangetragen werden, kritisch anzueignen? Das Menschliche – und damit auch seine Vernunft, seine Sozialität und seine Geschichtlichkeit – haben Heimatrecht in der dogmatischen Verfasstheit der Kirche. Die katholische Vorstellung, dass *fides* und *ratio* nicht aufeinander reduzierbar sind, die eine also nicht durch die andere aufgezehrt werden darf, sondern Christsein nicht nur die Möglichkeit, sondern die Notwendigkeit einschließt, zugleich gläubig und vernünftig zu sein, ist nichts anderes als die prinzipientheologische Entsprechung zu dem, was das Konzil über das Zueinander des Göttlichen und des Menschlichen in der Kirche aussagt. Der Begriff der *ratio* darf dabei nicht im formallogischen Sinne verengt werden. Er umfasst auch die praktische Vernunft in ihrer sozialen Dimension und damit Vorstellungen *guter* Vergesellschaftung. Es ist trivial: Nicht jede Vergesellschaftungsvorstellung, die politisch wirksam ist, verdient auch das Prädikat „gut“, aber jede Vergesellschaftungsvorstellung, die aus guten Gründen „gut“ genannt werden kann, darf in der Kirche unter Rekurs auf das göttliche Element nicht plötzlich als schlecht oder inakzeptabel gelten.

Kirche und Staat unterscheiden sich zwar hinsichtlich ihrer Legitimationsressourcen, ihrer Zielsetzungen und der Mittel, die sie zum Erreichen dieser Ziele aufbieten. Ein weltanschaulich neutraler Staat kann sich weder durch den Rekurs auf Übernatürliches ausweisen – etwa die Idee, dass die Obrigkeit eo ipso von Gott eingesetzt sei (vgl. Röm 13,1) –, noch verfolgt er ein übernatürliches Ziel, wie die *salus animarum*, um die es der Kirche gehen sollte. Ein Staat, der sich nicht mehr in dem Paradigma bewegt, das Henri-Xavier Arquillière als „Politischen Augustinismus“[15] bezeichnete, steht nicht unter der Kirche, wie das Erste Vaticanum es angedeutet hatte, wenn es unter Rückgriff auf das Florentinum ohne Einschränkung auf den kirchlichen Jurisdiktionsbereich feststellte, dem Papst komme der Primat *in universum orbem* (DH 3059) zu. Der Staat steht aber auch nicht über der Kirche und hat keine Kompetenz in geistlichen Dingen, wie manche Formen des Staatskirchentums es bis ins 20. Jahrhundert hinein vorsahen. Der Staat kann lediglich verlangen, dass das von ihm gesetzte Recht auch für die weltlichen Angelegenheiten

[15] *H.-X. Arquillière*, L'augustinisme politique. Essai sur la formation des théories politiques du Moyen-Âge, Paris ^{2}1955.

der Kirche zu gelten hat. Trotz dieser Unterschiedenheit von Zielsetzungen, Legitimationen und Geltungsansprüchen wäre es jedoch aus theologischer Sicht problematisch, die normative Frage nach der guten Ordnung in einen kirchlichen und einen staatlichen Bereich feinsäuberlich aufzuspalten. Dass die gute Ordnung des Staates einen Gegenstand der nach dem Guten fragenden, praktischen Vernunft darstellt, dürfte aus Sicht der Kirche unumstritten sein. Die Behauptung, dass die gute Ordnung der Kirche hingegen nur der im Glauben anzunehmenden, göttlichen Offenbarung entspringe, wäre hingegen ein fideistisches Missverständnis. Wenn „Glaube und Vernunft" tatsächlich „wie die beiden Flügel" sind, „mit denen sich der menschliche Geist zur Betrachtung der Wahrheit erhebt"[16], bleibt die Kirche flügellahm, falls sie ihre eigene Ordnung allein zu einer Sache des Glaubens erklärt und die praktische Vernunft als ekklesial inkompetent einstuft.

Nimmt man hingegen in einer Kirche, die sich auf dem Zweiten Vatikanischen Konzil als „aus *menschlichem* und göttlichem Element" (LG 8) zusammenwachsend begriffen hat, die menschliche Vernunft ernst, wenn es um die Frage geht, wie die gute Ordnung der Kirche auszusehen hat, kommt man nicht umhin, auch die Geschichtlichkeit der Vernunft anzuerkennen. Damit geht kein alethischer Relativismus einher. Es wird lediglich der Einsicht Rechnung getragen, dass die Frage nach dem Wahren in der theoretischen und nach dem Guten in der praktischen Vernunft in wechselnden Diskursen mit unterschiedlichen Plausibilitäten und im Kontext verschiedener sozialer und theoretischer Rahmungen gestellt wird. In der Vergangenheit scheint es der Kirche – zumindest phasenweise – leichter gefallen zu sein, diesem Phänomen Rechnung zu tragen. Die skizzierten Entwicklungen des 19. Jahrhunderts sind ein schlagendes Beispiel für die Fähigkeit der Kirche, zeitbedingte, aus heutiger Sicht jedoch nur noch schwerlich als gut zu begründende Vergesellschaftungsvorstellungen aufzunehmen. „Was sich also im Aufstieg des Papstes zum Monarchen der Kirche abspielte, war nicht die logische oder organische Entfaltung der petrinischen Idee oder die konsequente Realisation des Petrusauftrags. Vielmehr war dieser Aufstieg Teil der Entwicklung des Bewußtseins der Kirche von sich selbst, nicht nur Hüterin und Zeugin eines überlieferten Erbes zu sein, sondern auch aktive Gestalterin dieses Erbes oder – modern gesprochen – aktives Subjekt der eigenen Geschich-

---

[16] *Johannes Paul II.*, Litterae Encyclicae cunctis catholicae Ecclesiae episcopis de necessitudinis natura inter fidem et rationem, in: AAS 91 (1999), 5–88, 5.

te. Das war die Entwicklung hinter der ‚Entwicklung' des Petrusamtes zum monarchischen Primat. Es war eine einseitige Entwicklung, weil sich das neue Bewußtsein der Kirche von sich selbst vornehmlich im Papst darstellte."[17]

Das Zweite Vatikanische Konzil hat das Erbe des Ersten Vaticanums in widersprüchlicher Weise aufgegriffen. Es hat erkannt, dass die weitgehende Identifikation von Ekklesiologie und Papaltheorie, wie das Erste Vaticanum sie vornahm, unbefriedigend ist. Die Verarbeitung dieser Einsicht bestand jedoch nicht in einer grundsätzlichen Befragung des monarchischen Kirchenbildes, sondern in dessen Ausweitung vom Papst- auf das Bischofsamt. Der Papst, dem laut *Pastor aeternus* alleine „die höchste und universale Gewalt über die ganze Kirche" (DH 3064) zukomme, wurde nun kurzerhand in das Bischofskollegium eingebettet, das laut *Lumen gentium* „gleichfalls Träger der höchsten und vollen Gewalt über die ganze Kirche" (LG 22) sei, wobei dieses Kollegium stets mit und unter seinem Haupt, dem Papst, niemals aber gegen ihn handeln könne. Gleichzeitig hat das Konzil jedoch durch seine Überlegungen zum Verhältnis von göttlichem und menschlichem Element in der Kirche die Möglichkeit eröffnet, über die Theologie des 19. Jahrhunderts hinauszugehen. Warum sollte die spezifisch ultramontane Rezeption des Souveränitätsdiskurses den unverrückbaren Goldstandard katholischer Ekklesiologie darstellen, der auch noch kurzerhand als geoffenbart mit dem Willen Gottes gleichgesetzt wird? Was in der Kirche als göttlich und was als menschlich zu gelten hat, muss vielmehr in einem historisch nicht letztgültig fixierbaren und damit stets unabgeschlossenen Prozess reflexiver (und womöglich auch geistlicher) Unterscheidung erarbeitet werden.

4. Über demokratische Prinzipien in der Kirche

Dass Herrschaft am besten in demokratischer Weise ausgeübt werden sollte, ist keine unangefochtene These. Aushöhlungsprozesse demokratischer Verfahren wurden zum Beispiel unter dem Begriff der „Postdemokratie"[18] zusammengefasst, während andere meinen, „dass immer wenn eine ‚Post-Phase' ausgerufen worden war, [...] es nach einer Weile zu ei-

---

[17] *H. J. Pottmeyer*, Die Rolle des Papsttums im Dritten Jahrtausend (Quaestiones disputatae 179), Freiburg i. Br. 1999, 29.

[18] *C. Crouch*, Postdemokratie, Frankfurt a. M. 2008, 10f.

ner Neo-Bewegung" gekommen sei und deshalb von „Neodemokratie"[19] sprechen. Es dürfte trotz der Diskussionen um Krisenerscheinungen rund um die Demokratie jedoch keine Überverallgemeinerung sein zu sagen, dass normativ anspruchsvolle Vergesellschaftungsformen in der Gegenwart durch demokratische Vorstellungen geprägt sind. Diese Prägung kirchlicherseits ernst zu nehmen, bedeutet nicht, die Kirche in eine Demokratie nach dem Muster des weltanschaulich neutralen, demokratischen Staates zu verwandeln – was ohnehin absurd wäre, da die weltanschauliche Neutralität des Staates ja gerade dazu da ist, jene Lücke zu schaffen, die Religionsgemeinschaften positiv ausfüllen können. Demokratie bezeichnet jedoch mehr als eine Summe von Organisationsprinzipien des Staates. John Dewey formulierte 1939, „[w]e have had the habit of thinking of democracy as a kind of political mechanism", und fügte hinzu: „Of late years we have heard more and more frequently that this is not enough; that democracy is a way of life."[20] Wenn ekklesiale Kreise bis hin zum Papst stetig wiederholen, die Kirche sei keine Demokratie, arbeiten sie sich an einem Verständnis von innerkirchlicher Demokratisierung ab, dem es angeblich darum gehe, der Kirche nach dem Vorbild des Staates eine demokratische Verfassung zu geben, in der politische Mechanismen am Werk seien, die wahrheitsindifferent bloß eine Herrschaft der Mehrheit anzielten – was katholischerseits natürlich inakzeptabel sei. Dieses oft beschworene Schreckgespenst beruht auf zwei Missverständnissen mit Blick auf den Demokratiebegriff.

Erstens ist der demokratische Verfassungsstaat keine normativ leere Hülle, die rein dem Belieben wechselnder Mehrheiten ausgeliefert wäre. Martin Rhonheimer betont, obwohl er einer Anwendung demokratischer Entscheidungswege auf innerkirchliche Vorgänge skeptisch gegenübersteht, dass dem demokratischen Verfassungsstaat statt „normativer Beliebigkeit oder moralischer Orientierungslosigkeit" ein „klar definiertes Ethos, methodische Stringenz, Suche nach Wahrheit und Objektivität, apodiktisches Festhalten an Grundwerten, wie etwa den Menschenrechten, und für alle verbindliche Maßstäbe zugrunde" liegen; in einem demokratischen Verfassungsstaat gebe es „klare – wenngleich, gemäß definierten Regeln, revidierbare – Unterscheidungen zwischen wahr und

[19] *K. von Beyme*, Von der Postdemokratie zur Neodemokratie, Wiesbaden 2013, 10.
[20] *J. Dewey*, Creative Democracy – The task before us, in: ders., The Later Works, 1925–1953 (14: 1939–1941), Carbondale 2008, 224–230, 225f.

falsch, richtig und unrichtig, erlaubt und verboten."[21] Zweitens (und dieses Missverständnis zeugt davon, dass die Warnung, die Kirche sei keine Demokratie, selbst der Tautologie erliegt, die sie artikuliert) wird Demokratie vorschnell mit staatlich-institutionellen Organisationsformen identifiziert. Dass Demokratie auch einen „way of life" bezeichnet, der sich nicht in der Gewinnung von Mehrheiten für politische Vorhaben erschöpft, sondern normativ gehaltvolle Alltagsvorstellungen guter Vergesellschaftung umfasst, gerät in den innerkirchlichen Debatten selten in den Blick.

Die Tatsache, dass das päpstliche Lehramt zu jenen Prozessen keinen Zugang gewonnen hat, in denen sich die Demokratie als „way of life" ausdrückt (einem „way of life", der zum Beispiel auch den Stil des Umgangs zwischen mündigen, auf Augenhöhe sich begegnenden, kritisierend tätigen und der Kritik ausgesetzten Menschen betrifft), zog Entfremdungserscheinungen nach sich. Es ist vielen, auch kirchlich engagierten Zeitgenossen kaum noch möglich, Alltagsvorstellungen, die sie von einer guten Ordnung und einem angemessenen Miteinander hegen, mit der lehramtlich verteidigten Verfasstheit der katholischen Kirche in Verbindung zu bringen. Während es der Kirche noch gelungen war, sich in der unmittelbaren Nachkriegszeit mit den jungen Demokratien in Italien oder in Westdeutschland auszusöhnen, die im Rahmen mehr oder minder autoritär strukturierter Gesellschaften errichtet wurden,[22] stand die Kirche den Weitungen des Demokratiebegriffs ab den 1970er Jahren mit Unverständnis gegenüber. Dass das Fußfassen der Demokratie nicht einfach eine Angelegenheit darstellt, die ekklesial als verarbeitet gelten kann, wenn die Kirche sich mit dem demokratisch verfassten Staat arrangiert, sondern dass Demokratie im von Dewey skizzierten Sinne ein sozial expansives, die Gesellschaft – und damit auch die Kirche selbst – durchdringendes Phänomen darstellt, wurde lehramtlicherseits bis zum heutigen Tag nicht verstanden. Entsprechend ratlos steht das Lehramt den innerkirchlichen Folgen der sozialen Entwicklungen gegenüber, die die westlichen Gesellschaften der letzten Jahrzehnte geprägt haben, etwa was die veränderte Rolle von Frauen angeht.

---

[21] *M. Rhonheimer*, Christentum und säkularer Staat. Geschichte – Gegenwart – Zukunft. Mit einem Vorwort von E.-W. Böckenförde, Freiburg i. Br. [3]2014, 324f.

[22] Vgl. *J. Chappel*, Catholic Modern. The Challenge of Totalitarianism and the Remaking of the Church, Cambridge (MA) 2018, 182–226 (Kapitel 5: Christian Democracy in the Long 1950s).

„Das Einsickern einer demokratischen, das heißt hier vor allem: einer egalitären und partizipativen Kultur in alle Poren der Gesellschaft, auch des privaten Lebens, seit den 1970er Jahren stellt wohl einen der mächtigsten Transformationsprozesse der ‚Postmoderne' dar. [...] Aus der Sicht des frühen 21. Jahrhunderts sind nicht nur die immer schon sprichwörtlich muffigen 1950er, sondern auch noch die 1970er Jahre hierarchisch, autoritär und patriarchalisch gewesen, mit vielen Zügen dessen, was bei den Frühneuzeitlern *deferential society* genannt wird: eine Gesellschaft, in der man seinen Platz kannte und den Abstand von Höherrangigen als selbstverständlich akzeptierte. Allein die (immer noch unvollkommenen) Fortschritte bei der Einbeziehung von Frauen in die politische Gesellschaft in den letzten drei bis vier Jahrzehnten sprechen dezidiert gegen jede Vorstellung vom Abstieg einer Demokratie, die um 1970 ihren Höhepunkt erreicht habe."[23]

Es ist schwer, genau anzugeben, worin Demokratie als „way of life" genau besteht. Vier Prinzipien erscheinen prägend: das Gleichheitsprinzip, das Mehrheitsprinzip, das Kontrollprinzip und das Normbindungsprinzip. Dass Gleichheit zwischen den Angehörigen eines sozialen Gebildes besteht, bedeutet nicht, dass alle Mitglieder für alle Fragen in unterschiedsloser Weise zuständig sind. Das Gleichheitsprinzip impliziert jedoch, dass der Zugang zu Ämtern mit Entscheidungskompetenz potenziell allen Mitgliedern einer Gruppe unabhängig von ihrem Geschlecht oder ihrer sexuellen Orientierung offensteht, sofern sie die zur Ausübung des Amtes nötigen Qualifikationen vorweisen, und dass bei der Besetzung von für die Gemeinschaft zentralen Ämtern alle Mitglieder mitwirken können. *Quod omnes tangit, ab omnibus tractari et approbari debet* – was alle angeht, muss auch von allen diskutiert und mitentschieden werden, lautet ein Merksatz aus dem römischen Recht, der im Kontext des spätmittelalterlichen Konziliarismus Eingang in die Theologie fand und von Yves Congar noch kurz vor Ankündigung des Zweiten Vaticanums wieder aufgegriffen wurde.[24] Üblicherweise geschieht eine solche Mitwirkung durch Wahlen, bei denen das Mehrheitsprinzip gilt. Es ist evident, dass beide Prinzipien, das Gleichheits- und das Mehrheitsprinzip, in der katholischen Kirche nur sehr partiell verwirklicht sind. Viele Ordensgemeinschaften haben eine lange Tradition, ihre Vorsteher durch Wahlen zu bestimmen. Die Wahl von Bischöfen hingegen geschieht derzeit ohne Beteiligung von nichtordinierten Christen. Während die Bi-

[23] *P. Nolte*, Jenseits des Westens? Überlegungen zu einer Zeitgeschichte der Demokratie, in: VZG 61 (3/2013), 275–301, 285f.

[24] Vgl. *Y. Congar*, Quod omnes tangit, ab omnibus tractari et approbari debet, in: RHDF 36 (1958), 210–259.

schöfe in den meisten Ländern frei durch den Papst (das heißt faktisch: die römische Kurie) ausgewählt werden, ist im deutschsprachigen Raum eine begrenzte, je nach konkordatärer Situation variierende Beteiligung der Domkapitel vorgesehen. Dabei wäre von der Theologie des Bischofsamtes her eine weitreichendere Beteiligung der Gläubigen eines Bistums möglich. Denn ein Bischof hat einerseits als Teil des Bischofskollegiums die Universalkirche in seiner Ortskirche zu vergegenwärtigen, andererseits aber auch die Anliegen seiner Ortskirche auf universalkirchlicher Ebene zu vertreten. Um beidem gerecht zu werden, könnten auch beide Ebenen – die Universal- wie die Ortskirche – an der Kür eines Bischofs beteiligt sein: die jeweilige Diözese durch ein möglichst repräsentatives Wahlgremium aus Klerikern und Laien, sowie der Papst, indem er ein Veto einzulegen berechtigt ist, sofern Bedenken gegenüber einem Kandidaten bestehen. Dieses Beispiel zeigt, dass das Gleichheitsprinzip und das Mehrheitsprinzip idealerweise durch das Kontrollprinzip ergänzt werden. Dies wiederum ist nur sinnvoll ausübbar, wenn es auch ein Normbindungsprinzip gibt. Dieses Prinzip hat eine formale Seite, die sich in der Festlegung auf Verfahrensordnungen zeigt, aber auch eine materiale Dimension. Die Kirche besteht eben nicht nur aus dem menschlichen Element, sondern sie trägt, mit *Lumen gentium* gesprochen, auch ein göttliches Element in sich, das konstitutiv zu ihr gehört (vgl. LG 8). Die Kirche hat einen normativen Kern, von dem sie sich nur um den Preis des Identitätsverlustes dispensieren könnte: das Evangelium Jesu Christi, das jedoch nie in historisch letztgültig fixierbarer Form vorliegt, sondern als Frohe Botschaft für jede Zeit neu ins Wort und zur Tat gebracht werden muss.

Eine Kirche, die die genannten Prinzipien verwirklicht, wäre keine simple Kopie des demokratischen Staates. Sie hätte weiterhin Ämter, mit denen besondere Kompetenzen verbunden sind, die jedoch allen, die zu ihrer kompetenten Ausübung fähig und geeignet sind, offenstehen müssten, und die stärker in Strukturen der Beratung, der Mitverantwortung und der Kontrolle eingebunden wären. So könnte die Kirche zumindest versuchen, dem Evangelium eine institutionelle Form zu geben, die die wirkliche Anstößigkeit des Glaubens – „das Wort ist Fleisch geworden und hat unter uns gewohnt“ (Joh 1,14) – nicht unter einer Anstoß erregenden Kirche begräbt, die gern vom Guten predigt und selbst beständig unterbietet, was eine gute Ordnung genannt zu werden verdient.

5. Ausblick: Eine Chimäre – die Mehrheit diktiert den Glauben

Was aber geschieht, wenn demokratische Prinzipien auf Glaubensfragen einwirken? Kann eine Mehrheit entscheiden, was die Wahrheit ist? Der in der Kirche oft zu hörende Hinweis, Wahrheit und Mehrheit seien verschiedene Dinge, stellt einen Truismus dar, weil Wahrheit und Mehrheit offensichtlich unterschiedlichen Kategorien angehören. Wer berechtigterweise auf dem Unterschied zwischen Wahrheit und Mehrheit besteht, sollte jedoch auch den Unterschied zwischen Wahrheit und Minderheit sowie zwischen Wahrheit und Wahrheitsfindung nicht aus dem Blick verlieren. Die Kirche gelangte häufig „über Majoritäten zur Wahrheitsfindung […]. Sie hat wieder und wieder mehrheitlich über den Glauben befunden, so auf allen Konzilien des ersten Jahrtausends, die essentiell zur Gestalt des Credo beigetragen haben, vornehmlich in der Trinitätslehre und in der Christologie. Und auf dem Zweiten Vatikanischen Konzil wurde desgleichen über die Wahrheit des Glaubens durch Abstimmung entschieden (z. B. im Fall der Sakramentalität der Bischofsweihe oder des Rechts auf Religionsfreiheit).“[25] Obwohl die im Interesse einer Minderheit stehende Entgegensetzung von Wahrheit und Mehrheit sinnlos ist – Minderheiten können ebenso irren wie Mehrheiten –, sollte man sich auf die Extremvorstellung, dass Glaubenswahrheiten in einer stärker demokratisch geprägten Kirche plötzlich von Mehrheiten diktiert werden, gar nicht erst einlassen. Denn das allerwenigste, was in der Kirche entschieden wird, hat mit Glaubensfragen zu tun. Wann wurde die letzte, im strengen Sinne dogmatische, den Glauben der Kirche betreffende Entscheidung überhaupt getroffen? Sieht man von den eher kläglichen als überzeugenden Versuchen ab, *Ordinatio sacerdotalis* eine irreformable Bedeutung zuzuschreiben, müsste man vermutlich bis zum Zweiten Vaticanum zurückgehen. Die allermeisten Entscheidungen, die der Papst und die Bischöfe alltäglich treffen, sind personeller, pragmatischer oder prudentieller Natur. Die Vorstellung, dass eine stärkere Berücksichtigung demokratischer Prinzipien die Kirche verfassungsmäßig auf den Kopf stellen und ihren Glauben deformieren würde, ist nichts anderes als ein *argumentum ad absurdum*, das sich als Sorge um den rechten Glauben

---

[25] W. *Beinert*, ‚Die Kirche ist keine Demokratie‘. Ein Satz auf dem Prüfstand, in: StZ 241 (1/2023), 3–11.

tarnt, vermutlich aber nur dem Unwillen entspringt, sich mit der Frage befassen zu müssen, wie das Evangelium in verantworteter Weise zu stets neuer Zeitgenossenschaft geführt werden kann.

Autorinnen und Autoren

Castellucci, Lars, Dr. phil., Mitglied des Deutschen Bundestages; Stellvertretender Vorsitzender des Ausschusses für Inneres und Heimat; Beauftragter für Kirchen und Religionsgemeinschaften der SPD-Bundestagsfraktion; Professor für Nachhaltiges Management an der Hochschule der Wirtschaft für Management (HdWM) in Mannheim (ruhend).

Czermak, Gerhard, Dr. jur., Verwaltungsrichter i. R., Direktoriumsmitglied des Instituts für Weltanschauungsrecht (ifw) und Beirat der Giordano-Bruno-Stiftung (Oberwesel). Forschungsschwerpunkte: Religionsverfassungsrecht, insbesondere Neutralitätsgebot, Verhältnis Religion und Politik.

Essen, Georg, Dr. theol., Professor für Systematische Theologie am Zentralinstitut für Katholische Theologie der Humboldt-Universität zu Berlin; Zweitmitgliedschaft an der dortigen Juristischen Fakultät. Forschungsschwerpunkte: Recht und Religion, Politische Theologie, Philosophie und Theologie der Moderne, dogmenhistorische Denkformanalysen zu zentralen Traktaten der Dogmatik, insb. Gotteslehre, Christologie und Geschichtstheologie.

Florin, Christiane, Dr. phil., Redakteurin für Religion und Gesellschaft beim Deutschlandfunk. Von 2000 bis 2020 Lehrbeauftragte für Politische Wissenschaft an der Universität Bonn, Bloggerin und Buchautorin.

Gräwe, Veronika Julia, M. A., Doktorandin in der Pastoralpsychologie an der Philosophisch-Theologischen Hochschule Sankt Georgen; forscht in ihrem Dissertationsprojekt zu der Frage, wie junge christliche und/ oder christlich sozialisierte LSBTIQ* Personen Religion erleben.

Große Kracht, Hermann-Josef, Dr. phil., Dr. theol. habil., Akademischer Oberrat am Institut für Theologie und Sozialethik der Technischen Universität Darmstadt. Forschungsschwerpunkte: Kirche, Demokratie und Öffentlichkeit, Theorien des Wohlfahrtsstaates und der Solidarität, Geschichte und Theorie der katholischen Soziallehre.

Heinig, Hans Michael, Dr. iur., Professor für Öffentliches Recht und Kirchenrecht an der Juristischen Fakultät der Georg-August-Universität Göttingen; Zweitmitglied in der Theologischen Fakultät; Dozent für Religionspolitik am Rabbinerseminar zu Berlin. Forschungsschwerpunkte: Recht und Religion sowie Verfassungstheorie.

Hense, Ansgar, Dr., apl. Professor Rechts- und Staatswissenschaftliche Fakultät der Rheinischen Friedrich-Wilhelms-Universität Bonn, Direktor des Instituts für Staatskirchenrecht der Diözesen Deutschlands und Leiter der Forschungsstelle für Katholisches Kirchenrecht des Erzbistums Berlin. Forschungsschwerpunkte: Staatskirchenrecht/Religionsverfassungsrecht (einschließlich der historischen Grundlagen), Soziales Infrastruktur(verwaltungs)recht.

Joussen, Jacob, Dr. iur., Professor für Bürgerliches Recht, Deutsches und Europäisches Arbeitsrecht und Sozialrecht an der Juristischen Fakultät und Direktor des Instituts für Kirchliches Arbeitsrecht der Ruhr-Universität Bochum; Mitglied im Rat der EKD. Forschungsschwerpunkte: Individualarbeitsrecht, Betriebsverfassungsrecht, kirchliches Arbeitsrecht.

Katsch, Matthias, M. A., Philosoph, EMBA Universität St. Gallen, Managementtrainer, Sprecher und Geschäftsführer der Betroffeneninitiative *Eckiger Tisch*, Mitglied der *Unabhängigen Kommission zur Aufarbeitung sexuellen Kindesmissbrauchs*.

Kollig SSCC, Pater Manfred, Generalvikar des Erzbistums Berlin. Arbeitsschwerpunkte: Die Bedeutung kirchlicher Verwaltung für den Sendungsauftrag der Kirche, Balance von Befugnissen, Partizipation und Verantwortung im kirchlichen System, Funktionalität von Prozessen und Arbeitsabläufen.

Kostka, Ulrike, Dr. theol., Direktorin und Vorstandsvorsitzende Caritasverband für das Erzbistum Berlin, außerplanmäßige Professorin für Moraltheologie, Westfälische-Wilhelms-Universität Münster. Wissenschaftliche Schwerpunkte: Angewandte Ethik des Gesundheits- und Sozialwesens, Organisationsethik, Gerechte Ressourcenverteilung im Gesundheitswesen, Theologisch-ethische Fragen der Caritas.

Leimgruber, Ute, Dr. theol. habil., Professorin für Pastoraltheologie und Homiletik an der Universität Regensburg. Forschungsschwerpunkte: Theologie der Seelsorge, Theologische Gender Studies unter Berücksichtigung von Intersektionalitätsansätzen, Forschungsprojekt zu „Missbrauchsmuster. Gewalt gegen erwachsene Frauen in der Kirche“.

Ley, Isabelle, Dr. iur., wissenschaftliche Mitarbeiterin an der Juristischen Fakultät der Universität Heidelberg (Eigene Stelle / DFG), abgeordnet ans Max-Planck-Institut für ausländisches öffentliches Recht und Völkerrecht, Heidelberg. Forschungsschwerpunkte: Völker- und Europarecht, Verfassungsrecht und -theorie, Sicherheitsverwaltungsrecht (Rüstungsexportregulierung).

Loretan, Adrian, Dr. iur. can. et lic. theol., Professor für Kirchenrecht und Staatskirchenrecht der Theologischen Fakultät der Universität Luzern; Co-Direktor des interfakultären Zentrums für Religionsverfassungsrecht (mit der RF). Forschungsprojekte: Direkte Demokratie und Kirche, Menschenrechte in den Religionen; Frauen- und Kinderrechte in der Kirche; SNF-Projekt „Church Autonomy and the Catholic Church Sex Abuse Cases".

Lücking-Michel, Claudia, Dr. theol., Geschäftsführerin von AGIAMONDO, Mitglied des erw. Präsidiums des Synodalen Wegs (für das Forum Macht- und Gewaltenteilung), Mitglied der Wissenschaftlichen Kommission des Wissenschaftsrats, bis 2017 Mitglied des Deutschen Bundestag.

Mangold, Anna Katharina, Dr. iur., LL.M. (Cambridge), Professorin für Europarecht an der Europa-Universität Flensburg. Forschungsschwerpunkte: Nationales und europäisches Verfassungs- und Verwaltungsrecht (einschließlich Religionsverfassungsrecht), Antidiskriminierungsrecht und feministische Rechtswissenschaft, Rechtsphilosophie und öffentliche Rechtsgeschichte.

Marx, Julian-Christopher, Dr. phil., Wissenschaftlicher Referent für Religions- und Migrationspolitik bei Prof. Dr. Lars Castellucci MdB. Forschungsschwerpunkte: Soziologie und Theorie der Religion, Verhältnis von Religion und Politik.

Mertes SJ, Pater Klaus, Jesuit, Lehrer und Kollegsrektor a. D., Mitglied der Redaktion der Kulturzeitschrift *Stimmen der Zeit.*

Preuß, Ulrich K., Professor i. R. für Rechtliche Grundlagen der Politik an der FU Berlin, Professor emeritus der Hertie School of Governance für Theories of the State. Im Alternativkommentar zum Grundgesetz hat er u. a. die staatskirchenrechtlichen Artikel bearbeitet. Forschungsschwerpunkte: Verfassungstheorie, Völkerrecht.

Schüller, Thomas, Dr. theol., Lic. iur. can., Professor für Kirchenrecht und kirchliche Rechtsgeschichte an der Katholisch-Theologischen Fakultät der Westfälischen Wilhelms-Universität zu Münster und zugleich Direktor des Instituts für Kanonisches Recht. Forschungsschwerpunkte: Kirchliches Verfassungsrecht, Religionspolitik; Vermögensrecht, Vereinigungsrecht.

Seewald, Michael, Dr. theol., Professor für Dogmatik und Dogmengeschichte an der Katholisch-Theologischen Fakultät der Universität Münster; Sprecher des Exzellenzclusters „Religion und Politik". Forschungsschwerpunkte: Theorien dogmatischer Entwicklung, katholische Theologie im Zeitalter der Aufklärung (spätes 17. bis frühes 19. Jahrhundert).

Stein, Tine, Dr. phil., Professorin für Politikwissenschaft mit dem Schwerpunkt Politische Theorie und Ideengeschichte am Institut für Politikwissenschaft der Georg-August-Universität Göttingen. Forschungsschwerpunkte: Theorie und Praxis des demokratischen Verfassungsstaates, Politische Grundbegriffe, Verhältnis von Religion, Recht und Politik sowie Natur und Politik.

Waldhoff, Christian, Dr. iur., Professor für Öffentliches Recht und Finanzrecht an der Juristischen Fakultät der Humboldt-Universität zu Berlin. Forschungsschwerpunkte: Öffentliches Finanzrecht, Parlamentsrecht, Verfassungsgeschichte, Verhältnis Recht und Religion.

Abkürzungsverzeichnis

Zeitschriften

AAS	Acta Apostolicae Sedis
AmJPrevMed	American Journal of Preventive Medicine
ARSP	Archiv für Rechts- und Sozialphilosophie
DÖV	Die Öffentliche Verwaltung
EuZA	Europäische Zeitschrift für Arbeitsrecht
EvStL	Evangelisches Staatslexikon
HK	Herder Korrespondenz
HSKR	Handbuch des Staatskirchenrechts
INTAMS	Journal for the Study of Marriage & Spirituality
JZ	JuristenZeitung
KritV	Kritische Vierteljahresschrift für Gesetzgebung und Rechtswissenschaft
KuR	Kirche und Recht
LThK	Lexikon für Theologie und Kirche
LTO	Legal Tribune Online
NJW	Neue Juristische Wochenschrift
npoR	Zeitschrift für das Recht der Non Profit Organisationen
NVwZ	Neue Verwaltungszeitschrift
ÖAKR	Österreichisches Archiv für Kirchenrecht
RHDF	Revue historique de droit français et étranger
RW	Rechtswissenschaft
StZ	Stimmen der Zeit
SZRK	Schweizerische Zeitschrift für Religions- und Kulturgeschichte
UJ	Unsere Jugend
VerwArch	Verwaltungsarchiv
VVDStRL	Veröffentlichungen der Vereinigung der deutschen Staatsrechtslehrer
VZG	Vierteljahresschrift für Zeitgeschichte
ZevKR	Zeitschrift für Evangelisches Kirchenrecht

Rechtstexte und Organisationen

AUV	Vertrag über die Arbeitsweise der Europäischen Union
AG	Amtsgericht
AZR	Ausländerzentralregister
BAGE	Entscheidungen des Bundesarbeitsgerichts
BDSG	Bundesdatenschutzgesetz
BFHE	Entscheidungen des Bundesfinanzhofs
BGB	Bürgerliches Gesetzbuch
BStBl	Bundessteuerblatt
BVerfGE	Entscheidungen des Bundesverfassungsgerichts
BVerwGE	Entscheidungen des Bundesverwaltungsgerichts
BvR	Aktenzeichen einer Verfassungsbeschwerde zum Bundesverfassungsgericht
CIC	Codex Iuris Canonici
DITIB	Türkisch-Islamische Union der Anstalt für Religion e. V.
DS-GVO	Datenschutz-Grundverordnung
EGMR	Europäischer Gerichtshof für Menschenrechte
EuGH	Europäischer Gerichtshof
EUV	Vertrag über die Europäische Union
GG	Grundgesetz
GRCh	Charta der Grundrechte der Europäischen Union
GrO	Grundordnung des kirchlichen Dienstes
KKK	Katechismus der Katholischen Kirche
KSchG	Kündigungsschutzgesetz
LG	Landgericht
UBSKM	Unabhängige Beauftragte für Fragen des sexuellen Kindesmissbrauchs
VG	Verwaltungsgericht
VIKZ	Verband der Islamischen Kulturzentren e. V.
WRV	Weimarer Reichsverfassung
ZMD	Zentralrat der Muslime in Deutschland